400제로 배우는

하면 된다!

파이썬 입문

김범준 지음

취업 성공을 위한 속성 프로세스 + 400제 plus

심통

너에게는 아직 꿈을 이루기 위한
충분한 시간이 있어.

- 〈피터팬〉 중에서

머리말

시작...

파이썬에 입문하는 학생들을 많이 만나면서 느낀 것은 프로그래밍을 처음 시작하는 입문자들에게 쉬운 프로그래밍 언어는 없다는 것입니다. 여러 매체에서 파이썬이 쉽다고 단정적으로 말하지만 그것은 다른 프로그래밍 기술에 비해 파이썬이 조금 접근하기 쉽다는 뜻일 뿐 입문자들 입장에서는 프로그래밍 언어 자체가 생소합니다.

이 책을 집필하게 된 계기는 초보자들에게 단시간에 효과적으로 파이썬을 배울 수 있는 교본을 제시하고 싶었기 때문입니다. 4차 산업 혁명 시대를 맞아 빅데이터, 인공지능, 머신러닝, 딥러닝 등 좋은 기술들이 많이 등장하였고 그런 기술들은 공통적으로 파이썬을 사용하고 있습니다. 파이썬의 기초를 탄탄히 다져 두지 않으면 이런 기술들을 제대로 공부할 수 없습니다. 어떤 공부이든 시작이 중요합니다. 처음 배울 때 선택을 잘못해서 흥미를 잃게 된다면 그만큼 시간과 돈을 낭비하게 됩니다.

진행...

단순히 문법 설명에만 치중하지 않고 실제로 소프트웨어를 만들고 활용하는 데 초점을 두고 집필하였습니다. 학습이란 배우고 익히는 것을 의미합니다. 특히 기술은 배운 것을 익혀서 내것으로 만들어야 "진짜 내것"이 됩니다. 각 장을 시작하기 전에 맛보기 예제를 실어 먼저 배울 내용에 대한 감을 잡고 본문에서 실습 예제를 따라하면서 구체적으로 학습한 후 이론 문제, 실습 문제를 풀면서 배운 것을 점검해 철저히 실력을 다질 수 있도록 하였습니다.

따라서 이 책은 파이썬의 문법을 확실히 익히고 이론 및 실습 문제를 통해 배운 것을 실전에 활용 가능하도록 구성하였습니다.

어떻게...

너무 쉬우면 알맹이가 없고 너무 어려우면 배우기에 벅찹니다. 어느 한쪽으로 치우치지 않고 입문하는 독자의 입장에서 흥미를 잃지 않도록 구성해 보려고 노력하였습니다. 너무 급하면 망치기 쉽고 너무 오래 끌면 지루합니다. 파이썬 입문자가 이 책으로 아주 부지런히 공부하면 일주일 안에 파이썬을 배울 수 있고, 보통 속도로 꾸준히 공부하면 보름 안에 익힐 수 있을 것입니다.

감사...

『400제로 배우는 파이썬 입문』이 세상에 빛을 볼 수 있게 기회를 주신 도서출판 심통의 방세근 대표님과 독자들의 입장에서 보기 좋게 편집해 주신 편집자님과 디자이너님께 감사의 마음을 전합니다.
그리고 사랑하는 아내 양승순과 이제 막 코딩을 배우기 시작한 아들 김태윤에게 고마운 마음을 전합니다. 마지막으로 『400제로 배우는 파이썬 입문』을 기꺼이 선택해 주신 독자 여러분께 깊은 감사의 마음을 전하며 독자 여러분의 앞날에 행운과 영광이 함께하길 바랍니다.

2021년 가을이 익어가는 가산디지털단지에서

저자 김범준

최근 파이썬 언어는 빅데이터 분석 및 시각화, AI 분야에서 유용성이 극대화되고 있습니다. 따라서 최근 디지털 분야의 트렌드에 뒤처지지 않으려면 파이썬 언어의 학습이 필수입니다. 기존에 출판된 파이썬 책들을 살펴보면 파이썬의 데이터 구조는 집중적으로 다루지만 파이썬 프로그램을 확장할 수 있는 방법에 대해서는 대부분 다루지 않고 있습니다. 이 책은 객체지향 언어에 입각하여 파이썬 언어의 확장성에 관한 문법을 자세히 소개하는 것이 인상적입니다.

또 저자의 오랜 강의 경험을 토대로 파이썬을 처음 접하는 독자들의 학습 효과를 극대화하기 위해 소스 코드를 우선 따라하게 하고, 상세한 코드 해설을 하고 있습니다. 어려운 용어들은 다시 한 번 강조해서 정리해 주고 연습 문제를 통해서 다시 한 번 리뷰하는 방법을 사용하였습니다. 이 책은 빅데이터 분석 및 시각화, AI 분야로 진출하기 위한 초급자들에게 최적의 길을 안내할 것으로 생각됩니다.

| 오정원 |
대구가톨릭대학교 소프트웨어융합학부 산학협력 교수

"소프트웨어 코딩 입문의 정석과 같은 파이썬 교재로 추천하며!"

이 책은 저자가 개발자로 성장하고자 하는 학생들을 지도하면서 어떻게 하면 학생들에게 컴퓨테이셔널 싱킹(Computational Thinking)을 하도록 도움을 줄 수 있을지 깊이 고민한 끝에 탄생한 책입니다.

단순히 파이썬의 문법과 예제 따라하기식의 학습에서 머무는 책이 아니라 이론 문제와 실습 문제를 통해 일차적으로 이해한 내용에 대해 입체적인 적용을 하도록 도와주는 책입니다. 다시 말해 메타인지를 적용해서 파이썬의 어떤 개념을 알고 어떤 개념을 모르고 있는지 학습자 스스로 확인해 볼 수 있기 때문에 교육 현장에서 충분히 활용할 수 있습니다.

특히 7장 클래스와 객체부터는 객체지향 개념(Object Oriented Programming) 패러다임을 익힐 수 있도록 단계별 예제에 더하여 상세한 설명이 추가되었기 때문에 입문자부터 현업 개발자에 이르기까지 파이썬 전문가로 이끌어 주는 친절한 안내서가 될 것이라 기대합니다. 현재 파이썬 언어는 특목고 영재반과 대학 1학년 교양 과목 그리고 컴퓨터 공학과 1학년 전공 필수 교과로 반드시 이수해야 하는 과목입니다. 위드 코로나 19 시대에 언택트 프로그래밍 교육으로 즉시 질문하고 답을 찾는 과정에서 어려움을 호소하는 많은 학생과 교수진에게 명쾌한 해답을 제시해 주는 『400제로 배우는 파이썬 입문』을 널리 추천하며 알리고 싶습니다.

| 김영희 |
VIVACE AI LAB 대표(SW 프로그래밍 강의 25년)

파이썬은 데이터 분석, 백엔드 시스템, IoT 디바이스 소프트웨어 등 다양한 분야에서 활용되고 있습니다. 또한 쉽고 명확한 문법 구조 덕분에 개발 초심자부터 현업 개발자들까지 많은 개발자들이 선호하는 개발 언어이기도 합니다. 파이썬으로 소프트웨어 개발에 도전하는 초심자의 경우 실력을 빠르게 향상시키기 위해서는 다양한 예제를 활용해 나만의 소프트웨어를 개발해 보는 것이 중요합니다.

이 책은 저자의 개발 및 강의 경험을 바탕으로 한 다양한 예제를 통해 파이썬을 처음 접하는 독자들이 쉽고 빠르게 파이썬에 빠져들 수 있도록 돕고 있습니다. 또한 쉬운 예제부터 고급 난이도의 예제까지 깊이 있게 소개하여 파이썬의 중요한 개념들을 확실하게 이해할 수 있도록 구성하였습니다. 깔끔한 디자인 덕분에 더욱 재미있게 읽을 수 있어 파이썬을 처음 시작하는 지인들에게도 적극 추천하고자 합니다.

| 노래경 |
삼성전자 책임연구원

지금은 전 세계적으로 4차 산업 혁명의 시대입니다. 대한민국의 교육 현장에서도 기존의 기술 분야를 뛰어넘는 많은 변화가 일어나고 있습니다. 그동안 저는 김범준 선생님과 소프트웨어 교육 분야에서 10여 년간 함께 일하면서 수많은 변화를 겪어 왔고 그런 변화에 발맞추어 많은 프로그래머를 교육하고 SW 분야로의 취업을 지원해 왔습니다.

SW 실무에서 파이썬은 많이 활용되고 있으며 이번에 김범준 선생님이 다년간의 실무 경험과 교육 현장 경험을 바탕으로 집필한 『400제로 배우는 파이썬 입문』이라는 재미있는 책을 적극 추천드리고 싶습니다. 이 책은 자세한 본문 설명과 함께 이론 문제와 실습 문제를 제공하고 있기 때문에 혼자서도 파이썬을 충분히 공부할 수 있습니다.

프로그래밍을 처음 공부하는 컴맹 수준의 분들도 쉽게 도전할 수 있도록 구성된 마법과도 같은 책입니다. 부디 많은 분들이 이 책으로 코딩 공부를 시작해서 각자의 소망을 이룰 수 있기를 희망합니다. 지금부터 파이썬과의 멋진 여행을 시작해 보도록 할까요?

| 박은정 |
IT취업컨설턴트

최근 정부가 추진 중인 "한국판 뉴딜" 사업의 효과적인 시행을 위해서는 이를 뒷받침할 디지털 신기술 분야의 우수 인재 양성이 필요합니다. Covid-19로 인한 비대면 교육 현장에서는 자기 주도 학습이 중요한 만큼 상황에 맞는 예제로 기술을 습득해 나갈 수 있는 입문서가 나오게 되어 기쁩니다. 이 책을 통해 한국판 뉴딜을 선도할 우수한 디지털 인재가 많이 양성될 것을 확신합니다.

| 김성일 |
한국ICT기술협회 대표

이 책의 구성

각 장을 시작하기 전에 맛보기 예제를 따라해 본 후 핵심적인 이론 설명과 실습 예제 → 소스 코드 해설 → 실행 결과의 순서로 학습합니다. 장 마지막에서는 이론 문제와 실습 문제를 통해 배운 내용을 점검할 수 있고, 13장에서는 미니 프로젝트를 만들어 보면서 실전 감각을 키울 수 있습니다.

❶

맛보기 예제를
따라하면서 워밍업하기

맛보기 예제를 일단 따라하기만 해도
이 장에서 배울 핵심적인 내용을 미
리 익힐 수 있습니다.

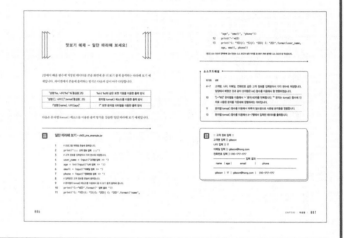

❷

핵심 이론과 자세한 소스 코드
해설이 담긴 실습 예제 수록!

핵심을 담은 이론을 설명한 후에 실
습 예제에 대한 자세한 소스 코드 해
설이 있어서 누구나 쉽게 예제를 따
라하면서 학습할 수 있습니다.

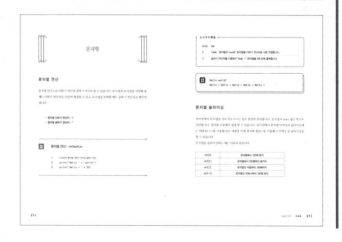

❸

이론 문제와 실습 문제로
실력 점검하기!

장 마지막에 이론 문제와 실습 문제
를 실어 본문에서 배운 내용을 점검
할 수 있습니다.
틀린 문제는 다시 한 번 학습해 보고
넘어가도록 합니다.

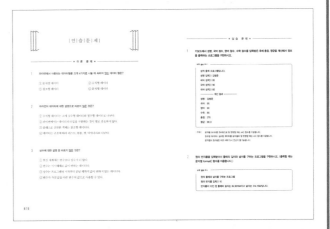

❹

미니 프로젝트로
마무리 학습하기!

마지막 장의 미니 프로젝트를 만들면
서 앞에서 배운 내용을 총정리할 수
있고 실무 감각도 함께 키울 수 있습
니다.

연습문제
정답과 예제 소스
다운로드 방법

| 저자 블로그&까페 |

https://blog.naver.com/comstudy21/222515541355
https://cafe.naver.com/comstudy21/13945

| 저자 GitHub |

https://github.com/comstudy21joon/python.git

깃허브 화면에서 녹색의 [Code]
버튼을 클릭하면 펼쳐지는 드롭
다운 메뉴에서 [Download ZIP]
을 클릭하면 소스 코드 전체를 다
운로드받을 수 있습니다.

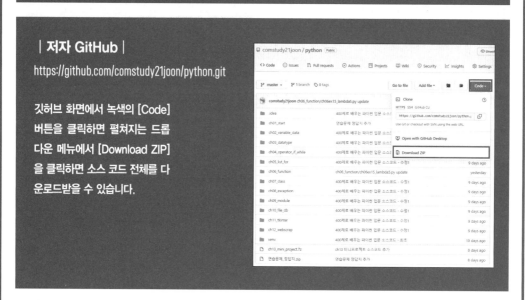

* 도서출판 심통 블로그에도 소스 코드와 연습문제 정답이 올려져 있습니다. https://blog.naver.com/basaebasae

* 편집기 파이참 설치 방법과 13장 전체 소스 pdf도 저자 블로그/까페, 깃허브에 올려져 있습니다.

목
차

Chapter 4

연산자와 if 조건문

Chapter

6

함수와
람다식

Chapter 10

파일 입출력 및 DB 연동

Chapter **11**

파이썬
Tkinter
GUI 개발

Chapter 13

미니
프로젝트

1

파이썬 시작하기

1장에서는 파이썬이 무엇인지 살펴보고 파이썬을 다운로드하고 설치하는 방법을 알아보도록 하겠습니다. 또 편집기에 대해 알아보고 설치한 후 파이썬 입출력에 대해서도 학습하도록 하겠습니다.

python

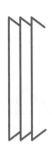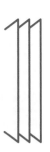

파이썬 개요

파이썬이란?

파이썬은 네덜란드 개발자인 귀도 반 로섬(Guido van Rossum)이 1991년에 개발해서 발표한 인터프리터(Interpreter) 방식의 컴퓨터 프로그래밍 언어입니다. 파이썬이라는 이름은 귀도 반 로섬이 좋아하던 서커스 프로그램인 Monty Python's Flying Circus(BBC)에서 따온 것이라고 합니다. 파이썬의 사전적 의미는 "비단뱀"입니다. 그래서 파이썬의 로고 마크는 두 마리의 비단뱀이 똬리를 튼 문양을 하고 있습니다.

| 파이썬 로고 마크(출처 : 파이썬 공식 홈페이지)

파이썬 언어는 창시자인 귀도 반 로섬이 연휴에 무료해서 취미로 만들기 시작한 것이 개발의 시초가 되었다고 합니다. 파이썬은 초보자가 배우고 익히기 쉬운 구조라서 초창기에는 교육용 프로그래밍 언어로 사용되다가 점차 IT 산업 전 분야에 걸쳐서 광범위하게 사용되고 있는 가장 인기 있는 범용 언어로 발전하였습니다. 파이썬의 철학은 인간이 사용하는 언어에 기반을 두고 직관적이면서도 이해하기 쉬운 문법을 사용하는 것으로 다른 프로그래밍 언어에 비해 소프트웨어 개발 속도가 빠르다는 장점이 있습니다.

개발(development)이란 소프트웨어 개발자가 프로그래밍 언어를 이용해서 소프트웨어를 만드는 것입니다. 컴퓨터 언어에는 기계어나 어셈블리어 같은 저급(Low Level) 언어도 있고, 파이썬이나 JAVA 언어 같은 고급(High Level) 언어도 있습니다. 여기서 저급이나 고급이란 표현은 그 언어의 품질을 의미하는 것이 아닙니다. 좀 더 기계어에 가까운 언어를 저급 언어라고 하고, 반대로 인간이 사용하는 언어에 가까운 언어를 고급 언어라고 합니다.

기계어는 단순히 0과 1로 이루어진 언어로 인간이 알아보기 힘든 바이너리 코드이고, 고급 언어에 가까울수록 인간이 일상적으로 사용하는 자연어와 유사하다고 할 수 있습니다.

컴퓨터 언어는 컴퓨터가 그 언어를 해석하고 처리하는 방식에 따라 컴파일 언어와 인터프리터 언어로 나누어집니다. 파이썬처럼 스크립트를 기반으로 하는 언어는 대부분 인터프리터 방식의 언어입니다. 따라서 우리가 공부할 파이썬도 스크립트 언어 중 하나입니다.

파이썬 외에도 대표적인 스크립트 언어에는 자바스크립트가 있습니다. 이런 인터프리터 언어는 보통 자연어에 좀 더 가깝기 때문에 사용하기 편하다는 장점도 있지만 컴파일 언어에 비해 속도가 느리다는 단점도 있습니다. 그러나 현재 우리가 사용하는 컴퓨터의 속도는 인간이 그 차이를 느낄 수 없을 만큼 성능이 좋기 때문에 비용적인 측면에서 생각해 본다면 컴퓨터 하드웨어의 비용 부담보다는 그것을 이용하는 개발자의 인건비가 더 높다고 할 수 있습니다. 따라서 개발 인건 비용을 줄이는 것이 빠른 실행 속도보다 더 중요하게 인식되고 있습니다. 개발 비용을 줄이고 작업 기간을 단축하기 위해서는 인간이 쉽게 배우고 사용하기도 쉬운 기술인 파이썬 같은 스크립트 언어를 도입해야만 합니다.

파이썬은 응용 프로그램 개발뿐만 아니라 웹 개발 및 데이터 분석, 머신러닝 등 그 활용 분야가 매우 광범위하고 오픈 소스이면서도 이런 분야의 다양하고 풍부한 라이브러리와 패키지가 준비되어 있기 때문에 여러 방면에 두루두루 사용 가능한 범용 프로그래밍 언어로 발전하였습니다. 또 무료 오픈 소스이므로 글로벌 기업에 라이선스 비용을 지불해야 하는 기존의 언어를 대체하는 방안으로도 가장 유력하다고 할 수 있습니다.

파이썬으로 할 수 있는 것들

파이썬은 범용 프로그래밍 언어로 파이썬을 활용할 수 있는 분야는 너무나 많습니다. 그중에서 주로 많이 활용될 수 있는 분야를 알아보도록 하겠습니다.

[파이썬 GUI 프로그래밍]

파이썬에서는 빠르게 GUI 프로그래밍을 구현할 수 있는 기술들이 있습니다. 그중 tkinter는 초보자도 쉽게 배울 수 있는 직관적인 API를 제공하고, PyQt5는 QtDesigner를 이용해서 빠르게 UI를 만들 수 있습니다. QtDesigner를 이용하면 UI를 만들 때 여러 가지 위젯들을 컨테이너 위에다가 드래그 앤 드롭 방식으로 쉽게 디자인할 수 있습니다. 또 위젯의 모양도 세련된 특징이 있습니다. Turtle이라는 모듈은 파이썬 소스 코드를 이용해서 학습에 도움이 되는 도형을 쉽게 그릴 수 있는 그래픽 도구입니다.

[웹 프로그래밍 기술]

파이썬은 웹 프로그래밍 기술도 상당히 강력합니다. 특히 백엔드 기술로 Flask와 Django가 유명합니다. Flask는 마이크로 프레임워크의 일종으로 자바스크립트 분야의 Node.js와 사용 방법이 많이 유사합니다. Django는 자바 기반의 스프링 프레임워크와 비슷한 수준의 방대한 프레임워크로 앞으로 파이썬 개발자가 폭발적으로 늘어나는 만큼 실무 개발에 광범위하게 적용될 것으로 예상됩니다. 이런 파이썬 기반의 웹 프레임워크는 쇼핑몰이나 웹사이트를 좀 더 신속히 구현할 수 있다는 장점이 있습니다.

[데이터 분석 및 데이터 시각화 기술]

파이썬은 빅데이터를 활용해서 데이터를 분석하고 그 결과를 시각화하는 기술에 활용할 수 있습니다. 파이썬은 오픈 소스임에도 다양한 라이브러리와 우수한 성능을 바탕으로 데이터 분석 및 머신러닝 분야에서 독보적인 인기를 차지하고 있습니다. 그리고 잘 알려진 OCR 라이브러리 등을 이용해서 얼굴 인식 프로그램 또는 문자나 이미지 인식 프로그램 개발도 할 수 있습니다.

[머신러닝/딥러닝 기술]

요즘 같은 4차 산업 혁명 시대에 가장 각광받는 분야를 꼽는다면 단연코 데이터 분석과 머신러닝/딥러닝입니다. 머신러닝/딥러닝이나 데이터 과학 등의 분야에서 이미 검증된 텐서플로, 케라스, 파이토치 같은 공개된 파이썬 오픈 소스 라이브러리들은 관련 알고리즘을 다양하게 포함하고 있기 때문에 파이썬의 인기에 더욱 힘을 실어주고 있습니다.

[기타]

파이썬의 BeautifulSoup 모듈과 selenium 모듈 등을 이용해서 웹 스크래핑이나 크롤링 기능을 구현할 수 있습니다. 또 게임 개발이나 업무 자동화에 활용 가능한 라이브러리도 아주 훌륭합니다. 사물인터넷인 IoT 분야 등에도 파이썬이 많이 사용되고 있습니다. 물론 파이썬이 모든 분야에 만병 통치약이라고 할 수는 없지만 비교적 다른 컴퓨터 언어에 비해서는 광범위하게 사용되고 있습니다.

파이썬을 공부하기 전에 알아두면 좋은 기술

파이썬과 같은 컴퓨터 프로그래밍 언어를 공부하기 전에 미리 알아두면 좋은 지식들이 있습니다.

파이썬은 다른 프로그램 언어에 비해 비교적 배우기가 쉽기 때문에 일단 컴퓨터의 구조와 동작 원리에 대해서 알고 있는 것이 좋습니다. 파이썬을 공부하기 위해 다른 어떤 기술을 먼저 배워야 한다는 것은 없습니다. 단지 Windows 같은 운영체제의 기본적인 사용 방법이나 인터넷 사용 방법과 웹 서핑 정도는 알고 있어야 학습에 어려움이 없을 것입니다.

그리고 요즘 일반인들은 많이 사용하지 않지만 개발자들에게는 필수라 할 수 있는 MS-DOS 기본 명령어 정도는 익혀 두는 것이 좋습니다. 윈도우에서 MS-DOS는 [시작메뉴 → Windows 시스템 → 명령 프롬프트]를 실행하거나 Window + R 단축키를 누르면 나타나는 실행 창에서 cmd를 입력해서 실행할 수 있습니다.

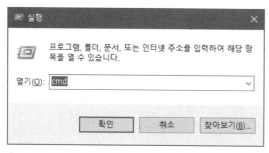

| Windows 실행 창 실행(Window+ R)

| 명령 프롬프트(cmd) 창

명령어	설명
dir	해당 디렉터리 안에 있는 파일과 하위 디렉터리의 목록을 보여줍니다.
cd	디렉터리의 경로의 위치를 바꿔줍니다.
mkdir	새로운 디렉터리를 만들어 줍니다.
rmdir	지정된 비어 있는 디렉터리를 삭제합니다.
del	지정된 파일을 삭제합니다.
copy	파일을 복사합니다.
type	파일의 내용을 보여줍니다.
find	파일에서 텍스트 문자열을 찾아줍니다.
move	하나 이상의 파일을 한 디렉터리에서 다른 디렉터리로 옮겨줍니다.
path	실행 파일의 찾기 경로를 보여주거나 설정합니다.
help	DOS 명령어의 요약을 볼 수 있습니다.

| MS-DOS 기본 명령어

윈도우 DOS 명령어에 대한 도움말은 명령 프롬프트에서 help 명령으로 확인할 수 있습니다. Linux나 MacOS 같은 운영체제에도 DOS와 비슷한 기능으로 터미널이 있습니다. 터미널에서는 DOS가 아닌 bash와 같은 터미널 명령어를 사용합니다. 자신이 사용하는 운영체제의 터미널 명령어를 익혀 두면 프로그래밍에 많은 도움이 됩니다.

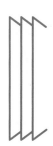

파이썬 설치

우리가 사용하는 파이썬은 기본적으로 C 언어로 만들어진 CPython입니다. 일반적으로 그냥 파이썬이라고 하면 CPython을 의미합니다. 파이썬은 구현 방식에 따라 여러 가지 종류로 나누어집니다. 예를 들어 자바 언어로 만들어진 파이썬은 JPython이라고 합니다. 이것은 자바 가상 머신에서 실행할 수 있고 자바 라이브러리를 그대로 연동할 수 있기 때문에 Swing 같은 자바 GUI 라이브러리도 사용할 수 있습니다. 그리고 파이썬 언어로 만들어진 파이썬이 있는데 이것이 바로 PyPy입니다. PyPy는 다른 언어를 거치지 않고 바로 파이썬으로 실행하도록 하기 때문에 기존의 CPython보다 빠른 실행을 목표로 합니다. 또 마이크로소프트 기술인 C#으로 만들어진 파이썬도 있는데 IronPython이라고 합니다. IronPython은 닷넷 기술을 지원합니다.

파이썬 설치 프로그램 다운로드

이 책에서 우리가 설치하고 사용할 파이썬은 일반적인 CPython으로 이것은 파이썬 공식 사이트에서 쉽게 다운로드받을 수 있습니다. 파이썬을 실행하기 위해서는 파이썬 개발 도구가 필요합니다. 파이썬 개발 도구에는 파이썬 해석기인 인터프리터와 소스 편집기 그리고 파이썬 기본 라이브러리가 포함되어 있습니다. 우리가 작성한 파이썬 소스 코드를 컴퓨터에서 실행 가능하도록 돕는 소프트웨어들이라고 생각하면 됩니다.

파이썬 최신 버전은 파이썬 공식 사이트의 메인 페이지에서 다운받을 수 있습니다. 메인 페이지에서 [Download] 메뉴를 클릭하면 서브 메뉴가 나옵니다. 나타난 서브 메뉴의 [Download for Windows] 항목 아래에 있는 "Python 3.8.2" 버튼을 클릭하면 즉시 최신 버전을 다운받을 수 있습니다.

파이썬의 버전은 계속 업그레이드되기 때문에 최신 버전이 이 책과 다를 수 있습니다.

(파이썬 공식 사이트 : https://www.python.org/)

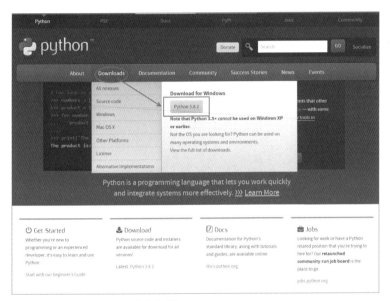

| 파이썬 공식 홈페이지에서 최신 버전 다운로드

다운로드 시 파이썬 최신 버전보다는 한 단계 이전 버전을 설치하는 것이 다른 라이브러리와 함께 사용할 때 의존성 문제 등이 발생하지 않고 안정적일 수 있습니다. 파이썬 이전 버전의 설치 파일을 다운로드받기 위해서는 파이썬 공식 사이트에서 [Download] 메뉴를 클릭해서 들어갑니다. (파이썬 다운로드 페이지 : https://www.python.org/downloads/windows/)

Looking for a specific release?
Python releases by version number:

Release version	Release date		Click for more
Python 3.8.2	Feb. 24, 2020	⬇ Download	Release Notes
Python 3.8.1	Dec. 18, 2019	⬇ Download	Release Notes
Python 3.7.6	Dec. 18, 2019	⬇ Download	Release Notes
Python 3.6.10	Dec. 18, 2019	⬇ Download	Release Notes
Python 3.5.9	Nov. 2, 2019	⬇ Download	Release Notes
Python 3.5.8	Oct. 29, 2019	⬇ Download	Release Notes
Python 2.7.17	Oct. 19, 2019	⬇ Download	Release Notes
Python 3.7.5	Oct. 15, 2019	⬇ Download	Release Notes

View older releases

| 파이썬 이전 버전 설치하기 링크 1

파이썬 하위 버전 다운로드 페이지로 들어가면 하단에 [Download] 메뉴가 보이는데 거기서 자신이 사용하는 PC에 맞는 플랫폼을 선택해서 설치 파일을 다운로드합니다. 여기서는 Python 3.7.6 버전의 "Download Windows x86-64 executable installer"를 다운로드하겠습니다.

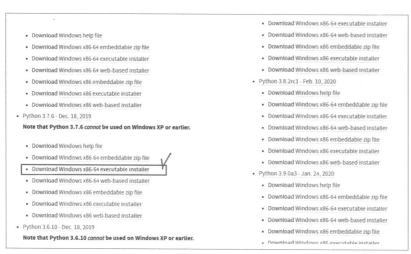

| 파이썬 이전 버전 설치하기 링크 2

파이썬 설치하기

파이썬을 설치할 때는 Path 추가를 꼭 체크합니다. 설치 파일을 더블 클릭하면 실행되는 설치 진행 창에서 "Add Python 3.7 to PATH"를 체크하면 파이썬 설치 시 자동으로 Path 환경 변수에 경로가 추가됩니다. 이 과정을 깜빡 잊을 수 있으니 꼭 주의해야 합니다. 만약 Path 추가를 체크하지 않고 설치했다면 지우고 다시 설치합니다. Path는 Windows 설정에서 환경 변수에 수동으로도 추가할 수 있지만 수동으로 추가하려면 여러 경로를 추가해야 하기 때문에 과정이 복잡합니다.

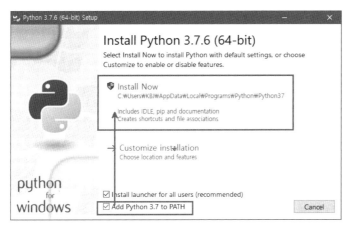

| 파이썬 설치 시 패스 추가하기 체크

설치 시작에서 Path 추가만 체크하고 나면 그 다음 과정은 자동으로 진행됩니다. 기다렸다가 설치가 마무리되면 [Close] 버튼을 클릭해서 설치를 마무리합니다.

파이썬은 사용자 PC의 Users 경로에 설치됩니다. 나중에 파이참 IDE에서 실제 설치 경로를 지정해야 할 경우도 있으니 설치 경로를 숙지할 수 있도록 합니다.

 Tip 파이썬의 실제 설치 경로

C:₩Users₩%user%₩AppData₩Local₩Programs₩Python₩Python(설치 버전)

파이썬 설치 확인 및 실행 테스트

파이썬이 성공적으로 설치되었다면 파이썬을 실행해 보겠습니다. 파이썬을 실행할 수 있는 방법은 아주 다양합니다.

Tip 파이썬 실행 방법

- 컴퓨터의 명령 프롬프트(cmd) 창에서 파이썬을 실행할 수 있습니다.
- 파이썬과 함께 설치되는 파이썬 IDLE를 이용한 실행도 가능합니다.
- 외부의 상용화된 다양한 통합 개발 환경으로도 실행할 수 있습니다.

(1) 윈도우 명령 프롬프트(CMD) 창에서 파이썬 셸 실행

통합 개발 환경 설치 및 실행은 다음 단원에서 진행하고, 이번 단원에서는 Windows의 명령 프롬프트 창에서 파이썬이 제대로 잘 설치되었는지 확인해 보도록 하겠습니다. 명령 프롬프트 실행 방법은 앞에서 설명하였습니다. 그러면 명령 프롬프트 창을 실행해서 파이썬 명령어를 실행해 보겠습니다. 우선 설치된 파이썬의 버전을 확인해 봅니다. 명령 프롬프트 창에서 아래 명령어로 버전을 확인할 수 있습니다.

```
C:\> python --version
```

그리고 Python과 함께 설치되는 pip 모듈 관리 도구의 버전도 확인할 수 있습니다.

```
C:\> pip --version
```

버전 확인 명령어를 실행하면 파이썬은 우리가 설치한 3.7.6 버전이라는 것을 확인할 수 있고, pip는 19.2.3 버전이라는 것을 확인할 수 있습니다.

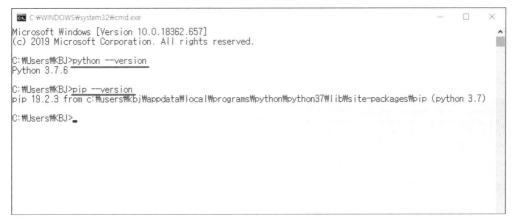

| PC의 명령 프롬프트 창에서 Python과 pip 버전 확인하기

pip는 파이썬과 관련된 외부 모듈을 손쉽게 설치할 수 있게 하는 파이썬 패키지 관리 툴입니다. 현재 자신이 사용하는 PC에 어떤 모듈이 설치되었는지 확인하고 싶다면 pip freeze 명령으로 모듈 설치 목록을 볼 수 있습니다.

```
C:\> pip freeze
```

현재는 따로 모듈을 설치한 것이 없기 때문에 아무것도 표시되지 않습니다.

(2) 파이썬 CLI를 이용한 실행

파이썬 셸을 실행하는 방법은 Windows 시스템의 명령 프롬프트 외에도 파이썬을 설치할 때 함께 제공되는 CLI(Command Line Interface, 명령줄 인터페이스)를 이용해서 확인할 수도 있습니다. 파이썬 CLI는 [window → Python 3.x → Python 3.x(32bit)]에서 실행할 수 있습니다. 확장자가 .py로 된 파이썬 소스 코드는 Windows 시스템 명령 프롬프트에서 바로 실행할 수 있습니다.

```
C:\> python 소스파일명.py
```

| 파이썬 CLI 실행 1

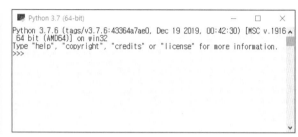

| 파이썬 CLI 실행 2

Windows 시스템의 명령 프롬프트 창에서 python을 입력해서 파이썬 셸을 실행해 보겠습니다. 파이썬 셸을 실행하면 명령 프롬프트가 DOS 명령 프롬프트에서 파이썬 명령 프롬프트로 모양이 바뀝니다. 이것으로 DOS에서 파이썬이 실행되었다는 것을 알 수 있습니다.

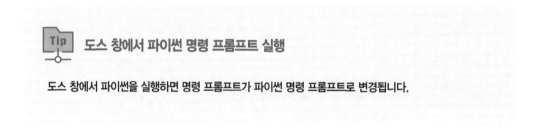

Tip 도스 창에서 파이썬 명령 프롬프트 실행

도스 창에서 파이썬을 실행하면 명령 프롬프트가 파이썬 명령 프롬프트로 변경됩니다.

파이썬 명령 프롬프트는 좀 특이하게 꺾쇠가 세 번 중첩된 기호(>>>)를 사용합니다.

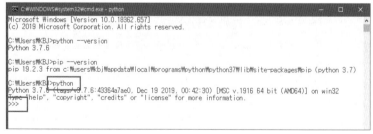

| 파이썬 실행 및 파이썬 명령 프롬프트 확인하기

파이썬 명령 프롬프트에서 파이썬 명령어를 입력하면 파이썬 인터프리터가 실행됩니다. 아래처럼 기본적인 산술 연산을 입력하면 결과를 바로 확인할 수 있습니다.

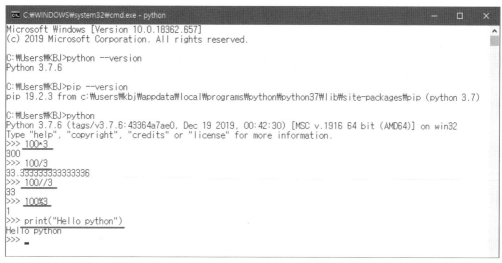

| 파이썬 기본 연산 및 print() 함수 사용하기

[명령어 설명]

```
>>> 100*3              --------    (곱하기 연산)
>>> 100/3              --------    (나누기 연산 – 결과 값이 실수형)
>>> 100//3             --------    (나누기 연산 – 결과 값이 정수형)
>>> 100%3              --------    (나머지 연산)
>>>  print('hello python')  --------    (문자열을 콘솔에 출력)
```

그 외에도 import()나 print() 같은 파이썬 명령어를 인터프리터에서 바로 확인할 수 있습니다. 파이썬 명령어를 입력하고 그 결과를 확인하는 명령 프롬프트는 콘솔이라고도 합니다. 콘솔(console)이란 컴퓨터를 동작시키는 물리 장치로 단말기를 지칭하는 사전적인 의미가 있습니다. 단말기는 터미널이라고도 합니다.

참고로 CLI, 명령 프롬프트, 터미널, 단말기, 콘솔은 모두 IT에서 비슷한 의미로 사용됩니다.

(3) 파이썬 셸 명령 프롬프트 종료

파이썬 셸을 종료하고 다시 MS-DOS 창으로 전환하려면 exit() 함수를 입력하거나 단축키

Ctrl + Z 를 누른 후 Enter 를 누르면 파이썬 셸을 빠져 나오게 됩니다. exit()는 함수이기 때문

에 exit만 입력하면 셸이 종료되지 않고 경고 메시지가 나타납니다.

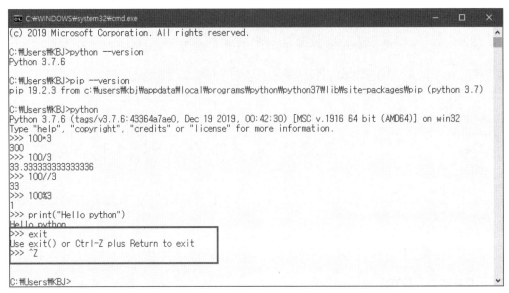

| exit() 함수로 파이썬 셸 종료하기

시스템의 Path 환경 변수에서 설치 경로 확인하기

명령 프롬프트에서 python 명령을 입력하고 실행했는데 바로 실행이 안 된다면 환경 변수 설
정 창을 실행하고 Path 환경 변수에 파이썬 설치 경로가 제대로 등록되었는지 확인해 봅니다.
환경 변수 설정 창은 탐색기의 [내 PC에서 마우스 오른쪽 버튼 클릭 → 고급 시스템 설정 →
환경 변수 → Path] 설치 경로에서 실행합니다. 이렇게 환경 변수를 설정하고 확인하는 것은
다른 프로그래밍 언어에서도 유사합니다.

1 [내 PC]에서 마우스 오른쪽 버튼
을 클릭하여 [속성]을 선택합니다.

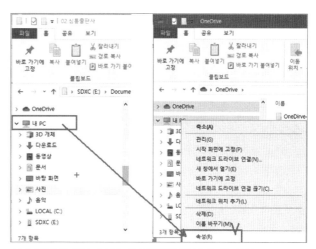

| [내 PC]에서 마우스 오른쪽 버튼 클릭하면 [속성(R)] 메뉴 보임

2 [속성]을 클릭하면 시스템 창이 나타납니다. 창 왼쪽 메뉴 맨 아래에서 [고급 시스템 설정]을 클릭합니다.

3 고급 시스템 설정을 선택하면 시스템 속성 창이 나타나는데 거기서 [환경 변수] 버튼을 클릭해서 환경 변수
설정 창을 실행합니다.

4 환경 변수 목록이 두 개 보이는데 위쪽 목록은 현재 사용자 전용 환경 변수 설정이고, 아래쪽 목록은 시스
템 전체 사용자에게 적용되는 전역 설정입니다. 사용자 변수에서 [Path] 변수 항목을 찾아서 더블 클릭하면
Path 변수에 등록된 프로그램 설치 경로가 보입니다.

5 확인이 되었다면 [취소] 버튼을 클릭해서 열었던 창을 모두 닫으면 됩니다. 만약 실제 설치 경로나 설치된
파이썬과 버전이 다르다면 해당 데이터를 지우고 [새로 만들기] 버튼을 클릭해서 설치 경로를 수정해 주면
됩니다. 설치 경로는 실제 경로에서 경로를 복사해서 붙이는 것이 제일 정확합니다.

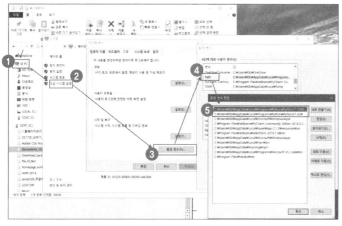

| 환경 변수의 Path 변수에서 Python 설치 경로 확인하기

보통 파이썬을 설치할 때 Path 등
록을 체크하면 자동으로 Path 환
경 변수에 경로가 추가됩니다. 만
약 체크를 안했다면 Path에 경로를
수동으로 추가합니다. Path 수정이
번거롭다면 설치된 python을 그냥
지우고 다시 설치하는 것이 편리합
니다. 다시 설치할 때는 Path 경로
추가를 꼭 체크하도록 합니다.

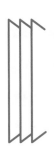

파이썬 편집기 설치

소프트웨어를 개발하기 위해서는 소스 코드를 작성해야 하고, 소스 코드를 작성하기 위해서는 소스 코드 편집기가 필요합니다. 소스 코드는 단순한 텍스트 문서일 뿐입니다. 그렇기 때문에 소스 코드를 작성하는 것은 Windows에 기본으로 설치되어 있는 메모장(Notepad)이나 파이썬 언어를 설치할 때 함께 설치되는 파이썬 IDLE 셸만으로도 개발이 가능합니다.

파이썬 편집기 사용

파이썬 셸은 IDLE라는 이름으로 파이썬과 함께 설치됩니다. 그러나 이런 파이썬의 기본 셸이나 메모장은 가볍다는 장점도 있지만 가벼운 만큼 기능이 너무 미약해서 상용화되고 있는 다른 편집기에 비해 불편한 점이 있습니다.

파이썬은 리눅스, 매킨토시, 윈도우 등 지구상의 거의 모든 운영체제(OS)에서 설치 및 실행이 가능합니다. 그렇기 때문에 단순히 메모장만을 사용하기보다는 특정 운영체제나 플랫폼에 구애받지 않는 범용 편집 프로그램을 사용하는 것을 추천합니다.

이런 범용 편집 프로그램을 통합 개발 환경이라고 하는데 줄여서 IDE(Integrated Development Environment)라고 합니다. 파이썬 프로그래밍에 자주 사용되는 통합 개발 환경에는 주피터 노트북(Jupyter Notebook)이나 파이참(Pycharm) 등이 있습니다. 또 기존의 자바 개발에서 많이 사용되는 유명한 편집기인 Eclipse IDE에 PyDev 플러그인을 서드파티로 설치해서 사용하기도 합니다. 최근에는 마이크로소프트에서 개발한 Visual Studio Code로도 많이 개발하고 있는 추세입니다. 그 외에도 우리 책에서 언급하지 못한 편집 툴도 아주 많습니다. 그런 편집 툴들의 성능도 저마다 아주 훌륭합니다. 그러나 이렇게 다양한 편집 툴을 모두 사용해야 할 필요도 없고 모두 사용할 수도 없습니다. 어떤 툴을 사용하든지 편집 툴은 그저 도구일 뿐이고 사용 방법이나 원리도 대부분 비슷합니다. 이 중에 몇 가지를 사용하다 보면 자신에게 잘 맞는 툴을 찾을 수 있고 그것에 익숙해지게 됩니다.

우리 책은 편의상 파이참 커뮤니티 버전을 사용하였습니다. 주피터 노트북도 편리합니다. 데이터 분석 분야에서는 주피터 노트북을 많이 사용하는데 주피터 노트북을 사용하기 위해서는 아나콘다 통합 라이브러리를 함께 설치해야 하기 때문에 다운로드 및 설치 시간이 많이 걸립니다. 하지만 요즘은 구글 클라우드 플랫폼의 코랩(colab)에서도 주피터 노트북 환경을 제공하고 있기 때문에 굳이 PC에 설치하지 않더라도 주피터 노트북 환경을 사용할 수 있습니다. 주피터 노트북을 사용해 보려면 아래 코랩 경로에서 확인할 수 있습니다.

(구글 코랩 : https://colab.research.google.com/notebooks/welcome.ipynb?hl=ko-kr)

지금 이 책에 수록한 예제들은 파이참 커뮤니티 버전만으로도 충분히 구현하고 실행할 수 있습니다. 우리가 사용할 파이참 커뮤니티 버전은 무료임에도 성능이 아주 뛰어나고 젯브레인즈(JetBrains)의 다른 소프트웨어들과 유사한 인터페이스를 가지고 있습니다. **파이참 편집기 설치 방법은 저자의 깃허브나 블로그, 까페 또는 출판사 블로그에서 파일로 내려받을 수 있습니다.**

 파이썬 편집기는 어떤 것이 좋을까요?

"명필은 붓을 탓하지 않는다."라는 말이 있습니다. 코딩을 하는 데 있어서 편집 도구가 중요한 것이 아니라는 의미로 해석할 수도 있을 것입니다. 만약 지금 당장 파이참을 설치하고 사용하는 것이 어렵다면 파이썬에서 기본적으로 제공하는 IDLE 편집기를 사용해도 되고, 개인적으로 사용하던 편집기가 있다면 거기에 파이썬 설정을 해서 사용해도 괜찮습니다. 소스 코드 편집기는 무엇을 사용하든 크게 문제되지 않습니다. 파이썬 소스 코드를 작성하고 그것을 실행하는 방법은 아주 많습니다. 그리고 프로그래밍을 하다 보면 "모로 가도 서울만 가면 된다."라는 정신도 필요합니다. 우리 책에서 언급하지 않은 방법 외에도 어떤 방법으로든 개인 취향에 맞추어서 파이썬 학습 환경을 만들어 보는 것은 개발자로서 아주 좋은 학습 태도라고 할 수 있습니다.

파이썬 내장 IDLE 편집기 실행하기

우선 파이썬 내장 IDLE 편집기를 사용해 보겠습니다. IDLE는 따로 설치할 필요 없이 파이썬을 설치할 때 자동으로 함께 설치됩니다. IDLE는 파이썬 설치 경로에서 찾아서 실행 가능합니다. IDLE는 [window → Python 3.x → IDLE 실행] 경로에서 실행 아이콘을 찾아서 실행할 수 있습니다.

(1) window → Python 3.x → IDLE 실행
(2) 명령 프롬프트에서 바로 실행
(3) 소스 파일을 새로 생성해서 소스 코드 작성
(4) 소스 파일 실행 → run → Run Module(F5)

1 윈도우 시작 메뉴에서 Python을 찾아서 IDLE를 실행합니다. IDLE에는 파이썬 Shell 명령 프롬프트 기능과 스크립트 작성 및 실행 기능이 모두 포함되어 있습니다.

| 윈도우 시작 메뉴에서 Python 확인하기

② 파이썬 Shell의 [File → New File] 메뉴를 선택하면 스크립트를 입력할 수 있는 창이 실행됩니다. IDLE 명령 창과 스크립트 편집 창은 기본적으로 분리되어 있기 때문에 창의 위치를 자유롭게 배치할 수 있습니다.

| 파이썬 Shell에서 새 스크립트 파일 실행하기

③ 아래 이미지는 파이썬 IDLE와 스크립트 편집 창을 함께 보여주는 화면입니다. 파이썬 IDLE는 이처럼 명령 창과 스크립트 창이 분리되어 있습니다.

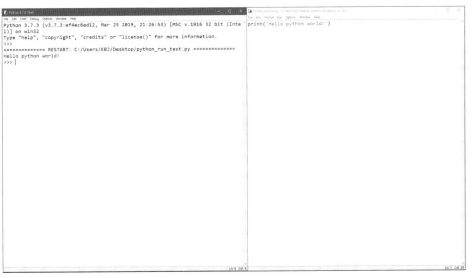

| 파이썬 IDLE와 스크립트 편집 창 실행 화면

④ 스크립트 편집 창에서 작성한 스크립트는 파일로 저장할 수 있습니다. 저장된 파일은 즉시 실행할 수도 있고, 나중에 다시 편집 창으로 불러와서 수정할 수도 있습니다. 스크립트 파일을 저장하려면 스크립트 편집 창에서 [File → Save] 메뉴로 적당한 위치에 파일을 저장할 수 있습니다.

스크립트에 작성한 문장은 간단한 출력문으로 다음과 같습니다.

```
print("hello python!")
```

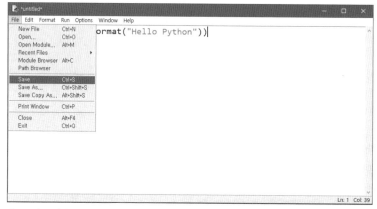

| 스크립트 파일 저장하기

⑤ 작성된 스크립트를 스크립트 편집 창에서 즉시 실행할 수 있습니다. 스크립트를 즉시 실행하려면 [Run → Run Module(F5)] 메뉴로 실행합니다.

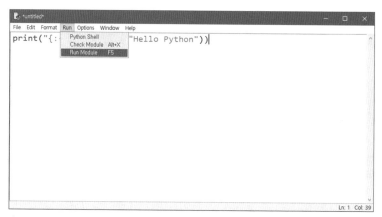

| 스크립트 창에 작성된 소스 코드 실행하기

6 스크립트를 실행하면 실행 결과는 IDLE 셸의 명령 프롬프트에 나타납니다.

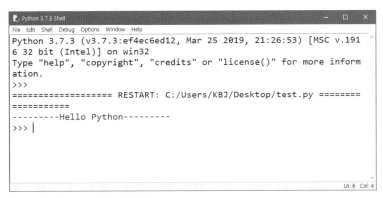

| 스크립트 소스 코드 실행 결과 화면

파이썬을 실행할 때 종종 오류 문구가 발생합니다. 이런 오류에는 문법적인 오류와 실행 시 오류가 있습니다. 문법적인 오류는 SyntaxError:로 시작됩니다.

실행 시 오류는 Runtime 오류라고도 합니다. 실행 시 오류는 주로 Traceback (most recent call last):와 같이 시작하고, 아래에 오류가 발생한 line 번호와 오류의 종류가 표시됩니다.

처음 소스 코딩할 때 자주 발생하는 오류는 Type Error와 같은 것입니다. 이런 오류의 원인은 문자열과 정수를 연산하거나 괄호를 열고 닫는 등의 마무리를 제대로 하지 않았을 경우에 발생합니다. 또 선언되지 않은 변수를 사용했을 경우에도 발생합니다.

7 저장된 파일은 나중에 다시 불러오기가 가능합니다. 파이썬 IDLE나 스크립트 편집 창에서 [File → Open] 메뉴를 이용해서 저장된 스크립트 파일을 다시 불러올 수 있습니다. 다시 불러온 파일의 소스 코드는 수정해서 저장하거나 새로 실행할 수 있습니다.

| 저장된 스크립트 소스 파일 불러오기

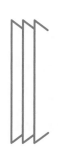

파이썬에서 데이터 입출력

이제 파이썬 소스 코드 편집기까지 모두 설치했다면 간단한 예제를 작성해서 제대로 구동하는지 테스트해 보겠습니다. 편집기로는 파이썬에서 기본적으로 제공되는 IDLE를 사용해도 좋고, 앞에서 설치한 파이참 통합 개발 환경을 사용해도 좋습니다.

파이썬 주석문

주석은 코딩의 완성입니다. 파이썬에서 주석은 한 줄 주석과 여러 줄 주석이 있습니다. 한 줄 주석은 샵(#)으로 시작합니다. 그리고 여러 줄 주석은 따옴표나 쌍따옴표를 3개 연속으로 붙여서 시작하고, 마무리 역시 따옴표나 쌍따옴표를 3개 연속으로 붙여서 마무리합니다. 따옴표 여러 줄 주석 안에 쌍따옴표 여러 줄 주석을 겹쳐서 사용 가능합니다. 파이참에서 주석 처리는 주석할 부분을 드래그해서 선택한 후 Ctrl과 슬래시(/)로 할 수 있습니다. 즉, 주석의 단축키는 Ctrl + / 입니다.

주석은 소스 코드에서 설명이나 프로그래머들 간에 전달 사항을 적는 부분으로 실행되지 않는 부분입니다.

주석문 작성하기 – ch01ex01.py

```
1    # 이것은 한 줄 주석입니다.
2    # 주석은 해석되지 않습니다.
3    # 소스에 대한 설명글을 작성할 때 사용합니다.
4
5    # 여러 줄 주석은 따옴표 3개로 시작하고 따옴표 3개로 끝냅니다.
6    # 여러 줄 주석은 여러 줄 문자열로 대신 사용하기도 합니다.
7
8    ''' 여러 줄 주석(따옴표 3개 또는 쌍따옴표 3개로 주석 시작)
9    print("Hello Python!")
10   for i in range(5) :
11       print("i =>", i)
12   '''
```

● **소스코드해설** ●

행 번호	설명
1~6	한 줄 주석을 이용해서 한 줄씩 주석 처리하였습니다. 파이참 단축키는 Ctrl + / 입니다.
8~12	파이썬에서 여러 줄 주석 처리입니다. 따옴표나 쌍따옴표 3개로 시작하고, 따옴표나 쌍따옴표 3개로 마무리합니다. 따옴표 여러 줄 주석 안에 쌍따옴표 여러 줄 주석을 중첩해서 사용할 수 있습니다. 이때 열고 닫는 것이 엇갈리면 안됩니다.

 실행 결과 주석은 소스 코드에서 실행되지 않는 부분입니다.

파이썬 문자열 출력

파이썬에서 문자열을 다루는 방법은 여러 가지입니다. 기본적으로 print() 함수에서 문자열 데이터나 숫자 데이터를 출력할 수 있고, 다음 장에서 배울 리스트나 딕셔너리의 내용도 출력할 수 있습니다.

또 print() 함수 자체가 가지는 sep 속성과 end 속성을 이용해서 문자열의 모양을 다르게 출력하는 것도 가능합니다.

---

 print() 함수의 기본적인 사용법 – ch01ex02.py

```
1   # print() 함수의 기본적인 사용. 쉼표(,)를 이용해서 여러 타입의 데이터를 연속 출력 가능
2   print("당신의 나이는", 33 ,"세입니다!")
3   # 함수를 이용해서 데이터 형 변환하기 : str(), int(), float()
4   print("당신의 나이는 "+ str(33) +"세 입니다!")
```

소스코드해설

행 번호	설명
2	print() 함수는 쉼표를 이용해서 여러 데이터를 한번에 출력 가능합니다. 쉼표를 이용하면 서로 다른 타입의 데이터를 사용해도 문제가 없습니다. 쉼표를 이용해서 데이터를 출력할 때는 데이터 사이의 기본 구분자로 공백이 포함됩니다. 그리고 문장의 끝은 줄 바꿈 문자가 포함됩니다. 이것은 sep="", end="" 등의 속성을 사용해서 변경 가능합니다.
4	파이썬에서 더하기 연산자(+)는 두 가지 용도로 사용됩니다. 한 가지는 산술 연산자로서 숫자형의 데이터를 더하는 기능이고, 다른 한 가지는 서로 다른 문자열과 문자열을 연결해서 이어주는 기능을 합니다. 그런데 특이한 점은 문자열과 숫자를 더하기 연산하면 서로 데이터 형식이 맞지 않기 때문에 오류가 발생합니다. 이런 경우에 파이썬에서는 데이터의 형 변환 방법으로 함수를 사용합니다. 형 변환 함수는 다음과 같습니다. • str(숫자 데이터) : 숫자형을 문자열형으로 형 변환 • int(numeric 데이터) : 문자열형 데이터를 정수형 데이터로 형 변환 • float(numeric 데이터) : 문자열형 데이터를 실수형 데이터로 형 변환

당신의 나이는 33세입니다!
당신의 나이는 33세입니다!

Process finished with exit code 0

print() 함수에 쉼표(,)를 이용해서 여러 개의 데이터를 출력하는 것은 좀 불편한 점이 있습니다. 이것을 문자열 변환 포맷 기호를 이용해서 처리하면 좀 더 편리합니다. 이 변환 문자열 방식은 자바 언어나 C 언어에도 있는 프로그래밍에서는 일반적인 문자열 처리 방식이라고 할 수 있습니다. 변환 문자열 기호는 %s, %d, %f 등의 문자열 포맷을 사용합니다. 이런 변환 문자열은 한 줄 문자열뿐만 아니라 여러 줄 문자열에도 사용이 가능합니다.

- %s : 문자열을 변환하는 기호
- %d : 정수를 변환하는 기호
- %f : 실수를 변환하는 기호

실습예제 변환 문자열 포맷을 이용한 문자열 처리 – ch01ex03.py

```
1    # 변환 문자열을 이용한 출력 : %d, %s, %i, %f
2    print("당신의 나이는 %d세입니다!" % 33)
3    print("%s님의 나이는 %d세입니다." % ("홍길동", 33))
```

소스코드해설

행 번호	설명
2	print() 함수 끝에 있는 33이라는 데이터를 %d 기호와 교체하고, 문자열 뒤 % 기호 뒤에 오는 데이터를 변환 문자로 교체합니다.
3	변환하려는 데이터가 두 개 이상일 경우 튜플 타입으로 데이터를 사용합니다. 튜플은 (와) 사이에 데이터를 나열하는 것입니다.

당신의 나이는 33세입니다!

홍길동님의 나이는 33세입니다.

Process finished with exit code 0

변환 문자열은 다른 프로그래밍 언어에서도 사용되는 보편적인 문자열 처리 방식이기는 하지만 프로그래밍에 익숙하지 않은 사람들에게는 헷갈리는 부분이 있고 기능도 제한적입니다. 파이썬에서는 문자열 데이터에 format() 함수가 포함되어 있습니다. 이것이 사용 방법도 간편하고 기능도 풍부합니다.

문자열의 format 메소드를 이용한 문자열 처리 – ch01ex04.py

```
1   # format() 함수를 이용한 처리
2   print("당신의 나이는 {}세입니다!".format(33) )
3   print("{1}님의 나이는 {0}세입니다.".format(25, "김길동") )
4   # - 기호를 30개 출력하고 중앙에 '제목'이라는 문자열을 출력
5   # ^가운데, 〈좌측, 〉우측
6   print("{:-^30}".format("제목") )
```

소스코드해설

행 번호	설명
2	format() 함수에 들어가는 인수 33을 문자열에 포함된 {}로 대체합니다.
3	문자열에 추가할 데이터가 두 개 이상일 경우에는 format() 함수에 순서대로 나열하면 됩니다. 만약 format() 함수에 들어가는 순서와 {}의 순서를 다르게 하고 싶다면 {0} {1} 형식으로 번호를 붙여주면 됩니다.

6   문자열은 곱하기 연산이 가능합니다. 곱한 수만큼 문자열을 반복합니다. {} 부분의 문자열을 숫자만큼 공간을 확보하고 format에 입력된 문자열을 정렬합니다. 〈는 좌측 정렬, 〉는 우측 정렬, ^는 가운데 정렬이 됩니다. 현재는 30칸을 빼기(-) 기호로 일단 채우고 '제목'이란 문자열을 그 가운데로 정렬한 것입니다.

 당신의 나이는 33세입니다!
김길동님의 나이는 25세입니다.
----------------제목----------------

Process finished with exit code 0

2

데이터와 변수

2장에서는 파이썬에서 주로 다루는 데이터와 데이터를 담는 변수에 대해 학습하고, 문자열 데이터와 수치형 데이터의 사용법과 쓰임에 대해서 학습하도록 하겠습니다. 변수에 담아서 사용하는 데이터는 그 데이터 자체는 변하지 않는 상수라고 할 수 있습니다. 상수인 데이터에 대해서도 좀 더 알아보도록 하겠습니다.

p y t h o n

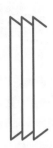

맛보기 예제-일단 따라해 보세요!

본론에 들어가기에 앞서 우선 간단한 예제를 따라해 보겠습니다. 2장에서 배울 간단한 예제를 통해 먼저 감을 잡아보길 바랍니다. 1장을 제외한 모든 장에는 이렇게 일단 따라해 보기 예제를 준비하였습니다.

다음 예제는 사용자로부터 성명과 나이를 입력받아서 자신이 65세까지 몇 년이나 남았는지를 알려주는 프로그램을 만드는 소스 코드입니다. 이 예제를 해보는 목적은 변수에 데이터를 담고 데이터의 형 변환 방법을 알아보기 위해서입니다.

컴퓨터의 CPU는 데이터를 연산하는 장치로 인간의 뇌에 비유할 수 있다면 메모리는 기억장치라고 할 수 있습니다. 데이터를 연산할 때 연산한 결과를 임시로 저장하는 장치가 필요한데 이때 컴퓨터의 RAM이라는 메모리에 임시 저장합니다. RAM은 휘발성 메모리라고 합니다. 그 이유는 RAM에 임시 저장된 데이터는 전원이 꺼질 경우 모두 소멸되어 초기화되므로 컴퓨터를 재부팅했을 때 이전에 저장된 데이터가 모두 사라지기 때문입니다. 우리가 지금 만드는 예제에서 입력받는 데이터는 모두 이 RAM이라는 기억 공간에 저장되고 변수를 통해서 접근하고 사용됩니다.

이처럼 변수는 CPU가 연산한 결과를 임시 저장하거나 외부로부터 입력된 데이터를 임시 저장하는 용도로 사용되는 메모리 공간을 할당한 것입니다. 그러면 일단 따라해 보기 예제를 통해서 변수에 데이터를 저장하고 사용하는 실습을 해보겠습니다.

일단 따라해 보기 – ch02_pre_example.py

```
1   # 프로그램의 타이틀을 콘솔에 출력합니다.
2   print(":::  나는  65세까지 몇년 남았을까?  :::")
3   # 사용자로부터 데이터를 입력받아서 변수에 저장합니다.
4   user = input("성명 입력 >> ")
5   # 정수로 사용되는 데이터를 형 변환합니다.
6   age = int(input("나이 입력 >> "))
7   # 입력된 데이터를 연산하고 그 결과를 새로운 변수에 담아둡니다.
8   futureAge = 65-age
9   # 변수에 저장된 데이터를 콘솔에 출력합니다.
10  print("{:-^30}".format("입력 정보 확인") )
11  print("{}님은 65세까지 {}년 남았습니다.".format(user, futureAge))
```

(참고) 소스 코드의 앞부분에 있는 번호는 소스 코드의 설명 위치를 표시하기 위해 붙여둔 소스 코드의 행 번호입니다.

소스코드해설

행 번호	설명
4	성명을 저장할 변수 user를 선언하고 input() 함수를 이용해서 사용자의 키보드로부터 성명 데이터를 입력받습니다. 파이썬 언어는 변수를 미리 선언하지 않아도 필요한 위치에서 즉시 변수를 사용 가능하게 설계되었습니다.
6	파이썬의 input() 함수를 이용해서 데이터를 입력받게 되면 일단 모든 데이터는 문자열 데이터가 됩니다. 파이썬은 문자열과 숫자형 데이터를 명확히 구분해서 연산하기 때문에 정수나 실수 같은 연산이 필요한 데이터는 미리 형 변환을 해주어야 합니다. 정수로 형 변환할 경우에는 int( ) 함수를 이용하고, 실수로 형 변환할 경우에는 float() 함수를 이용합니다. 반대로 숫자를 문자열로 형 변환해야 하는 경우도 있는데 이때는 str() 함수를 이용해서 문자열 데이터로 형 변환할 수 있습니다.
8	age 변수에 저장된 데이터는 int() 함수로 형 변환되었기 때문에 65라는 숫자형 데이터와 연산하게 됩니다. 만약 현재 나이가 65보다 작다면 65가 되기 위한 부족한 값이 futureAge 변수에 담기게 됩니다.

::: 나는 65세까지 몇년 남았을까? :::
성명 입력 >> 홍길동
나이 입력 >> 25

ㅡㅡㅡㅡㅡㅡㅡㅡㅡ입력 정보 확인ㅡㅡㅡㅡㅡㅡㅡㅡㅡㅡㅡㅡㅡㅡㅡㅡㅡㅡㅡㅡㅡㅡ
홍길동님은 65세까지 40년 남았습니다.
ㅡㅡㅡㅡㅡㅡㅡㅡㅡㅡㅡㅡㅡㅡㅡㅡㅡㅡㅡㅡㅡㅡㅡㅡㅡㅡㅡㅡㅡㅡㅡㅡㅡㅡㅡㅡㅡ

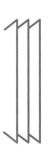

데이터(자료)

컴퓨터는 데이터를 가공해서 정보를 만들어 내는 것이 본연의 일입니다. 그렇기 때문에 제대로 된 프로그래밍을 하기 위해서는 데이터의 종류와 사용법에 대해서 잘 이해해야 합니다. 데이터의 종류는 크게 문자열 데이터, 수치형 데이터, 참조형 데이터, 논리형 데이터로 나뉘고, 수치형 데이터는 다시 실수형 데이터와 정수형 데이터로 나뉩니다. 앞으로 7장에서 배우게 되는 클래스로 선언한 객체는 참조형 데이터입니다. 이처럼 데이터는 쓰임새와 모양에 따라 여러 종류의 자료로 분류되는데 이런 자료를 데이터(data)라고 합니다. 따라서 자료형과 데이터 타입(Data Type)은 같은 의미입니다. 컴퓨터 프로그램이 데이터를 다루는 일을 하는 것이 주된 일인 만큼 데이터의 타입을 구분하는 것은 아주 중요합니다. 컴퓨터 프로그램은 데이터를 쓸모 있게 가공해서 정보를 만드는 일을 합니다. 인간에게는 밥이 주식이듯 컴퓨터에게는 데이터가 주식입니다. 데이터는 구조에 따라 리스트, 튜플, 셋, 딕셔너리 등으로 나뉘게 됩니다. 자료형에 대해서는 3장에서 좀 더 자세히 알아보도록 하고, 2장에서는 상수 데이터와 데이터를 저장하는 변수에 대해서 학습해 보도록 하겠습니다.

상수란?

우리가 살고 있는 세상에는 수많은 상수와 변수가 있습니다. 컴퓨터 프로그램상에서도 수많은 데이터가 실시간으로 변하고 가공됩니다. 이렇게 많은 데이터들 중에서 시시때때로 변하는 데이터를 변수라고 하고, 프로그램의 시작부터 종료까지 절대로 변하지 않는 데이터를 상수라고 합니다.

여기서 잠깐 생각해 보겠습니다. 우리의 일상 세계에는 상수가 많을까요, 변수가 많을까요? 사실 거의 모든 데이터가 그때그때 변하는 변수라고 할 수 있습니다. 조금 철학적일 수도 있지만 세상에는 변하지 않는 것이 거의 없습니다. 강물도 흘러서 변하고, 강 위를 가로지르는 다리도 변화가 없어 보이지만 시간이 지나면 낡아서 부서지게 됩니다. 그래서 요즘은 강 위의 다리에도 수많은 센서를 부착해서 다리의 상태를 매시간 관측하고 있습니다. 어느 날 갑자기 다리가 붕괴되면 큰일이니까요.

다음은 선언된 변수에 데이터를 저장하고 사용하는 예제입니다. 파이썬에서 변수를 선언할 때는 변수의 타입이 미리 정해지지 않기 때문에 선언된 변수에는 어떤 타입의 데이터이든 자유롭게 저장해서 사용할 수 있습니다.

실습예제 **변수와 상수의 구분 – ch02ex01.py**

```
1    height = 180
2    name = "철수"
3    print(name, "는 키가", height, "센티 입니다.")
4
5    # 변수에는 타입과 상관없이 데이터를 바꿔서 담을 수 있습니다.
6    # height 변수에는 키 대신 이름을 담고,
7    # name 변수에는 이름 대신 키를 담아서 사용해도 문제가 되지 않습니다.
8    height = "영희"
9    name = 170
10   print(height, "는 키가", name, "센티 입니다.")
```

소스코드해설

행 번호	설명
1	height 변수를 선언하고 값으로 수치 데이터 180을 담았습니다. 변수는 값을 담는 그릇에

비유될 수 있습니다.

2   name 변수를 선언하고 값으로 "철수"라는 문자열을 담았습니다.

3   변수 height와 name에 담긴 값을 print( ) 함수를 이용해서 콘솔에 출력합니다.

8   수치 값이 저장되었던 height 변수에 수치 값이 아닌 문자열 값을 저장하였습니다.

9   문자열 값이 저장되었던 name 변수에 문자열 값 대신 수치 값으로 바꿔서 저장하였습니다. 문제가 없습니다. 이처럼 파이썬의 변수는 특정 자료형에 종속되지 않고 어떤 데이터이든 마음대로 담아서 사용할 수 있습니다.

10   값이 바뀐 변수들을 print( ) 함수를 이용해서 콘솔에 출력해 봅니다.

 실행 결과
철수는 키가 180 센티 입니다.
영희는 키가 170 센티 입니다.

문자열 상수 데이터만을 사용한 출력과 문자열 상수와 변수를 함께 사용한 데이터 출력의 결과는 같습니다. 그러나 내부적으로는 변수를 사용했기 때문에 중요 데이터의 값을 교체할 수 있다는 것이 문자열 상수만 사용해서 출력한 것과 다른 특징입니다.

 Tip   **문장에서 변수로 사용할 데이터 추출하기**

아래와 같은 일상적인 문장에서 문자열 데이터와 수치 데이터를 구분해 보겠습니다. 프로그래밍을 공부할 때 먼저 대상을 관찰하고 분석하는 것은 좋은 태도입니다.

"철수는 키가 180 센티 입니다."

위 문장을 문자열 데이터와 수치 데이터로 구분하면 다음과 같이 나열할 수 있습니다.

문자열 데이터	수치 데이터	문자열 데이터
"철수는 키가",	180 ,	"센티 입니다."

이 데이터를 print() 함수를 이용해서 콘솔에 출력하면 다음과 같습니다.

```
print("철수는 키가", 180 , "센티 입니다.")
```

이 중에서 180이라는 수치 데이터는 상황에 따라 바꿔서 사용할 수 있습니다. 이렇게 상황에 따라 바뀌는 값을 변수에 담아서 사용하면 편리합니다. 변경한 문장은 아래와 같이 작성할 수 있습니다. 이때 height 부분을 변수라고 하고 180은 변수에 저장되는 값인데 이것을 데이터라고 합니다. print() 함수로 height 변수에 저장된 값을 출력할 수 있고, 변수에는 다른 값을 바꿔 담을 수 있습니다.

```
height = 180
print("철수는 키가", height, "센티 입니다.")
```

키를 저장할 변수를 만들고 보니 "철수"라는 이름도 상황에 따라 바뀔 수 있도록 작성할 수 있을 것 같습니다. 그래서 "철수"라는 데이터도 name이라는 변수를 만들어서 저장하였습니다. 변경된 문장은 다음과 같이 만들 수 있습니다.

```
height = 180
name = "철수"
print(name, "님은 키가", height, "센티 입니다.")
```

이처럼 변수로 만들어진 height와 name은 데이터를 담아두는 그릇으로 이해할 수 있습니다. 변수라는 그릇에는 값을 바꿔서 담을 수도 있고 변수에 담기는 데이터의 타입도 문자열과 숫자를 가리지 않고 자유롭게 사용할 수 있습니다. height나 name처럼 값을 바꿔 담을 수 있는 용도를 변수라고 합니다.
변수에 담기는 값인 180이나 "철수"를 데이터라고 하는데 이 데이터 자체는 상수 값입니다. 그리고 print() 함수에서 사용되고 있는 문자열인 "님은 키가"와 "센티 입니다."는 상수입니다. 변수에 담기거나 print() 함수에서 사용되는 데이터 값 자체는 프로그램이 끝날 때까지 바뀌지 않기 때문에 상수 데이터라고 할 수 있습니다.

상수 선언하기

상수는 수정이 불가능한 데이터로 변수처럼 직접 선언하는 것이 불가능합니다. 왜냐하면 상수는 외부에서 입력되는 데이터나 변수에 저장되는 데이터 자체이기 때문입니다. 그렇기 때문에 파이썬에는 이런 수정 불가능한 상수를 변수처럼 선언하는 방법이 따로 없습니다. 만약 변수를 상수처럼 사용하고자 한다면 모든 철자를 대문자로 표시해서 이 변수의 값은 상수처럼 절대로 바꾸지 말라고 표시만 해줄 뿐입니다.

변수	연산자	데이터(상수)
user_name	=	'KIM'
age	=	35

 Tip 대입 연산자(=)와 항등 연산자(==)의 구분

변수를 선언할 때나 변수에 값을 대입할 때 연산자로 =(는)을 사용합니다. =은 우리가 어릴 적 수학 시간에는 "같다"라고 배웠지만 프로그램 세상에서 =은 "같다"라는 의미가 아닙니다. 프로그램 세상에서 =은 왼쪽 항의 값을 오른쪽 변수에 담으라는 의미로 "대입"이라고 합니다. "대입"과 "같다"는 엄연히 다른 의미이기 때문에 절대로 헷갈려서는 안됩니다. 프로그램 세상에서 "같다"는 의미의 연산자는 =을 두 번 사용해서 ==로 사용합니다.

즉, height = 180은 height 변수에 180이라는 값을 대입하라는 의미가 되고, height == 180은 height 변수에 담긴 값과 180은 같다는 의미가 됩니다. ==와 같은 연산자를 등호라고 하는데 이런 등호나 부등호와 같이 어떤 대상을 비교할 때 사용하는 연산자는 그 실행 결과 값이 True나 False만 될 수 있습니다. 연산자에 대한 자세한 학습은 4장에서 하도록 하겠습니다.

상수 사용 방법

상수는 프로그램이 실행되는 도중에 그 값이 절대로 바뀌면 안 되는 데이터로 대표적인 상수로는 원주율이 있습니다. 원주율은 절대 불변의 값입니다. 이런 값이 프로그램 실행 중에 갑자기 값이 바뀐다면 프로그램은 치명적인 오류를 일으키게 됩니다. 파이썬에는 이런 종류의 절대로 바뀔 수 없는 값을 저장해 둔 모듈이 있습니다. math 모듈입니다. math 모듈에는 상수뿐만 아니라 수학이나 정교한 계산식에 필요한 sin(), cos() 같은 여러 가지 함수가 함께 포함되어 있습니다.

 math 모듈에 정의된 상수들 – ch02ex02.py

```python
import math

# 원주율 pi 상수
pi = math.pi
print("pi =>", pi)

# 자연 로그의 밑 e 상수
e = math.e
print("e =>", e)
```

```
pi => 3.141592653589793
e => 2.718281828459045
```

math 모듈을 확인하려면 PyCharm 편집기에서 math를 입력하고 Enter 를 두 번 눌러 모듈을 추가한 후에 math.을 입력하고 Ctrl + Space Bar 를 누르면 힌트가 보이게 됩니다. math 뒤에

점이 붙어 있다는 것에 주의합니다. PyCharm 편집기에서는 다른 모듈의 힌트도 대부분 이런 방법으로 확인할 수 있습니다.

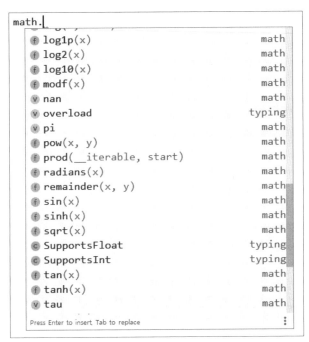

| PyCharm에서 확인 가능한 math 모듈에 포함된 여러 가지 상수와 메소드

변수와 상수 구분하기

변수와 데이터를 구분하여 설명하기 위해 상수라는 용어를 사용하였습니다. 그러나 파이썬에서는 사실 상수를 따로 선언할 수는 없습니다. 파이썬이 아닌 다른 언어들, 즉 자바나 C 언어는 final 또는 const와 같은 키워드를 변수 선언 앞에 사용해서 상수를 선언할 수 있습니다. 그러나 파이썬은 프로그래밍 중에 상수를 만들 수 있는 키워드가 따로 존재하지 않습니다. 단지 앞에서 설명했듯이 변수를 상수처럼 사용하고자 한다면 수정이 불가능한 데이터라는 표시로 변수 이름을 모두 대문자로 사용해야 합니다. 또 클래스의 내부에 멤버 속성을 선언할 경우에는 멤버 변수 이름 앞에 언더스코어(_)를 붙여주는 것으로 수정하지 않는 데이터라는 표시를 할 뿐입니다.

```python
# 상수처럼 사용될 변수 선언
# 모두 대문자로 선언. 나중에 수정하고자 하면 경고 메시지를 보여줌
CONST_DATA = '수정 할 수 없는 데이터입니다!'
CINST_NUMBER = 365


# 클래스 선언 시에는 메소드에 @constant 키워드를 붙여서 getter로 지정
# setter로 지정되면 이 메소드를 이용해서 값 변경이 불가능
class ConstTest :
    def __init__(self) :
        self._name = 'const_test'

    @constant
    def getData(self) :
      return self._name
```

그런데 이렇게 선언했다 하더라도 문법적으로 데이터를 절대로 변경할 수 없는 것은 아닙니다. 얼마든지 데이터를 강제로 변경할 수는 있습니다. 단지 나중에 실수로 데이터를 변경했을 경우 경고 메시지를 보여줄 뿐입니다. 이처럼 상수로 사용할 변수의 철자를 모두 대문자로 하는 것은 파이썬의 문법이 아니고 관행입니다.

변수

변수란?

컴퓨터에서 입력되거나 생성되는 data 값은 모두 상수이고, 이런 상수인 data 값을 저장하는 그릇 역할을 하는 것이 변수입니다. 변수는 실제 컴퓨터의 메모리에 만들어집니다.

우리가 은행에서 돈을 인출하면 은행원은 찾은 돈을 접시에 담아서 줍니다. 이럴 때 돈이 담기는 접시가 변수이고, 담기는 돈이 data라고 할 수 있습니다. 프로그램이 동작하기 위해서는 상수 데이터만으로는 다양한 기능을 실행하기 어렵습니다. 그래서 변수를 만들어서 임시로 데이터를 저장하고 적절한 상황과 지점에서 저장된 변수를 꺼내서 사용합니다.

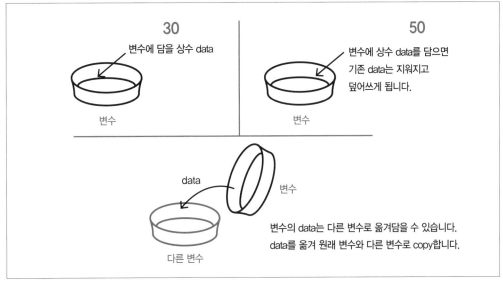

| 변수에 담기는 data

마치 요리할 때 여러 가지 양념과 재료를 미리 손질해서 적절한 그릇에 담아두었다가 사용하는 것과 유사합니다. 예를 들어 name이라는 변수에서는 이름을 입력받아서 확인하고 출력하는 등 변수에 담긴 데이터를 여러 용도로 사용할 수 있습니다. 이렇듯 같은 값을 여러 곳에서 재활용하거나 분별할 때 변수 하나에 담아서 꺼내 쓰게 되면 프로그램이 간결하고 일관된 데이터를 사용하게 되어 혼란스럽지 않습니다. 더 나아가 나중에 프로그램을 유지보수할 때도 수월합니다.

상수는 변수에 담기는 data 자체라고 할 수 있습니다. 변수에 새로운 데이터가 담기게 되면 기존에 있던 데이터는 사라지고 다시 새로운 데이터가 담기게 됩니다. 이런 경우를 "변수의 데이터가 갱신되었다."라고 합니다.

변수에 있는 데이터는 다른 변수로 옮겨담을 수도 있습니다. 정확히 말하면 다른 변수에 데이터를 옮긴다기보다는 변수의 데이터를 다른 변수로 복제(copy)한다고 할 수 있습니다. 옮긴다고 해서 기존 변수의 데이터가 사라지는 것은 아니기 때문입니다.

변수의 선언 규칙

파이썬에서 변수의 선언 규칙은 어렵지 않습니다. 변수 이름은 영문 대문자와 소문자 그리고 숫자의 조합으로 자유롭게 만들 수 있습니다. 일단 변수 이름으로는 다음과 같은 규칙만 지킨다면 무엇이든지 사용할 수 있습니다. 먼저 변수 이름은 영문 대/소문자를 구분합니다. 특수문자는 언더스코어(_)만을 포함할 수 있고 변수의 첫 문자로 숫자가 올 수 없습니다. 또 파이썬에서 이미 사용하고 있는 예약어는 사용할 수 없습니다.

[파이썬에서 식별자로 사용 불가능한 예약어]

if, else, elif, for, and, while, with, or, not, nonlocal, lambda, is, in, return, raise, pass, yield, import, global, finally, class, continu, except, del, def, break, assert 등

예약어가 아니더라도 파이썬에서 자주 사용되는 input이나 print 같은 내장 함수나 모듈 이름은 변수 이름으로 사용하지 않아야 합니다.

[식별자의 명명 규칙]

(1) 영문 대/소문자와 숫자, 언더스코어(_)의 조합으로 만듭니다.
(2) 첫 글자로 숫자가 올 수 없습니다.
(3) 파이썬에서 이미 사용되는 예약어는 사용할 수 없습니다.
(4) 파이썬에서 자주 사용되는 print나 input 같은 내장 함수나 모듈 이름은 사용하지 않습니다.

한글로도 변수 이름을 사용할 수 있지만 사용하지 않는 것이 좋습니다. 사용자들이 사용하는 OS(운영체제)마다 한글 인코딩 방식이 다르기 때문에 실행 중에 오류가 발생할 수 있습니다.

변수 선언하기

프로그래밍에서 변수 이름, 함수 이름, 클래스 이름 등을 통틀어 식별자라고 부릅니다. 식별한다는 것은 분별한다는 의미와 같다고 할 수 있습니다. 즉, 데이터나 기능 또는 객체를 분별하기 위해서 이름을 붙이는 것이 식별자라고 할 수 있습니다. 프로그래밍에서 변수를 만드는 것은 외부에서 입력되거나 내부에서 사용되는 데이터를 프로그래머가 변수에 담아서 재활용하거나 분별하기 위해서입니다.

이런 식별자는 가급적이면 단순 명료하면서도 의미 있는 단어들을 사용하는 것이 좋습니다. 의미 있는 이름으로 사용하기 위해서는 두 단어 이상의 조합으로 식별자를 만드는 경우가 많습니다. 두 글자 이상의 조합일 경우에는 가독성을 높이기 위해 낙타봉 표기법을 사용하는데 낙타봉 표기법은 두 번째 이후로 시작되는 단어의 첫 글자를 "대문자"로 하거나 단어와 단어 사이를 "언더스코어(_)" 특수문자로 구분하는 방식으로 사용하는 것을 말합니다.

Tip CamelCase와 snake_case 표기법

myName이나 yourName처럼 두 번째 단어의 첫 글자를 대문자로 표기하는 것을 낙타봉 표기법
이라고 하고 캐멀 케이스(CamelCase)라고도 합니다.

또 my_name이나 your_name처럼 단어와 단어 사이를 언더스코어(_) 특수문자로 구분하는 것
은 낙타봉 표기법을 대체하는 또 하나의 방법인데 이런 경우는 뱀 표기법(snake_case)이라고
합니다. 이런 뱀 표기법 방식은 파이썬에서 많이 사용되는 방식인데 사례 연구에 따르면 낙타봉
표기법보다 뱀 표기법이 더 가독성이 좋다고 합니다.

띄어쓰기 문자도 특수문자이기 때문에 파이썬에서 식별자로 사용할 수 없는 문자입니다. 그렇기
때문에 여러 단어를 조합해서 식별자를 만들 경우 단어의 구분이 어렵습니다. 이런 경우 낙타봉
표기법이나 뱀 표기법으로 식별자를 만드는 것이 대안이 될 수 있습니다.

식별자를 만들 때는 가급적 의미 있는 단어를 사용해서 이름을 짓습니다. 컴퓨터 언어마다 식
별자 명명 규칙은 모두 비슷합니다. 단지 변수 이름과 클래스 이름은 주로 명사로 만들고, 함
수 이름은 주로 동사와 명사의 조합으로 만드는데 함수는 기능이기 때문에 동사로 시작하는
것이 일반적인 관례입니다.

변수 이름과 함수 이름은 소문자로 시작하고, 클래스 이름은 대문자로 시작해서 서로 이름만
으로도 구분이 될 수 있도록 해주어야 많은 양을 코딩할 때 혼란스럽지 않습니다. 이런 규칙
은 단독으로 코딩할 경우나 협업으로 코딩할 경우에 모두 잘 지켜야 합니다.

[식별자의 종류에 따른 이름 짓기 관례]

변수 이름	명사로 시작	소문자로 시작
함수 이름	동사로 시작	소문자로 시작
클래스 이름	명사로 시작	대문자로 시작

변수에 데이터 저장하기

변수를 선언하고 선언된 변수에 데이터를 저장해서 필요한 부분에서 사용해 보도록 하겠습니다.

변수 선언과 동시에 데이터를 변수에 대입해 줄 수 있는데 이렇게 변수가 선언될 때 데이터를 즉시 저장하는 것을 "변수를 선언과 동시에 초기화"한다고 합니다. 줄여서 그냥 "변수의 초기화"라고 합니다. 이렇게 선언된 변수는 특정 위치에서 데이터를 재활용하거나 새로운 데이터를 다시 대입할 수도 있습니다.

```
# 변수의 선언과 동시에 데이터 초기화
name = 'JAVA'
age = 25


# 선언된 변수에 새로운 데이터 입력
name = 'Python'
age = 29
```

변수의 데이터는 프로그램 진행 중에 특정 위치에서 사용할 수 있습니다.

```
# 변수를 선언하고 데이터 초기화
name = 'Python'
age = 29

# 변수에 담긴 데이터 사용
print('성명은', name, '입니다')
print('나이는', age, '세입니다')
```

변수에 데이터 저장하기 – ch02ex03.py

```
1   # 변수의 선언과 동시에 데이터 초기화
2   name = 'JAVA'
3   age = 25
4
5   # 선언된 변수에 새로운 데이터 입력
6   name = 'Python'
7   age = 29
8
9   # 변수에 담긴 데이터 사용
10  print('성명은', name, '입니다')
11  print('나이는', age, '세입니다')
```

소스코드해설

행 번호	설명
2~3	변수를 선언하고 데이터를 초기화합니다.
6~7	선언된 변수에 새로운 데이터로 값을 교체합니다.
10~11	변수에 담긴 값을 출력해 봅니다.

실행결과

성명은 Python 입니다
나이는 29 세입니다

외부에서 데이터 입력받기

지금까지 문자열 및 여러 형식의 데이터를 print( ) 함수를 이용해서 출력하는 방법에 대해 설명하였습니다. 이번에는 사용자가 키보드로 입력받은 데이터를 파이썬 프로그램에서 사용하는 방법을 알아보도록 하겠습니다. 변수에 입력되는 데이터는 외부에서 키보드로 입력받을 수 있습니다.

키보드로부터 데이터를 입력받으려면 input( ) 함수를 사용해야 합니다. input( ) 함수는 파이썬 내장 함수입니다. input( ) 함수로 입력받은 데이터는 즉시 사용 가능하지만 일반적으로 변수에 저장해서 사용합니다. 이렇게 변수에 저장된 데이터는 필요한 부분에서 재활용하거나 연산하는 것이 가능합니다.

```
# input() 함수로 문자열 입력받기
user_name = input('사용자 이름 입력 : ')
print('입력 받은 사용자 이름 =>', user_name)


# input() 함수는 문자열만 입력 가능. 수치 자료는 입력 데이터를 형 변환해서 사용
age = int( input('나이 입력 : ') )
print('입력 받은 나이 =>', age)
```

파이썬 input() 함수를 이용해서 데이터를 입력받고 출력해 보겠습니다. input() 함수의 입력 결과는 모두 문자열 타입이기 때문에 문자열은 입력 즉시 별다른 형 변환 없이 바로 사용할 수 있습니다.

문자열 데이터 입력 – ch02ex04.py

```
1   # 키보드로부터 데이터 입력받기
2   # input() 함수는 print가 내포되어 있습니다.
3   user_name = input("사용자 이름 입력 : ")
4   # 변수에 입력된 내용 출력
5   print("사용자 명 :", user_name)
```

● 소스코드해설 ●

행 번호	설명
3	input() 함수를 이용해서 키보드로부터 데이터를 입력받습니다. input() 함수에 print() 함수가 포함되었기 때문에 input() 함수의 첫 번째 인수로 지시어를 사용할 수 있습니다.
5	입력받은 데이터를 print() 함수로 출력합니다.

사용자 이름 입력 : kim
사용자 명 : kim

입력받은 데이터 형 변환하기

input() 함수로 입력받은 데이터는 모두 문자열로 입력을 받을 수 있습니다. 그렇기 때문에 정수나 실수 같은 수치형 데이터는 형 변환해서 사용해야 합니다. 이렇게 데이터의 타입을 변환하는 것을 "캐스팅"이라고 합니다.

입력받은 데이터를 수치형 데이터로 변환하기 – ch02ex05.py

```
1    # input() 함수로 입력받는 것은 무조건 문자열 타입입니다.
2    # 숫자 타입은 int() 함수 또는 float() 함수로 형 변환해야 합니다.
3    num1 = int( input("num1 입력 : ") )
4    print( type(num1) )
5
6    # 정수 두 개를 키보드로 입력받아서 더하는 프로그램
7    a = int(input("정수 a입력 : "))
8    b = int(input("정수 b입력 : "))
9    result = a + b
10   print("{} + {} = {}".format(a, b, result))
```

소스코드해설

행 번호	설명
3	input() 함수로 입력받은 데이터를 수치형 데이터로 형 변환하기 위해서 int() 함수를 사용하였습니다. 만약 실수형 데이터로 형 변환한다면 float() 함수를 사용합니다. 반대로 정수형 데이터로 형 변환할 경우에는 str() 함수를 사용합니다.
4	type() 함수를 이용해서 수치형 데이터로 형 변환된 것을 확인합니다.
7~8	두 개의 정수 데이터를 입력받습니다.
9	입력된 두 개의 정수 데이터를 더하기 연산해서 result 변수에 대입합니다.
10	print() 함수와 문자열 format() 함수를 이용해서 결과를 출력합니다.

num1 입력 : 100

⟨class 'int'⟩

정수 a입력 : 50

정수 b입력 : 30

50 + 30 = 80

 Tip 키보드로부터 수치 데이터 입력받기

데이터를 외부로부터 입력받을 때 사용되는 함수가 바로 input() 함수입니다. 주의할 것은 input() 함수로 입력받은 데이터는 무조건 문자열 데이터입니다. 정수와 같은 숫자형 데이터도 일단 input으로 입력받을 때는 문자열로 입력됩니다. 이것을 숫자로 사용하기 위해서는 int() 함수나 float() 함수로 형 변환(캐스팅)해 주어야 합니다.

```
age = int( input('나이 입력: ') )
number = float( input('실수 입력: ') )
```

input() 함수는 기본적으로 print() 기능도 함께 포함하고 있고, input() 함수의 인수로 출력할 지시문을 사용할 수 있습니다.

변수의 데이터 타입 확인하기

파이썬 언어에서 변수는 입력되는 데이터가 무엇인지에 따라 타입이 바뀝니다. 즉, 입력되는 데이터의 타입으로 결정된다고 할 수 있습니다. 파이썬에서는 변수의 타입이 지정되어 있지 않기 때문에 사실상 어떤 종류의 데이터이든 저장할 수 있습니다. 변수에 저장된 데이터의 타입은 type() 함수를 이용해서 확인할 수 있습니다.

```
# result 변수에 수치형 데이터를 저장합니다.

result = 5 + 3

# result 변수에 저장된 데이터의 타입을 확인합니다.

print( type(result) )

# result 변수의 값을 문자열 데이터로 변경합니다.

result = 'HONG'

# 바뀐 데이터의 데이터 타입을 확인합니다.

print( type(result) )
```

자료형에 대해서는 3장에서 더 자세히 설명하도록 하겠습니다.

실습 예제

변수의 데이터 타입 확인 – ch02ex06.py

```
1    # 파이썬 언어에서 변수 타입은 입력되는 데이터의 타입으로 결정됩니다.
2    # 변수에는 어떤 타입이든 담을 수 있습니다.
3    result = 5 + 3
4    print(type(result))
5
6    result = "HONG"
7    print(type(result))
```

소스코드해설

행 번호	설명
3~4	정수형 데이터의 연산 결과를 result 변수에 담아서 데이터 타입을 확인합니다.

6~7 result 변수의 데이터를 다시 문자열 데이터로 갱신한 후에 데이터 타입을 확인합니다. 파이썬에서는 변수의 데이터 타입이 선언할 때 결정되는 것이 아니고 저장되는 값에 의해 나중에 결정됩니다. 이렇게 저장된 데이터에 의해 변수의 타입이 나중에 결정되는 것을 "타입 추론"이라고 합니다. 반대로 변수를 선언할 때 미리 타입을 정해 두는 것을 "타입 단언"이라고 합니다. 변수 선언 시 타입 추론 방식을 사용하는 언어는 파이썬, 자바스크립트 같은 인터프리터 언어이고, 타입 단언 방식을 사용하는 언어는 자바, C 같은 컴파일 언어입니다.

실행 결과

```
<class 'int'>
<class 'str'>
```

 변수의 데이터 값과 타입 확인 – ch02ex07.py

```
1   # 변수 var01에 문자열 데이터를 대입하고 값과 타입 확인
2   var01 = "Korea"
3   print("value : ", var01)
4   print("type : ", type(var01))
5   # 변수 var01에 새로 정수형 데이터를 대입하고 값과 타입 확인
6   var01 = 3000
7   print("value : ", var01)
8   print("type : ", type(var01))
9   # 변수 var01에 다시 새로 실수형 데이터를 대입하고 값과 타입 확인
10  var01 = 3.14
11  print("value : ", var01)
12  print("type : ", type(var01))
```

행 번호	설명
2~4	변수에 문자열 데이터를 저장하고 데이터의 값과 타입을 확인합니다.
6~8	변수에 정수형 데이터를 저장하고 데이터의 값과 타입을 확인합니다.
10~12	변수에 실수형 데이터를 저장하고 데이터의 값과 타입을 확인합니다.

실행결과

```
value :  Korea
type :  <class 'str'>
value :  3000
type :  <class 'int'>
value :  3.14
type :  <class 'float'>
```

이상으로 데이터와 변수에 대한 설명을 마무리하고, 3장에서 자료형에 대해 학습하도록 하겠습니다.

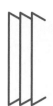

| 연 | 습 | 문 | 제 |

───────────────── ◆ 이 론 문 제 ◆ ─────────────────

1 **파이썬에서 사용되는 데이터형을 크게 4가지로 나눌 때 속하지 <u>않는</u> 데이터 형은?**

① 문자열 데이터   ② 수치형 데이터

③ 참조형 데이터   ④ 문자형 데이터

2 **파이썬의 데이터에 대한 설명으로 바르지 <u>않은</u> 것은?**

① 수치형 데이터는 크게 실수형 데이터와 정수형 데이터로 나뉜다.

② 파이썬에서는 데이터의 타입을 구분하는 것이 별로 중요하지 않다.

③ 클래스로 선언한 객체는 참조형 데이터다.

④ 데이터는 구조에 따라 리스트, 튜플, 셋, 딕셔너리로 나뉜다.

3 **상수에 대한 설명 중 바르지 <u>않은</u> 것은?**

① 현실 세계에는 변수보다 상수가 더 많다.

② 변수는 시시때때로 값이 변하는 데이터다.

③ 상수는 프로그램의 시작부터 끝날 때까지 값이 변하지 않는 데이터다.

④ 변수가 가진 값을 다른 변수의 값으로 사용할 수 있다.

4 다음 예제의 설명으로 바르지 <u>않은</u> 것은?

```
height = 180
name = "철수"
print(name, "는 키가", height, "센티 입니다.")

height = "영희"
name = 170
print(height, "는 키가", name, "센티 입니다.")
```

① 변수 height에 저장되는 데이터의 종류는 어떤 타입이라도 상관없다.

② 파이썬 변수의 타입은 선언 시에 결정되지 않는다.

③ 변수 name은 문자열 데이터로 초기화했기 때문에 나중에도 문자열만 저장해야 한다.

④ 파이썬 변수의 타입은 어떤 데이터가 저장되는지에 따라 달라진다.

5 파이썬에서 상수와 변수를 구분하는 설명 중 옳은 것은?

① 파이썬에서는 상수를 따로 선언할 수 있다.

② 파이썬에서는 상수를 선언할 때 const 키워드를 사용한다.

③ 파이썬에서는 상수를 선언할 때 final 키워드를 사용한다.

④ 파이썬은 상수를 만들 때 사용되는 키워드가 따로 없고 식별자를 대문자로 표시한다.

6 파이썬에서 변수 선언이 문제 없이 잘된 것은?

① my#name = 'kim' ② 20year = 20

③ your_address = '서울시 종로구 견지동' ④ pass = True

7 파이썬 식별자 명명 규칙 중 <u>잘못된</u> 것은?

① 영문 대/소문자와 숫자, 언더스코어(_) 달러($) 기호의 조합으로 만든다.

② 첫 글자로 숫자가 올 수 없다.

③ 파이썬에서 이미 사용되는 예약어는 사용할 수 없다.

④ 파이썬에서 자주 사용되는 내장 함수 이름은 사용할 수 없다.

8 식별자의 종류에 따른 이름 짓기 관례로 바르지 <u>않은</u> 것은?

① 변수 이름은 명사로 시작하고 소문자로 시작한다.

② 함수 이름은 동사로 시작하고 소문자로 시작한다.

③ 클래스 이름은 명사로 시작하고 대문자로 시작한다.

④ 클래스 이름은 동사로 시작하고 대문자로 시작한다.

9 파이썬에서 데이터 형 변환 방법으로 <u>잘못된</u> 것은?

① int('100')

② float('3.14')

③ str('250')

④ double('3.14')

10 정수형 데이터를 입력받아서 연산하는 프로그램 소스 코드의 문제점을 찾은 후 아래의 출력 결과대로 출력되도록 수정하시오.

```
a = input("정수 a입력 : ")
b = input("정수 b입력 : ")
result = a + b
print("{} + {} = {}".format(a, b, result))
```

출력
결과

정수 a입력 : 50
정수 b입력 : 30
50 + 30 = 80

1   **키보드에서 성명, 국어 점수, 영어 점수, 수학 점수를 입력받은 후에 총점, 평균을 계산해서 정보를 출력하는 프로그램을 구현하시오.**

| 실행 **결과** 예시 |

```
성적 출력 프로그램입니다.
성명 입력〉〉 김범준
국어 성적〉〉 95
국어 성적〉〉 90
국어 성적〉〉 85
━━━━━━ 계산 결과 ━━━━━━
성명 : 김범준
국어 : 95
영어 : 90
수학 : 85
총점 : 270
평균 : 90.0
```

| 힌트 | 문자열 데이터를 정수형으로 형 변환할 때는 int() 함수를 이용합니다.
            정수형 데이터나 실수형 데이터를 문자열로 형 변환할 때는 str() 함수를 이용합니다.
            문자열과 정수형은 바로 더하기(+) 연산이 불가능합니다.

2   **원의 반지름을 입력받아서 둘레의 길이와 넓이를 구하는 프로그램을 구현하시오. (출력할 때는 문자열 format() 함수를 이용합니다.)**

| 실행 **결과** 예시 |

```
원의 둘레와 넓이를 구하는 프로그램
원의 반지름 입력〉〉 10
반지름이 10인 원 둘레의 길이는 62.83184이고 넓이는 314.1592입니다.
```

3   **3개의 정수를 입력받아서 제일 큰 값과 제일 작은 값을 출력하는 프로그램을 구현하시오. (결과를 출력할 때는 %d나 %s 같은 변환 문자열 포맷 기호를 이용합니다.)**

| 실행 **결과** 예시 |

> 3개의 정수를 입력받아서 가장 큰 수와 가장 작은 수를 구하는 프로그램
>
> 첫번째 정수 입력〉〉 3
>
> 두번째 정수 입력〉〉 1
>
> 세번째 정수 입력〉〉 2
>
> ——————————입력 결과——————————
>
> 가장 큰 수는 3입니다.
>
> 가장 작은 수는 1입니다.

4   **평을 입력받아서 몇 제곱미터인지를 계산하는 프로그램을 구현하시오.**

| 실행 **결과** 예시 |

> 평을 입력받아서 몇 제곱미터인지 환산하는 프로그램
>
> 평 입력〉〉 24
>
> 24평은 79.3392제곱미터입니다.

5 **이름, 이메일, 전화번호, 주소를 입력받아서 한 줄에 출력하는 프로그램을 구현하시오.**

│ 실행 **결과** 예시 │

```
이름, 이메일, 전화번호, 주소를 입력받는 프로그램
이름 입력〉〉 beomjoon
이메일 입력〉〉 joon@naver.com
전화번호 입력〉〉 010-1234-5678
주소 입력〉〉 서울시 마포구 서교동
──────────────────── 입력 결과 ────────────────────
name        email           phone          address
beomjoon    joon@naver.com  010-1234-5678  서울시 마포구 서교동
```

│ 힌트 │ %s 문자열 변환 기호를 사용할 때 자릿수를 지정해서 사용할 수 있습니다.
　　　　%-20s의 의미는 20 글자의 공간을 확보하고 좌측 정렬하라는 의미입니다.
　　　　%.2f의 의미는 소수점 아래 두 자리까지 출력하라는 의미입니다.
　　　　여러 변환 문자열을 한꺼번에 지정할 때는 %()를 이용합니다.
　　　　예) print("%s %d %d" %("KIM", 90, 100))

자료형

3장에서는 파이썬 자료형에 대해 학습합니다. 파이썬의 자료형 중에서 가장 많이 사용되는

수치형과 문자형에 대해서 알아보고, 논리형과 참조형 등에 대해서도 살펴보겠습니다.

python

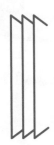

맛보기 예제 – 일단 따라해 보세요!

2장에서 배운 변수에 저장된 데이터를 콘솔 화면에 좀 더 보기 좋게 출력하는 따라해 보기 예제입니다. 파이썬에서 콘솔에 출력하는 방식은 다음과 같이 아주 다양합니다.

"성명:%s, 나이:%d" %('홍길동',25)	%s나 %d와 같은 포맷 기호를 이용한 출력 방식
"성명:{}, 나이:{}".format('홍길동', 25)	문자열 format( ) 메소드를 이용한 출력 방식
f"성명:{name}, 나이:{age}"	f"" 포맷 문자열 리터럴을 이용한 출력 방식

다음은 문자열 format( ) 메소드를 이용한 출력 방식을 실습한 일단 따라해 보기 예제입니다.

실습예제 일단 따라해 보기 – ch03_pre_example.py

```
1    # 프로그램 제목을 콘솔에 출력합니다.
2    print(":::  고객 정보 입력  :::")
3    # 고객 정보를 입력받아서 각각 변수에 저장합니다.
4    user_name = input("고객명 입력 >> ")
5    age = int(input("나이 입력 >> "))
6    email = input("이메일 입력 >> ")
7    phone = input("전화번호 입력 >> ")
8    # 입력받은 고객 정보를 콘솔에 출력합니다.
9    # 문자열의 format() 메소드를 이용해서 좀 더 보기 좋게 출력해 줍니다.
10   print("{:-^60}".format(" 입력 결과 "))
11   print("{: ^10}|{: ^5}|{: ^20}| {: ^20}".format("name",
```

```
              "age", "email", "phone"))
    12    print("-"*65)
    13    print("{: ^10}|{: ^5}|{: ^20}| {: ^20}".format(user_name,
          age, email, phone))
```

(참고) 소스 코드의 앞부분에 있는 번호는 소스 코드의 설명 위치를 표시하기 위해 붙여둔 소스 코드의 행 번호입니다.

소스코드해설 ●────────

행 번호	설명
4~7	고객명, 나이, 이메일, 전화번호 같은 고객 정보를 입력받아서 각각 변수에 저장합니다. 앞 장에서 배웠던 것과 같이 숫자형은 int() 함수를 이용해서 형 변환하였습니다.
10	"{:-^60}" 문자열을 이용해서 '-' 문자 60자를 반복합니다. '^' 문자는 format() 함수에 인자로 사용된 문자를 가운데에 정렬하라는 의미입니다.
11	문자열 format() 함수를 이용해서 목록의 필드명으로 사용될 문자들을 정렬합니다.
13	문자열 format() 함수를 이용해서 4~7행에서 입력된 데이터를 출력합니다.

 실행 결과

```
::: 고객 정보 입력 :::
고객명 입력 >> gilsoon
나이 입력 >> 17
이메일 입력 >> gilsoon@hong.com
전화번호 입력 >> 010-1717-1717
──────────────────── 입력 결과 ────────────────────
  name  | age |      email       |     phone
────────────────────────────────────────────────────
  gilsoon |  17  | gilsoon@hong.com |   010-1717-1717
```

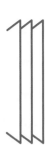

파이썬의 자료형

파이썬 자료형(Data Type)의 종류

파이썬에서 사용되는 자료형의 종류는 많으며, 크게 수치형 자료형, 문자형 자료형, 논리형 자료형, 참조형 자료형으로 나눌 수 있습니다. 그중 객체를 참조하는 참조형은 기본 자료형을 제외한 거의 모든 데이터의 자료형이라고 할 수 있습니다. 자료형을 다른 말로 데이터 타입이라고 하며 파이썬에서 특정 데이터의 자료형을 확인하기 위해서는 type() 함수를 사용합니다.

```
type(365)
type('hello')
type(True)
```

파이썬에서 많이 사용되는 자료형을 간략히 정리해 보겠습니다.

종류	설명
None	다른 언어에서 null과 같은 의미입니다. 참조하는 값이 없음을 의미합니다.
Boolean	참/거짓을 판별해서 True나 False 같은 결과 값을 얻어 낼 수 있습니다.
Int	정수형 자료형으로 정수형은 소수점이 없는 데이터들입니다.
Float	실수형 자료형으로 실수형에는 소수점이 있고, 지수로 표현할 수 있습니다.

Complex	복소수를 의미합니다. a+bi와 같은 실수부와 허수부 그리고 허수를 나타낼 수 있습니다.
List	다른 언어에서 배열과 비슷한 자료형입니다. 연속된 데이터를 저장할 때 사용되는 데이터형입니다. 각 요소를 첨자(index)로 접근합니다.
Tuple	List 자료형과 거의 유사하지만 내용을 직접 수정할 수 없습니다.
Set	List와 유사하지만 index가 없습니다. index가 없기 때문에 중복된 값을 저장할 수 없습니다. 여러 개의 데이터 중에서 중복 제거할 때 주로 사용합니다.
Dictionary	List와 비슷하지만 요소에 접근할 때 index 대신 키를 이용해서 접근합니다. 자바 언어의 Map이나 자바스크립트의 JSON과 유사한 구조이기 때문에 다른 언어로 구현된 기술 간에 데이터를 교환하는 용도로도 사용됩니다.

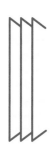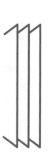

수치형

수치형 자료형

먼저 숫자를 다루는 수치형 자료형에 대해서 알아보겠습니다. 숫자는 수량을 저장하거나 크기를 측정하고 데이터끼리 연산하는 등의 작업에 꼭 필요합니다. 파이썬에서 다룰 수 있는 수치형에는 정수형과 실수형이 있고, 이들은 int, long, float, complex 등으로 표현합니다. 정수형은 숫자에 소수점이 없는 형식이고, 실수형은 소수점이 있는 형식입니다. 파이썬에서는 소수점이 없는 정수는 int형으로 인식합니다.

파이썬3에서는 long형이 없어지고 모두 int형으로 처리됩니다. 데이터의 자료형은 type( ) 함수로 확인할 수 있습니다. 수치형의 데이터는 외부에서 입력받거나 난수 발생기를 이용해서 발생시킬 수 있습니다. 파이썬에서 난수를 발생시키는 모듈은 바로 random 모듈입니다. random에 대한 설명은 9장 표준 모듈에서 자세히 다루게 됩니다.

자료형	사용 예	설명
int 정수형	a = 0 b = 123456789 c = −32323	정수형 데이터에는 소수점이 없습니다. 정수형에는 양수, 음수 그리고 0이 있습니다. 정수형은 integer를 의미합니다.
float 실수형	a = 333e−3 b = 112E3 c = −123.4567	실수형 데이터에는 Floating Point, 즉 소수점이 있습니다. 소수점은 부동 소수점과 고정 소수점으로 구분됩니다. 부동 소수점을 표현할 때는 지수인 E 값을 사용합니다.

| complex | a = 3 + 5j | 복소수는 실수보다 큰 범위의 수입니다. 복소수를 저장하기 |
| 복소수 | b = complex(3, −4) | 위해서는 complex( ) 함수를 사용할 수 있습니다. |

| 자료형의 사용 예 설명

진법(2진수, 8진수, 16진수 표시)

정수는 기본적으로 10진수로 사용되지만 상황과 용도에 따라 진법을 변환해야 할 때가 있습니다. 컴퓨터에서 정수형은 10진수 외에도 2진수, 8진수, 16진수로 표현할 수 있습니다. 10진수가 표현하는 한 자리에서 가장 높은 수는 9입니다. 9 다음에는 자릿수가 바뀌게 되어 10이 되기 때문입니다. 그런 의미에서 2진수가 표현하는 한 자리에서 가장 높은 수는 1입니다. 8진수는 7이 되고, 16진수는 10진수 15를 의미하는 F가 됩니다.

진법	수 표현
10진수	0 1 2 3 4 5 6 7 8 9 10 11 12 13 ...
2진수	0b0 0b1 0b10 0b11 0b100 0b101 0b111 ...
8진수	0o0 0o1 0o3 0o4 0o5 0o6 0o7 0o10 0o11 0o12 ...
16진수	0x0 0x1 0x2 0x3 0x4 ... 0xA 0xB 0xC 0xD 0xE 0xF 0x10

| 진법 수 표현

10진수는 정수의 기본값이기 때문에 아무런 부호 없이 사용 가능합니다. 2진수는 0b로 시작하고, 8진수는 0o로 시작하며, 16진수는 0x로 시작하게 됩니다.

수치형 연산

수치형 연산을 위해 먼저 사칙연산자를 알아보기로 하겠습니다. 기본적인 사칙 연산은 수학 시간에 배운 것과 아주 유사합니다. 단지 곱하기를 별표(*)로 표기하고, 나누기를 슬래시(/)로 표기한다는 것만 다르다고 할 수 있습니다. 나머지 값을 돌려주는 연산자도 별도로 있는데 퍼센트(%)로 표기합니다. 특히 파이썬3에서는 나눗셈 연산자가 두 가지인 것에 주의해야 합니다. 슬래시를 한 번(/) 사용하는 것은 결과 값이 실수형이 되고, 슬래시를 두 번(//) 사용하면 결과 값이 정수형이 됩니다. 그리고 특이한 점은 파이썬에서는 승수 연산자가 따로 있다는 것입니다. 이중 별표(**)로 표기하면 승수 연산이 됩니다. 연산자에 대한 자세한 내용은 4장에서 좀 더 자세히 다루도록 하겠습니다.

[수치형 연산]

- 사칙 연산 : +, −, *, /
- 승 연산 : 2**16 print(2**16)
- 나머지 연산 : %
- 소수점 자리 버림 연산 : //
- 나누기 연산 : /

실습 예제 **파이썬3에 추가된 나누기 연산자 – ch03ex01.py**

```
1    # 승수 연산자를 이용해서 2의 16승을 연산
2    print(2**16)
3    # 결과 값이 실수형
4    print(10/3)
5    # 결과 값이 정수형
6    print(10//3)
```

```
65536
3.3333333333333335
3
```

문자형

문자열 연산

문자열 연산으로는 더하기 연산과 곱하기 연산을 할 수 있습니다. 문자열과 문자열을 연결해 줄 때는 더하기 연산자로 간단히 해결할 수 있고, 문자열을 반복할 때는 곱하기 연산자로 해 주면 됩니다.

- **문자열 더하기 연산자 : +**
- **문자열 곱하기 연산자 : ***

실습예제 **문자열 연산 – ch03ex02.py**

```
1    # 파이썬 문자열 더하기 연산과 곱하기 연산
2    print("Hello " + "world!")
3    print("Hello ~ " * 50)
```

행 번호	설명
2	"Hello " 문자열과 "world!" 문자열을 더하기 연산자로 서로 연결합니다.
3	곱하기 연산자를 이용해서 "Hello ~" 문자열을 5회 반복 출력합니다.

```
Hello world!
Hello ~ Hello ~ Hello ~ Hello ~ Hello ~
```

문자열 슬라이싱

파이썬에서 문자열을 자르거나 나누는 일은 굉장히 편리합니다. 문자열의 index 접근 방식은 간단합니다. 첨자를 이용해서 쉽게 할 수 있습니다. 파이썬에서 문자열 인덱싱과 슬라이싱에는 대괄호([ ])를 이용합니다. 대괄호 안에 첨자와 콜론(:)을 이용해서 인덱싱 및 슬라이싱을 할 수 있습니다.

문자열을 슬라이싱하는 예는 다음과 같습니다.

str1[3]	문자열에서 3번째 문자
str1[3:]	문자열에서 3번째부터 끝까지
str1[:3]	문자열의 처음부터 3번째까지
str1[−3]	문자열의 뒤에서부터 3번째 문자

```
1    str1 = 'Hello python world'
2    print(str1[6])
3    print(str1[6:])
4    print(str1[:6])
5    print(str1[-5])
```

소스코드해설

행 번호	설명
1	str1 변수에 문자열 'Hello python world'를 대입합니다.
2	str1 문자열의 6번째 인덱스의 문자를 출력합니다.
3	str1 문자열의 6번째 인덱스 문자부터 문자열 끝까지 슬라이싱하여 출력합니다.
4	str1 문자열의 처음부터 6번째 인덱스 문자까지 슬라이싱하여 출력합니다.
5	str1 문자열의 끝에서 5번째 인덱스의 문자를 출력합니다.

```
p
python world
Hello
w
```

문자열 조합

파이썬에서의 문자열 쓰임새는 다음에 배울 리스트의 사용 방식과 상당히 유사합니다. 그러나 문자열은 데이터를 수정하기 위해서는 잘라서 가공한 다음 새로운 변수에 다시 담아야 합니다. 그것은 파이썬 문자열이 직접 수정이 불가능한 불변 객체이기 때문입니다. 객체 자체를 수정하는 것이 아니라 원하는 형태로 가공해서 새로운 변수에 다시 담아서 사용합니다. 그렇다면 만약에 str2 변수에 들어 있는 "Hello world!" 문자열을 "Hello Python world!"로 변경하고 싶다면 어떻게 해야 할까요? 이럴 경우에는 슬라이싱을 이용해서 새로운 문자열로 재조합해야 합니다. 문자열을 슬라이싱할 때도 인덱스를 음수로 사용하면 문자열 끝에서부터 인덱싱이 가능합니다.

실습 예제 **인덱싱을 이용해서 새로운 문자열 만들기** – ch03ex04.py

```
1    str2 = "Hello world!"
2    idx = str2.index("world")        ← str2에 저장된 문자열에서 "world" 단어가
                                          위치한 시작 index를 찾습니다.
3    print(str2[:idx])
4    print(str2[idx:])
5
6    str2 = str2[:idx] + "Python " + str2[idx:]
7    print(str2)
8
9    # 인덱스에 음수를 사용하면 문자열 끝에서부터 인덱싱합니다.
10   print(str2[2:-3])
```

행 번호	설명
1	문자열을 조합하기 위한 초기 값을 str2 변수에 대입합니다. str2 변수의 문자열은 인덱싱을 이용하여 슬라이싱할 것입니다.
2	"Hello world" 문자열에서 "world" 단어가 시작하는 인덱스 위치를 찾아서 idx 변수에 임시 저장합니다.
3	"Hello world" 문자열의 처음부터 "world" 단어 시작 부분까지를 슬라이싱합니다.
4	"Hello world" 문자열에서 "world" 단어가 시작하는 부분부터 끝까지 슬라이싱합니다.
6	str2 문자열을 두 개로 나눠서 가운데에 "Python" 문자열을 삽입하고, 그 결과를 str2 변수에 다시 대입합니다.
7	새롭게 만든 str2 문자열을 출력해 봅니다.
10	새롭게 만든 str2 문자열을 앞에서 2번째 인덱스 문자부터 뒤에서 3번째 인덱스 문자까지 슬라이싱합니다. 이렇게 인덱스의 첨자를 음수로 사용하면 문자열의 끝에서부터 인덱싱합니다.

실행결과

```
Hello
world!
Hello Python world!
llo Python wor
```

문자열 format() 함수

문자열의 조합은 문자열을 인덱싱하는 것보다는 형식 지정자나 문자열의 format() 함수를 이용하는 것이 더욱 수월합니다. 슬라이싱하는 것이 아니라 단순히 문자열을 조합하는 것이라면 format() 함수를 이용하도록 합니다.

format 함수()를 이용한 문자열 처리 – ch03ex05.py

```
1    # format() 함수를 이용한 문자열 처리
2    print("{:-^50}".format("사랑"))
3    print("{:&<50}".format("사랑"))
4    print("{:*>50}".format("사랑"))
5
6    name = "홍길동"
7    age = 45
8    info = "성명:{0} | 나이:{1}".format(name, age)
9    print(info)
```

> {:*)50} 부호에서 *는 빈칸을 *기호로 채우라는 의미이고)는 데이터를 오른쪽 정렬, 50은 출력할 공간을 먼저 50칸 확보하라는 의미입니다.

소스코드해설 ●

행 번호	설명
2~4	format() 함수를 이용해서 문자열 처리를 합니다.
2	공간을 50칸 확보하고 "사랑" 문자열을 가운데 정렬합니다.
3	공간을 50칸 확보하고 "사랑" 문자열을 오른쪽 정렬합니다.
4	공간을 50칸 확보하고 "사랑" 문자열을 왼쪽 정렬합니다.
6~7	format() 함수에 사용될 데이터를 변수에 미리 저장합니다.
8	format() 함수를 이용해서 문자열을 조합하고 결과를 info 변수에 대입합니다.
9	새로 만들어진 info 변수의 문자열 값을 콘솔에 출력합니다.

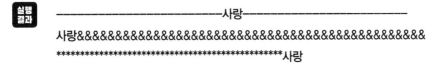

실행
결과

```
----------------------------사랑----------------------------
사랑&&&&&&&&&&&&&&&&&&&&&&&&&&&&&&&&&&&&&&&&&&&&&&&&&
**********************************************사랑
성명:홍길동 | 나이:45
```

여러 행 문자열과 format() 함수

여러 행 문자열의 모양은 여러 행 주석과 모양이 동일합니다. 여러 행 문자열도 format() 함수로 가공이 가능합니다.

---

 format() 함수를 이용한 여러 행 문자열 처리 – ch03ex06.py

```
1    multiline = '''여러행의 문자열
2    우리나라는 {}이다.
3    서기 {}년{}월{}일'''.format("대한민국",2018,4,15)
4    print(multiline)
```

● 소스코드해설 ●

행 번호	설명
1~2	여러 행 문자열을 multiline 변수에 저장합니다.
3	여러 행 문자열에서 사용할 데이터를 format() 함수를 이용해서 추가합니다.
4	format() 함수로 가공된 여러 행 문자열을 콘솔에 출력합니다.

 여러행의 문자열
우리나라는 대한민국이다.
서기 2018년4월15일

 파이썬 언어는 문자열(string)과 문자(charactor)의 구분이 없습니다.
문자열과 문자 모두 따옴표나 쌍따옴표로 표현이 가능합니다.
그리고 여러 줄 문자열도 '''으로 감싸거나 """으로 모두 사용 가능합니다.

형식 지정 문자

문자열의 조합은 % 기호를 사용한 형식 지정자를 이용할 수 있습니다. 형식 지정자를 이용하는 방법은 파이썬뿐만 아니라 C 언어나 자바에서도 입출력할 때 많이 사용하는 일반적인 방법입니다.

[형식 지정 문자로 사용되는 부호들]

- %s : 문자열
- %i : 정수
- %d : 정수
- %f : 실수
- %o : 8진수
- %x : 16진수
- %0.5f : 소수점 아래 5글자 표시, 마지막 자리는 자동으로 반올림

실습예제 **형식 지정자를 이용한 문자열 처리 – ch03ex07.py**

```
1    # 형식 지정자를 이용해서 소수점 아래 4번째 자리에서 반올림
2    print("%0.4f" %(2.555555) )
3    # 형식 지정자를 이용해서 공간을 10칸 확보하고 정수를 오른쪽 정렬
4    print("%+10d" %100)
5    # 형식 지정자를 이용해서 여러 데이터 문자열에 삽입
6    print("성명:%s, 나이:%d\n" %("이순신",55))
```

소스코드해설

행 번호	설명
2	형식 지정자를 이용해서 소수점 아래 4번째 자리에서 반올림합니다.
4	형식 지정자를 이용해서 공간을 10칸 확보하고 정수를 오른쪽에 정렬합니다.
6	형식 지정자를 이용해서 문자열 "이순신"과 정수 55를 문자열에 포함시킵니다.

 실행 결과

```
2.5556
       100
성명:이순신, 나이:55
```

특수문자 기호

문자열 안에서는 특수문자를 바로 사용할 수 없는 경우가 있습니다. 이럴 경우를 위해 특수문자를 표기하는 방법을 제공합니다. 파이썬에서 사용하는 특수문자는 다음과 같습니다.

[특수문자 기호(이스케이프 코드)]

- ₩n : 줄 바꿈
- ₩r : 라인 맨 앞으로 리턴
- ₩' : 따옴표
- ₩" : 쌍따옴표
- ₩000 : 널문자
- ₩a : 비프음(알람, 경고음)
- ₩t : 탭 키 하나
- ₩₩ : 역슬래시

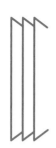

논리형과 참조형

논리형

실행 중 여러 개 중에서 하나를 선택하거나 크기를 비교하거나 참과 거짓을 판단해야 하는 경우가 생깁니다. 이럴 경우 참과 거짓을 의미하는 논리식을 사용하게 되는데 결과는 True나 False가 됩니다. 이런 논리식을 불리언(Boolean)식이라고 합니다.

참조형

참조형은 객체를 참조합니다. 객체는 클래스로 만들어집니다. 파이썬은 기본적으로 함수형 프로그램이지만 클래스와 객체를 지원합니다. 앞에서 다룬 기본형 외에는 모두 참조형이라고 할 수 있습니다. 그러므로 프로그래밍을 할 때 참조형을 더욱 많이 사용하게 됩니다. 클래스로 만든 객체 외에도 파이썬에서 자주 사용되는 자료 구조인 List, Set, Dictionary, Tuple 등의 자료 구조도 참조형입니다. 참조형은 특정 메모리에 있는 객체의 위치를 참조하는 방식으로 데이터를 다루게 됩니다. 이때 "객체.멤버"의 형식으로 점(.) 연산자를 이용해서 객체의 멤버 속성이나 멤버 함수에 접근해서 사용하게 됩니다.

```
변수 = 객체.멤버속성
변수 = 객체.멤버함수()
```

클래스와 객체에 대해서는 7장에서 좀 더 자세히 다루도록 하겠습니다.

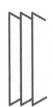

| 연 | 습 | 문 | 제 |

──────── ◆ 이 론 문 제 ◆ ────────

1   파이썬에서 특정 데이터의 자료형을 확인할 때 사용하는 type() 함수의 결과를 적으시오.

① type(365)   ② type('hello')
③ type(True)   ④ type([1,2,3,4])
⑤ type({'no':1, 'name':'kim'}) ⑥ type(print)

2   파이썬에서 사용되는 자료형의 설명이 잘못된 것은?

① None : 저장된 내용이 없다는 의미로 0과 같은 의미다.
② Boolean : 참/거짓을 판별해서 True나 False 같은 결과 값이다.
③ Int : 소수점이 없는 정수형 자료다.
④ Complex : 복소수를 의미한다.

3   파이썬 진법 표현이 잘못된 것은?

① 10진수 : 0 1 2 3 4 5 …
② 2진수 : 000 001 010 011 100 …
③ 8진수 : 0o0 0o1 0o2 0o3 0o4 0o5 …
④ 16진수 : 0x0 0x1 0x2 0x3 0x4 0x5 …

4 　자료형에 대한 설명 중 옳지 **않은** 것은?

① 파이썬에서 문자열과 정수는 더하기 연산으로 연결할 수 있다.

② 정수형 데이터를 문자열로 바꾸는 함수는 str()이다.

③ 문자열 데이터를 정수형으로 바꾸는 함수는 int()다.

④ 문자열 데이터를 실수형으로 바꾸는 함수는 float()다.

5 　다음 문자열 연산의 결과를 적으시오.

① "Hello " + "world" : _____

② "Hello ~ " * 5 : _____

③ "Hello " + 5 : _____

6 　다음 소스 코드의 실행 결과를 적으시오.

```
str1 = 'Hello python world'
print(str1[6])
print(str1[6:])
print(str1[:6])
print(str1[-5])
```

7   다음 "Hello world!" 문자열을 "Hello Python world!"로 수정하는 소스 코드를 작성하시오.

```
str2 = "Hello world!"
idx = str2.index("world")
str2 =
print(str2)
```

8   문자열 format() 함수를 이용해서 다음과 같이 가운데 정렬되도록 소스 코드를 작성하시오.

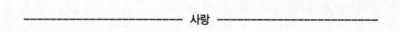

9   다음 실행 결과와 같이 여러 행 문자열이 출력되도록 format() 함수의 인자를 적으시오.

여러행의 문자열
우리나라는 대한민국이다.
서기 2018년4월15일

```
multiline = '''여러행의 문자열
우리나라는 {}이다.
서기 {}년{}월{}일'''.format(                    )
print(multiline)
```

10   다음 형식 지정 문자의 데이터 타입을 적으시오.

① %s : _____

② %i : _____

③ %d : _____

④ %f : _____

⑤ %o : _____

⑥ %x : _____

⑦ %0.2f : _____

11   다음 논리형 연산의 결과를 적으시오.

① True and False : _____

② False or True : _____

③ False or False : _____

④ True and True : _____

1   데이터를 입력하고 입력된 데이터를 진법 변환하여 그 결과를 2진수, 8진수, 16진수로 출력하는
   프로그램을 작성하시오.

| 실행 **결과** 예시 |

```
정수 입력〉〉 256
2진수로 변환 =〉 0b100000000
8진수로 변환 =〉 0o400
16진수로 변환 =〉 0x100
```

| 힌트 | 10진수를 2진수 문자열로 변환하는 함수는 bin() 함수입니다.
           10진수를 8진수 문자열로 변환하는 함수는 oct() 함수입니다.
           10진수를 16진수 문자열로 변환하는 함수는 hex() 함수입니다.

2   "Hello python world"를 입력받아서 "python" 대신 "happy"로 바꿔주는 프로그램을 구현하시오.

| 실행 **결과** 예시 |

```
문자열 입력 〉〉 Hello python world
찾을 단어 〉〉 python
바꿀 단어 〉〉 happy
―――― 결과 ――――
Hello happy world
```

| 힌트 | 문자열에서 단어의 시작 위치를 찾는 함수는 index() 함수입니다.
           문자열의 길이를 반환하는 함수는 len() 함수입니다.
           문자열 슬라이싱에는 [:]를 사용합니다.

3   이름, 직업, 사는 곳, 특이 사항을 입력받아서 아래와 같이 양쪽 정렬되도록 구현하시오.

| 실행 **결과** 예시 |

이름 입력〉〉홍길동
직업 입력〉〉도둑
사는 곳〉〉서울시 종로구
특이 사항〉〉아버지를 아버지라 부르지 못함
――――――――――――――――――결과――――――――――――――――――
이름――――――――――――――――――――――――――――――――홍길동
직업――――――――――――――――――――――――――――――――――도둑
사는 곳―――――――――――――――――――――――――――서울시 종로구
특이 사항――――――――――――――――――――아버지를 아버지라 부르지 못함

| 힌트 | format() 함수를 이용한 문자열 처리는 다음과 같은 방법으로 합니다.
     가운데 정렬 : print("{:-^50}".format("사랑"))
     오른쪽 정렬 : print("{:&<50}".format("사랑"))
     왼쪽 정렬 : print("{:*>50}".format("사랑"))

4   성명, 나이, 사는 곳을 입력받아서 다음과 같이 가운데 정렬되도록 출력하시오.

| 실행 **결과** 예시 |

          user name : 홍길동
           user age : 25
       user address : 한국 민속촌

| 힌트 | print("%+15d" %100)은 형식 지정자를 이용해서 공간을 15칸 확보하고 정수를 오른쪽에 정렬하라는 의미입
     니다. 형식 지정자를 두 개 이상 사용할 경우에는 %(값, 값) 형식으로 값을 지정합니다.

5 　주민 번호를 입력받아서 ㅡ를 기준으로 앞자리 6자와 뒷자리 7자를 분리하고 앞자리 6자와 뒷자리 첫 글자만 따로 출력하시오.

| 실행 **결과** 예시 |

> 주민 번호를 ㅡ를 포함해서 입력하라〉〉 990909-1234567
>
> 주민 번호 앞자리 : 990909
>
> 주민 번호 뒷자리 첫 글자 : 1

| 힌트 | 　파이썬에서 문자열 인덱싱과 슬라이싱에는 대괄호([ ])를 이용합니다. 대괄호 안에 첨자와 콜론(:)을 이용해서 인덱싱 및 슬라이싱할 수 있습니다.

연산자와
if 조건문

4장에서는 연산자와 연산자의 우선순위, 연산자의 결합 방식에 대해서 학습하고, 연산의 결과를 적용해서 if 조건문을 활용하는 방법에 대해서 학습하도록 하겠습니다. 4장을 마치면 프로그래밍의 간단한 알고리즘 문제를 해결할 수 있게 될 것입니다.

python

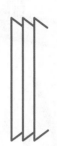

맛보기 예제 – 일단 따라해 보세요!

사용자의 생년을 입력받아서 현재 연도에 나이가 어떻게 되는지 알려주는 프로그램을 작성해 보겠습니다. 현재 날짜를 알아내기 위해서 datetime 모듈을 사용합니다. 알아낸 현재 날짜에서 연도를 추출해낸 후 입력된 생년에서 현재 연도를 빼면 사용자의 나이를 알 수 있습니다. 그리고 if 제어문을 이용해서 현재 나이가 미성년인지 성인인지 판별할 수 있습니다. 제어문은 거의 모든 프로그래밍 언어에서 사용되는 필수 기능입니다.

실습 예제 **일단 따라해 보기** – ch04_pre_example.py

```python
1    import  datetime
2
3    print("어서오세요.")
4    # 성명을 입력받아서 user_name 변수에 저장합니다.
5    user_name = input("성명을 입력 하세요 >> ")
6    # 입력된 성명을 출력합니다.
7    print("%s님 안녕하세요" %user_name)
8    # 생년을 입력받습니다.
9    birth_year = int(input("생년을 입력 하세요(예: 1991) >> "))
10   # 현재 날짜를 str_today 변수에 저장합니다.
11   str_today = str(datetime.date.today())
12   # 현재 날짜에서 연도만 추출합니다.
13   now_year = int(str_today.split('-')[0])
14   # 현재 연도에서 생년을 빼면 나이가 됩니다.
```

```
15    age = now_year-birth_year
16    # 사용자 이름, 현재 연도, 사용자의 나이를 출력합니다.
17    print("%s님은 %d년 현재 %d세입니다. \n" %(user_name, now_year,
      age))
18    # 제어문을 이용해서 미성년자인지 성인인지 구분합니다.
19    if(age < 19) :
20        print("%s님은 미성년자입니다." %user_name)
21    else :
22        print("%s님은 성인입니다." %user_name)
```

소스코드해설

행 번호	설명
9	사용자로부터 생년을 입력받아서 변수 birth_year에 저장합니다. 현재 연도에서 생년을 빼는 연산을 해야 하기 때문에 입력받은 생년 데이터를 정수형으로 형 변환합니다.
11	datetime 모듈을 이용해서 현재 날짜를 알아냅니다. datetime.date.today()로 알아낸 현재 날짜에서 연도만 추출하기 위해 문자열 데이터로 형 변환해 줍니다.
13	문자열 데이터로 변환된 현재 날짜에서 연도 부분만 추출해서 변수 now_year에 저장합니다. 숫자 연산을 해야 하기 때문에 int() 함수로 형 변환합니다.
17	사용자 이름, 현재 연도, 나이를 출력합니다.
19~22	현재 나이가 19보다 작다면 "미성년자입니다."를 출력하고, 19 이상이면 "성인입니다."를 출력합니다.

어서오세요.
성명을 입력 하세요 >> 홍길순
홍길순님 안녕하세요
생년을 입력 하세요(예: 2002) >> 2002
홍길순님은 2021년 현재 19세입니다.

홍길순님은 성인입니다.

연산자

컴퓨터 프로그래밍을 하는 목적은 무엇일까요? 컴퓨터의 시초는 단순한 전자 계산기였습니다. 컴퓨터 본연의 역할은 계산하는 일입니다. 연산자 단원에서 중요한 것은 연산자의 우선순위와 연산의 결합 방식입니다. 항과 항 사이에 연산자가 있고 이렇게 이루어진 형식을 "식"이라고 합니다.

식(항과 항을 연산자로 연결하고 그 결과를 식의 값으로 사용합니다.)		
항	연산자	항
10	+	20

프로그래밍에서 연산 처리는 식들의 조합이라고 할 수 있고, 그 식들의 처리 결과를 값으로 사용합니다.

산술 연산자

산술 연산은 대표적으로 사칙 연산을 말합니다. 사칙 연산은 연산자 중에서 비교적 우선순위가 높습니다. 그만큼 우리 일상이나 컴퓨터 프로그램에서 산술 연산을 할 일이 아주 많습니다. 예를 들어 월급을 10% 인상한다거나 1년치 월급과 보너스를 계산하기 위해서는 산술 연산을 사용해야 합니다.

산술 연산에는 다음과 같은 연산자들이 있습니다. 산술 연산은 변수와 변수를 연산하기도 하고, 변수와 상수를 연산하기도 합니다. 또 상수와 상수를 연산해서 그 결과를 사용하기도 합니다.

연산자 이름	부호	예	의미
더하기	+	a + 10	변수 a에 10을 더합니다.
빼기	−	a − 10	변수 a에서 10을 뺍니다.
곱하기	*	a * 10	변수 a에 10을 곱합니다.
나누기	/	a / 3	파이썬에서는 나누기 연산자가 두 종류입니다. 변수 a를 3으로 나눈 몫을 결과로 사용합니다. 결과 형식은 소수점이 있는 실수형 데이터입니다.
나누기	//	a // 3	파이썬3 버전에 추가된 연산자입니다. 변수 a를 3으로 나눈 몫을 결과로 사용합니다. 이때 결과 형식은 소수점이 없는 정수형 데이터입니다.
나머지	%	a % 3	변수 a를 3으로 나눈 나머지 값을 결과로 사용합니다.

| 산술 연산자의 종류

다음은 산술 연산자의 사용 예제입니다. 특히 두 종류의 나누기 연산자와 연산의 결과를 잘 비교해 보길 바랍니다.

산술 연산자 – ch04ex01.py

```
1    # 변수 초기화
2    a = 20
3    # 더하기
4    result = a + 10
5    print("더하기 결과:", result)
6    # 빼기
7    result = a - 10
8    print("빼기 결과:", result)
9    # 곱하기
10   result = a * 10
11   print("곱하기 결과:", result)
12   # 나누기(결과가 실수 형식)
13   result = a / 3
14   print("/나누기 결과:", result)
15   # 나누기(결과가 정수 형식)
16   result = a // 3
17   print("//나누기 결과:", result)
18   # 나머지
19   result = a % 3
20   print("나머지 결과:", result)
```

소스코드해설

행 번호	설명
2	산술 연산자 예제에 사용할 변수를 초기화합니다.
4~5	더하기 연산을 하고 그 결과를 출력합니다.
7~8	빼기 연산을 하고 그 결과를 출력합니다.
10~11	곱하기 연산을 하고 그 결과를 출력합니다.

13~14	/나누기 연산을 하고 그 결과를 출력합니다. 결과 값의 형식은 실수 형식입니다.
16~17	//나누기 연산을 하고 그 결과를 출력합니다. 결과 값의 형식은 정수 형식입니다.
19~20	나머지 연산을 하고 그 결과를 출력합니다.

더하기 결과:30
빼기 결과:10
곱하기 결과:200
/나누기 결과:6.666666666666667
//나누기 결과:6
나머지 결과:2

 Tip **나머지 연산자로는 어떤 일을 할 수 있을까요?**

예를 들어 자판기에 5만 원권을 넣고 물건을 구매하고 나머지 잔돈을 계산할 때 1만 원권, 5천 원권, 1천 원권 지폐가 각각 몇 개인지 그리고 동전이 각각 몇 개가 될지 계산하려고 한다면 나머지 연산자를 사용하는 것이 편리합니다. 또 전체 시간을 초 단위로 입력받아서 몇 시간, 몇 분, 몇 초인지 계산하는 프로그램을 구현해야 할 경우에도 나머지 연산자를 사용하는 것이 편리합니다.

비교 연산자

수학 시간에 배운 이퀄(equal) 부호인 =은 프로그래밍에서는 대입 연산자로 사용됩니다. 프로그래밍에서 "같다"의 의미는 이퀄 부호를 두 번 연속해서 쓰는 ==입니다. 파이썬 프로그래밍을 하면서 대입 연산자와 비교 연산자를 잘 구분하길 바랍니다.

연산자 이름	부호	예	의미
대입 연산자	=	result = 10 + 20	10과 20을 더한 결과를 result 변수에 대입합니다.
비교 연산자	==	result == 10	변수 result의 값과 10은 같습니다. 결과는 True나 False만 올 수 있습니다.

| 대입 연산자와 비교 연산자의 예와 의미

앞으로 배우게 될 제어문에는 반드시 비교 연산을 사용해야 합니다. 비교 연산은 다른 말로 관계 연산이라고도 합니다. 비교 연산은 '큰가, 작은가, 같은가?'와 같이 각 항의 관계를 비교하는 연산자입니다. 이때 결과는 True나 False와 같은 논리 값이 됩니다. 비교 연산에는 다음과 같은 연산자들이 있습니다.

연산자 이름	부호	예	의미
크다	〉	result 〉 10	result의 값이 10보다 크면 True, 그렇지 않으면 False인 결과
작다	〈	result 〈 10	result의 값이 10보다 작으면 True, 그렇지 않으면 False인 결과
크거나 같다	〉=	result 〉= 10	result의 값이 10보다 크거나 같으면 True, 그렇지 않으면 False인 결과
작거나 같다	〈=	result 〈= 10	result의 값이 10보다 작거나 같으면 True, 그렇지 않으면 False인 결과
같지 않다	!=	result != 10	result의 값이 10과 같지 않으면 True, 같으면 False인 결과

| 비교 연산자의 종류

비교 연산자 – ch04ex02.py

```
1    # 비교 연산자를 테스트할 변수에 초기 값 저장
2    result = 10
3    isTrue = result == 10
4    print("result == 10 의 결과 :", isTrue)
5    isTrue = result > 10
6    print("result > 10 의 결과 :", isTrue)
7    isTrue = result < 10
8    print("result < 10 의 결과 :", isTrue)
9    isTrue = result >= 10
10   print("result >= 10 의 결과 :", isTrue)
11   isTrue = result <= 10
12   print("result <= 10 의 결과 :", isTrue)
13   isTrue = result != 10
14   print("result != 10 의 결과 :", isTrue)
```

소스코드해설

행 번호	설명
2	비교 연산에 사용할 result 변수의 값을 10으로 초기화합니다.
3~4	result 변수의 값이 10과 같은지 비교합니다. 결과는 True입니다.
5~6	result 변수의 값이 10보다 큰지 비교합니다. 결과는 False입니다.
7~8	result 변수의 값이 10보다 작은지 비교합니다. 결과는 False입니다.
9~10	result 변수의 값이 10보다 크거나 같은지 비교합니다. 결과는 True입니다.
11~12	result 변수의 값이 10보다 작거나 같은지 비교합니다. 결과는 True입니다.
13~14	result 변수의 값이 10과 같은지 아닌지 비교합니다. 결과는 False입니다.

result == 10 의 결과 : True

result 〉 10 의 결과 : False

result 〈 10 의 결과 : False

result 〉= 10 의 결과 : True

result 〈= 10 의 결과 : True

result != 10 의 결과 : False

대입 연산자

대입 연산자는 산술 연산과 같이 다른 연산을 하고, 그 결과를 변수에 담을 때 사용합니다. 대입이란 변수에 값을 넣는다는 의미입니다. 예를 들어 변수를 상자에 비유했을 때 상자에 값을 넣는 것을 대입이라고 합니다. 변수를 선언할 때 처음 값을 초기화하는 것도 대입입니다.

복합 대입 연산자

대입 연산에는 복합 대입 연산자가 있는데 복합 대입 연산은 중복되는 항을 줄여주는 기능을 합니다. 복합 대입 연산자는 누적 연산자라고도 하며 대입 연산자의 소스 코드를 줄여줍니다. 예를 들어 count = count + 10과 같은 식이 있다면 count에 10을 누적하라는 의미가 됩니다. 이럴 때 대입 연산자 대신 복합 대입 연산자를 사용하면 count += 10으로 간단히 처리할 수 있습니다. 이런 복합 대입 연산자는 더하기 연산뿐만 아니라 거의 모든 산술 연산자와 함께 사용 가능합니다. 여러 형태의 복합 대입 연산자는 다음과 같습니다.

이해를 돕기 위해 복합 대입 연산을 분해해서 좀 더 자세히 설명해 보겠습니다. value += 10을 보면 = 부호 앞에 value +가 있습니다. 이것을 10 앞에 붙이면 = value +10이 됩니다.

그리고 value 변수를 다시 = 앞에 하나 더 두면 value = value + 10의 식으로 바뀝니다.

```
value += 10  ---->  = value + 10  ---->  value = value + 10
```

부호	예	의미
+=	result += 10	result 변수의 값에 10을 누적합니다.
-=	result -= 10	result 변수의 값에서 10을 차감합니다.
*=	result *= 10	result 변수의 값에 10을 곱한 결과를 다시 result에 넣어줍니다.
/=	result /= 10	result 변수의 값을 10으로 나눈 결과를 다시 result에 넣어줍니다.
%=	result %= 10	result 변수의 값을 10으로 나누고 나머지 값을 다시 result에 넣어줍니다.

| 복합 대입 연산자의 종류

실습예제 **복합 대입 연산자 –** *ch04ex03.py*

```
1    result = 10
2    result += 10
3    print("result += 10 실행 후 결과 : ", result)
4    result -= 10
5    print("result -= 10 실행 후 결과 : ", result)
6    result *= 10
7    print("result *= 10 실행 후 결과 : ", result)
8    result //= 10
9    print("result //= 10 실행 후 결과 : ", result)
10   result %= 10
11   print("result %= 10 실행 후 결과 : ", result)
```

행 번호	설명
1	테스트를 위해 result 변수에 초기 값 10을 대입합니다.
2~3	복합 대입 연산자를 이용해서 10을 누적하고 결과를 확인합니다.
4~5	result 변수의 값에서 10을 빼고 결과를 확인합니다.
6~7	result 변수의 값에 10을 곱하고 결과를 확인합니다.
8~9	result 변수의 값을 10으로 나누고 결과를 확인합니다. /=연산자는 결과가 실수가 됩니다.
10~11	result 변수의 값을 10으로 나누고 나머지 값을 확인합니다.

실행 결과

result += 10 실행 후 결과 : 20

result -= 10 실행 후 결과 : 10

result *= 10 실행 후 결과 : 100

result //= 10 실행 후 결과 : 10

result %= 10 실행 후 결과 : 0

논리 연산자

논리 값과 논리 값을 비교해서 연산할 때는 논리 연산자를 사용합니다. 비교 연산자의 결과 값이 논리 값이기 때문에 비교 연산자와 함께 많이 사용합니다. 비교 연산자는 논리 연산자보다 우선순위가 높기 때문에 비교 연산자들을 이어주는 식으로 논리 연산자를 이용할 수 있습니다.

(비교 연산) 논리 연산 (비교 연산) 논리 연산 (비교 연산)

논리 연산에는 논리합, 논리곱 그리고 논리 부정이 있습니다. 컴퓨터에서는 일반적으로 1을 참으로 인식하고, 0을 거짓으로 인식합니다. and 연산을 논리곱이라고 하는 것은 1을 아무리 많이 곱했다고 하더라도 그 식에 0을 한 번만 곱해도 최종 결과가 0이 되기 때문입니다. 또 or 를 논리합이라고 하는 것은 0을 아무리 많이 더했다고 하더라도 그 식에 1을 한 번만 더해도 최종 결과가 1이 되기 때문입니다.

	논리식	산술식	결과
논리곱(and)	True and False and True and True	1 x 0 x 1 x 1	False(0)
논리합(or)	False or False or True or False	0 + 0 + 1 + 0	True(1)

| 논리곱과 논리합의 비교

True and False의 결과는 False이지만 True or False의 결과는 True입니다. and 연산의 결과가 True인 경우는 두 항 모두 True일 때인 True and True뿐입니다.

항1	항2	and 연산의 결과	or 연산의 결과
True	True	True	True
True	False	False	True
False	True	False	True
False	False	False	False

 논리 연산자 – ch04ex04.py

```
1    isTrue = True and True
2    print("True and True 의 결과 :", isTrue)
3    isTrue = True and False
4    print("True and False 의 결과 :", isTrue)
5    isTrue = False and True
```

```
6     print("False and True 의 결과 :", isTrue)
7     isTrue = False and False
8     print("False and False 의 결과 :", isTrue)
9     isTrue = True or True
10    print("True or True 의 결과 :", isTrue)
11    isTrue = True or False
12    print("True or False 의 결과 :", isTrue)
13    isTrue = False or True
14    print("False or True 의 결과 :", isTrue)
15    isTrue = False or False
16    print("False or False 의 결과 :", isTrue)
```

소스코드해설

행 번호	설명
1	테스트를 위해 isTrue 변수에 True and True 연산의 결과를 대입합니다.
2	True and True 연산의 결과를 출력합니다.
3~8	and 논리 연산의 결과를 확인합니다.
9~16	or 논리 연산의 결과를 확인합니다.

 실행결과

True and True 의 결과 : True

True and False 의 결과 : False

False and True 의 결과 : False

False and False 의 결과 : False

True or True 의 결과 : True

True or False 의 결과 : True

False or True 의 결과 : True

False or False 의 결과 : False

삼항 연산자

삼항 연산자는 삼항 조건 연산자라고 할 수 있습니다. 다음 단원에서 배울 if 조건문의 약식 버전이라고 할 수 있습니다. 삼항 연산자는 if와 else 사이에 조건식을 두고 조건식이 참이면 if 앞에 문장을 실행하고, 조건식이 거짓이면 else 뒤에 문장을 실행하게 됩니다. 삼항 연산자는 간단한 제어 구조를 구현할 때 유용하게 활용할 수 있습니다. 삼항 연산은 앞으로 배울 람다 식에서 아주 많이 사용됩니다. 꼭 익혀 두길 바랍니다.

참일 때 실행	if	조건식	else	거짓일 때 실행

| 삼항 연산자의 구조

 실습예제 **삼항 연산자** – ch04ex05.py

```
1    # 변수의 초기화
2    number = 120
3    result = "100보다 크다" if number>100 else "100 이하이다"
4    print(result)
5    # 삼항 연산자에서 즉시 출력
6    print("True입니다") if False else print("False입니다")
7    print("True입니다") if True else print("False입니다")
```

소스코드 해설

행 번호	설명
2	조건에 사용될 값을 number 변수에 초기화합니다.
3	조건인 number가 100보다 크면 if 앞에 문장이 실행되고, 아니면 else 뒤에 문장이 실행

4	result에 담긴 결과 값을 출력해 보았습니다. "100보다 크다"가 콘솔에 출력됩니다.
6	삼항 연산자에서 직접 출력해 보았습니다. 조건에 논리 값인 False를 직접 넣었습니다.
7	조건 값을 True로 바꿔서 실행해 보면 반대 쪽 값이 나오는 것을 확인할 수 있습니다.

되어 result에 대입됩니다.

 실행결과

```
100보다 크다
False입니다
True입니다
```

단항 연산자

파이썬 언어에서 단항 연산자에는 ~, +, - 등이 있습니다. 이런 단항 연산자는 산술 연산과 다르게 이항 연산이 아닌 부호로 사용됩니다. 단항 연산보다 우선순위가 높은 것으로 지수 연산이 있는데 지수 연산자는 이중 별(**)로 표시합니다. 단항 연산이나 지수 연산보다 단연코 먼저 실행하는 식은 괄호 안에 있는 식입니다.

연산자 우선순위

연산자에는 실행하는 우선순위가 있습니다. 산술 연산에서는 더하기, 빼기 연산보다 곱하기, 나누기, 나머지 연산이 우선순위가 높습니다. 산술 연산을 기준으로는 단항 연산이나 지수 연산이 우선순위가 높고, 관계 연산, 비교 연산, 논리 연산, 비트 연산, 대입 연산은 상대적으로 우선순위가 낮은 편에 속합니다. 연산자 우선순위는 다른 컴퓨터 언어에서도 비슷하게 적용됩니다. 단항 연산과 지수 연산을 제외하면 사칙연산자가 우선순위가 비교적 높다는 것을 알

수 있습니다.

순위	연산자	설명
1	( ) [ ] **	괄호, index, 지수 연산자
2	~ + -	단항 부호 연산자
3	* / // %	곱하기, 나누기, 나머지 연산자
4	+ -	더하기, 빼기 연산자(사칙연산자)
5	== != 〉 〈 〉= 〈=	관계 비교 연산자
6	and or	논리 연산자
7	〉〉 〈〈	비트 시프트 연산자
8	& ^		비트 논리 연산자
9	= += *= /= %=	대입 연산자, 복합 대입 연산자

| 연산자의 우선순위

연산자 결합 방식

연산자의 종류에 따라 계산 방식도 다릅니다. 대부분 연산은 왼쪽에서 오른쪽으로 계산하지만 **단항 연산이나 대입 연산은 오른쪽에서 왼쪽으로 계산해 나갑니다.** 그리고 연산자의 우선순위와 관계없이 괄호 연산자가 가장 우선순위가 높다고 할 수 있습니다.

10 + 2 * 3 - 5의 연산 방식과 (10 + 2) * 3 - 5의 연산 결과는 완전히 다릅니다. 괄호 안에 있는 식을 먼저 수행하기 때문입니다.

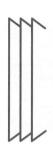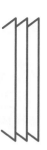

if 조건문

조건문은 프로그래밍에서 매우 중요한 요소입니다. 조건문에는 조건 연산이 들어가는데 이때는 비교 연산과 논리 연산을 이용할 수 있습니다. 논리 연산을 이용해서 여러 개의 비교 연산을 이어서 사용할 수 있고, 조건문을 이용해서 프로그램의 흐름을 논리적으로 처리할 수 있습니다. 간단한 조건문은 삼항 연산자를 이용하면 소스 코드의 내용이 간결해지는 장점이 있습니다. 파이썬의 제어문에는 if문, for문, while문 등이 있습니다.

조건문은 조건 분기문이라고도 하는데 if문이 바로 조건 분기문입니다. 프로그램의 실행을 처음부터 끝까지 하나로 진행하지 말고 조건과 상황에 따라 흐름을 달리해 주어야 합니다. 조건 분기문은 도로의 이정표를 생각하면 쉽게 이해할 수 있습니다. 고속도로를 달리다가 이정표를 만나게 되면 우리는 분기되는 길에서 어느 한쪽을 선택해야 합니다. 그렇게 되면 다른 한쪽 길은 갈 수 없습니다.
이처럼 조건 분기문은 이것을 선택하든 저것을 선택하든 선택된 한 가지 경우만 실행됩니다.

조건 분기문을 순서도로 그리면 다음과 같은 모양이 됩니다.

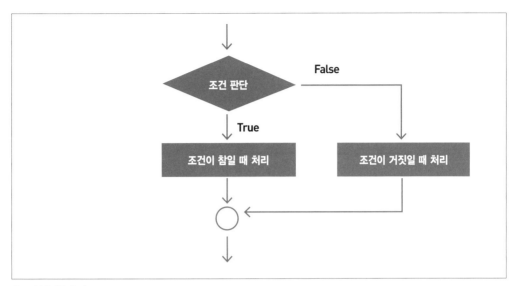

| 조건 분기문 순서도

조건 판단의 결과가 True이면 조건이 참일 때 처리하고 다음으로 넘어가고, 조건 판단의 결과
가 False이면 조건이 거짓일 때 처리하고 다음으로 넘어갑니다.

if문

[if문의 형식]

if 조건식 :
　　조건식이 참이면 실행

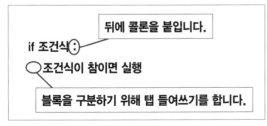

| if문의 형식

if문을 구현하는 방법은 if 키워드 뒤에 조건식을 두는 것입니다. 그리고 콜론 부호를 붙이고 아랫줄에 처리문을 적는데 처리문은 앞에 탭을 한 번 넣어주어야 합니다. 이것은 if문의 블록을 표시하는 방법으로 파이썬에서 모든 블록은 탭으로 구분합니다. 탭을 지우면 블록을 빠져나오게 됩니다. 프로그램에서 블록은 여러 실행문의 묶음입니다.

실습예제 **if문 – ch04ex06.py**

```
1    # if문 예제
2    import sys
3
4    name = input("성명 입력: ")
5    if len(name) == 0 :
6        print("성명을 입력 하지 않았습니다!")
7        sys.exit()
8
9    print("당신의 이름은 {}이고 {}글자입니다.".format(name, len(name)))
```

소스코드해설

행 번호	설명
4	input() 함수를 이용해서 성명을 키보드로 입력받습니다.
5	입력받은 성명의 길이를 len() 함수로 알아냅니다.
6	입력받은 문자열의 길이가 0이라면 성명이 입력되지 않은 것입니다.
7	성명이 입력되지 않으면 바로 종료됩니다. sys 모듈을 사용하기 위해 2행에서 import하였습니다.
9	name 변수에 입력된 성명이 있다면 성명과 성명의 길이를 출력합니다.

다음은 성명을 입력하지 않고 그냥 Enter 를 누른 경우의 결과입니다.

성명 입력:
성명을 입력 하지 않았습니다!

다음은 성명을 입력하고 Enter 를 누른 경우의 결과입니다.

성명 입력: 마이콜
당신의 이름은 마이콜이고 3글자입니다.

if ~ else문

if문은 조건이 참일 경우에만 실행합니다. if ~ else문은 조건의 결과가 참인 경우와 거짓인 경우를 모두 설정해 두고 조건에 따라 분기되도록 합니다. if ~ else문이 조건 분기문의 원형이라고 생각할 수도 있습니다.

[if ~ else문의 형식]

```
if 조건식 :
    조건식이 참이면 실행
else :
    조건식이 거짓이면 실행
```

if ~ else문 – ch04ex07.py

```
1    # 번호를 입력받아서 홀수인지 짝수인지 판별
2    number = int(input("정수 입력 :"))
3    print("결과 => ", end="")
4    if number%2==0 :
5        print("짝수입니다.")
6    else :
7        print("홀수입니다.")
```

소스코드해설

행 번호	설명
2	사용자 키보드로 정수를 입력받습니다.
4~5	입력받은 값이 짝수이면 "짝수입니다."를 출력합니다.
6~7	입력받은 값이 짝수가 아니면 "홀수입니다."를 출력합니다.

실행결과

```
정수 입력 :4
결과 => 짝수입니다.
```

 if문을 이용해서 유효성 검사 – ch04ex06_2.py

```
1    name = input("성명을 입력 하세요: ")
2
```

```
3      if len(name) == 0 :
4          print("Error : 성명을 입력하지 않았습니다.")
5      else :
6          age = int(input("나이를 입력 하세요: ") )
7          print("당신의 이름은 {}입니다".format(name))
8          print("당신은 10년후에 {}세입니다".format(age+10))
9      print("프로그램 종료!")
```

소스코드 해설

행 번호	설명
1	키보드로 성명을 입력받습니다.
3~4	입력된 값이 없다면 "Error : 성명을 입력하지 않았습니다."를 출력합니다.
6	입력된 값이 있다면 다시 나이를 입력받습니다. 나이를 정수로 형 변환합니다.
7	1행에서 입력받은 이름 값을 출력합니다.
8	6행에서 입력받은 나이에 10을 더해서 10년 후의 나이를 출력합니다.

성명을 입력 하세요:
Error : 성명을 입력하지 않았습니다.
프로그램 종료!

if ~ els문을 이용해서 데이터 값 구분 – ch04ex07_2.py

```
1      # 정수를 입력받아서 0이 아닌 3의 배수를 판별하는 프로그램 작성
2      integer = int(input("정수를 입력 하세요: "))
```

```
3        print(integer, ":", end=" ")
4
5        if integer == 0 :
6            print("0입니다")
7        if integer == 5 :
8            print("5입니다")
9        elif integer%3==0 :        # else if가 아니라 elif입니다.
10           print("3의 배수입니다.")
11       else :
12           print("3의 배수가 아닙니다.")
```

● **소스코드해설** ●

행 번호	설명
2	키보드로 정수를 입력받아서 integer 변수에 저장합니다.
3	2행에서 입력받은 정수를 출력합니다.
5~6	입력받은 정수가 0이면 "0입니다"를 출력합니다.
7~8	입력받은 정수가 5이면 "5입니다"를 출력합니다.
9~10	입력받은 정수가 3의 배수이면 "3의 배수입니다."를 출력합니다. 조건 분기 후 다시 새로운 조건을 묻고 싶다면 elif 키워드를 사용합니다. else if가 아닙니다. elif입니다.
11~12	입력받은 정수가 3의 배수가 아니면 "3의 배수가 아닙니다."를 출력합니다.

 0을 입력하면 0이라고 알려줍니다.

정수를 입력 하세요: 0
0 : 0입니다

3의 배수를 입력하면 다음과 같이 알려줍니다.

정수를 입력 하세요: 6
6 : 3의 배수입니다.

다중 if문

성적을 입력받아서 학점을 환산한다거나 번호를 입력받아서 여러 조건 중에서 일을 처리하는 등의 기능을 구현하기 위해서는 다중 if ~ elif문 형식으로 구현해야 합니다. 다중 if문은 선택적인 구조로 여러 조건 중에서 하나를 실행하고자 할 때 유용합니다. 주의할 것은 else if가 아니라 elif라는 것입니다.

[다중 if문의 형식]

```
if 조건1 :
    조건1이 참이면 실행
elif 조건2 :
    조건2가 참이면 실행
elif 조건n :
    조건n이 참이면 실행
else :
    모든 조건에 해당 없을 때 실행
```

다중 if문 예제 – ch04ex08.py

```python
1    # 성적을 입력받아서 학점 환산
2    score = int(input("성적입력: "))
3    grade = 'F'
4
5    if score >= 90 :
6        grade = 'A'
7    elif score >= 80 :
8        grade = 'B'
9    elif score >= 70 :
10       grade = 'C'
11   elif score >= 60 :
12       grade = 'D'
13   else :
14       grade = 'F'
15
16   print("{}점은 {}학점이다".format(score, grade))
```

소스코드해설

행 번호	설명
2	키보드로 성적을 입력받아서 score 변수에 저장합니다.
3	학점을 저장할 grade 변수를 초기화합니다.
5~6	성적이 90점 이상이면 학점을 A로 변경합니다.
7~8	성적이 80점 이상이면 학점을 B로 변경합니다.
9~10	성적이 70점 이상이면 학점을 C로 변경합니다.
11~12	성적이 60점 이상이면 학점을 D로 변경합니다.
13~14	위 조건 중에 아무것에도 해당되지 않는다면 학점을 F로 합니다.
16	입력된 점수와 환산된 학점을 출력합니다.

성적입력: 85
85점은 B학점이다

중첩 if문

조건 분기한 결과 안에서 또 조건 분기를 할 수 있습니다. 이런 식으로 제어문 안에서 또 제어
문을 사용하는 방식은 프로그래밍 구현 시 아주 일반적입니다. 한 번에 하나의 제어문만을 사
용해야 한다면 프로그래밍 구현이 매우 제한적일 것입니다. 제어문 안에 제어문을 중첩하고
그 안에서 또 다른 제어문을 중첩하는 방식으로 여러 기능을 구현하고 복잡한 알고리즘을 해
결합니다. 그런데 이렇게 중첩해서 사용하는 것은 한번에 쉽게 할 수 있는 것이 아닙니다. 많
은 시간을 두고 연습하고 훈련해야 할 필요가 있습니다.

실습 예제 **중첩 if문 예제 – ch04ex09.py**

```
1    # 성적을 입력받아서 학점 환산
2    # 성적이 0~100점 사이가 아니면 Error 출력
3    score = int(input("성적입력: "))
4    grade = 'F'
5
6    if score<0 or score>100 :
7        print("Error!")
8    else :
9        if score >= 90 :
10           grade = 'A'
11       elif score >= 80 :
12           grade = 'B'
```

```
13        elif score >= 70 :
14            grade = 'C'
15        elif score >= 60 :
16            grade = 'D'
17        else :
18            grade = 'F'
19
20    print("{}점은 {}학점이다".format(score, grade))
```

소스코드해설

행 번호	설명
9~20	위의 다중 if문 예제에서 구현한 부분을 다른 if문 안에 넣었습니다.
6~7	입력받은 성적이 0보다 작거나 100보다 크다면 Error!를 출력합니다.
8	입력받은 성적이 0~100 사이에 포함된다면 9~20행의 문장이 실행됩니다.

 -5를 입력하면 범위 안의 값이 아니기 때문에 Error!를 출력합니다.
성적입력: -5
Error!

if문을 while 반복문으로 바꾸기

if문의 구조와 while문의 구조는 같습니다. 단지 while문은 실행이 끝나고 다시 조건을 비교
합니다. 만약 성적을 입력받고 범위를 비교해서 잘못 입력되었을 경우 다시 새 데이터를 입력
받고자 할 때 단순히 if문을 사용해서는 구현이 어렵습니다. 왜냐하면 if문은 한 번 비교한 후

에 바로 다음 과정으로 넘어가 버리기 때문입니다. 이때 if 키워드를 while로 바꿔주면 정확한 입력 값이 들어오기 전까지 계속 반복해서 입력받도록 구현할 수 있습니다.

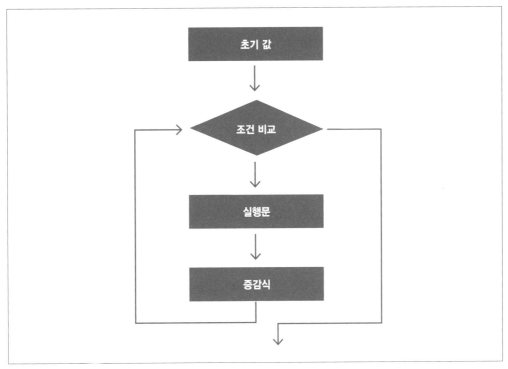

| if문을 while문으로 바꾸는 순서도

실습
예제
while 반복문과 if 조건문 예제 – ch04ex09_2.py

```
1    grade = 'F'
2    score = int(input("성적을 입력하세요: "))
3
4    # score<0 or score>100
5    while not(score in range(0,101)) :
6        print("Error!")
7        score = int(input("성적을 다시 입력하세요: "))
8
```

```
9    # 성적을 학점으로 환산해 봅니다. +=
     if score >= 90 :
         grade = 'A'
     elif score >= 80 :
         grade = 'B'
     elif score >= 70 :
         grade = 'C'
     elif score >= 60 :
         grade = 'D'

     # score의 1의 자리가 7보다 크면 grade에 +를 붙이고, 3보다 작으면 −를 붙입니다.
     num = score % 10
     if num > 7 :
         grade = str(grade) + "+"
     elif num < 3 :
         grade = str(grade) + "-"

10   print("{}점은 {}학점입니다.".format(score, grade))
```

소스코드해설

행 번호	설명
1	조건을 비교해서 그 결과인 학점을 담을 변수를 선언합니다.
2	score에 성적을 입력받습니다.
5~7	score에 입력된 성적이 가용 범위가 아니면 다시 새로 입력받도록 합니다.

1의 자리가 8점이면 학점 뒤에 + 부호를 붙여서 출력합니다.

성적을 입력하세요: 98
98점은 A+학점입니다.

1의 자리가 2점이면 학점 뒤에 – 부호를 붙여서 출력합니다.

성적을 입력하세요: 82
82점은 B–학점입니다.

1의 자리가 5점이면 학점 뒤에 아무것도 붙이지 않고 출력합니다.

성적을 입력하세요: 75
75점은 C학점입니다.

if문과 in 연산자

in 연산자를 이용하면 앞으로 배울 리스트와 같은 구조에서 요소를 쉽게 찾을 수 있습니다.

 if문에서 in 연산자 활용 – ch04ex10.py

```
1    # 가고 싶은 여행지를 입력받아서 여행 가능 지역 리스트에 있는지 검사합니다.
2    countryList = ["유럽","필리핀","대만","캐나다","호주","미국","베트남"]
3    journey = input("가고 싶은 여행지를 입력 하세요: ")
4
5    if journey in countryList :
6        print("{}는 여행 가능한 여행지에 있습니다".format(journey) )
```

```
7        else :
8            print("{}는 여행 가능한 여행지에 없습니다".format(journey) )
```

행 번호	설명
2	여행 가능한 여행지를 리스트로 만들어 초기화합니다. 리스트는 다음 장에서 배웁니다.
3	가고 싶은 여행지를 키보드로 입력받아서 journey 변수에 저장합니다.
5	입력받은 journey 변수의 값이 countryList에 포함되어 있는지 검사합니다.
6	입력받은 여행지가 여행 가능 지역 리스트에 있다면 여행지에 있다고 출력합니다.
7~8	여행지가 여행 가능 지역 리스트에 없다면 여행지에 없다고 출력합니다.

실행 결과

가고 싶은 여행지를 입력 하세요: 마이애미
마이애미는 여행 가능한 여행지에 없습니다

if문을 while문으로 변경해서 정상 값이 입력될 때까지 계속 반복하도록 변경해 보았습니다.
이렇게 하면 유효성 체크에 사용할 수 있습니다.

실습 예제

while not 조건문 예제 – ch04ex10_2.py

```
1    countryList = ["프랑스","필리핀","대만","홍콩","미국","캐나다","베트남"]
2
3    journey = input("가고 싶은 여행지를 입력하세요: ")
4
```

```
5        while not(journey in countryList) :
6            print("{}는 여행 가능한 여행지 목록에 없습니다.".format(journey))
7            journey = input("가고 싶은 여행지를 다시 입력하세요: ")
8
9        print("{}는 여행 가능한 여행지 목록에 있습니다.".format(journey))
```

소스코드해설

행 번호	설명
1	여행 가능한 여행지를 리스트로 만들어 초기화합니다.
3	가고 싶은 여행지를 키보드로 입력받아서 journey 변수에 저장합니다.
5	입력받은 journey 변수의 값이 countryList에 포함되어 있는지 검사합니다. 앞의 예제에서 if문으로 작성한 것을 while문으로 변경합니다.
6~7	입력 값이 바르지 않으면 메시지를 출력하고 새 값을 입력받습니다.
9	정상 값이 입력되었다면 결과를 출력합니다.

 여행 가능 지역이 입력될 때까지 반복해서 입력받습니다.
가고 싶은 여행지를 입력하세요: 영국
영국은 여행 가능한 여행지 목록에 없습니다.
가고 싶은 여행지를 다시 입력하세요: 독일
독일은 여행 가능한 여행지 목록에 없습니다.
가고 싶은 여행지를 다시 입력하세요: 필리핀
필리핀은 여행 가능한 여행지 목록에 있습니다.

if ~ else문 응용

지금까지 배운 if ~ else문을 응용해 보도록 하겠습니다. 부득이하게 반복을 해야 하기 때문에 반복 기능은 나중에 배울 while문을 미리 사용해 보도록 하겠습니다.

```
1.입력 2.출력 3.검색 4.수정 5.삭제 6.종료
선택: 1
        ————— 입력기능 —————


1.입력 2.출력 3.검색 4.수정 5.삭제 6.종료
선택: 2
        ————— 출력기능 —————


1.입력 2.출력 3.검색 4.수정 5.삭제 6.종료
선택: 6
        ————— 프로그램 종료-굿바이 —————
```

 if ~ else문 응용 예제 – ch04ex11.py

```python
1    while True:
2        print("1.입력 2.출력 3.검색 4.수정 5.삭제 6.종료")
3        no = int(input("선택: "))
4        if no == 1 :
5            print("{:-^50}".format(" 입력기능 "))
6        elif no == 2 :
7            print("{:-^50}".format(" 출력기능 "))
8        elif no == 3 :
9            print("{:-^50}".format(" 검색기능 "))
10       elif no == 4 :
```

```
11          print("{:-^50}".format(" 수정기능 "))
12      elif no == 5 :
13          print("{:-^50}".format(" 삭제기능 "))
14      elif no == 6 :
15          print("{:-^50}".format(" 종료-굿바이 "))
16          break
17      else :
18          print("{:-^50}".format(" 선택 사항 없음 "))
19      print() # 공백 라인 추가
20
21   # end of while
22   print("다음 기회에 만나요~")
```

소스코드해설

행 번호	설명
1	입력과 출력이 계속 반복될 수 있도록 while문을 사용합니다. while문에 사용되는 조건 부분과 구조는 if문과 거의 같습니다. 단지 키워드만 if 대신 while로 하게 되면 조건이 참인 동안 계속 반복하게 됩니다. while문에 대해서는 뒤에서 좀 더 자세히 공부합니다.
2	메뉴를 콘솔에 보여줍니다.
3	2행에서 나열된 메뉴 중 하나의 번호를 입력받아서 no 변수에 저장합니다.
4~19	입력받은 메뉴 번호에 해당하는 기능 중에 하나를 콘솔에 출력하고 다시 while문을 반복합니다.
22	14행에 해당하는 종료 기능이 선택되면 실행 후 16행의 break가 실행되어 while문을 탈출하게 됩니다. while문을 탈출해야 비로소 22행의 인사말이 출력됩니다.

1.입력 2.출력 3.검색 4.수정 5.삭제 6.종료

선택: 1

———————————————— 입력기능 ————————————————

1.입력 2.출력 3.검색 4.수정 5.삭제 6.종료

선택: 2

———————————————— 출력기능 ————————————————

1.입력 2.출력 3.검색 4.수정 5.삭제 6.종료

선택: 6

———————————————— 종료–굿바이 ————————————————

다음 기회에 만나요~

| 연 | 습 | 문 | 제 |

---◆ 이 론 문 제 ◆---

1 다음 수치 연산의 결과를 적으시오.

① 2**16 _____

② 10/3 _____

③ 10//3 _____

④ 10%3 _____

2 비교 연산자와 비교 연산자의 설명이 바르지 않은 것은?

① = : 연산자의 왼쪽과 오른쪽 항의 값이 같은지 비교한다.

② >= : 왼쪽 항이 오른쪽 항보다 크거나 같으면 True다.

③ != : 연산자의 왼쪽과 오른쪽 항이 같지 않으면 True다.

④ == : 연산자를 기준으로 좌우 항의 값이 같으면 True다.

3 연산자에 대한 설명이 바르지 않은 것은?

① a += 10은 a = a+10과 같은 의미다.

② 논리 연산자가 비교 연산자보다 우선순위가 높다.

③ and 연산은 논리곱이라고 하고, 연산자를 기준으로 좌우 항이 모두 참이어야 True다.

④ 삼항 연산은 if (조건) else를 기준으로 참일 때는 if 앞의 값을 사용하고, 거짓일 때는 else 뒤의 값을 사용한다.

4 다음에 제시된 문장을 조건 연산자와 관계 연산자로 표현하시오.

① num은 a와 b 사이의 값이다.

_____

② num은 a보다 작거나 b보다 큰 값이다.

_____

③ yn에 저장된 값은 'y'나 'n'이 아니어야 한다.

_____

5 다음 문장을 출력하는 파이썬 출력문을 적으시오.

줄 바꿈 문자는 ₩n인데 이를 "개행문자"라고 한다.

6 다음 if문의 조건식을 완성하시오.

```
print("정수를 입력 하면 양수, 음수, 0을 판별합니다.")
integer = int(input('정수 입력> '))
if       ①      :
    print("양수입니다")
elif       ②      :
    print("음수입니다")
else :
    print("0입니다")
```

①
②

7 아래처럼 name 변수에 성명을 입력받고 만약 이름이 입력되지 않으면 "이름이 입력되지 않았습니다."라고 오류 메시지가 출력되도록 하는 소스 코드를 적으시오.

```
name = input("성명을 입력 하세요: ")
```

8 다음과 같이 정수를 입력받아서 결과를 출력하는 프로그램을 작성하려고 한다. 조건 연산 부분을 완성하시오.

```
# 정수를 입력받아서 3의 배수를 판별하는 프로그램
integer = int(input("정수를 입력 하세요: "))
print(integer, ":", end=" ")

if ____①____ :
    print("0입니다")
if ____②____ :
    print("5입니다")
elif ____③____ :
    print("3의 배수입니다.")
else :
    print("3의 배수가 아닙니다.")
```

①
②
③

9 다음과 같이 성적을 입력받아서 학점으로 환산하는 프로그램을 작성하려고 한다. if문의 조건을
   완성하시오.

```python
score = int(input("성적입력: "))
grade = 'F'

if      ①     :
    print("Error!")
else :
    if score >= 90 :
        grade = 'A'
    elif score >= 80 :
        grade = 'B'
    elif score >= 70 :
        grade = 'C'
    elif score >= 60 :
        grade = 'D'
    else :
        grade = 'F'

print("{}점은 {}학점이다".format(score, grade))
```

①

10 다음은 1~100 사이의 성적을 입력받는 소스 코드다. score 변수에 입력받은 값이 1~100 사이
가 아니면 다시 입력받을 수 있도록 while문에 들어갈 조건문을 완성하시오.

```
score = int(input("성적을 입력하세요: "))

while        ①        :
    print("Error!")
    score = int(input("성적을 다시 입력하세요: "))
```

①

1 10만 원 이상의 금액을 입력받아서 지폐와 동전의 개수를 각 종류별로 환산하는 프로그램을 구
   현하시오.

| 실행 **결과** 예시 |

금액을 입력받아서 돈의 종류별 개수를 환산하는 프로그램

금액 입력〉〉 137832

––––– 결과 –––––

오만원권 : 2매

만원권 : 3매

오천원권 : 1매

천원권 : 2매

오백원 : 1개

백원 : 3개

오십원 : 0개

십원 : 3개

오원 : 0개

일원 : 2개

| 힌트 | 파이썬에서 나눈 몫은 // 연산자로 구하고, 나머지 연산은 % 연산자로 구합니다.
        예) 137,832원을 5만으로 나누면 몫은 2가 되고, 나머지는 37,832원이 됩니다.

2 사는 도시를 입력받은 후에 입력받은 도시가 서울이면 서울특별시, 광역시이면 광역시에 살고
   있다고 출력하는 프로그램을 작성하시오, 만약 특별시, 광역시도 아니면 "특별시나 광역시가
   아닙니다."라는 메시지기 출력되도록 하시오.

| 실행 **결과** 예시 |

사는 도시 입력〉〉 인천

인천은 광역시입니다

| 힌트 | in 연산자를 이용해서 범위 리스트 안에 포함되었는가를 판별할 수 있습니다.
        예) city in ['대전','대구','부산','광주','울산','인천']

3   검색어를 입력받은 후에 입력받은 검색어가 두 글자 이하이면 "검색어가 너무 짧습니다."를 출력하고, 검색어가 10글자 이상이면 "검색어가 너무 깁니다."를 출력하시오. 만약 검색어가 3글자 이상 10글자 미만이면 입력받은 검색어를 출력하는 프로그램을 구현하시오.

| 실행 **결과** 예시 |

> 검색어 입력〉〉 학교
>
> 검색어가 너무 짧습니다.

| 힌트 | 문자열의 길이를 알아내려면 len() 함수를 사용합니다.
예) if len(word) 〈 3 :

4   3번 문제에서 구현한 프로그램을 while문을 이용해서 계속 반복되게 구현하되, 그만을 입력하면 반복을 중지하도록 구현하시오.

| 실행 **결과** 예시 |

> 검색어 입력〉〉 학교
>
> 검색어가 너무 짧습니다.
>
> 검색어 입력〉〉 자전거
>
> 입력 한 검색어는 자전거입니다.
>
> 검색어 입력〉〉 그만
>
> 검색어 입력 프로그램을 종료 합니다.

| 힌트 | while문의 조건을 True로 하면 무한 루프가 됩니다.
예) while True :
무한 루프 반복문을 탈출할 때는 break를 사용합니다.
예) if word == '그만' : break

5 성명과 전공을 입력받아서 출력하는 프로그램을 만들고 출력 후 계속하려면 y를 입력하고, 그만
하려면 n을 입력받는다. y나 n이 아니면 "y또는 n만 입력 가능합니다."라는 경고 문구가 입력되
고 다시 입력되도록 하시오.

| 실행 결과 예시 |

성명 입력〉〉 김범준
전공 입력〉〉 데이터사이언스
김범준님의 전공은 데이터사이언스입니다.
계속 하시겠습니까(y또는n입력) 〉〉t
y또는 n만 입력 하세요.
계속 하시겠습니까(y또는n입력) 〉〉y
성명 입력〉〉 홍길동
전공 입력〉〉 딥러닝
홍길동님의 전공은 딥러닝입니다.
계속 하시겠습니까(y또는n입력) 〉〉n

| 힌트 | while yn=='y' : 형식으로 무한 루프가 되도록 합니다. while문 안에 성명과 전공을 입력받아서 출력되도록 하
고 그 다음 계속할지 여부를 묻는 부분을 만들어 둡니다. y나 n이 입력되지 않으면 y나 n이 입력될 때까지 계
속 반복하도록 반복문 안에 중첩으로 반복문을 만듭니다.
예)
yn = 'y'
while yn=='y' :
    ...
    while not(yn in ['y', 'n']) :
        ...

5

자료 구조와
반복문

5장에서는 파이썬에서 주로 사용되는 자료 구조인 리스트, 튜플, 딕셔너리, 셋에 대해서 학습하고, 이런 자료 구조들을 반복문을 이용해서 제어하는 방법을 학습해 보도록 하겠습니다.

python

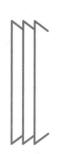

맛보기 예제-일단 따라해 보세요!

파이썬의 난수 발생 모듈인 random 모듈을 활용해서 로또 번호를 생성하는 프로그램을 만들어 보겠습니다. random 모듈에는 많은 메소드가 내장되어 있습니다. 난수 발생기인 random 모듈을 익혀 보기 위해서 먼저 randint() 함수에 최소한의 범위를 지정해서 예상한 대로 결과 값이 만들어지는지를 테스트해 보겠습니다.

실습 예제 **일단 따라해 보기** – ch05_pre_example.py – Step 01

```
1    # Set 구조를 이용한 로또 번호 검색기
2    # Step 01
3    import random
4
5    # 1~2 사이의 난수 값을 무작위로 발생시킵니다.
6    # 1과 2 포함
7    # 첫 번째 난수 발생 및 확인
8    num = random.randint(1,2)
9    print('num :', num)
10   # 두 번째 난수 발생 및 확인
11   num = random.randint(1,2)
12   print('num :', num)
13   # 세 번째 난수 발생 및 확인
14   num = random.randint(1,2)
15   print('num :', num)
```

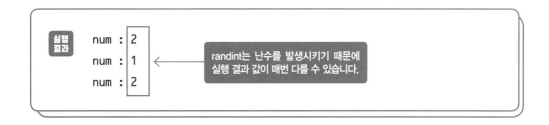

num : 2

num : 1

num : 2

randint는 난수를 발생시키기 때문에
실행 결과 값이 매번 다를 수 있습니다.

randint() 메소드 테스트가 끝났다면 이제는 Set 자료 구조에 담아보겠습니다. Set 자료 구조는 중복된 값을 허용하지 않는 특징이 있습니다. 같은 값을 여러 번 입력해 보고 입력된 데이터의 수를 출력해 봅니다. 중복된 데이터가 입력되지 않았음을 확인할 수 있습니다. 이 Set 자료 구조만으로 우리는 복잡한 중복 검사 알고리즘을 직접 구현하지 않아도 되니 고마운 일입니다.

실습 예제 일단 따라해 보기 – ch05_pre_example.py – Step 02

```
1    # Set 구조를 이용한 로또 번호 검색기
2    # Step 02
3    import random
4
5    lotto = set()
6    print('type :', type(lotto))
7
8    lotto.add(1);
9    lotto.add(1);
10   lotto.add(2);
11   lotto.add(2);
12   lotto.add(2);
13   lotto.add(3);
14   lotto.add(3);
15   print(len(lotto) )
16
```

```
17    for i in lotto :
18        print(i, end="    ")
```

```
type : <class 'set'>
3
1    2    3
```

random 모듈과 Set 자료 구조의 테스트가 끝났다면 이제 이 기능이 자동으로 실행되도록 while 반복문을 이용합니다. while 반복문의 조건으로 lotto 셋에 저장된 요소의 수가 6개가 되는지 검사합니다. 만약 중복된 데이터가 생성된다면 lotto 셋의 크기는 증가하지 않게 됩니다. 로또 번호가 모두 생성되었다면 그 결과를 출력해 봅니다. 파이썬 자료 구조는 print() 함수를 이용해서 한번에 출력해도 되지만 번호 사이의 간격을 조절하기 위해 for 반복문을 이용해서 출력하였습니다.

실습 예제 **일단 따라해 보기** – ch05_pre_example.py – Step 03

```
1     # Set 구조를 이용한 로또 번호 검색기
2     # Step 03
3     import random
4
5     lotto = set()
6
7     while len(lotto) < 6 :
8         lotto.add(random.randint(1,45))
9
10    print("--- 로또번호 생성 ---")
```

```
11    for i in lotto :
12        print(i, end="   ")
```

——— 로또번호 생성 ———
32   2   35   5   41   18

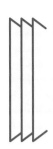

파이썬 자료 구조

파이썬에서 주로 사용되는 자료 구조는 리스트, 튜플, 딕셔너리, 셋입니다. 이 자료 구조들은 형태와 용도가 각각 조금씩 다릅니다. 파이썬으로 프로그래밍을 할 때 이런 자료 구조들을 사용하면 복잡하고 어려운 기능도 수월하게 구현할 수 있어서 편리합니다.

List(리스트)와 Tuple(튜플)은 index(첨자)로 데이터에 접근한다는 점에서 비슷한 모양을 하고 있습니다. 반면에 Dictionary(딕셔너리)와 Set(셋)은 중괄호로 표현한다는 점에서 모양이 비슷합니다.

리스트와 튜플을 비교해 보면 List는 값을 바로 변경할 수 있지만 Tuple은 값을 직접 변경하지 못합니다. 또 딕셔너리와 셋을 비교해 보면 Dictionary는 Key와 Value의 쌍으로 요소가 이루어져 있고, Set은 Key나 index가 없기 때문에 값으로 내용을 구분한다는 점이 다릅니다. 그렇기 때문에 Set 구조에는 같은 값이 중복되게 저장될 수 없습니다.

[자료 구조의 형태]

리스트 구조의 형태	[100, 200, 'Apple', 'Orange', 300, 400]	대괄호 사용
튜플 구조의 형태	("오징어","꼴뚜기","대구","명태","거북이", 10, 20)	괄호 사용
딕셔너리 구조의 형태	{"name":"홍길동","전화":"010-1111-1111"}	중괄호 사용
셋 구조의 형태	{"서울","대전","대구","부산","광주","목포"}	중괄호 사용

[자료 구조 특징에 대한 요약]

(1) List 구조는 대괄호를 사용하고 첨자로 데이터에 접근해서 값의 수정이 가능합니다.

(2) Tuple 구조는 괄호를 사용하고 역시 첨자로 데이터에 접근하는데 데이터의 직접적인 수정이 불가능합니다. 파이썬에서 문자열 편집은 Tuple과 많이 유사합니다.

(3) Dictionary 구조는 중괄호를 사용하고 Key와 Value의 쌍으로 요소가 이루어집니다. 자바스 크립트 언어의 객체 구조와 유사하기 때문에 파이썬의 딕셔너리 데이터와 자바스크립트의 객체는 JSON 문자열을 이용해서 서로 호환될 수 있습니다.

(4) Set 구조는 중괄호를 사용하고 Key나 첨자가 없기 때문에 중복된 값을 저장할 수 없습니다.

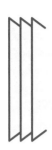

리스트 자료 구조

리스트(List)는 다른 컴퓨터 언어의 배열과 유사하지만 리스트에 저장되는 각 요소들이 서로 다른 타입을 사용할 수 있다는 점이 다릅니다. 리스트는 어떤 데이터들을 리스트 구조에 단순히 나열하고 열거해 둔다고 이해할 수 있습니다. 우리 일상에서도 리스트 구조와 비슷한 형태는 많습니다. 아파트나 연립주택의 동과 호수 또는 계란 판에 계란이 담겨 있는 형태 등과 같이 줄지어져 있는 모양은 모두 자료 구조에서 List 형식과 유사하다고 할 수 있습니다. 이처럼 여러 개의 자료가 모여서 열을 만들어서 저장하는 형식을 파이썬에서는 List 구조로 구현할 수 있습니다. 파이썬에서 List는 대괄호로 표현하고 데이터에는 첨자로 접근합니다. 리스트에서 요소 접근에 사용되는 첨자는 다른 말로 index라고 합니다.

리스트의 선언 및 초기화

리스트가 생성되면 리스트의 요소를 가리키는 첨자가 자동으로 붙게 됩니다. 파이썬에서 리스트의 첨자는 0부터 시작하고 마지막 요소의 첨자는 전체 크기에서 1을 뺀 형태인 len(리스트)-1이 됩니다.
리스트에 대해서 좀 더 구체적으로 설명해 보겠습니다.

```
movieList = ["시네마천국","삼국지","혹성탈출","태권V","기생충"]
```

가령 앞서와 같이 movieList라는 이름의 리스트를 생성했다면 "시네마천국" 데이터는 movieList[0]에 있게 됩니다. "기생충" 데이터는 movieList의 마지막 요소이기 때문에 movieList[len(movieList)-1]에 있게 됩니다. 첨자 대신 사용된 len(movieList)의 결과는 movieList의 전체 크기가 5입니다. 그래서 len(movieList)-1의 값은 4가 되기 때문에 마지막 요소는 movieList[4]의 형식으로 접근할 수 있습니다. 이것은 movieList[len(movieList)-1]과 동일한 결과가 됩니다.

[m o v i e L i s t 리 스 트 의 구 조]

리스트는 첨자를 이용해서 요소 값을 자유롭게 변경할 수 있습니다. 만약 movieList[1]의 값을 다른 값으로 바꾸고자 한다면 movieList[1] = "아이언맨"처럼 실행하면 됩니다.

movieList[1] = "아이언맨"

[내 용 변 경 후 m o v i e L i s t 리 스 트 의 구 조]

"시네마천국"	"아이언맨"	"혹성탈출"	"태권V"	"기생충"
movieList[0]	movieList[1]	movieList[2]	movieList[3]	movieList[4]

요소 값 변경

또 movieList[2]의 내용을 삭제하고자 할 경우에는 del 명령을 사용해서 del movieList[2]처럼 삭제 명령을 실행하면 movieList[2]의 내용인 "혹성탈출"이 삭제되고, movieList[3]과

movieList[4]의 내용이 한 칸씩 앞으로 이동하게 됩니다.

```
del movieList[2]
```

[요소 삭제 후 movieList 리스트의 구조]

리스트의 맨 뒤에 새로운 값을 추가하고자 할 경우에는 append() 함수를 사용합니다.

```
movieList.append("쿵푸허슬")
```

[요소 추가 후 movieList 리스트의 구조]

리스트의 중간이나 특정 위치에 요소를 추가하고자 할 경우에는 insert() 함수를 사용합니다.

```
movieList.insert(2, "올드보이")
```

[중간에 요소 추가 후 movieList 리스트의 구조]

"시네마천국"	"아이언맨"	"올드보이"	"태권V"	"기생충"	"쿵푸허슬"
movieList[0]	movieList[1]	movieList[2]	movieList[3]	movieList[4]	movieList[5]

세 번째 요소가 추가되었습니다.

리스트에서 요소의 위치를 알고자 할 경우에는 index() 함수를 사용합니다. 예를 들어 "아이언맨"이 movieList의 몇 번째 위치에 있는지 알아내려면 movieList.index("아이언맨") 명령을 실행하면 1이라는 것을 알 수 있습니다.

실습예제 **리스트 선언 및 초기화** – ch05ex01.py

```
1   # 리스트 선언 및 초기화
2   movieList = ["시네마천국","삼국지","혹성탈출","태권V","기생충"]
3   # movieList의 내용
4   print("0. 리스트의 내용 :", movieList)
5   # 리스트의 첫 번째 요소와 마지막 요소 확인
6   print("1. 리스트의 첫번째 요소 :", movieList[0])
7   print("2. 리스트의 마지막 요소 :", movieList[len(movieList)-1])
8   # 리스트의 요소 값 변경
9   movieList[1] = "아이언맨"
10  print("3. 요소 변경 후 리스트의 구조 :", movieList)
11  # 리스트의 요소 삭제
12  del movieList[2]
13  print("4. 요소 삭제 후 :", movieList)
14  # 리스트 맨 뒤에 새 요소 추가
15  movieList.append("쿵푸허슬")
16  print("5. 새 요소 추가 후 :", movieList)
17  # 리스트 중간에 새 요소 추가
```

```
18    movieList.insert(2, "올드보이")
19    print("6. 중간에 새 요소 추가 후 :", movieList)
20    # 리스트에서 요소의 위치 확인
21    print("7. 요소의 위치 확인 :", movieList.index("아이언맨"))
```

소스코드해설

행 번호	설명
2	리스트에 포함되어 있는 여러 가지 메소드(함수)를 테스트하기 위한 movieList를 선언합니다.
4	리스트의 내용을 print() 함수로 출력합니다. print() 함수는 리스트의 내용을 바로 출력하는 기능이 포함되어 있습니다.
6~7	리스트의 첫 번째 인덱스는 0부터 시작합니다. 그렇기 때문에 마지막 인덱스는 리스트의 전체 크기에서 −1이 됩니다. len(리스트)를 하면 리스트의 전체 크기가 반환됩니다. len(리스트)−1은 리스트의 마지막 요소의 인덱스 위치가 됩니다.
9~10	리스트의 요소를 첨자를 이용해서 직접 수정합니다. 수정된 내용을 출력해 봅니다.
12~13	del 명령을 사용해서 리스트의 요소를 삭제합니다. del 명령으로 삭제할 때는 리스트의 첨자를 이용합니다.
15~16	append() 함수를 사용해서 리스트에 새로운 내용을 추가합니다.
18~19	insert() 함수를 사용해서 리스트의 중간이나 특정 위치에 요소를 추가합니다.

 Tip   함수와 메소드

함수나 메소드는 사실상 같은 의미입니다. 단지 함수나 메소드가 선언되어 소속된 위치가 무엇이냐에 따라 용어를 다르게 사용합니다. 일반적으로 함수는 객체나 클래스 외부에서 단독으로 선언되어서 사용될 때 함수라고 칭합니다. 메소드는 객체나 클래스 내부에 선언된 것으로 객체나 클래스에 종속된 개념입니다. 6장에서 함수에 대해서 자세히 학습합니다.

0. 리스트의 구조 : ['시네마천국', '삼국지', '혹성탈출', '태권V', '기생충']

1. 리스트의 첫번째 요소 : 시네마천국

2. 리스트의 마지막 요소 : 기생충

3. 요소 변경 후 리스트의 구조 : ['시네마천국', '아이언맨', '혹성탈출', '태권V', '기생충']

4. 요소 삭제 후 : ['시네마천국', '아이언맨', '태권V', '기생충']

5. 새 요소 추가 후 : ['시네마천국', '아이언맨', '태권V', '기생충', '쿵푸허슬']

6. 중간에 새 요소 추가 후 : ['시네마천국', '아이언맨', '올드보이', '태권V', '기생충', '쿵푸허슬']

7. 요소의 위치 확인 : 1

리스트 자료 구조의 인덱싱과 슬라이싱

List의 구조는 앞에서 배운 문자열이나 앞으로 배울 튜플 구조와 매우 유사합니다. 앞에서 문자열에 대해 공부하면서 문자열 인덱싱과 슬라이싱을 배웠습니다. 리스트 구조의 인덱싱과 슬라이싱도 문자열에서 사용하던 방식과 매우 유사합니다.

실습예제 리스트 슬라이싱하기 – ch05ex02.py

```
1    # 리스트 슬라이싱하기
2    lst05 = ["오징어","꼴뚜기","대구","명태","거북이", 100, 200, 300];
3    print(lst05[:5])
4    print(lst05[5:])
5    print(lst05[2:5])
6    print(lst05[2:-3])
```

행 번호	설명
2	테스트에 사용할 리스트를 선언합니다. 알아보기 쉽게 구분이 되도록 문자열과 정수를 함께 사용합니다.
3	처음부터 lst05[5]번째 전까지의 요소를 슬라이싱하여 출력합니다.
4	lst05[5]번째부터 끝까지의 요소를 슬라이싱하여 출력합니다.
5	lst05[2]번째부터 lst05[5]번째 전까지의 요소를 출력합니다.
6	lst05[2]번째부터 리스트의 끝에서 3번째 전까지의 요소를 출력합니다.

실행 결과

['오징어', '꼴뚜기', '대구', '명태', '거북이']
[100, 200, 300]
['대구', '명태', '거북이']
['대구', '명태', '거북이']

리스트 요소의 타입

리스트에 추가되는 각각의 요소 데이터들은 서로 타입이 달라도 아무런 문제가 없습니다. 내용이 없는 빈 리스트를 선언할 때는 list() 함수를 사용할 수도 있고, 빈 대괄호를 사용할 수도 있습니다.

(1) []를 이용한 빈 리스트 선언 방식 : list = []
(2) list() 함수를 이용한 빈 리스트 선언 방식 : lis = list()

일반적으로 빈 리스트를 선언할 경우에는 편의성 때문에 빈 대괄호 사용 방식을 더 선호합니다.

실습 예제 **리스트에 각각 타입이 다른 요소 추가하기 –** ch05ex03.py

```
1   # 리스트의 선언
2   #lis = list()
3   lis = []  ←
4   # 리스트의 각 요소는 타입이 다를 수 있습니다.
5   lis.append("홍길동")
6   lis.append("김길동")
7   lis.append(100)
8   lis.append(200)
9   lis.append(3.14)
10  print(type(lis) )
11  print(lis)
12  # 리스트에 없는 요소를 index() 함수로 검색하면 ValueError 발생
13  #print(lis.index(1000))
14  # 리스트의 범위를 넘은 첨자를 사용하면 IndexError 발생
15  #print(lis[10])
```

> 변수 이름을 list로 쓰면 list() 함수와 식별자가 겹쳐지기 때문에 실행할 때 오류가 발생합니다. 내장 함수와 동일한 변수 이름을 사용하지 않도록 주의해야 합니다.

소스코드 해설

행 번호	설명
2	여러 요소 추가를 위한 빈 리스트를 list() 함수로 선언합니다.
3	선언한 함수를 주석하고 []로 바꿉니다.
5~9	리스트에 append() 함수를 사용해서 서로 다른 타입의 데이터를 추가합니다.
10	리스트의 타입을 확인해 봅니다. 〈class 'list'〉 값이 출력됩니다.
11	리스트에 추가된 내용을 확인합니다. ["홍길동", "김길동", 100, 200, 3.14] 내용이 출력됩니다.

| 13 | 리스트에 없는 요소를 index() 함수로 검색하면 ValueError가 발생합니다. |
| 15 | 리스트의 범위를 벗어난 첨자를 사용하면 IndexError가 발생합니다. |

⟨class 'list'⟩
['홍길동', '김길동', 100, 200, 3.14]

리스트 연결하기

문자열 연결 연산자가 더하기(+) 연산자인 것처럼 리스트의 연결 연산자도 더하기 연산자를
이용하면 리스트와 리스트를 서로 join할 수 있습니다. append() 함수로 리스트를 추가하면
리스트 안에 요소로 리스트가 들어가는 중첩 리스트 형태가 됩니다.

리스트 연결 – ch05ex04.py

```
1    # 리스트에 다른 리스트를 이어붙이기
2    li = ["홍길동", 23]
3    li.append("서울시 은평구")
4    li += ["aaa","bbb"]
5    li.append(["ccc","ddd"]) # 중첩 리스트
6    print(li)
```

행 번호	설명
2	예제 테스트에 사용할 리스트를 초기화합니다.
3	append() 함수로 리스트에 새로운 데이터를 추가합니다. 예) ["홍길동", 23, "서울시 은평구"]
4	기존 리스트에 새로운 리스트를 연결합니다. 예) ["홍길동", 23, "서울시 은평구", "aaa","bbb"]
5	주의할 점은 append() 함수를 사용하면 리스트가 연결되는 것이 아니고 중첩 리스트 형 태로 리스트의 요소에 다른 요소가 추가된다는 것입니다. 예) ["홍길동", 23, "서울시 은평구", "aaa","bbb",["ccc","ddd"]]
6	변경된 리스트를 출력해 봅니다.

실행결과 ['홍길동', 23, '서울시 은평구', 'aaa','bbb', ['ccc','ddd']]

리스트 요소 정렬

리스트에 있는 데이터는 쉽게 내용을 정렬할 수 있고, 리스트의 내용의 위치를 쉽게 바꿀 수
도 있습니다.

```
1    # sort() 함수로 리스트의 내용 정렬
2    li2 = [9,1,8,7,6,2,5,4,3]
3    li2.sort()
4    print(li2)
5    li2.reverse()
6    print(li2)
```

소스코드해설

행 번호	설명
2	테스트에 사용할 리스트를 초기화합니다. 정렬을 위해 무작위 순서로 내용을 준비합니다.
3	리스트의 내용을 sort() 함수로 정렬합니다. 예) [9,1,8,7,6,2,5,4,3] → [1,2,3,4,5,6,7,8,9]
4	정렬 후 내용을 출력해 봅니다.
5	정렬된 리스트의 내용을 reverse() 함수를 이용해서 내용의 위치를 뒤바꿉니다. 예) [1,2,3,4,5,6,7,8,9] → [9,8,7,6,5,4,3,2,1]
6	내용의 위치가 앞뒤로 뒤바뀐 후 결과를 출력합니다.

실행결과

```
[1,2,3,4,5,6,7,8,9]
[9,8,7,6,5,4,3,2,1]
```

리스트의 특정 요소 제거

앞에서 요소 하나를 제거할 때 del 키워드를 이용하였습니다. del 키워드는 첨자를 이용한 요소 제거 방식입니다. 그렇다면 요소 값을 직접 지정해서 제거하는 방법은 무엇일까요? 이럴 때 remove() 함수를 이용하면 값을 직접 지정해서 제거할 수 있습니다. 리스트에 같은 값이 있는지 검색해서 그 요소를 제거합니다. 그런데 같은 요소 값이 여러 개일 때는 맨 처음 등장하는 요소 하나만 제거하고 나머지 요소는 그대로 두게 됩니다. 이때 반복문을 이용해서 조금 응용하면 같은 값을 가진 여러 개의 요소를 한꺼번에 제거할 수 있습니다.

실습예제 **같은 값의 요소를 한꺼번에 제거하기** – *ch05ex06.py*

```
1   # 같은 값의 요소를 한꺼번에 제거
2   li4=[1,1,1,1,2,2,2,2,3,3,3,4,4,4,4]
3   # remove() 함수는 요소 중 맨 처음에 위치한 요소 하나만 제거합니다.
4   li4.remove(2)
5   print(li4)
6
7   # 리스트에 있는 같은 요소를 한꺼번에 지우기 위해서 반복문을 사용합니다.
8   while 2 in li4 :
9       li4.remove(2)
10  print(li4)
```

행 번호	설명
2	테스트에 사용할 여러 개의 중복된 값의 리스트를 준비합니다.
4~5	remove() 함수로 2를 제거하고 출력해 보면 리스트에서 값이 2인 요소 중 맨 앞에 위치한 한 개만 제거된 것을 확인할 수 있습니다. remove() 함수의 기본 기능으로는 여러 요소를 한꺼번에 제거할 수 없습니다.
8~9	while문을 이용해서 li4 리스트 안에 2가 있으면 반복합니다. 반복할 때마다 remove() 함수가 요소를 제거합니다.
10	여러 요소가 한꺼번에 제거되었는지 확인합니다. 예) [1, 1, 1, 1, 3, 3, 3, 4, 4, 4, 4]

실행 결과

[1, 1, 1, 1, 2, 2, 2, 3, 3, 3, 4, 4, 4, 4]
[1, 1, 1, 1, 3, 3, 3, 4, 4, 4, 4]

리스트에서 값이 2인 요소가 모두 한꺼번에 제거되었습니다.

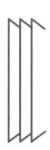
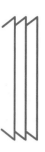

튜플 자료 구조

Tuple 구조는 기본적으로 사용 방법이 List 구조와 유사합니다. Tuple 구조는 대괄호가 아니라 괄호로 만들고 요소를 직접 수정할 수 없다는 특징이 있습니다. Tuple 구조는 내용이 바뀌지 않는 상수 형태이기 때문에 앞으로 배우게 될 딕셔너리 구조의 Key로도 사용이 가능합니다. Tuple 구조는 List 구조에 비해 직접 수정이 불가능한 단점이 있지만 실행 속도가 빠르고 가볍다는 장점도 있습니다.

실습 예제 **Tuple 자료 구조 예제 – ch05ex07.py**

```
1    # Tuple 자료 구조 선언
2    tup01 = (100,200,300,"오징어","꼴뚜기","대구","명태")
3    #tup01[1] = 1000 ←──┐ 튜플은 불변 객체이기 때문에
4    print(tup01);              직접 수정이 안됩니다.
5
6    i = 0
7    while i<len(tup01) :
8        print(tup01[i], end=" ")
9        i += 1
```

소스코드해설

행 번호	설명
2	테스트를 위한 튜플 구조를 선언합니다.
3	튜플은 요소를 직접 수정하는 것이 불가능합니다. 수정하게 되면 TypeError가 발생합니다. 에러를 방지하기 위해 주석 처리합니다.
4	생성된 튜플 구조를 출력해 봅니다.
6~8	변수는 반복문 실행 블록 안에서 튜플의 요소에 접근하기 위한 첨자로 사용됩니다. 튜플 구조의 요소를 반복문으로 하나씩 끄집어 내서 출력해 봅니다.
9	하나씩 증가시켜서 튜플의 size만큼 반복하게 됩니다. 하나씩 증가하는 i 변수를 튜플 사이즈와 비교해서 i의 크기가 튜플 사이즈보다 작으면 반복문의 실행 블록을 실행하고 다시 비교하는 부분입니다.

 실행결과

(100, 200, 300, '오징어', '꼴뚜기', '대구', '명태')
100 200 300 오징어 꼴뚜기 대구 명태

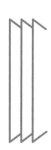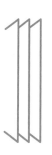

딕셔너리 자료 구조

딕셔너리는 사전이라는 의미입니다. 따라서 딕셔너리는 사전이 단어와 내용을 매핑하는 구조입니다. 즉, 딕셔너리의 구조는 키와 값을 쌍으로 하나의 요소를 구성합니다. 이 구조는 객체나 데이터를 매핑하는 용도로 사용할 수 있습니다. 자바 언어에서 딕셔너리와 비슷한 형태의 구조가 있는데 바로 Map 구조입니다. 또 자바스크립트 언어에서도 비슷한 구조가 있는데 JSON 구조입니다. 나중에 파일 입출력 단원에서 JSON 구조를 딕셔너리로 쉽게 변환하는 모듈의 사용법을 학습합니다. 파이썬 딕셔너리의 키는 정수나 문자열을 키로 사용할 수 있고, 앞에서 배운 튜플 타입도 딕셔너리의 키로 사용이 가능합니다.

딕셔너리 자료 구조의 선언 및 사용

딕셔너리 자료 구조를 선언할 때는 dict() 함수를 사용하거나 중괄호를 이용합니다. 딕셔너리를 초기화할 때는 Key와 Value를 지정해 주어야 합니다. 주의할 것은 변수 이름을 dict로 사용하면 dict() 생성자 함수를 사용하지 못하게 됩니다. dict로 식별자를 사용하지 않도록 주의해야 합니다.

딕셔너리 자료 구조 선언 – ch05ex08.py

```
1   # 딕셔너리 자료 구조 선언
2   dic = {"name":"홍길동","phone":"010-1234-5678","addr":"서울시
    종로구 견지동"}
3
4   name = dic.get("name")
5   phone = dic.get("phone")
6   addr = dic.get("addr")
7
8   print("Name: {}".format(name))
9   print("Phone: {}".format(phone))
10  print("Addr: {}".format(addr))
```

● **소스코드해설** ●

행 번호	설명
2	테스트에 사용할 딕셔너리 데이터를 선언합니다. 딕셔너리는 {key:value}의 쌍으로 요소가 구성됩니다. "name"키는 "홍길동" 값과 매핑됩니다.
4~6	딕셔너리의 값을 키로 접근합니다. 딕셔너리는 키 접근을 get() 함수나 대괄호로 접근 가능합니다.
8~10	4~6행에서 저장된 name, phone, addr 변수의 값을 출력합니다. 딕셔너리의 저장된 값이 제대로 출력된다면 4~6행에서 get() 함수로 딕셔너리의 키 값을 이용하는 것이 문제없다는 의미입니다.

 Name: 홍길동
Phone: 010-1234-5678
Addr: 서울시 종로구 견지동

딕셔너리 요소 접근

앞에서 딕셔너리 요소 접근을 get() 함수로 했던 것을 간단히 인덱스 기호로 접근하는 방식으로 변경해 보았습니다. 딕셔너리 접근은 get() 함수보다는 대괄호 접근 방식이 더 쉽고 간편합니다.

실습예제 딕셔너리 요소 접근에 index 대신 Key 사용 – ch05ex08_2.py

```
1    dic = {}
2    print(type(dic))
3
4    dic["name"] = "홍길동"
5    dic["phone"] = "010-7777-8888"
6    dic["addr"] = "은평구 응암동"
7
8    print(dict)
9    print("Name => " + dic["name"])
10   print("Phone => " + dic["phone"])
11   print("Addr => " + dic["addr"])
```

소스코드해설

행 번호	설명
1	테스트에 사용할 내용 없는 딕셔너리를 선언합니다.
2	타입이 딕셔너리인지 확인합니다.
4~6	인덱스 기호를 이용해서 값을 대입합니다.
8	입력된 내용을 직접 출력해 봅니다.
9~11	딕셔너리에 입력된 데이터를 하나하나 접근해서 출력합니다.

〈class 'dict'〉
{'name': '홍길동', 'phone': '010-7777-8888', 'addr': '은평구 응암동'}
Name =〉 홍길동
Phone =〉 010-7777-8888
Addr =〉 은평구 응암동

딕셔너리와 리스트의 혼용

딕셔너리의 구조는 객체와 유사하므로 딕셔너리를 객체처럼 사용할 수 있습니다. 파이썬에서는 리스트나 딕셔너리를 각각 개별적으로도 사용하지만 대체로 두 가지 이상의 자료 구조를 혼용해서 사용합니다. 이렇게 되면 좀 더 풍부한 구현이 가능해집니다. 다음은 사용자 정보를 저장한 딕셔너리 구조를 리스트에 차곡차곡 담는 예제입니다. 이렇게 여러 자료 구조를 혼용하는 것이 자료 구조를 좀 더 현실적으로 활용하는 것입니다.

딕셔너리를 담은 리스트 – ch05ex08_3.py

```
1    # 딕셔너리 리스트 선언
2    lis = []
3
4    for i in range(0,4) :
5        people = {}
6        people["name"] = input("성명>>> ")
7
8        people["phone"] = input("전화>>> ")
9        people["addr"] = input("주소>>> ")
10       lis.append(people)
```

```
11    #print(lis)
12    for people in lis :
13        #print(people)
14        print("성명:{}, 전화:{}".format(people["name"],people["
          phone"]))
```

소스코드해설

행 번호	설명
2	사용자들의 정보를 저장할 빈 리스트를 선언합니다.
4~9	사용자 정보인 성명, 전화, 주소를 키보드로 입력받아서 people 딕셔너리에 저장하고, 그 딕셔너리를 lis 리스트에 추가합니다. 이 과정을 for 반복문을 이용해서 4번 반복합니다.
10	people 딕셔너리를 lis 리스트에 추가하는 부분입니다.
11~14	lis에 저장된 데이터를 하나씩 출력합니다.
14	리스트에 담긴 데이터는 딕셔너리이기 때문에 딕셔너리 키 참조 방식으로 데이터에 접근합니다.

실행결과

성명>>> 홍길동
전화>>> 010-1111-1111
주소>>> 서울시 마포구 상암동
성명>>> 김길동
전화>>> 010-2222-2222
주소>>> 서울시 종로구 견지동
성명>>> 박길동
전화>>> 010-3333-3333
주소>>> 서울시 은평구 응암동
성명>>> 이길동
전화>>> 010-4444-4444
주소>>> 서울시 강남구 신사동

성명:홍길동, 전화:010-1111-1111

성명:김길동, 전화:010-2222-2222

성명:박길동, 전화:010-3333-3333

성명:이길동, 전화:010-4444-4444

딕셔너리의 Key와 Value

딕셔너리의 구조를 좀 더 구체적으로 파악해 보기 위한 예제를 하나 더 만들어 보도록 하겠습니다. 딕셔너리에는 keys() 함수와 values() 함수가 포함되어 있습니다. 이 함수들은 딕셔너리에서 Key 값들과 Value 값들을 따로따로 가져올 수 있습니다. 이렇게 가져온 값들은 엄밀히 기본 리스트 타입과는 다른 dict_keys 타입과 dict_values 타입입니다. 출력해 보면 dict_keys, dict_values 타입에 감싸인 것을 확인할 수 있습니다. 이 데이터를 일반적인 리스트 타입으로 바꾸려면 list() 함수를 이용해서 형 변환해 주면 됩니다.

실습 예제 **딕셔너리의 Key와 Value 확인 – ch05ex08_4.py**

```
1    dict1 = {"name":"홍길동","phone":"010-1234-5678","addr":"서
     울시 은평구 응암동"}
2
3    keys = dict1.keys()
4    values = dict1.values()
5
6    print("keys type :", type(keys))
7    print("values type :", type(values))
8
9    print("keys :", keys)
10   print("values :", values)
```

행 번호	설명
1	테스트로 사용할 딕셔너리를 선언합니다. 내장 함수에 이미 dict를 사용하고 있기 때문에 내장 함수 이름과 충돌을 방지하기 위해 dict1로 변수 이름을 만들었습니다.
3	dict1 딕셔너리의 키 리스트를 가져와서 keys 변수에 담습니다.
4	dict1 딕셔너리의 값 리스트를 가져와서 values 변수에 담습니다.
6~7	keys와 values의 타입을 확인합니다. 각각 〈class 'dict_keys'〉, 〈class 'dict_values'〉로 출력됩니다.
9~10	keys 변수와 values 변수의 값을 출력해 봅니다.

실행 결과

keys type : 〈class 'dict_keys'〉
values type : 〈class 'dict_values'〉
keys : dict_keys(['name', 'phone', 'addr'])
values : dict_values(['홍길동', '010-1234-5678', '서울시 은평구 응암동'])

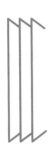

셋 자료 구조

셋 구조는 키도 없고 인덱스도 없습니다. 그래서 요소 자체가 키가 되기 때문에 요소 값에는 중복된 데이터가 없습니다. 이미 셋에 있는 요소 값을 추가해도 같은 값이 더 이상 추가되지 않습니다. 따라서 같은 값을 아무리 많이 추가해도 사이즈는 변하지 않습니다. 이런 특징은 데이터를 초기화할 때도 그대로 반영됩니다.

셋 구조의 다양한 메소드

셋 구조에 있는 모든 요소를 제거할 때 사용하는 메소드는 clear() 메소드이고, 문자열이나 다른 형식의 데이터를 리스트로 바꾸는 내장 함수는 list() 함수입니다. 셋 구조에 데이터를 추가할 때는 add() 메소드를 사용하고, 제거할 때는 remove() 메소드를 사용하는데 remove() 메소드는 셋에 없는 요소를 제거하게 되면 KeyError가 발생합니다. 반면에 discard() 메소드는 셋에 없는 요소를 제거하더라도 Error 없이 진행됩니다.

실습예제 **셋 구조의 다양한 메소드 기능들** – ch05ex09.py

```
1    # 셋 구조 선언
2    s = {"사과","오렌지","딸기","바나나","오렌지"}
3    print(type(s))
4    print(len(s))
```

```
5       print(s)
6       s.clear()
7       print("모든 항목 제거 후:", len(s))
8       print("모든 항목 제거 후:", s)
9       # 새로운 빈 셋 구조 선언
10      s2 = set()
11      # 셋에는 값이 중복되게 담기지 않습니다.
12      s2.add(100)
13      s2.add(200)
14      s2.add(200)
15      s2.add(100)
16      print(type(s2))
17      print(s2)
18      s2.remove(200)
19      #s2.remove(1000)
20      s2.discard(1000)
21      print(s2)
22      # 문자열의 요소를 셋 형식으로 변환하기(문자 중복 제거)
23      s3 = set("aaabbbcccceee1223fff")
24      print(len(s3));
25      print(s3)
```

소스코드해설

행 번호	설명
2	테스트를 위해 딕셔너리를 선언합니다. "오렌지"가 두 번째와 다섯 번째에 중복되지만 실제로 딕셔너리 구조에는 "오렌지"가 하나만 저장됩니다.
3~5	선언된 딕셔너리에 들어 있는 데이터를 확인합니다. type() 함수는 데이터 형식을 보여주고, len() 함수는 딕셔너리에 들어 있는 요소의 개수를 보여줍니다.
6	clear() 메소드로 딕셔너리에 저장되어 있는 요소를 모두 제거합니다.
7~8	clear() 메소드로 내용을 모두 제거한 후 결과를 확인합니다. 제거 후 크기는 0입니다.

10	두 번째 테스트를 하기 위해 빈 딕셔너리를 선언합니다.
12~15	딕셔너리에 add() 메소드를 이용해서 데이터를 추가합니다. 이미 딕셔너리에 있는 중복된 데이터는 추가되지 않습니다.
16~17	딕셔너리에 추가된 데이터의 타입과 내용을 확인합니다.
18~19	딕셔너리의 내용을 remove() 메소드로 제거합니다. 이때 딕셔너리 안에 존재하지 않는 요소를 제거하게 되면 TypeError가 발생합니다.
20	discard() 메소드로 요소를 제거합니다. discard() 메소드는 딕셔너리 안에 존재하지 않는 요소를 제거해도 Error가 나지 않습니다.
23~25	set() 함수를 이용해서 문자열을 셋 구조로 변경합니다. 변경된 셋 구조에는 중복된 문자 요소가 없습니다. 24행에서 셋의 크기를 확인하고, 25행에서 내용을 확인합니다.

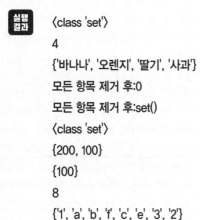
실행
결과

⟨class 'set'⟩
4
{'바나나', '오렌지', '딸기', '사과'}
모든 항목 제거 후:0
모든 항목 제거 후:set()
⟨class 'set'⟩
{200, 100}
{100}
8
{'1', 'a', 'b', 'f', 'c', 'e', '3', '2'}

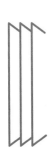 

자료 구조와 반복문 활용

리스트나 튜플과 같은 자료 구조의 내용을 활용하거나 값을 확인하기 위해서는 반복문을 이용해야 합니다. 파이썬에서 많이 사용되는 반복문은 for문과 while문입니다. 이런 반복문의 사용법에 대해서 알아보겠습니다.

for문의 구조와 사용법

앞 장에서 if문을 학습하면서 while문으로 잠깐 변경해 보았습니다. while문과 for문은 같은 반복문으로 그 실행 구조가 비슷하다고 할 수 있습니다.

[for문의 구조 1]

for 변수 in 리스트 :
    실행문

[for문의 구조 2]

for 변수 in range(범위) :
    실행문

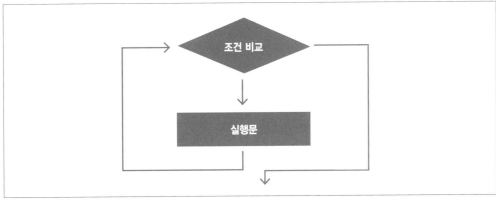

| for문의 구조

for문은 for 키워드 뒤에 임시 변수를 먼저 선언합니다. 이 임시 변수는 리스트의 요소나 반복 범위의 순서를 담는 역할을 합니다. 임시 변수 뒤에 in 키워드를 두고 그 뒤에 반복할 범위를 range() 함수로 지정하거나 반복할 리스트를 둡니다. 그런 다음 콜론을 찍고 아랫 줄에 탭으로 실행 블록을 구분시켜서 실행문을 블록 안에 두면 됩니다. 이렇게 for문을 만들어 실행하면 리스트의 요소 수만큼 알아서 for문이 실행되고 반복할 때마다 리스트의 요소가 한 번에 하나씩 임시 변수에 담기게 됩니다. 이 임시 변수를 실행 블록에서 사용할 수 있습니다.

[range() 함수]

range() 함수는 다음과 같이 세 가지 형태로 사용할 수 있습니다.

(1) 단순히 종료 값만을 인자로 사용
    range(종료 값)
(2) 시작 값, 종료 값을 사용하는 경우
    range(시작 값, 종료 값)
(3) 시작 값, 종료 값에 증감 값을 함께 사용하는 경우
    range(시작 값, 종료 값, 증감 값)

---

 range() 함수를 이용한 반복문 실행 – ch05ex10.py

```
1    # range() 함수를 이용한 for 반복문의 실행
2    for i in range(5) :
3        print(i, end=" ")
4
5    print()
6    # range() 함수의 입력 범위와 증가 값 설정
7    # range(시작 값, 종료 값, 증가 값)
8    for num in range(3, 10, 2) :
9        print(num, end=" ")
```

```
10
11      print()
12      # 거꾸로 감소하기
13      for cnt in range(10, 0, -1) :
14          print(cnt, end=" ")
```

소스코드해설

행 번호   설명

2~3   for문을 이용한 반복문입니다. for 키워드 뒤에 임시 변수 i를 두고 in 키워드 뒤에 범위를 지정하는 range() 함수를 둡니다. range() 함수의 인자는 반복 횟수를 지정합니다. range(5)로 지정하면 0부터 시작해서 5번 반복하기 때문에 임시 변수 i에는 반복할 때마다 0, 1, 2, 3, 4까지 순서대로 입력됩니다. 3행의 print() 함수로 i 값이 어떻게 변하는지 출력해 봅니다. print() 함수의 end 속성은 출력 값을 한 줄에 표시하도록 하기 위해 설정하였습니다.

5, 11   콘솔에서 줄 바꿈을 위한 print() 함수입니다.

8~9   for문에 사용되는 range() 함수를 다른 형식으로 사용합니다. range() 함수의 인자로 시작 값, 종료 값, 증가 값을 지정할 수 있습니다. 이 문장에서는 3부터 시작해서 10보다 작을 때까지 2씩 증가합니다. 증가 값을 출력해 봅니다.

13~14   for문의 또 다른 형식으로 시작 값을 종료 값보다 크게 잡고 감소하는 방식으로 사용해 봅니다. 시작 값을 10부터 시작해서 0보다 클 경우에 1씩 감소하며 반복합니다. 임시 변수 cnt 값이 0이 되면 더 이상 실행하지 않고 끝냅니다.

실행 결과

```
0 1 2 3 4
3 5 7 9
10 9 8 7 6 5 4 3 2 1
```

자료 구조와 for 반복문

앞에서 반복문에 대해 학습하였습니다. 이번에는 자료 구조와 반복문을 함께 활용하는 방법을 학습할 것입니다. 자료 구조는 연속된 형태이기 때문에 반복문을 이용하는 것이 유리합니다. for문의 반복 범위는 range() 함수를 이용할 수도 있지만 리스트나 튜플의 자료 구조를 사용하면 더욱 편리합니다.

**실습
예제** **리스트 구조를 for문으로 반복하기** – ch05ex11.py

```
1    # 리스트 구조와 for문
2    for fish in ["오징어","꼴뚜기","대구","명태","거북이"] :
3        print(fish, end=" ")
4
5    print('\n')
6
7    total = 0
8    lis = [95, 80, 100, 70, 85];
9    print("성적", end=": ")
10   for score in  lis:
11       print(score, end=" ")
12       total += score
13
14   print("\n총점 :", total)
15   print("평균 :", total/len(lis))
```

소스코드해설

행 번호	설명
2~3	문자열 요소들이 저장된 리스트를 for문에서 바로 사용합니다. 이처럼 for문에는 range() 함수를 이용해서 범위를 지정할 수도 있고 리스트나 튜플의 자료 구조를 바로 사용해서 반복할 수 있습니다. for문이 반복될 때마다 리스트의 요소가 하나씩 fish 변수에 저장되어 반복문의 실행 블록 안에서 사용됩니다. 2행에서 저장된 요소를 3행에서 출력합니다.
5	콘솔 화면의 줄 바꿈을 위해 print() 함수를 사용합니다.
7	for 반복문에서 값을 누적하기 위해 total 변수를 선언합니다. 누적 변수는 0으로 초기화해야 합니다.
8	for문에서 반복할 리스트를 선언합니다. 리스트에는 성적으로 사용될 데이터를 저장하였습니다.
9	반복문을 실행하기 전에 콘솔 화면에 표시할 문자열입니다. end 속성을 이용해서 문자열 출력 후 행이 자동으로 바뀌지 않도록 합니다.
10~12	리스트의 요소를 하나씩 score 변수에 저장하면서 반복합니다. score 변수의 값을 반복 실행 블록 안에서 total 변수에 누적합니다. 이때 누적 연산자로 += 복합 대입 연산자를 사용합니다.
14~15	반복문이 끝나고 반복문 블록 외부에서 total과 평균을 출력해 봅니다. 평균 값은 별도의 변수에 담지 않고 바로 연산 결과를 출력해서 사용하는 방식으로 출력합니다.

 실행결과   오징어 꼴뚜기 대구 명태 거북이

성적: 95 80 100 70 85
총점 : 430
평균 : 86.0

for 반복문에서 enumerate() 함수 사용

리스트를 for문과 함께 사용할 때 편리한 점은 특별한 조작 없이 리스트에 저장된 내용을 순회할 수 있다는 것입니다. 그러면 이때 리스트의 첨자는 사용할 수 없을까요? while문에서처럼 외부에 증가할 변수를 선언하고 반복문 블록 안에서 증가시켜서 인덱스 대신 사용할 수 있습니다. 하지만 for문에서는 이렇게 번거롭게 할 필요 없이 enumerate() 함수와 함께 사용하면 리스트의 내용과 인덱스를 함께 사용할 수 있습니다. 이때 인덱스 값은 for 키워드와 in 키워드 사이에서 요소 임시 변수와 함께 선언하면 됩니다.

```
for     index,     item    in    enumerate(리스트)        :
        (첨자)      (요소)
```

다음은 enumerate() 함수를 for문에 적용한 아주 간단한 실습 예제입니다.

실습예제 **enumerate() 함수 활용 – ch05ex12.py**

```
1    # for문에 사용될 리스트 선언
2    lis = ["오징어","꼴뚜기","대구","명태","거북이"]
3
4    for index, fish in  enumerate(lis):
5        print(index, fish)
6
```

행 번호	설명
2	for문에 사용될 리스트를 선언합니다.
4	enumerate() 함수를 이용해 반복문에서 index를 사용할 수 있도록 합니다. enumerate() 함수를 사용하면 for 키워드 뒤에 첨자와 요소를 함께 선언해서 사용할 수 있습니다. for 키워드 뒤의 첫 번째 변수는 첨자를 저장하는 변수이고, 두 번째 변수는 요소를 저장하는 변수입니다.
5	for문에서 생성된 첨자와 요소를 출력해 봅니다.

실행
결과

```
0 오징어
1 꼴뚜기
2 대구
3 명태
4 거북이
```

Tip

for문에서 딕셔너리 구조를 사용할 때도 items() 함수를 이용하면 임시 변수에 키와 값을 함께 전달받을 수 있습니다.

예)
dic = {key1:value1, key2:value2, key3:value3}

for key, value in dic.items() :
    print("key:"+key, "value:"+value)

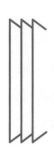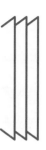

간단한 전화번호부 구현

지금까지 학습한 자료 구조와 제어문 예제를 활용해서 간단한 도전 문제를 구현해 보겠습니다. 앞에서 구현했던 전화번호부 프로그램을 좀 더 확장해서 일부 기능을 구현하겠습니다. 딕셔너리를 저장할 리스트를 선언하고 실행 메뉴를 반복해서 출력합니다. 1번 메뉴가 실행되면 성명, 전화번호, 주소를 입력받아서 딕셔너리에 저장하고, 그 딕셔너리를 전역에 선언한 리스트에 저장합니다. 다시 메뉴에서 2번 메뉴를 선택해 리스트에 저장된 내용이 출력되도록 합니다. 입력과 출력 기능은 다음 예제에 이미 구현되었습니다. 나머지 기능인 검색, 수정, 삭제 기능은 독자 여러분이 직접 구현해 보면 학습에 도움이 될 것입니다. **완성된 소스 코드는 예제 소스로 제공하도록 하겠습니다.**

실습 예제 **자료 구조를 활용한 전화번호부 프로그램** – ch05ex13.py

```
1    # 폰북 리스트
2    pList = []
3
4    while True:
5        print("1.입력 2.출력 3.검색 4.수정 5.삭제 6.종료")
6        no = int(input("선택: "))
7        if no == 1 :
8            print("{:-^50}".format(" 입력기능 "))
9            people = {}
10           people["name"] = input("성명>>> ")
```

```
11              people["phone"] = input("전화>>> ")
12              people["addr"] = input("주소>>> ")
13              pList.append(people)
14              print("주소 입력 완료!")
15          elif no == 2 :
16              print("{:-^50}".format(" 출력기능 "))
17              print("{:^3}{:^10}{:^15}{:^20}".format("번호", "성명", "
                전화", "주소") )
18              print("-"*50)
19              for i, p in enumerate(pList) :
20                  print("{:^3}{:^10}{:^15}{:^20}".format(i+1,p["nam
                    e"],p["phone"],p["addr"]))
21          elif no == 3 :
22              print("{:-^50}".format(" 검색기능 "))
23          elif no == 4 :
24              print("{:-^50}".format(" 수정기능 "))
25          elif no == 5 :
26              print("{:-^50}".format(" 삭제기능 "))
27          elif no == 6 :
28              print("{:-^50}".format(" 종료-굿바이 "))
29              break
30          else :
31              print("{:-^50}".format(" 선택 사항 없음 "))
32
33      print() # 공백 라인 추가
34  # end of while
35  print("다음 기회에 만나요~")
36
```

행 번호	설명
2	사용자 정보가 저장된 딕셔너리 데이터가 저장될 리스트를 전역에 선언합니다. 이렇게 전역에 선언하고 다른 기능에서 공동으로 사용합니다.
4~33	while 반복문을 무한 루프에 돌도록 조건을 True로 합니다. 이 반복문은 메뉴에서 6번을 선택하면 29행의 break문이 실행되어 반복문을 탈출하게 됩니다.
5~6	콘솔 화면에 "1.입력 2.출력 3.검색 4.수정 5.삭제 6.종료"를 반복해서 매번 출력해 줍니다. 메뉴가 출력되면 6행의 input() 함수를 이용해서 키보드로 번호를 입력할 수 있습니다. 입력된 번호는 no 변수에 저장되어 7~31행의 조건문 중에서 실행됩니다.
7~14	메뉴에서 1번이 입력되면 실행되는 부분입니다. 이 부분은 사용자 정보인 성명, 전화, 주소를 딕셔너리에 입력받습니다. 이렇게 만들어진 딕셔너리를 전역에 선언된 리스트에 저장하고, 다시 메뉴를 출력하는 형태로 반복됩니다.
15~20	전역의 리스트에 저장된 내용을 화면에 출력하는 부분입니다. 리스트에 저장된 내용이 여러 개의 딕셔너리일 수 있기 때문에 19~20행에서 리스트의 내용을 for문으로 반복되도록 처리합니다.
21~22	검색 기능이 구현될 부분입니다. 직접 구현해 봅니다. 소스 코드 파일에 완성된 소스 코드가 제공됩니다.
23~24	수정 기능이 구현될 부분입니다. 직접 구현해 봅니다. 소스 코드 파일에 완성된 소스 코드가 제공됩니다.
25~26	삭제 기능이 구현될 부분입니다. 직접 구현해 봅니다. 소스 코드 파일에 완성된 소스 코드가 제공됩니다.
27~29	종료 기능이 구현됩니다. 메뉴에서 6번을 선택하면 실행되는 부분으로 break문에 의해 반복문을 더 이상 수행하지 않고 탈출합니다.
30~31	6행에서 선택한 번호가 조건에 없다면 실행되는 부분입니다.
33	기능별로 구분되도록 공백 라인을 추가합니다.
35	반복문이 끝나고 프로그램이 종료되기 직전에 실행되는 안내 메시지 부분입니다.

1.입력 2.출력 3.검색 4.수정 5.삭제 6.종료

선택: 1

——————————————————— 입력기능 ———————————————————

성명〉〉〉 hong

전화〉〉〉 010-1111-1111

주소〉〉〉 seoul

주소 입력 완료!

1.입력 2.출력 3.검색 4.수정 5.삭제 6.종료

선택: 1

——————————————————— 입력기능 ———————————————————

성명〉〉〉 kim

전화〉〉〉 010-2222-2222

주소〉〉〉 pusan

주소 입력 완료!

1.입력 2.출력 3.검색 4.수정 5.삭제 6.종료

선택: 2

——————————————————— 출력기능 ———————————————————

번호	성명	전화	주소
1	hong	010-1111-1111	seoul
2	kim	010-2222-2222	pusan

1.입력 2.출력 3.검색 4.수정 5.삭제 6.종료

선택: 6

——————————————————— 종료-굿바이 ———————————————————

다음 기회에 만나요~

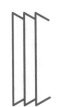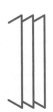

| 연 | 습 | 문 | 제 |

───── ◆ 이 론 문 제 ◆ ─────

1 **파이썬에서 사용되는 자료 구조가 <u>아닌</u> 것은?**

① 리스트   ② 딕셔너리

③ 해시 테이블   ④ 셋

2 **자바스크립트의 JSON 구조와 유사한 파이썬의 자료 구조는?**

① Dictionary   ② Set

③ List   ④ Tuple

3 **자료 구조와 형식이 <u>잘못</u> 짝지어진 것은?**

① 리스트 구조 : [10, 20, 30, 40, 50, 60]

② 튜플 구조 : {"오징어", "꼴뚜기", "대구", "명태"}

③ 딕셔너리 구조 : {"name":"홍길동","전화":"010-1111-1111"}

④ 셋 구조 : {"서울","대전","대구","부산","광주","목포"}

4 **자료 구조의 특징에 대한 요약 설명 중 잘못된 것은?**

① List 구조는 대괄호를 사용하고 첨자로 데이터에 접근해서 값의 수정이 가능하다.

② Tuple 구조는 중괄호를 사용하고 역시 첨자로 데이터에 접근하는데 데이터의 직접적 인 수정이 불가능하다.

③ Dictionary 구조는 중괄호를 사용하고 Key와 Value의 쌍으로 요소가 이루어지고 Key 로 데이터에 접근한다.

④ Set 구조는 중괄호를 사용하고 Key도 첨자도 없기 때문에 중복된 값을 저장할 수 없다.

5 **리스트의 설명 중 옳지 않은 것은?**

① 리스트는 다른 언어의 배열과 유사한 구조로 리스트에 저장되는 각각의 요소들은 타 입이 서로 같아야 한다.

② 리스트의 마지막 요소를 가리키는 첨자는 리스트의 전체 크기에서 1을 뺀 숫자와 같다.

③ 모든 리스트의 첫 번째 요소의 첨자는 0이다.

④ 파이썬의 리스트는 대괄호(Brakets)로 표현하고 요소에는 중복된 데이터를 허용한다.

6 **리스트에 새로운 요소를 추가할 때 사용하는 명령어는 무엇인가?**

① someList[1] = "새로운 값"

② someList.append("새로운 값")

③ someList.insert("새로운 값")

④ someList.add("새로운 값")

7   다음 리스트를 참고하여 아래 명령문의 출력 결과를 적으시오.

lst05 = ["오징어","꼴뚜기","대구","명태","거북이", 100, 200, 300]

① print(lst05[:5]) : _____

② print(lst05[5:]) : _____

③ print(lst05[2:5]) : _____

④ print(lst05[2:-3]) : _____

8   다음 리스트 함수는 어떤 기능을 하는지 적으시오.

① sort() : _____

② reverse() : _____

③ remove() : _____

9   튜플은 리스트와 유사한 구조이지만 튜플의 내용은 수정이 불가능하다(O/X).

10   딕셔너리의 요소에 접근하는 방법으로 옳지 않은 것은?

① dic.put('no', '10)

② dic['no'] = '10'

③ no = dic.get('no')

④ no = dic['no']

1 10개의 정수를 리스트에 연속으로 입력받는 프로그램을 구현한 후 입력받은 10개의 정수 중에서 음수는 음수 리스트에 저장하고, 양수는 양수 리스트에 나누어서 저장하시오.

| 실행 **결과** 예시 |

> 입력1〉〉 5
> 입력2〉〉 −3
> 입력3〉〉 10
> 입력4〉〉 −7
> 입력5〉〉 −4
> 입력6〉〉 8
> 입력7〉〉 7
> 입력8〉〉 2
> 입력9〉〉 10
> 입력10〉〉 −30
> 양수 리스트 〉〉 [5, 10, 8, 7, 2, 10]
> 음수 리스트 〉〉 [−3, −7, −4, −30]

| 힌트 | range() 함수를 이용해서 반복문을 설정합니다.
예) for i in range(10) :
참고로 0은 양수에 포함시킵니다.
리스트에 요소를 추가하는 함수는 append()입니다.

2   정수 10개가 들어 있는 리스트에서 랜덤한 위치의 값 3개를 선택해서 출력하고, 그 합을 구하는
    프로그램을 구현하시오.

| 실행 **결과** 예시 |

> [10, 20, 30, 40, 50, 60, 70, 80.9, 100]
> 40 80 80 = 200

| 힌트 | random을 이용해서 리스트의 요소 중에 랜덤한 값을 추출할 수 있습니다.
            예) random.choice([1,2,3])

3   4행 4열의 리스트를 만들고 랜덤한 위치에 중복 없이 1부터 16까지의 값이 입력되도록 하시오.

| 실행 **결과** 예시 |

> [[9, 5, 13, 14],
>   [11, 3, 4, 6],
>   [10, 1, 12, 8],
>   [15, 16, 7, 2]]

| 힌트 | 파이썬에서 2차원 리스트를 사용하는 방법에는 여러 가지가 있습니다.
            2차원 리스트는 리스트의 요소로 리스트를 사용하는 것입니다. 예를 들어 3행 3열의 2차원 리스트는 다음과
            같은 구조로 만들 수 있습니다.
            예) lis = [[1,2,3],[4,5,6],[7,8,9]]
            또 다른 방법으로는 동적으로 2차원 배열을 생성하는 것입니다.
            예) lis = []
               lis.append([])
               for i in range(4) :
                   lis[i].append(number)
            그리고 리스트의 요소를 혼합할 때는 random의 shuffle() 메소드를 사용할 수 있습니다.
            예) random.shuffle(lis)
            2차원 배열이나 딕셔너리 출력을 보기 좋게 하기 위해서 pprint 모듈을 사용할 수 있습니다.
            예) pprint(arr, indent=2, width=20)

4   1~45까지의 정수 중에서 무작위로 6개의 정수를 뽑아서 출력하는 로또 번호 생성기를 구현하시오. (random.randint(a, b)를 이용해서 난수를 발생시키고, set() 구조에 저장하는 방법을 이용합니다.)

| 실행 **결과** 예시 |

```
print("로또 번호를 생성 합니다.")
lotto = set()
#print(type(lotto))
while len(lotto) < 6 :
    lotto.add(random.randint(1,46))

print(lotto)
```

| 힌트 | 파이썬에서 Set 구조를 선언하는 방법에는 set() 함수를 이용하는 방법과 {0,} 구조를 이용하는 방법이 있습니다.
예) lotto=set() 또는 lotto = {0,}
파이썬의 랜덤 함수에는 다음과 같은 종류가 있습니다.
– random.random()
– random.uniform(a, b)
– randint(a, b)
– randrange(a, b), randrange(b)
– random.choice(seq)
– random.sample(seq or set, N)
– random.shuffle(list)
이 중에서 random.randint(a, b) 함수를 이용해서 범위 내에 랜덤한 값을 만들 수 있습니다. 이렇게 만들어진 랜덤한 값을 중복된 값이 허용되지 않는 Set 구조에 저장하는 방식으로 lotto 번호 생성기를 만들 수 있습니다.

5   번호, 성명, 전화번호, 이메일을 순서대로 입력받아서 딕셔너리 구조에 저장하고, 딕셔너리의 요소 내용과 Key와 Value를 따로따로 출력하는 프로그램을 구현하시오.

| 실행 **결과** 예시 |

```
no 입력〉〉 1
name 입력〉〉 kim
phone 입력〉〉 010-1111-1111
email 입력〉〉 kim@dn.com
{   'email': 'kim@dn.com',
    'name': 'kim',
    'no': '1',
    'phone': '010-1111-1111'}

dict_keys(['no', 'name', 'phone', 'email'])
dict_values(['1', 'kim', '010-1111-1111', 'kim@dn.com'])
```

| 힌트 | 딕셔너리에 데이터를 추가하려면 []를 이용해서 키를 지정해 줍니다.

       예) 딕셔너리[키] = 값

       for 반복문을 이용해서 순서대로 값을 딕셔너리에 저장하기 위해서는 다음 예와 같은 소스 코드를 작성합니다.

       예)

       for key in ['no', 'name', 'phone', 'email'] :

           data = input(key+" 입력〉〉 ")

           person[key] = data

       딕셔너리의 키들을 반환하는 함수는 keys()이고, 딕셔너리의 값들만 반환하는 함수는 values()입니다.

       딕셔너리도 pprint() 함수를 이용해서 좀 더 보기 좋게 출력 가능합니다.

함수와
람다식

6장에서는 함수를 선언하는 방법과 함수를 활용해서 기능을 구현하는 방법에 대해서 학습

하고, 파이썬의 특징 중 하나인 람다 표현식에 대해서 학습해 보도록 하겠습니다.

python

맛보기 예제 – 일단 따라해 보세요!

간단한 게임을 구현해 보겠습니다. 게임 원리는 시스템이 1부터 100 사이의 난수를 발생시키게 하고 사용자는 5번의 기회 안에 시스템이 만든 난수를 맞추는 간단한 게임입니다. 여기서 이 게임을 "높다 낮다 게임"이라고 하겠습니다. 일단 Step 01에서는 높다 낮다 게임의 기본 뼈대를 구성하겠습니다.

먼저 높다 낮다 게임이 시작되면 game() 함수를 호출하고 game() 함수에서는 앞 단원에서 학습했던 number = random.randint(min, max)식을 이용해서 난수를 발생시킵니다. while 문을 이용해서 count 변수의 값이 0보다 큰 수이면 반복문을 실행하게 합니다. 반복문 안에서 count -= 1식을 실행해서 반복할 때마다 count 변수의 값이 1씩 감소하게 합니다. count 변수의 값이 모두 감소해서 game() 함수가 종료되면 다시 main 부분으로 돌아가서 재실행할지 여부를 묻는 제어문을 작성합니다.

실습예제 **일단 따라해 보기 – ch06_pre_example.py – Step 01**

```
1    # Step 01
2    import random
3
4    def game() :
5        print(':::::: 높다 낮다 게임 시작 ::::::')
6        min = 1
7        max = 100
8        count = 5;
```

```
9          number = random.randint(min, max)
10         print('컴퓨터가 %d부터 %d사이의 난수를 발생 시켰습니다.(Hint:%d)'
           %(min, max, number))
11         print()
12
13         while count > 0 :
14             print('정답은 %d~%d사이 입니다.' % (min, max))
15             user_num = int(input('시스템이 발생 시킨 난수 값은 무엇일까요?
               >> '))
16             count -= 1
17
18         if count == 0 :
19             print("기회가 모두 소진되어 실격 되었습니다!")
20
21
22     if __name__ == '__main__':
23         while True :
24             game()
25             isPlay = input("다시 시도는 y 입력 >> ")
26             if isPlay != 'y' :
27                 print('수고했습니다!');
28                 break
```

 **실행
결과** ::::: 높다 낮다 게임 시작 :::::
컴퓨터가 1부터 100사이의 난수를 발생 시켰습니다.(Hint:17)

정답은 1~100사이 입니다.
시스템이 발생 시킨 난수 값은 무엇일까요? >> 50
정답은 1~100사이 입니다.
시스템이 발생 시킨 난수 값은 무엇일까요? >> 1
정답은 1~100사이 입니다.
시스템이 발생 시킨 난수 값은 무엇일까요? >> 2

```
정답은 1~100사이 입니다.
시스템이 발생 시킨 난수 값은 무엇일까요? 〉〉 3
정답은 1~100사이 입니다.
시스템이 발생 시킨 난수 값은 무엇일까요? 〉〉 4
기회가 모두 소진되어 실격 되었습니다!
다시 시도는 y 입력 〉〉 n
수고했습니다!
```

높다 낮다 게임의 기본 골격이 만들어졌다면 이번에는 check() 함수를 선언해서 시스템이 발생시킨 난수와 사용자가 입력한 값을 비교하는 기능을 구현합니다. number, count, min, max 변수는 game() 함수와 check() 함수에서 공유해야 하는 데이터이므로 전역 변수로 선언해 둡니다.

그리고 game() 함수와 check() 함수에서 값을 변경하기 위해 전역 변수를 global 키워드를 이용해서 전역 변수로 지정하였습니다.

다음과 같이 while 반복문을 이용해서 user_num 변수에 입력된 값이 유효한 값인지 검사하도록 구현합니다.

```python
while user_num < min or user_num > max :
    print('정답은 %d~%d사이 입니다.' %(min, max))
    user_num = int(input('시스템이 발생 시킨 난수 값은 무엇일까요? >> '))
```

입력받은 값이 유효한 값이라면 다음과 같이 if ~ else 제어문을 이용해서 입력된 user_num 값이 시스템이 만든 number 값과 일치하는지 비교합니다.

```
if number == user_num :
    print("정답입니다.")
    return True
else :
    if user_num > number :
        max = user_num - 1
        print('크다!')
    else :
        min = user_num + 1
        print('작다!')
```

game() 함수에서 check() 함수를 호출하도록 소스를 수정합니다. check() 함수의 실행이 끝나면 False 값을 반환해서 check() 기능이 모두 종료되었다는 것을 알려줍니다. 만약 check() 함수에서 사용자가 정답을 맞추었다면 True가 반환되어서 game() 함수의 while문이 즉시 break되도록 합니다.

```
while count > 0 :
    if check() :
        break
```

다음 예제는 수정된 프로그램의 전체 소스 코드입니다.

일단 따라해 보기 – ch06_pre_example.py – Step 02

```
1    # Step 02
2    import random
3
4    number = 0
5    count = 5
6    min = 1
7    max = 100
8
9    def check() :
10       global count
11       global min
12       global max
13       print('정답을 맞출 수 있는 기회는 %d회입니다.' %count)
14       user_num = 0
15       while user_num < min or user_num > max :
16           print('정답은 %d~%d사이 입니다.' %(min, max))
17           user_num = int(input('시스템이 발생 시킨 난수 값은 무엇일까요?
             >> '))
18
19       if number == user_num :
20           print("정답입니다.")
21           return True
22       else :
23           if user_num > number :
24               max = user_num - 1
25               print('크다!')
26           else :
27               min = user_num + 1
28               print('작다!')
29
30       count -= 1;
```

```
31          return False
32
33
34    def game() :
35        print(':::::: 높다 낮다 게임 시작 ::::::')
36        global number
37        number = random.randint(min, max)
38        print('컴퓨터가  %d부터  %d사이의 난수를 발생 시켰습니다.(Hint:%d)'
            %(min, max, number))
39        print()
40
41        while count > 0 :
42            if check() :
43                break
44
45        if count == 0 :
46            print("기회가 모두 소진되어 실격 되었습니다!")
47
48
49    if __name__ == '__main__':
50        while True :
51            game()
52            isPlay = input("다시 시도는 y 입력 >> ")
53            if isPlay != 'y' :
54                print('수고했습니다!');
55                break
```

(참고) 파란색으로 작성된 소스 코드는 새로 추가되거나 수정된 부분입니다.

::::: 높다 낮다 게임 시작 :::::
컴퓨터가 1부터 100사이의 난수를 발생 시켰습니다.(Hint:3)

정답을 맞출 수 있는 기회는 5회입니다.
정답은 1~100사이 입니다.
시스템이 발생 시킨 난수 값은 무엇일까요? 〉〉 50
크다!
정답을 맞출 수 있는 기회는 4회입니다.
정답은 1~49사이 입니다.
시스템이 발생 시킨 난수 값은 무엇일까요? 〉〉 30
크다!
정답을 맞출 수 있는 기회는 3회입니다.
정답은 1~29사이 입니다.
시스템이 발생 시킨 난수 값은 무엇일까요? 〉〉 3
정답입니다.
다시 시도는 y 입력 〉〉 n
수고했습니다!

높다 낮다 게임이 한 게임 끝나면 다시 시도할지 여부를 물어봅니다. 이때 y를 입력하면 모든 변수가 초기화되면서 새로운 높다 낮다 게임이 실행됩니다. 하지만 앞에서 사용된 변수의 값이 그대로 남아 있기 때문에 game() 함수에서 전역 변수의 값을 모두 초기화하는 작업이 필요합니다. 이렇게 전역 변수의 값을 모두 초기화하려면 game() 함수 안에서 global 키워드를 이용해서 전역 변수로 선언해야 변수의 값을 수정할 수 있습니다.

```
print('::::: 높다 낮다 게임 시작 :::::')
number = 0
min = 1
max = 100
count = 5
```

```
min = 1
max = 100
count = 5;
number = random.randint(min, max)
```

게임이 새로 시작하는 것을 알리기 위해 다음과 같은 출력문을 하단에 추가합니다.

```
print('₩n다시 시작! 모든 변수를 새로운 값으로 초기화 했습니다.')
```

**실습
예제** **일단 따라해 보기** – ch06_pre_example.py – Step 03

```
1    # Step 03
2    import random
3
4    number = 0
5    count = 5
6    min = 1
7    max = 100
8
9    def check() :
10       global count
11       global min
12       global max
13       print('정답을 맞출 수 있는 기회는 %d회입니다.' %count)
14       user_num = 0
15       while user_num < min or user_num > max :
16           print('정답은 %d~%d사이 입니다.' %(min, max))
```

```python
17              user_num = int(input('시스템이 발생 시킨 난수 값은 무엇일까요?
                >> '))
18
19          if number == user_num :
20              print("정답입니다.")
21              return True
22          else :
23              if user_num > number :
24                  max = user_num - 1
25                  print('크다!')
26              else :
27                  min = user_num + 1
28                  print('작다!')
29
30          count -= 1;
31          return False
32
33
34      def game() :
35          print(':::::: 높다 낮다 게임 시작 ::::::')
36          global number
37          global min
38          global max
39          global count;
40          min = 1
41          max = 100
42          count = 5;
43          number = random.randint(min, max)
44          print('컴퓨터가 %d부터 %d사이의 난수를 발생 시켰습니다.(Hint:%d)'
                %(min, max, number))
45          print()
46
47          while count > 0 :
48              if check() :
49                  break
```

```
50
51                    if count == 0 :
52                        print("기회가 모두 소진되어 실격 되었습니다!")
53
54
55        if __name__ == '__main__':
56            while True :
57                game()
58                isPlay = input("다시 시도는 y 입력 >> ")
59                if isPlay != 'y' :
60                    print('수고했습니다!');
61                    break
62                print('\n다시 시작! 모든 변수를 새로운 값으로 초기화 했습니다.')
```

(참고) 파란색으로 작성된 소스 코드는 새로 추가되거나 수정된 부분입니다.

 ::::: 높다 낮다 게임 시작 :::::
컴퓨터가 1부터 100사이의 난수를 발생 시켰습니다.(Hint:68)

정답을 맞출 수 있는 기회는 5회입니다.
정답은 1~100사이 입니다.
시스템이 발생 시킨 난수 값은 무엇일까요? 〉〉 1
작다!
정답을 맞출 수 있는 기회는 4회입니다.
정답은 2~100사이 입니다.
시스템이 발생 시킨 난수 값은 무엇일까요? 〉〉 68
정답입니다.
다시 시도는 y 입력 〉〉 n

다시 시작! 모든 변수를 새로운 값으로 초기화 했습니다.

::::: 높다 낮다 게임 시작 :::::

컴퓨터가 1부터 100사이의 난수를 발생 시켰습니다.(Hint:81) ←

난수 발생기로 생성된 값이므로
매번 실행 시마다 바뀝니다.

정답을 맞출 수 있는 기회는 5회입니다.

정답은 1~100사이 입니다.

시스템이 발생 시킨 난수 값은 무엇일까요? >> 81

정답입니다.

다시 시도는 y 입력 >> n

수고했습니다!

함수

변수가 명사적이라면 함수는 동사적입니다. 변수에는 데이터를 담고 변수에 담긴 데이터를 처리하는 기능을 함수로 구현합니다. 기능을 함수로 구현해 두면 변수처럼 필요한 곳에서 호출해 기능을 재활용할 수 있습니다. 프로그램의 기본은 함수입니다. 파이썬도 함수형 프로그래밍을 지향합니다. 프로그램을 잘하기 위해서는 함수부터 이해해야 합니다. 그러나 사람들이 처음 프로그래밍을 공부할 때 함수 부분에서 많은 어려움을 느낍니다. 처음에 함수의 개념을 잘못 잡으면 갈수록 프로그래밍이 어려워집니다. 따라서 이 책에서는 함수를 여러 상황별로 최대한 세분화해서 설명하려고 노력하였습니다. 이번 단원을 여러 번 반복하더라도 함수에 대해서 확실히 익히고 넘어간다면 앞으로 배우게 될 프로그래밍에 자신감과 흥미가 붙을 것입니다.

함수란?

함수는 한마디로 처리 기능입니다. 즉, 함수는 일의 묶음인 것입니다. 일의 묶음을 요리에 비유해 보겠습니다. 요리에서 한 가지 음식을 만들기 위한 레시피 같은 것이 함수라고 할 수 있습니다. 또는 자주 반복되는 여러 기능들을 함수로 묶어 두고 계속 재활용하는 것이라고 이해할 수 있습니다.

예를 들어 중국집에 가면 짜장, 짬뽕 같은 단품 요리를 시켜 먹을 수도 있지만 짜장, 짬뽕, 탕수육을 하나의 세트로 시킬 수도 있습니다. 식당에서는 이렇게 사람들이 고민 없이 한번에 먹고 싶은 여러 음식을 쉽게 주문할 수 있도록 세트로 묶어서 메뉴로 정해 둡니다. 그리고 손님들이 "A세트 주세요!"라고 주문하면 주방에서 그것을 알아 듣고 바로 A세트(짜장, 짬뽕, 탕수육)를 준비합니다.

주문을 할 때마다 "짜장, 짬뽕, 탕수육 주세요!"를 수없이 반복하기보다는 그냥 간단히 "A세트 주세요!" 하면 알아서 짜장, 짬뽕, 탕수육을 준비해 주는 것처럼 자주 사용하는 기능을 함수로 만들어 선언해 두면 언제든지 함수 이름을 호출해서 그 기능을 실행시킬 수 있습니다. 이처럼 함수는 자주 사용되는 기능을 한 세트로 묶어서 계속 재활용할 수 있습니다.

함수는 일의 묶음이므로 함수로 일들을 묶어서 새로운 기능으로 만들어 두면 다음에 비슷한 작업을 해야 할 경우에 함수 이름을 호출해서 같은 작업을 재활용하고 구조화하기 편리합니다. 함수는 반복되는 일의 재활용을 편리하게 하기 위해 만듭니다.

프로그래밍에서는 자주 사용하는 일들을 묶어 함수로 선언해 두고 필요한 곳에서 함수를 호출해 함수의 기능이 실행되도록 하는 구조입니다. 함수를 잘 만들면 소스 코드의 가독성이 좋아지고 유지보수 및 관리가 수월해집니다. 그러나 함수를 만들어서 사용한다고 해서 시스템의 성능이 좋아지거나 소스 코드의 양이 줄어드는 것은 아닙니다. 소스 코드의 양과 프로그램의 성능은 직접적인 관계가 없습니다. 소스 코드가 다소 길어진다 하더라도 프로그램을 유지보수하기 용이하고 직관적으로 이해할 수 있는 프로그램을 구현해야 합니다.

사용자 정의 함수

함수에는 우리가 이미 사용해 본 print() 함수나 input() 함수처럼 파이썬 라이브러리에 이미 구현되어 있는 내장 함수가 있습니다. 그리고 사용자가 필요에 따라 프로그램 코딩 시에 선언해서 사용하는 사용자 정의 함수가 있습니다. 함수는 코드의 묶음에 단순히 이름을 붙인 것에 불과합니다. 그러므로 함수를 사용자가 직접 만들기 위해서는 첫째 함수의 이름을 만들어 주고, 둘째 함수의 내용을 작성해 줍니다. 그리고 필요한 곳에서 선언된 함수를 호출해 실행시킵니다.

함수는 함수를 식별할 수 있게 하는 함수의 머리 부분과 함수의 기능을 정의해 둔 몸체 부분으로 구분됩니다.

함수의 머리 부분인 함수 이름을 만드는 방법은 앞에서 배운 변수의 명명 규칙과 동일하다고 할 수 있습니다. 단지 변수는 명사 위주로 이름을 지어준다면 함수는 기능이기 때문에 동사로 시작하는 이름을 지어주는 것이 관례입니다.

하나의 함수는 하나의 기능에 집중하는 것이 좋습니다. 함수나 클래스는 모듈 형태로 사용됩니다. 모듈은 최소 단위로 만들어 두어야 작은 부품처럼 불러와 작업하기 좋습니다. 하나의 함수에 여러 가지 기능을 구현해 두면 함수의 재활용이 불편해지기 때문입니다.

아무리 복잡한 구조나 문제라도 세분화하고 단순화시켜서 접근하면 대부분 문제 해결이 가능합니다.

일반적으로 함수는 함수에서 사용될 데이터를 입력받아서 처리하고 그 처리한 결과를 내보내는 박스로 생각할 수 있습니다. 그래서 함수를 선언할 때는 입력받고자 하는 인자와 매개변수의 관계를 잘 맞추어 주고, 함수의 처리 결과를 돌려받아 사용하는 부분만 잘 맞추어 주면 어려울 것이 없습니다. 물론 필요에 따라서는 입력과 결과 반환을 생략할 수도 있습니다. 좀 더 자세한 내용은 직접 함수를 선언하고 내용을 구현해 보면서 개념을 잡아보도록 하겠습니다.

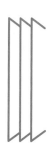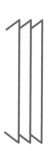

함수의 정의

함수는 함수를 정의하는 정의부와 정의된 함수를 호출해서 실행하는 호출부가 있습니다. 기능을 선언한 함수를 호출하지 않는다면 함수는 절대로 실행되지 않습니다. 함수가 선언된 부분을 함수의 정의부라고 합니다.

함수 정의 및 호출

이제 함수를 정의하고 호출하는 것을 실습해 보겠습니다. 함수를 선언할 때는 머리 부분과 몸체 부분을 만들어야 하는데 먼저 def 키워드로 시작합니다. 이는 특별히 함수의 타입을 지정하지 않는 대신 def 키워드를 써줌으로써 함수가 시작되는 부분이라는 것을 표시합니다. def가 없다면 어떤 것이 함수이고 어떤 것이 변수인지 구분하기 어렵습니다. 함수를 선언할 때 머리 분부의 예시는 다음과 같습니다.

> **def 함수이름(매개변수) :**

머리 부분의 마지막에는 콜론(:)을 붙입니다. 콜론 다음 라인에 몸체를 구현합니다. 몸체 부분은 제어문에서처럼 함수 머리 부분의 시작 지점보다 tab키로 하나씩 들여쓰기 해주어야 합니다. 파이썬 언어에서는 대부분의 몸체는 이처럼 tab키로 들여쓰기를 해줍니다.

함수의 정의 및 호출 – ch06ex01_function.py

```
1    # 함수 정의
2    def my_func():
3        print("[2] my_func 함수 호출" )
4        print("[3] 이것은 함수 몸체에서 실행 됨" )
5
6
7    print("[1] 함수 호출 전에 실행 된 문장" )
8    # 함수 호출
9    my_func();
10
11   print("[4] 함수 호출 후에 실행 된 문장" )
```

> 함수의 몸체 부분의 실행이 끝나면 함수를 호출했던 지점의 다음 행부터 계속 진행됩니다.

> 함수를 호출하면 해당 함수가 선언된 부분의 몸체가 실행됩니다.

소스코드해설

행 번호	설명
2~4	함수를 정의하는 부분입니다. 함수를 정의할 때는 def 키워드로 시작합니다.
2	함수를 정의할 때 머리 부분에 해당합니다.
3~4	함수의 몸체 부분에 해당합니다. 함수의 몸체 부분에는 입/출력문, 제어문, 변수, 연산 등 거의 모든 파이썬 문법을 모두 사용해서 기능을 구현할 수 있습니다.
9	함수를 호출하는 부분입니다. 함수의 머리 부분인 이름과 괄호를 붙이면 함수가 실행됩니다.
7, 11	함수 실행 전후의 출력문입니다. 호출된 함수가 실행되고 다시 돌아오는 지점을 파악하기 위해서 함수 호출 전후에 출력문을 사용해서 표시합니다.

[1] 함수 호출 전에 실행 된 문장

[2] my_func 함수 호출

[3] 이것은 함수 몸체에서 실행 됨

[4] 함수 호출 후에 실행 된 문장

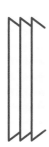
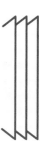

함수의 재실행

프로그래밍에서 함수를 사용하는 이유는 여러 가지가 있을 것입니다. 그중에서 함수를 사용하는 이유 중 하나는 한 번 선언된 함수는 어디서든지 호출해서 재실행할 수 있기 때문입니다. 또 재실행할 수 있는 장점뿐만 아니라 함수로 기능을 정리해서 묶어 두면 소스 코드를 좀 더 체계화하기에 좋습니다.

실습 예제 **함수의 재실행** – ch06ex02_function.py

```python
1    # 사용자 정의 함수 선언
2    def my_func() :
3        print(">>> 함수를 호출 하였습니다!")
4        print(">>> 이것은 함수 내부에 선언된 내용입니다!")
5
6
7    print("[1] 함수 외부에서 출력하였습니다.")
8    # 함수 호출
9    my_func()
10   print("[2] 함수 외부에서 출력하였습니다.")
11   # 함수 호출
12   my_func()
13   print("[3] 함수 외부에서 출력하였습니다.")
14   # 함수 호출
15   my_func()
16   print("[4] 함수 외부에서 출력하였습니다.")
```

소스코드해설

행 번호	설명
2~4	사용자 정의 함수를 선언합니다.
7, 10, 13, 16	함수 호출 사이 사이에 출력문을 두어 함수 실행 후 동작을 관찰합니다.
9, 12, 15	2행에서 선언된 함수를 여러 번 중복해서 호출합니다(함수를 중복 호출 가능한지 확인하는 것).

 실행 결과

[1] 함수 외부에서 출력하였습니다.

〉〉〉 함수를 호출 하였습니다!

〉〉〉 이것은 함수 내부에 선언된 내용입니다!

[2] 함수 외부에서 출력하였습니다.

〉〉〉 함수를 호출 하였습니다!

〉〉〉 이것은 함수 내부에 선언된 내용입니다!

[3] 함수 외부에서 출력하였습니다.

〉〉〉 함수를 호출 하였습니다!

〉〉〉 이것은 함수 내부에 선언된 내용입니다!

[4] 함수 외부에서 출력하였습니다.

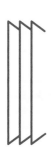

인수와 매개변수

함수를 호출할 때 함수 몸체 안으로 데이터를 전달할 수 있습니다. 호출할 때 전달하는 데이터를 인수 또는 arguments라고 합니다. 또 인자, 파라미터라고도 합니다. 모두 비슷한 의미입니다. 용어를 혼동하면 안됩니다.

함수의 매개변수

함수를 선언할 때 전달되는 인수를 담기 위해 함수의 머리 부분에 선언하는 변수를 매개변수라고 합니다. 이것은 함수 머리 부분의 괄호 안에 선언하게 되는데 이 매개변수도 함수의 지역 변수의 한 종류라 할 수 있습니다. 매개변수가 선언된 함수를 호출할 경우에는 인수를 반드시 매개변수의 수만큼 넣어주어야 합니다.

실습 예제 **함수의 매개변수와 인수 전달** – ch06ex03_argument.py

```
1    # 숫자인 인수를 전달받아 출력하는 함수
2    def show_number(num) :          함수 호출 시 전달받은 값이
                                     저장되는 매개변수
3        print("[1] 함수로 전달된 숫자는 ", num, "입니다", sep="")
4
5
6    # 함수를 호출할 때 인수를 전달합니다.
7    show_number(5)                  인수 5는 위에 선언된 show_number()
                                     함수의 num 매개변수에 전달됩니다.
```

실행결과   [1] 함수로 전달된 숫자는 5입니다

여러 개의 매개변수

인수를 전달받는 매개변수는 한 개 이상 여러 개를 선언할 수 있습니다. 함수를 호출할 때 인수의 개수는 함수 선언 시 매개변수의 개수와 기본적으로 일치해야 합니다. 뒤에서 다룰 디폴트 매개변수나 가변 매개변수를 사용하게 되면 매개변수와 인수의 개수가 일치하지 않을 수도 있습니다.

 함수로 두 개의 인수 전달 – ch06ex03_argument2.py

```
1    # 이름과 나이를 입력받아 출력하는 함수 선언
2    def show_people(name, age) :
3        print("[2] ",name,"님은 ",age ,"세입니다", sep="")
4
5
6    show_people("김길동", 25)
```

함수 호출 시 입력된 인수 데이터가 함수 선언부의 매개변수로 전달됩니다.

소스코드해설

행 번호	설명
2	show_people() 함수를 선언할 때 name과 age 매개변수 두 개를 선언합니다.
6	호출하는 함수의 매개변수가 두 개이므로 인수도 두 개를 넣어야 합니다.

 실행 결과　[2] 김길동님은 25세입니다

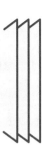

함수 return문 이해하기

함수는 실행할 때 인수를 전달받을 수 있고, 함수의 실행 결과를 반환할 수도 있습니다. 함수의 실행 결과를 반환할 때는 return 키워드를 붙여줍니다. return 키워드 뒤에 반환할 값을 위치시켜 주면 함수가 종료된 후에 return 뒤에 있는 값이 전달되는 방식입니다.

매개변수와 return이 있는 함수

함수를 선언할 때는 필요에 따라 매개변수와 return을 자유롭게 추가하거나 생략할 수 있습니다. 다음은 매개변수와 return이 모두 있는 함수를 선언하는 예제입니다.

 두 개의 인수 중 더 큰 수를 반환하는 함수 – ch06ex04_return.py

```
1    # 두 개의 정수를 전달받아 비교 후 더 큰 수를 반환해 주는 함수 선언
2    def get_max(num1, num2) :
3        if num1 > num2 :
4            maxinum = num1
5        else :
6
7            maxinum = num2
8        return maxinum
9
```

228

```
10    # 더 큰 수를 찾아주는 함수에 두 개의 인수 전달
11    result = get_max(10, 100)
12    print("더 큰 수는 {}입니다!".format(result))
```

소스코드해설

행 번호	설명
2~8	두 인수 중 더 큰 수를 반환하는 단순한 함수의 선언 부분입니다.
3~6	if ~ else문을 이용해서 매개변수로 전달된 인수를 비교해서 maximum 변수에 대입합니다.
7	maximum 변수에 대입된 값을 함수 호출 지점으로 반환해 줍니다.

 실행 결과 더 큰 수는 100입니다!

새 딕셔너리를 만드는 함수

딕셔너리 구조는 키와 값을 쌍으로 요소를 구성합니다. 다음 예제는 딕셔너리 요소로 사용될 키 리스트와 값 리스트를 인수로 전달받아서 새로운 딕셔너리를 만들어 반환해 주는 예제입니다. 이 예제를 좀 더 응용한다면 키와 값을 쌍으로 받아서 기존 딕셔너리에 새 요소를 추가하는 예제로 변형이 가능합니다.

새 딕셔너리를 만들어서 반환 – ch06ex04_return2.py

```python
1    # 새로운 딕셔너리로 반환해 주는 함수 선언
2    def mkDict(keys, values) :
3        if len(keys) != len(values) :
4            print('key리스트와 value리스트의 길이가 다릅니다!')
5            return
6
7        newDict = dict()
8        for i, key in enumerate(keys):
9            newDict[key] = values[i]
10
11        return newDict
12
13   keys = ['오징어','꼴뚜기','대구','명태']
14   values = [2000, 3000, 2000, 1000]
15   dic = mkDict(keys, values);
16   print(dic)
```

• 소스코드해설 •

행 번호	설명
2~11	키 리스트와 값 리스트를 인수로 전달받아서 새 딕셔너리를 만드는 함수입니다.
3~6	키 리스트와 값 리스트의 길이가 다르면 함수를 바로 종료합니다.
13~14	키로 사용될 리스트와 값으로 사용될 리스트입니다.
15	키 리스트와 값 리스트를 인수로 사용하는 mkDict() 함수를 호출합니다.

 실행
결과
{'오징어': 2000, '꼴뚜기': 3000, '대구': 2000, '명태': 1000}

함수에 매개변수 없이 return만 사용

함수에서 매개변수나 return은 필요에 따라 생략이 가능합니다. 다음 예제는 함수 내부에서
사용자로부터 데이터를 입력받아서 결과 값을 딕셔너리 형태로 리턴하는 예제입니다. 이렇
게 필요한 자료 구조를 생성해서 리턴해 주는 예제를 만들면 리스트 같은 외부의 다른 자료
구조에 데이터를 누적할 때 유리합니다.

실습예제 **매개변수 없이 return만 있는 함수** – ch06ex04_return3.py

```
1    # 매개변수가 없고 return만 있는 함수도 있습니다.
2    def mkPersonDict() :
3        name = input("성명 입력 >>> ")
4        phone = input("전화번호 입력 >>> ")
5
6        return {"name":name, "phone":phone}
7
8
9    # 전화번호 정보를 저장할 리스트 준비
10   dictList = []
11   # 딕셔너리 생성 함수 호출
12   dictList.append(mkDictPerson())
13   dictList.append(mkDictPerson())
14   dictList.append(mkDictPerson())
15
16   for dic in dictList :
17       print(dic)
```

소스코드해설

행 번호	설명
2~4	딕셔너리 구조의 데이터를 생성해 주는 함수를 선언합니다.
10	딕셔너리를 추가해서 담을 리스트를 준비합니다.
12~14	딕셔너리 생성 함수를 반복해 호출해서 리스트에 추가해 줍니다.
16~17	반복문을 이용해서 리스트에 누적된 딕셔너리를 모두 출력합니다.

실행
결과

```
성명 입력 >>> 홍길동
전화번호 입력 >>> 010-1111-1111
성명 입력 >>> 김길동
전화번호 입력 >>> 010-2222-2222
성명 입력 >>> 박길동
전화번호 입력 >>> 010-3333-3333
{'name':'홍길동', 'phone':'010-1111-1111'}
{'name':'김길동', 'phone':'010-2222-2222'}
{'name':'박길동', 'phone':'010-3333-3333'}
```

리스트를 반환하는 함수

앞의 예제를 조금 수정해 함수 내부에서 입력받은 데이터를 딕셔너리 대신 리스트에 저장해서 저장된 리스트를 외부의 다른 리스트에 추가하는 예제로 바꿔 보았습니다. 이렇게 리스트에 저장하면 DB에 저장할 때 편리할 수 있습니다.

데이터 리스트를 반환하는 함수 – ch06ex04_return4.py

```
1    # 성명, 전화번호, 주소를 입력받아서 리스트로 만들어 주는 함수
2    def mkPersonList() :
3        newList = []
4        newList.append(input("성명을 입력 하세요:  "))
5        newList.append(input("전화번호를 입력 하세요:  "))
6        newList.append(input("주소를 입력 하세요:  "))
7
8        return newList
9
10   # 함수에서 반환된 리스트를 저장하는 리스트
11   personList = mkPersonList()
12   for person in personList:
13       print(person)
```

소스코드 해설

행 번호	설명
2~6	함수 내에서 데이터를 입력받아서 리스트에 담아 반환해 주는 함수를 선언합니다.
11	함수 외부에 personList 변수를 선언하고 함수로부터 반환된 리스트를 대입합니다.
12~13	리스트에 있는 데이터를 반복문을 이용해서 출력합니다.

 성명을 입력 하세요: 홍길동
전화번호를 입력 하세요: 010-1111-1111
주소를 입력 하세요: 서울시 종로구 견지동
홍길동
010-1111-1111
서울시 종로구 견지동

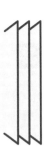

함수에 여러 인수 전달

지금까지는 함수에서 호출할 때 사용되는 인수의 개수와 함수의 매개변수의 개수는 같아야 하였습니다. 다음과 같이 가변적으로 매개변수를 선언해 두면 호출할 때 매개변수를 자유롭게 사용할 수 있습니다. 이때 가변적으로 입력되는 인수들은 튜플 형식으로 가변 매개변수에 담기게 됩니다. 가변 매개변수는 어플을 실행할 때 사용되는 파라미터의 수가 정해지지 않았을 때 유리합니다.

가변 매개변수

다음 예제는 가변 매개변수를 선언하고 호출하는 예제입니다. 가변 매개변수란 매개변수의 수가 가변적이라는 의미입니다. 파이썬에서 매개변수의 종류는 선언 방식에 따라 위치 매개변수, 키워드 매개변수, 기본값 매개변수로 나눌 수 있습니다. 일반적으로 인수는 함수를 호출할 때 함수에 선언된 매개변수의 수만큼 인수를 넘겨주어야 합니다. 그러나 가변 매개변수는 인수의 수를 필요에 따라 가변적으로 사용할 수 있습니다. 가변 매개변수에는 전달되는 인수를 Tuple로 받는 형식과 Dictionary로 받는 형식이 있습니다. 가변 매개변수를 이용하면 함수에 여러 개의 인수를 전달할 수 있는데 이때 전달되는 인수는 Tuple이나 Dictionary 형식으로 전달되기 때문에 실행되는 함수 내부에서 Tuple 또는 Dictionary를 사용하듯이 사용해야 합니다.

매개변수 선언 형식	설명	전달되는 타입
*args	위치 가변 매개변수	Tuple
**args	키워드 가변 매개변수	Dictionary

| 가변 매개변수의 종류

실습예제

가변 매개변수 선언 및 호출 – ch06ex05_args.py

```
1    # 호출 시 여러 개의 인수를 튜플 형식의 매개변수로 받기
2    def findMax(*args) :
3        print("args의 타입은:", type(args))
4
5        max = 0
6        for num in args :
7            if num > max :
8                max = num
9
10       return max
11
12   # 호출하는 함수에 하나 이상 여러 개의 인수를 가변적으로 전달할 수 있습니다.
13   maximum = findMax(10)
14   print("가장 큰 수는 :", maximum)
15
16   # 여러 인수를 입력 개수에 상관없이 튜플에 전달합니다.
17   maximum = findMax(2, 5, 10, 30, 100, 40, 7, 9)
18   print("가장 큰 수는 :", maximum)
19
```

행 번호	설명
2~10	가변 매개변수를 사용한 함수를 선언합니다. 가변 매개변수를 선언할 때는 변수 앞에 별 기호를 붙입니다. 3행은 매개변수의 타입이 튜플인지 확인한 것입니다.
13	가변 매개변수가 선언된 함수를 호출하면서 인수 하나를 전달합니다.
17	가변 매개변수가 선언된 함수를 호출하면서 여러 개의 인수를 전달합니다. 가변 매개변수에 전달되는 인수들은 튜플 구조에 저장됩니다.

실행 결과

```
args의 타입은:<class 'tuple'>
가장 큰 수는 :10
args의 타입은:<class 'tuple'>
가장 큰 수는 :100
```

가변 매개변수와 리스트 결과 반환

다음 예제는 가변 매개변수 예제를 응용한 것입니다. 가변 매개변수로 전달된 여러 개의 리스트의 값을 세로로 누적한 것입니다. 쉽게 말해 튜플에 담긴 리스트들을 쌓아놓고 같은 index 위치 값들의 합을 새로운 리스트에 담아서 반환한 것입니다. 예를 들어 3명의 학생의 국어, 영어, 수학 성적을 각각의 리스트에 담아서 과목별 총점을 계산해 담은 새로운 리스트를 만들었다고 이해하면 될 것입니다.

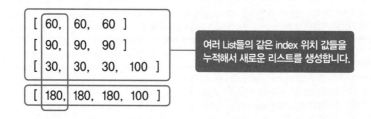

여러 List들의 같은 index 위치 값들을 누적해서 새로운 리스트를 생성합니다.

가변 매개변수와 리스트 데이터 return – ch06ex05_args2.py

```
1    # 리스트의 세로 합계를 만들어 주는 함수
2    def mkVerticalTotal(*scoreList) :
3        totalList = []
4        for list in scoreList :
5            for i, score in enumerate(list) :
6                try :
7                    totalList[i] += score
8                except :
9                    totalList.append(score)
10
11       return totalList
12
13
14   totalList = mkVerticalTotal([60,60,60],[90,90,90],[30,30,
     30,100])
15   print(totalList)
```

> 만약 처음 저장되는 위치라면
> 새로 score를 채웁니다.

소스코드해설

행 번호	설명
2~11	여러 학생의 국어, 영어, 수학 성적 리스트를 인수로 전달받아서 과목별 총점 리스트를 반환할 함수를 선언합니다.
3	여러 학생들의 과목별 총점을 저장할 리스트를 선언합니다.
4~5	전체 리스트에서 각 학생별 성적 리스트를 뽑아서 성적과 인덱스를 반복합니다.
6~9	3행에서 선언한 과목별 총점 리스트에 index별로 누적합니다. 만약 해당 index가 없다면 새로운 요소로 추가해 줍니다.
14	과목별 총점을 구하는 함수에 여러 학생들의 국어, 영어, 수학 성적 리스트를 인수로 전달합니다.

여러 인수를 딕셔너리 가변 인수로 전달받기

앞의 예제에서는 여러 인수를 튜플에 전달받는 방법을 설명하였습니다. 이번 예제에서는 여러 인수를 키워드 인수로 전달받아서 딕셔너리 구조의 매개변수에 전달하는 예제입니다. 딕셔너리 구조에 전달하는 방식도 매개변수의 개수에는 제한이 없습니다.

**실습
예제** **딕셔너리 가변 인수 – ch06ex05_args3.py**

```
1    # 여러 인수를 딕셔너리 타입으로 전달받는 함수 선언
2    def shwoDictArgs(**dictArgs) :
3        print(dictArgs.values())
4        keys = dictArgs.keys()
5        for key in keys :
6            print(key, ":", dictArgs[key])
7
8
9    shwoDictArgs(name="HONG", age=25, address="Seoul Korea")
```

소스코드해설

행 번호	설명
2	키워드 인수를 딕셔너리 형식으로 전달받도록 매개변수를 **로 선언합니다.
5~6	함수로 전달된 딕셔너리의 내용을 출력하기 위해 키 리스트 요소를 반복합니다.
9	함수로 전달할 무작위의 키워드 인수 여러 개를 입력합니다.

```
dict_values(['HONG', 25, 'Seoul Korea'])
name : HONG
age : 25
address : Seoul Korea
```

리스트에 포함된 내부 리스트에서 index 찾기

리스트 구조에는 index() 함수가 있습니다. index() 함수를 이용해서 단순 리스트에서 해당
값이 몇 번째 index인지 알아낼 수 있습니다. 그러나 리스트의 내용으로 포함된 내부 리스트
에서 특정 값이 위치한 index를 찾기 위해서는 한 번 더 검색해 주어야 합니다. 이 기능을 함
수로 만들어 보았습니다.

리스트에서 해당 데이터의 index를 찾는 함수 – ch06ex05_args4.py

```
1    # 리스트에서 값을 검색해서 몇 번째 index에 존재하는지 알아내는 함수 선언
2    def findIndex(list, value) :
3        for i, in_list in enumerate(list) :
4            try :
5                in_list.index(value)
6                return i
7            except :
8                continue
9
10       return -1
11
12   index = findIndex([[1,2],[3,5],[100,2],[4, 6]], 100)
13   print("100은 %d번째 index입니다." % index)
```

행 번호	설명
3	전체 리스트에서 요소 리스트를 추출해서 반복합니다.
5~6	추출한 요소 리스트에 찾는 값이 있는지 index() 함수로 검사합니다. 찾는 값이 있는 리스트라면 해당 요소 리스트의 index를 반환합니다.
8	요소 리스트에 해당 값이 없다면 다음 리스트로 진행합니다.
10	모든 요소 리스트를 검색해도 해당 값을 찾을 수 없다면 -1을 반환해서 해당 값이 없음을 표시합니다.
12	findIndex() 함수에 검색할 대상인 리스트와 검색할 값을 인수로 전달합니다.

실행 결과

100은 2번째 index입니다.

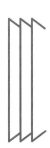

키워드 인수 호출

일반적으로 함수의 매개변수와 인수는 호출할 때 쌍을 맞추어 주어야 합니다. 그리고 매개변수는 선언된 순서대로 인수가 전달되게 되어 있습니다. 그러나 파이썬 문법에는 키워드 인수라는 것이 있습니다. 키워드 인수를 이용하면 함수를 호출할 때 매개변수의 순서대로 인수를 전달하지 않아도 됩니다. 매개변수의 선언 위치에 상관없이 인수를 직접 매개변수에 대입하여 함수로 전달할 수 있습니다.

실습예제 **키워드 인수 호출** – ch06ex06_keywordArgs.py

```
1    def showInofo(user, age, address) :
2        print("User:", user)
3        print("Age:", age)
4        print("Address:", address)
5
6
7    # 매개변수의 위치를 기반으로 순서대로 인수를 전달합니다.
8    showInofo("KIM", 25, "서울시 은평구")
9
10   # 매개변수의 위치와 관계없이 매개변수 이름을 키워드로 인수를 전달합니다.
11   showInofo(address="서울시 구로구", age=26, user="PARK")
```

행 번호	설명
1	3개의 매개변수를 가지는 함수를 선언합니다.
8	일반적인 함수 호출 방식입니다. 매개변수의 선언된 순서대로 위치를 기반으로 인수를 전달하였습니다.
11	매개변수의 순서 위치에 상관없이 키워드로 인수를 전달하였습니다.

실행결과

```
User:KIM
Age:25
Address:서울시 은평구
User:PARK
Age:26
Address:서울시 구로구
```

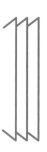

전역 변수와 지역 변수

파이썬은 변수의 사용 범위가 함수 내부 범위와 함수 외부 범위로 나뉘어 있습니다. 함수 외부에 선언된 변수를 전역(global) 변수라고 합니다. 전역 변수는 함수 내부에서 자유롭게 접근이 가능합니다. 함수 내부에 선언된 변수를 지역 변수라고 하는데 지역 변수는 함수 외부에서 직접 접근하는 것이 불가능합니다. 또 함수 외부의 다른 함수에서 접근하는 것도 불가능합니다. 함수 내부에서 전역 변수의 값은 그대로 사용할 수 있지만 함수 외부에 선언된 전역 변수에 새로운 값을 대입하고자 할 때는 global 키워드를 사용해 값을 바꾸고자 하는 변수가 전역 변수임을 명시적으로 표시해야 합니다. 그렇지 않으면 전역 변수와 이름이 같은 새로운 지역 변수가 만들어집니다.

실습 예제 **global 키워드를 이용해서 전역 변수 값 변경 – ch06ex07_global.py**

```
1    from pprint import pprint
2
3    peoples = [
4        {"num":1, "name":"KIM", "phone":"010-1111-1111"},
5        {"num":2, "name":"LEE", "phone":"010-2222-2222"},
6        {"num":3, "name":"PARK", "phone":"010-3333-3333"}
7    ]
8
9    num_seq = 3
10
```

```
11   def addDictPeople(name, phone) :
12       # 전역 변수의 값을 변경하려면 global 키워드를 이용합니다.
13       global num_seq
14       num_seq += 1
15       # 리스트는 자체를 바꾸는 것이 아니므로 global 없이 변수 사용이 가능합니다.
16       peoples.append({"num":num_seq, "name":name,
             "phone":phone})
17
18
19   addDictPeople("Ahn","010-4444-4444")
20   #print(peoples)
21   pprint(peoples)
```

소스코드해설

행 번호	설명
3~7	함수 외부에 선언된 전역 변수 peoples가 리스트를 참조하고 있습니다.
9	전역 변수로 선언된 num_seq를 숫자 3으로 초기화합니다.
13~14	전역 변수 num_seq의 값을 함수 안에서 변경하기 위해 global 키워드를 사용합니다.
16	peoples는 전역 변수이기는 하지만 peoples 변수가 참조하고 있는 리스트 내부에 있는 값을 변경하는 것이기 때문에 global로 선언하지 않아도 변경 가능합니다.
21	출력 결과를 콘솔에 출력할 때 보기 좋게 꾸며 주는 pprint 모듈을 이용하였습니다. pprint 모듈은 1행에서 import해 주어야 사용할 수 있습니다.

실행 결과

```
[{'name':'KIM', 'num':1, 'phone':'010-1111-1111'},
 {'name':'LEE', 'num':2, 'phone':'010-2222-2222'},
 {'name':'PARK', 'num':3, 'phone':'010-3333-3333'},
 {'name':'Ahn', 'num':4, 'phone':'010-4444-4444'}]
```

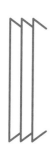

디폴트 매개변수

함수를 호출할 때 인수의 개수는 함수에 선언된 매개변수의 개수와 같아야 합니다. 그러나 함수에 선언된 매개변수가 디폴트 매개변수라면 함수를 호출할 때 꼭 인수를 필요로 하지 않습니다. 디폴트 매개변수란 함수의 매개변수를 선언할 때 미리 기본값을 넣어둔 것입니다. 디폴트 매개변수로 선언하는 방법은 변수 선언 시 변수를 초기화하는 방법과 같습니다. 이처럼 매개변수에 디폴트 값으로 초기화하면 함수를 호출할 때 인수를 넣어주지 않아도 해당 매개변수는 디폴트 값을 사용하게 됩니다. 물론 호출할 때 새로운 인수를 넣어줄 수도 있습니다.

실습예제 **디폴트 매개변수 사용하기** – ch06ex08_defaultArgs.py

```
1    def showInfo(id, name="no-name", age=0) :
2        print("id:", id)
3        print("name:", name)
4        print("age:", age)
5
6
7    showInfo("HONG","GILDONG",25)
8    print("-"*30)
9    showInfo("KIM")
```

행 번호	설명
1	두 번째 매개변수와 세 번째 매개변수는 디폴트 매개변수로 선언되었습니다. 디폴트 매개변수로 선언하는 방법은 변수를 초기화하는 것처럼 변수에 기본값을 미리 대입해 주면 됩니다.
2~4	함수의 매개변수로 전달된 인수들을 확인합니다.
7	함수를 호출할 때 모든 인수를 넣어줍니다. 이렇게 새로운 인수를 넣어주면 디폴트 값으로 초기화된 매개변수 값 대신 새로운 인수가 매개변수에 대입됩니다.
9	일반 매개변수인 id에만 "KIM" 문자열이 대입됩니다. id 매개변수 뒤에 선언되어 있는 name과 age에는 새로 전달되는 인수가 없기 때문에 디폴트로 초기화된 매개변수 값이 사용됩니다.

```
id:HONG
name:GILDONG
age:25
-------------------------------
id:KIM
name:no-name
age:0
```

함수의 결과 값 여러 개 전달하기

함수의 수행이 끝나고 난 후 처리 결과를 돌려주는 것은 return 키워드로 합니다. 파이썬은 return할 때 한번에 여러 개의 결과 값을 돌려줄 수 있습니다. 이렇게 반환되는 여러 개의 결과 값들은 튜플 형식으로 반환됩니다. 즉, 여러 값을 return했을 경우 결과 값을 튜플 형식으로 돌려받을 수 있습니다. 그리고 여러 변수를 미리 선언하고 함수에서 여러 값을 return하면 순서대로 여러 변수에 값이 전달됩니다. 이런 것은 파이썬만의 매우 편리한 기능 중 하나입니다.

실습 예제 **여러 개의 결과 값 한꺼번에 반환하기** – ch06ex09_multiReturn.py

```
1    def getInfo() :
2        return "HONG", "GILDONG", 33
3
4
5    def getInfo2() :
6        return ("HONG", "GILDONG", 33)
7
8
9    def mkTuple(id, name, age) :
10       return id, name, age
11
12
13   print(getInfo())
14
15   id, name, age = getInfo()
16   print(id, name, age)
17
18   tu = mkTuple("PARK", "GILSUN", 25)
19   print(tu)
```

getInfo() 함수에서 리턴하는 세 개의 데이터는 튜플 형식으로 반환하기 때문에 다음과 같이 명시적으로 튜플을 만드는 것과 같습니다.

getInfo() 함수가 반환한 튜플 데이터 출력

getInfo() 함수가 전달한 데이터들을 각각의 변수에 저장

세 개의 인수를 입력받아서 튜플 형식으로 만들어 주는 mkTuple() 함수를 실행합니다.

소스코드해설

행 번호	설명
1~2	return문 뒤에 여러 값을 반환합니다. 이렇게 반환된 값은 13행에서 사용되고 있습니다. 결과를 보면 튜플에 담겨 있는 것을 확인할 수 있습니다.
5~6	return문 뒤를 아예 튜플 형식으로 반환하고 이 결과를 15행에 선언된 여러 개의 변수에 차례대로 대입합니다.
16	각 변수들을 출력해 보면 여러 개로 return된 값들이 각각 변수에 대입된 것을 확인할 수 있습니다.
18	여러 값으로 return된 결과를 하나의 변수에 담으면 튜플 형식으로 됩니다. mkTuple() 함수는 3개의 인수를 전달받아 하나의 튜플로 반환하는 함수를 구현한 것입니다.

 실행
결과

```
('HONG', 'GILDONG', 33)
HONG GILDONG 33
('PARK', 'GILSUN', 25)
```

콜백 함수

선언된 함수가 사용될 때는 호출 시점이 매우 중요합니다. 왜냐하면 하나의 기능이 모두 끝나고 나서 생성되는 결과를 이용해야 할 경우가 있기 때문입니다. 이럴 때 특정 함수의 기능이 진행되는 도중 또는 끝나고 난 후에 실행될 기능을 특정 함수의 인수로 전달할 수 있는데 이런 형식을 콜백 함수라고 합니다.

하나의 함수를 여러 변수가 참조하기

파이썬에서 함수는 특정 메모리에 선언되어 있고 이렇게 선언되어 있는 함수는 다른 변수가 참조할 수 있습니다. 즉, 다른 변수가 특정 함수를 참조할 수 있다는 말로 이것은 변수에 함수를 대입하는 것으로 간단히 구현됩니다. 이처럼 하나의 함수는 여러 변수가 참조할 수 있습니다.

실습예제 **하나의 함수를 여러 변수가 참조하기** – ch06ex10_callback.py

```
1    def fncA() :
2        print("fncA 함수를 실행합니다")
3
4
5    refA = fncA ←   fncA 함수에 새로운 이름이 하나 더 만들어집니다.
6    # refA를 실행하면 fncA 함수가 실행됩니다.
7    refA()
```

행 번호	설명
1~2	파이썬의 일반적인 방식으로 사용자 정의 함수를 정의합니다.
5	새로운 참조 변수 refA가 위에 선언한 fncA 함수를 참조하도록 합니다.
7	5행에서처럼 함수를 변수에 대입시키면 변수 refA로 함수 fncA를 실행시킬 수 있습니다. 쉽게 말해서 fncA라는 함수에 refA라는 새로운 이름이 생긴 것입니다.

실행결과

fncA 함수를 실행합니다

함수의 인수로 다른 함수 사용하기

함수의 매개변수도 변수의 일종이기 때문에 인수로 전달된 함수를 매개변수가 참조할 수 있습니다. 앞에서 선언한 fncA 함수를 또 다른 함수인 otherFnc 함수의 인수로 전달하였습니다. otherFnc 함수에서 인수로 전달받은 callback 함수는 otherFnc 함수의 특정 지점에서 호출되어 실행될 수 있습니다.

실습예제

콜백 함수 예제 – ch06ex10_callback2.py

```
1    # 콜백 함수 예제
2    def fncA() :
3        print("fncA 함수를 실행합니다")
4
5    # 함수의 매개변수 전달
6    def otherFnc(callback) :
```

```
7              #print(type(callback))
8              #print(str(type(callback)) == "<class 'function'>" )
9              if str(type(callback)) == "<class 'function'>" :
10                 fncA()
11             else :
12                 print(callback,"은 함수가 아닙니다!")
13
14      otherFnc(fncA)
15      otherFnc(500)
16
```

소스코드해설

행 번호	설명
6~12	함수를 인자로 전달받아 실행시킬 otherFnc 함수를 선언합니다. 매개변수인 callback은 otherFnc 함수를 호출할 때 전달되는 외부 함수를 참조합니다.
10~12	callback이 가진 값이 함수인지를 확인하는 제어문입니다. 함수가 맞으면 함수를 실행하고, 함수가 아니면 함수가 아니라는 출력문을 실행합니다.
14	앞에서 선언한 fncA 함수를 otherFnc 함수의 인수로 전달합니다.
15	otherFnc 함수의 인수로 함수가 아닌 정수 데이터를 인수로 넣습니다. 이것은 otherFnc 함수 내부인 6행에서 걸러집니다.

 실행
결과

fncA 함수를 실행합니다
500은 함수가 아닙니다!

함수의 예외 처리를 if문 대신 try문으로 변경하기

앞에서 선언한 함수 내부에서 인수로 전달된 함수가 함수인지 아닌지를 검사하는 부분을 if 제어문으로 만들어 보았습니다. 사실 이런 검사는 if문보다는 예외 처리로 하는 것이 더 바람직합니다. 앞의 예제와 거의 같은 구조의 예제를 만들고 앞에서 사용되었던 if ~ else문 대신 try ~ except문으로 변경해 보겠습니다.

 예외 처리 – ch06ex10_callback3.py

```
1    # 콜백 함수 예제
2    def fncA() :
3        print("fncA 함수를 실행합니다")
4
5
6    # 함수의 매개변수 전달
7    def otherFnc2(callback) :
8        try :
9            callback()
10       except :
11           print("함수가 아닙니다!")
12
13
14   otherFnc2(fncA)
15   otherFnc2(500)
```

 Tip 예외 처리에 관한 설명은 8장 예외 처리 구문에서 더 자세히 다루겠습니다.

행 번호	설명
9	함수의 인수로 전달된 callback을 실행합니다.
11	callback의 형식이 함수가 아니라면 예외 처리 부분에서 안내 문구를 출력합니다.
14~15	otherFnc2 함수의 인수로 다른 함수와 정수 데이터를 각각 입력해 보았습니다.

 실행 결과

```
fncA 함수를 실행합니다
함수가 아닙니다!
```

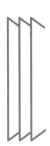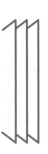

리스트에 함수 담기

앞의 콜백 함수 예제에서도 확인해 보았듯이 변수에 함수를 담을 수 있는데 이것이 가능한 것은 파이썬 프로그래밍 문법에서는 함수가 선언된 메모리를 참조할 수 있기 때문입니다. 다시 말해 함수가 선언되는 위치는 컴퓨터의 메모리입니다. 컴퓨터 메모리상에 선언된 함수는 변수뿐만 아니라 리스트와 같은 파이썬 자료 구조에도 담을 수 있는데 각각의 기능별로 리스트에 담아서 factory나 mapper처럼 사용할 수 있습니다. 리스트가 아니라 딕셔너리에 함수를 담게 되면 mapper처럼 사용됩니다.

실습 예제 **함수를 리스트에 저장해서 사용하기** – *ch06ex11_fncList.py*

```
1    def fncA( ) :
2        print("첫번째 함수 실행 됨")
3
4    def fncB( ) :
5
6        print("두번째 함수 실행 됨")
7
8    def fncC( ) :
9        print("세번째 함수 실행 됨")
10
11   factory = [fncA, fncB, fncC ]    ← 함수가 저장된 리스트 생성
12   factory[0]( )
13   factory[1]( )
```

```
14     factory[2]( )
15
16     for fnc in factory :
17         fnc( )
```

소스코드해설

행 번호	설명
1~9	리스트에 담을 함수를 여러 개 선언합니다.
11	위에서 선언된 함수를 리스트에 추가합니다. 함수의 참조 값만 저장하는 것이기 때문에 괄호를 포함해서는 안됩니다.
12~14	리스트에 추가된 함수들을 하나씩 호출해서 실행합니다.
16~17	리스트에 추가된 함수들을 for 반복문을 이용해서 하나씩 순회하면서 실행합니다.

실행결과

첫번째 함수 실행 됨
두번째 함수 실행 됨
세번째 함수 실행 됨
———————————————————
첫번째 함수 실행 됨
두번째 함수 실행 됨
세번째 함수 실행 됨

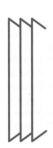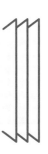

함수로 람보 기능 구현 예제

앞에서 공부한 콜백 함수 기능으로 간단한 예제를 응용해 보도록 하겠습니다. 콜백 함수 기능으로 구현된 간단한 템플릿 기능의 함수를 선언하고, 해당 템플릿에서 실행될 함수를 따로 몇 가지 더 선언해서 템플릿 함수의 인수로 넣어주는 예제입니다. 예제에서는 람보 액션이라는 템플릿 기능을 만들고 람보 액션에서 사용할 무기들을 함수로 미리 준비해서 람보 액션 함수를 호출할 때 각종 무기 함수를 바꿔가면서 전달하도록 하였습니다.

실습 예제 **콜백 함수를 활용한 람보 기능 구현하기** – ch06ex12_rambo.py

```
1    # 콜백 함수 람보 기능 구현
2    def ramboAction(callback) :
3        try :
4            print("람보 액션!")
5            callback("람보")
6            print("-"*20)
7        except :
8            print("함수가 아닙니다")
9
10   def gun(user) :
11       print(user + "가 총을 쏜다~ 탕탕탕!")
12
13   def sword(user) :
14       print(user + "가 검을 휘두른다~ 휙휙휙!")
```

```
15
16    ramboAction(gun)
17    ramboAction(sword)
```

소스코드해설

행 번호	설명
2~8	무기 함수를 실행할 템플릿인 ramboAction() 함수를 선언합니다. 매개변수로 전달된 무기 콜백 함수를 실행합니다. 예외 처리문으로 감싸서 함수가 아닐 때 예외 처리가 되도록 합니다.
10	ramboAction() 함수에서 콜백으로 실행될 gun() 함수를 선언합니다.
13	ramboAction() 함수에서 콜백으로 실행될 sword() 함수를 선언합니다.
16~17	gun 함수와 sword 함수를 ramboAction() 함수를 호출할 때 인수로 사용합니다.

실행 결과

람보 액션!
람보가 총을 쏜다~ 탕탕탕!

————————————————

람보 액션!
람보가 검을 휘두른다~ 휙휙휙!

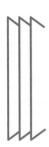

재귀호출 예제

재귀호출이란 함수 내부에서 그 함수를 다시 호출하는 것을 의미합니다. 재귀호출을 이용하면 함수 내부에 선언된 기능을 반복문 없이도 반복 수행이 가능합니다. 그러나 재귀호출을 이용하면 구조가 복잡해서 이해하기 어렵고, 반복한 만큼 return되기 때문에 리소스가 낭비됩니다. 하지만 반복문 없이도 기능을 반복 수행할 수 있다는 것은 아주 매력적입니다.

실습 예제 **재귀호출 예제 – ch06ex13_recursive.py**

```
1    def subRecursive(i) :
2        if i > 0 :
3            print("-"*i)
4            subRecursive(i-2)          자신을 재귀호출
5        else :
6            return
7
8    def recursive(i) :
9        if i > 0 :
10           print(i)
11           subRecursive(i)
12           recursive(i-3)             subRecursive() 함수의 재귀호출 기능이
13       else :                         모두 끝나면 다시 자신을 재귀호출합니다.
14           return
15
16   recursive(10)
```

행 번호	설명
8	재귀호출 함수를 선언합니다. 재귀호출 함수를 선언하는 것은 일반 함수와 같습니다. 그러나 재귀호출을 멈추는 동작이 일어나야 하기 때문에 내부에 if 제어문을 넣어주는 것이 일반적입니다.
1~6	재귀호출하는 함수 내부에서 다른 재귀호출 함수를 호출할 수 있도록 재귀호출 기능을 하나 더 선언합니다.
11~12	재귀호출 함수와 외부의 재귀호출 함수를 재귀호출하는 부분입니다.

실행결과

```
10
_____
_____
_____
_____
___
7
_____
_____
____
__
4
____
___
1
_
```

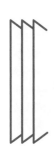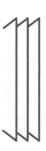

아무 일도 하지 않는 블록

제어문이나 함수를 선언할 때 아직 몸체는 없지만 함수의 머리만 있어야 할 경우도 있습니다. 이럴 때 파이썬은 블록이 시작이나 끝이 없이 그냥 탭으로만 이루어지기 때문에 어디가 끝인지 알아채기가 힘듭니다. 이때 블록의 비어 있는 부분이라는 의미에서 pass를 사용합니다. pass를 사용했어도 다른 기능을 함께 포함시키는 것은 문제가 되지 않습니다.

실습 예제 **아무 일도 하지 않는 블록 – ch06ex14_pass.py**

```
1    if True :
2        pass
3    else :
4        pass
5
6
7    def nothing() :
8        pass
```

소스코드해설

행 번호	설명
2, 4	if ~ else문에서 내용 없이 비어 있는 블록을 pass를 이용해서 선언합니다.
8	함수 내부에서 내용 없이 비어 있는 부분을 pass 키워드로 선언합니다.

 아무것도 하지 않는 블록은 실행 결과가 없습니다.

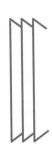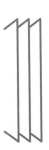

람다 표현식

람다 함수는 익명 함수입니다. 익명 함수란 이름이 없는 함수라는 의미입니다. 함수를 일회용으로 사용하기 위해 선언하는 것으로 다시 호출할 일이 없기 때문에 이름을 만들 필요가 없습니다. 람다 함수는 이름이 없다는 특징 외에도 함수를 함축적으로 간략하게 선언할 수 있습니다. 파이썬의 람다 표현식은 파이썬 초창기 때부터 사용되던 것으로 다른 언어의 람다 표현식의 모태가 되었습니다.

람다 함수와 일반 함수의 비교

다음은 람다 표현식으로 변경하기 위해 선언한 일반 함수입니다. 이 함수를 람다 함수로 변경하면서 람다 함수의 특징에 대해 설명할 것입니다.

실습 예제 **람다 함수와 비교할 일반 함수 – ch06ex15_lambda.py**

```
1    # 일반적인 파이썬 함수 선언
2    def maxinum(x, y) :
3        if x > y :
4            result = x
5        else :
6            result = y
7
```

```
8          return result
9
10    # 호출하기
11    result = maxinum(10, 20)
12    print("result => ", result)
```

행 번호	설명
2~6	람다 표현식 함수로 변경하기 위한 일반 함수를 선언하였습니다. 매개변수 x, y에 전달된 두 수 중에서 더 큰 수를 반환하는 maximum() 함수입니다.
11	maximum() 함수를 실행하는 부분입니다. 매개변수 x와 y에 저장될 인수 10과 20을 인수로 넣어주었습니다.
12	maximum 함수의 실행 결과를 출력합니다.

```
result =>  20
```

람다 함수를 삼항 연산자와 함께 사용하기

람다 함수는 한 줄로 선언되기 때문에 if ~ else문을 사용하기 어렵습니다. if ~ else문 대신 삼항 연산자를 사용하기 위해 다음과 같이 삼항 연산자에 대한 예제를 미리 보여줍니다. 파이썬에서 삼항 연산자는 if와 else 사이에 조건이 들어가고 조건이 참이면 if 앞에 식이 실행되고, 조건이 거짓이면 else 뒤에 식이 실행되는 형식입니다. 람다 표현식은 lambda 키워드로 시작하며, 콜론(:) 앞에 매개변수가 위치하고, 콜론 뒤에 return의 결과인 반환식이 위치하게 됩니다.

삼항 연산자 사용하기 – ch06ex15_lambda2.py

> 두 개의 인수가 람다 함수의 매개변수로 전달됩니다.

```
1    # 참일 때 결과 if 조건식 else 거짓일 때 결과
2    result = (lambda x,y : x if x>y else y)(5,10)
3    print("result => ", result)
```

> 삼항 연산자를 이용해서 x와 y 중 큰 값을 반환합니다.

소스코드해설

행 번호	설명
2	람다 표현식은 lambda 키워드로 시작합니다. 콜론 앞에 인수를 받는 매개변수가 위치하고, 콜론 뒤에 결과를 반환하는 식이 위치하게 됩니다. 결과를 반환하는 식은 한 줄로 구현해야 하기 때문에 삼항 연산자를 이용합니다.

```
result =>  10
```

람다 함수로 리스트 요소 분석하기

이번에는 람다 표현식과 리스트의 sort() 메소드를 이용해서 문자열의 길이 순으로 정렬시키는 기능을 구현해 보았습니다. 본래 리스트의 sort() 기능만으로도 문자열의 길이 순으로 정렬되는 기능이 있기 때문에 좀 억지스러운 예제일 수도 있습니다. 다만 람다 표현식의 이해를 돕기 위한 것입니다.

```
1    # 람다 표현식으로 사용
2    fishList = ['갑오징어','꼴두기','복','명태','바다거북이']
3    fishList.sort(key = lambda  x:len(x))  ← 문자열 요소의 길이를 반환하는 람다 함수
4    print("fruits => ", fruits)
```

소스코드 해설

행 번호	설명
2	문자열의 길이를 기준으로 정렬할 리스트를 선언하였습니다. 정렬이 안 된 상태입니다.
3	리스트의 sort() 메소드와 람다 표현식을 이용해서 리스트의 요소인 문자열을 정렬합니다.
4	정렬된 문자열을 출력합니다.

 fruits =〉 ['복', '명태', '꼴두기', '갑오징어', '바다거북이']

람다 함수를 리스트에 저장하기

람다 함수는 함수의 이름이 없는 익명 함수이지만 함수 자체는 메모리에 저장되어 있습니다. 그래서 람다 함수 자체를 리스트에 담아두는 것이 가능합니다. 정확히 말해 람다 함수를 리스트에 담아둔다고 표현하기보다는 리스트에 람다 함수의 참조 값이 저장된다고 해야 할 것입니다.

람다 함수를 리스트에 저장하기 – ch06ex15_lambda4.py

```
1    # 람다 익명 함수를 리스트에 담아서 사용해 봅니다.
2    fncList = [
3        lambda : print('첫째 함수'),
4        lambda : print('둘째 함수'),
5        lambda : print('셋째 함수')
6    fncList[0]()
7    fncList[1]()
8    fncList[2]()
```

소스코드해설

행 번호	설명
2~5	리스트에 람다 함수들을 요소로 저장합니다.
6~8	첨자를 이용해서 리스트의 요소에 직접 접근합니다. 그리고 괄호를 이용해서 리스트에서 불러온 함수를 실행시킵니다. 이름이 없는 람다 함수이지만 리스트의 첨자가 함수의 이름을 대신하는 것입니다.

실행결과

```
첫째 함수
둘째 함수
셋째 함수
```

리스트에 담겨 있는 익명 함수에 인수 전달

앞에서 실습한 예제를 함수에 인수를 전달하는 형식으로 변경해 보았습니다. 함수를 실행할 때 인수를 전달하고 그 인수를 전달받을 수 있도록 람다 함수 선언식에서 매개변수가 선언되도록 하였습니다. 람다 함수의 실행 부분에는 반환되는 값을 쓸 수도 있고, 출력문을 쓸 수도 있습니다.

실습예제 리스트의 익명 함수에 인수 전달 – ch06ex15_lambda5.py

```
1    # 람다 익명 함수 호출 시 인수를 전달해 봅니다.
2    fncList = [
3        lambda msg : print(msg, '첫째 함수'),
4        lambda msg : print(msg, '둘째 함수'),
5        lambda msg : print(msg, '셋째 함수')
6    ]
7
8    fncList[0]('hello')
9    fncList[1]('python')
10   fncList[2]('world')
```

소스코드해설

행 번호	설명
2~6	리스트에 람다 함수를 요소로 담습니다. 함수 호출 시 인자를 전달받기 위해 각각의 람다 함수에 매개변수 선언을 추가합니다.
8~10	리스트에 있는 람다 함수를 하나씩 꺼내어 실행합니다. 실행할 때 인수도 하나씩 넣어줍니다.

 실행결과
```
hello 첫째 함수
python 둘째 함수
world 셋째 함수
```

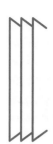

주소록 예제

지금까지 배운 함수 문법을 바탕으로 간단한 미니 프로젝트를 구현해 보도록 하겠습니다. 배운 내용만으로 구현되는 것이라 기능이 단순하고 간결합니다. 그러나 이 구조는 뒤에서 배우게 되는 파일 입출력 및 DB 입출력에서 사용되는 내부 기능의 바탕이 될 것입니다. 나아가 GUI 프로그래밍의 내부 모듈이 될 것입니다.

실습 예제 **함수를 활용한 주소록 구현** – ch06ex16_phoneBook.py

```
1    '''
2    주소록 프로그램 미니 프로젝트
3    함수와 제어문만을 이용한 주소록 프로그램
4    '''
5    # 주소록을 저장할 리스트 전역 변수
6    # addrList.append(data_value)
7    addrList = [
8        {"idx": 0, "name": 'HONG', "phone": '010-111-111',
     "addr": '서울시 마포구'},
9        {"idx": 1, "name": 'KIM', "phone": '010-111-111',
     "addr": '서울시 마포구'},
10       {"idx": 2, "name": 'LEE', "phone": '010-111-111',
     "addr": '서울시 마포구'}
11   ]
12   idx = 2;
13
```

```python
14
15   # 메뉴 함수 선언
16   def menu():
17       print("1.입력 2.출력 3.검색 4.수정 5.삭제 6.종료")
18       no = int(input("선택>>> "))
19       return no
20
21
22   # 기능별 함수 선언
23   def mkData():
24       # 성명, 전화번호, 주소를 입력받아서 돌려주는 함수
25       global idx
26       idx += 1
27       name = input("성명입력>>> ")
28       phone = input("전화번호입력>>> ")
29       addr = input("주소입력>>> ")
30
31       return {"idx": idx, "name": name, "phone": phone,
     "addr": addr}
32
33
34   def inputData():
35       print("#### 입력 기능 ####")
36       # 입력 기능을 구현해 봅니다.
37       data_value = mkData()
38       addrList.append(data_value)
39       print("데이터 입력 성공!")
40
41
42   def outputData():
43       print("#### 출력 기능 ####")
44       for person in addrList:
45           print("{: ^3}|{: ^6}|{: ^13}|{: ^9}".
46   format(person["idx"], person["name"], person["phone"],
     person["addr"]))
```

```python
47
48
49     def find_idx(addrList, idx=None, name=None):
50         flag = 0
51         if name != None:
52             flag = 1
53
54         for i, person in enumerate(addrList):
55             if flag == 0:
56                 if person["idx"] == idx:
57                     return i
58             else:
59                 if person["name"] == name:
60                     return i
61
62         # for문 밖으로 나온 것은 대상이 없다는 의미
63         return -1
64
65
66     def searchData():
67         print("#### 검색 기능 ####")
68         searchName = input("검색 할 이름을 입력하세요 : ")
69         index = find_idx(addrList, name=searchName)
70         person = addrList[index]
71         print("{: ^3}|{: ^6}|{: ^13}|{: ^9}".format(person["idx"],
72     person["name"], person["phone"], person["addr"]))
73
74
75     def modifyData():
76         print("#### 수정 기능 ####")
77
78
79     def deleteData():
80         print("#### 삭제 기능 ####")
81         # del addrList[1]
```

```
82        del_idx = int(input("삭제 할 번호를 입력하세요 : "))
83        index = find_idx(addrList, idx=del_idx)
84        if index != -1:
85            del addrList[index]
86            print("삭제 성공!")
87        else:
88            print("삭제 할 대상이 없습니다!")
89
```

기능별 함수를 저장한 리스트

```
90  factory = [inputData, outputData, searchData, modifyData,
    deleteData]
91
92  def run(no):
93      print("{}번이 선택되었습니다!".format(no))
94      if no == 6:
95          print("#### 종료 ####")
96          exit(0)
97
98      if no in range(1,len(factory)+1) :
99          factory[no-1]()
```

함수가 저장된 리스트 실행

```
100     else :
101         print("해당 사항 없음");
102
103
104 # 메인 함수 선언
105 def main():
106     while True:
107         print("{:=^40}".format(" 주소록 "))
108         no = menu();
109
110         run(no)
```

소스 코드를 무조건 맨 위의 1행부터 코딩하기보다는 실행의 시작점인 main() 함수에서부터 호출하는 순서대로 해서 올라가는 것이 더 이해하기 편할 수 있습니다.

```
111         print("\n")
112
113
114 if __name__ == '__main__':
115     main()
```

행 번호	설명
7~11	주소록 프로그램의 주소가 저장될 리스트를 선언합니다. 샘플 데이터를 미리 입력해 둡니다.
12	주소로 저장될 딕셔너리 형식의 데이터가 가지는 id 값은 중복되면 안 되는 유일한 값이어야 하기 때문에 별도의 변수를 만들고 새 데이터가 입력될 때마다 자동으로 증가하도록 합니다.
16~19	프로그램이 실행되고 메뉴가 보인 후 기능을 선택하는 함수입니다. 선택된 기능 번호는 main() 함수에서 해당 기능을 실행할 때 사용됩니다.
23~88	주소록 프로그램의 입력, 출력, 검색, 수정, 삭제 기능이 함수로 구현됩니다.
49~63	주소록 리스트에 저장된 데이터는 딕셔너리 형식입니다. 리스트에서 검색한 데이터가 위치한 인덱스를 찾기 위한 함수를 선언합니다.
92~101	menu() 함수에서 선택되어 반환된 no 값을 이용해서 각각 기능을 실행하도록 하는 하위 기능 실행 함수입니다.
105~111	메뉴 선택 함수와 기능 실행 함수가 무한 반복되도록 구현한 main() 함수입니다.
114~115	파일을 직접 실행했을 때만 main() 함수가 구동되도록 설정한 제어문입니다.

```
================= 주소록 =================
1.입력 2.출력 3.검색 4.수정 5.삭제 6.종료
선택>>> 1
1번이 선택되었습니다!
#### 입력 기능 ####
성명입력>>> 홍길동
전화번호입력>>> 010-1234-5678
주소입력>>> 서울시 종로구 견지동
데이터 입력 성공!
```

```
================ 주소록 ================
1.입력 2.출력 3.검색 4.수정 5.삭제 6.종료
선택>>> 2
2번이 선택되었습니다!
#### 출력 기능 ####
 0 | HONG | 010-111-111 | 서울시 마포구
 1 | KIM  | 010-111-111 | 서울시 마포구
 2 | LEE  | 010-111-111 | 서울시 마포구
 3 | 홍길동 | 010-1234-5678 | 서울시 종로구 견지동


================ 주소록 ================
1.입력 2.출력 3.검색 4.수정 5.삭제 6.종료
선택>>> 3
3번이 선택되었습니다!
#### 검색 기능 ####
검색 할 이름을 입력하세요 : 홍길동
 3 | 홍길동 | 010-1234-5678 | 서울시 종로구 견지동


================ 주소록 ================
1.입력 2.출력 3.검색 4.수정 5.삭제 6.종료
선택>>> 6
6번이 선택되었습니다!
#### 종료 ####


Process finished with exit code 0
```

지면상으로 모두 구현하지 못한 부족한 부분을 직접 추가해 보는 것은 학습에 아주 큰 도움이 됩니다. 개발은 세상에 존재하는 것을 만드는 것이 아닙니다. 세상에 없는 새로운 것을 창조하는 것입니다.

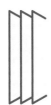 

│연│습│문│제│

---◆ 이 론 문 제 ◆---

1   함수의 설명이 <u>잘못된</u> 것은?

① 함수는 일의 묶음이다.

② 함수를 한 번 선언해 두면 필요한 곳에서 여러 번 호출해서 실행한다.

③ 함수는 선언하는 부분과 호출하는 부분이 있는데 호출하지 않는 함수는 실행되지 않
　는다.

④ 함수를 사용하면 소스 코드의 양이 줄어들고 시스템의 성능도 좋아진다.

2   사용자 정의 함수에 대한 설명으로 바르지 <u>않은</u> 것은?

① 변수 이름은 주로 명사로 지어주고, 함수 이름은 주로 동사로 지어준다.

② 관례상 함수 이름은 소문자로 시작하고, 클래스 이름은 대문자로 시작한다.

③ 함수 이름이 두 단어 이상으로 이루어졌을 경우 두 번째 단어부터는 첫 글자를 대문자
　로 시작한다.

④ 하나의 함수에 여러 기능을 구현하는 것이 함수를 자주 선언하는 번거로움을 줄여준다.

3   다음 소스 코드의 실행 결과를 적으시오.

```
def my_func():
    print("[2] my_func 함수 호출" )
    print("[3] 이것은 함수 몸체에서 실행 됨" )


print("[1] 함수 호출 전에 실행 된 문장" )

my_func();

print("[4] 함수 호출 후에 실행 된 문장" )
```

4   다음은 사용자 정의 함수로 이름과 나이를 전달하는 예제이다. 빈칸에 들어갈 답이 무엇인지 적으시오.

```
def show_people(   ①   ,   ②   ) :
    print("[2] ", name, "님은 ",age ,"세입니다", sep="")


     ③     ("김길동", 25)
```

①
②
③

5   다음은 두 개의 리스트를 함수로 전달받아서 딕셔너리 구조로 변환시키는 예제이다. 빈칸에 들어갈 알맞은 답이 무엇인지 적으시오.

```python
def mkDict(  ①  ,  ②  ) :
    if len(keys) != len(values) :
        print('key리스트와 value리스트의 길이가 다릅니다!')
        return

    newDict = dict()
    for i, key in enumerate(keys):
        newDict[key] = values[i]

    return    ③

keys = ['오징어','꼴뚜기','대구','명태']
values = [2000, 3000, 2000, 1000]
dic = mkDict(keys, values);
print(dic)
```

①

②

③

6   다음은 함수로 전달되는 여러 개의 인수를 가변 매개변수에 튜플 형식으로 전달받는 예제이다.
빈칸에 들어갈 알맞은 답이 무엇인지 적으시오.

```python
def findMax(      ①      ) :
    print("args의 타입은:", type(args))

    max = 0
    for num in args :
        if num > max :
            max = num

    return max


maxinum = findMax(2, 5, 10, 30, 100, 40, 7, 9)
print("가장 큰 수는 :", maxinum)
```

①

7   다음은 함수로 전달되는 여러 개의 키워드 인수들을 딕셔너리 구조로 전달받는 예제이다. 빈칸
에 들어갈 알맞은 답이 무엇인지 적으시오.

```python
def shwoDictArgs(      ①      ) :
    print(dictArgs.values())
    keys = dictArgs.keys()
    for key in keys :
        print(key, ":", dictArgs[key])


shwoDictArgs(name="HONG", age=25, address="Seoul Korea")
```

①

8   파이썬에서 함수의 매개변수의 위치 순서와 상관없이 호출 시 매개변수의 이름을 직접 지정해서
    인수를 전달하는 방식을 무엇이라 하는지 적으시오.

9   파이썬 함수 안에서 외부의 변수에 값을 변경하고자 할 때 바로 변경되지 않는데 이것을 보완하
    기 위해 사용되는 전역 변수 접근에 사용되는 키워드는 무엇인지 적으시오.

10 파이썬 함수에 대한 설명으로 바르지 않은 것은?

    ① 파이썬에는 키워드 인수 전달 방식이 있다.
    ② 파이썬에는 디폴트 매개변수 방법이 있다.
    ③ 파이썬 함수는 한 번에 한 개의 값만 리턴 가능하다.
    ④ 파이썬은 람다 함수를 지원한다.

1   시스템이 1부터 100 사이의 정수인 난수를 random.randint(a,b) 모듈로 만들고 이것을 사용자가 5회 안에 정답을 맞추는 높다 낮다 게임을 구현하시오.

| 실행 **결과 예시** |

> 시스템이 선택한 하나의 정수를 비춰봅니다. (힌트:62)
>
> 기회는 5회 남았습니다.
>
> 입력(1~100사이)〉〉 2
>
> 너무 작은 숫자를 입력 했습니다.
>
> 기회는 4회 남았습니다.
>
> 입력(3~100사이)〉〉 3
>
> 너무 작은 숫자를 입력 했습니다.
>
> 기회는 3회 남았습니다.
>
> 입력(4~100사이)〉〉 4
>
> 너무 작은 숫자를 입력 했습니다.
>
> 기회는 2회 남았습니다.
>
> 입력(5~100사이)〉〉 5
>
> 너무 작은 숫자를 입력 했습니다.
>
> 기회는 1회 남았습니다.
>
> 입력(6~100사이)〉〉 62
>
> 빙고! 정답입니다^^

| 힌트 | 난수 발생은 random.randint(a, b)를 사용해서 얻어 낼 수 있습니다.

          사용자 정의 함수를 꼭 사용해야 할 필요는 없습니다. 사용자 정의 함수를 활용하면 더욱 좋습니다.

          앞에서 학습한 while 반복문과 if 제어문만을 이용해서 구현이 가능한 문제입니다.

          예)

```
if userNum == sysNum:
    print('빙고! 정답입니다^^')
    break
if userNum 〉 sysNum:
    print('너무 큰 숫자를 입력 했습니다!')
    max = userNum - 1
else:
    print('너무 작은 숫자를 입력 했습니다.')
    min = userNum + 1
```

2   끝말 잇기 게임을 구현하되, 두 명의 사용자가 서로 주고받을 수 있는 형태로 구현하시오.

| 실행 **결과** 예시 |

첫번째 제시어는 태극기입니다.

영희입력>> 기자

철수입력>> 자전거

영희입력>> 거지

철수입력>> 지렁이

영희입력>> 아령

실격! 철수 승리!

| 힌트 | 딕셔너리에 사용자를 키로 초기화해서 구현해 볼 수 있습니다. 이전 사용자와 현재 사용자를 순서대로 반복하면서 이전 사용자가 입력한 단어의 마지막 문자와 현재 사용자가 입력한 단어의 첫 문자가 같다면 계속 다음 사람이 단어를 입력하고, 틀리다면 이전 사용자가 승리하도록 구현합니다.

예)

```
users = {'철수': "태극기",'영희': ""}
—— 중간 생략 ——
print("첫번째 제시어는 "+users['철수']+"입니다.")
while True :
    prevUser = keys[cnt%2] # 이전 사용자
    curUser = keys[(cnt+1)%2] # 현재 사용자

    word = input(curUser + "입력>> ")
    prevWord = users[prevUser] # 이전 사용자 단어
    if prevWord[len(prevWord)−1] != word[0] :
        print("실격!", prevUser, "승리!")
        break

    —— 다음 생략 ——
```

3   다음과 같이 두 개의 리스트를 인수로 전달받아서 하나의 리스트로 만들어서 반환하는 함수를 구현하시오.

lis1 = [100, 200, 300, 400]

lis2 = [500, 600, 700]

lis = concatLlst(lis1, lis2)

| 실행 **결과** 예시 |

[100, 200, 300, 400, 500, 600, 700]

| 힌트 | 리스트에 요소를 추가하는 함수는 append()입니다. for를 이용해서 리스트의 요소만큼 반복할 수 있습니다.

예)

for w in lis1 :

    newList.append(w)

4   다음과 같이 리스트와 값을 입력받아서 리스트의 요소 중 인수 값과 같은 요소를 모두 제거하는 함수를 구현하시오.

lis = ['오징어', '꼴뚜기', '대구', '오징어', '명태', '거북이', '고래']

lis2 = removeElement(lis, '오징어')

| 실행 **결과** 예시 |

['꼴뚜기', '대구', '명태', '거북이', '고래']

| 힌트 | 리스트에서 요소를 제거할 때는 del이나 remove() 함수를 사용할 수 있습니다. remove() 함수는 리스트에서 같은 요소 하나만 제거하기 때문에 반복문을 함께 사용해야 합니다. 만약 리스트에 없는 요소를 제거하게 되면 에러가 발생하기 때문에 try ~ except 예외 구문을 함께 사용하는 것이 좋습니다.

예)

while i < size :

    try :

        lis.remove(value)

        size = len(lis)

    except :

        pass

5   "그만"을 입력할 때까지 단어를 입력받아서 리스트에 저장하는 프로그램을 구현하고(중복 단어 입력 가능), "그만"이 입력된 후 단어의 개수를 알고 싶은 단어를 입력받아서 리스트에서 해당 단어가 몇 개인지 알아내는 프로그램을 구현하시오.

| 실행 결과 예시 |

```
단어를 입력 하시오(종료는 그만을 입력하시오)
단어 입력>> 학교
단어 입력>> 마을
단어 입력>> 교회
단어 입력>> 강
단어 입력>> 바다
단어 입력>> 사과
단어 입력>> 음악
단어 입력>> 학교
단어 입력>> 호수
단어 입력>> 그만
개수를 알고자 하는 단어 입력>> 학교
['학교', '마을', '교회', '강', '바다', '사과', '음악', '학교', '호수']
리스트에서 학교는 2 개입니다.
```

| 힌트 | 함수로 구현하지 않아도 되지만 함수로 구현하면 더 좋습니다. 리스트에 내용을 추가할 때 사용하는 함수는 append()입니다.

```
예)
wordList = []
while True :
    word = input("단어 입력>> ")
    if word == "그만" :
        break

    wordList.append(word)
```

7

클래스와
객체

7장에서는 클래스와 객체에 대해서 학습합니다. 객체를 생성하기 위한 클래스의 구조와 클

래스 선언 방법에 대해 학습하고, 정의된 클래스로 객체를 생성하고 생성된 객체를 이용해

서 데이터를 다루는 방법을 학습해 보도록 하겠습니다.

p y t h o n

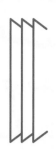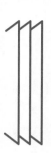

맛보기 예제 – 일단 따라해 보세요!

7장에서는 클래스와 상속에 대해 공부합니다. 클래스를 다루기에 앞서 일단 따라해 보기 예제를 통해서 클래스와 객체가 무엇인지 감을 잡아보도록 하겠습니다.

상속은 부모 클래스의 기능이나 속성을 자식 클래스가 그대로 승계받아서 사용할 수 있도록 해주는 개념입니다. 달리 표현하면 부모 클래스의 기능을 확장해서 자식 클래스를 만들었다고 할 수도 있습니다. 일단 상속 예제를 하기 위한 Super 클래스를 선언하고 실행해 보겠습니다. 클래스로 객체를 생성할 때 생성자를 이용해서 인자를 전달할 수 있습니다. 파이썬은 생성자 함수 이름이 정해져 있는데 __init__()입니다. 생성자를 비롯한 모든 클래스 멤버 메소드는 self 매개변수가 있어야 하는데 self 매개변수는 객체 자신을 가리키는 참조 변수가 저장됩니다.

생성자 메소드의 self 매개변수 뒤에 선언된 변수부터는 객체를 생성할 때 초기 값 인자를 전달받기 위한 매개변수입니다. 파이썬 클래스에서 멤버 필드는 따로 먼저 선언해서 사용하지 않고 필요할 때 self. 변수 형식으로 사용합니다. 이렇게 self. 변수 형식으로 만들어진 필드는 클래스 안에서 멤버 메소드끼리 데이터를 바인딩할 수 있습니다.

실습 예제 **일단 따라해 보기** – ch07_pre_example.py – Step 01

```
1    # Step 01
2    class Super :
3        def __init__(self, name) :
4            self.name = name
```

```
5
6
7           def show(self):
8               print('name -->', self.name)
9
10
11      if __name__ == '__main__':
12
13          person = Super("홍길동")
            person.show()
```

실행
결과   name --〉 홍길동

Super 클래스를 상속받는 Sub 클래스를 구현해 보겠습니다. 서브 클래스 선언 시 부모 클래스의 이름을 자식 클래스에 다음과 같이 붙여주면 됩니다.

```
class Sub(Super) :    ⟵    class 자식 클래스(부모 클래스) :
```

자식 클래스의 생성자에서 부모 클래스의 생성자를 명시적으로 호출해 주어야 합니다. 부모 클래스의 생성자를 호출하기 이전 라인에는 다른 어떤 실행 문장도 있어서는 안됩니다.

```
def __init__(self, name, job) :
    super().__init__(name)    ⟵    부모 클래스의 생성자를 명시적으로
    self.job = job                   호출합니다.
```

모든 멤버 메소드는 반드시 첫 번째 매개변수로 self 매개변수를 선언해야 합니다. 그리고 자식 클래스의 멤버 메소드에서 부모 클래스의 멤버 메소드를 임의로 호출할 때는 메소드 앞에 super()를 붙여야 합니다.

```
def show(self):
    super().show();
```

다음 예제는 부모 클래스를 확장한 자식 클래스를 선언하는 전체 소스 코드입니다. 자식 클래스에서 부모 클래스를 모두 상속받았기 때문에 맨 하단의 main 문장에서는 이제 Super()가 아닌 Sub() 클래스로 객체를 생성하고 실행합니다.

실습 예제 **일단 따라해 보기** – ch07_pre_example.py – Step 02

```
1    # Step 02
2    class Super :
3        def __init__(self, name) :
4            self.name = name
5
6
7        def show(self):
8            print('name -->', self.name)
9
10
11   class Sub(Super) :
12       def __init__(self, name, job) :
13           super().__init__(name)
14           self.job = job
15
16
```

부모인 Super 클래스를 상속받은 Sub 클래스를 선언합니다.

상속받을 때는 부모 클래스의 생성자를 명시적으로 호출해야 합니다.

```
17          def show(self):
18              super().show();        ← super 키워드를 이용해서 부모 클래스의
19              print('job -->', self.job);     멤버 메소드를 호출합니다.
20              print(self.name+"님의 직업은 "+self.job+"입니다.");
21
22
23  if __name__ == '__main__':
24      person = Sub("홍길동", "도둑")    ← 자식 클래스로 객체를
25      person.show()                        생성합니다.
```

(참고) 파란색으로 작성된 부분은 새로 추가되거나 수정된 부분입니다.

---

 name --〉 홍길동
job --〉 도둑
홍길동님의 직업은 도둑입니다.

객체

파이썬은 함수형 프로그래밍 언어이면서도 객체지향 프로그래밍이 가능합니다. 사실 파이썬 뿐만 아니라 고급 언어의 범주에 속하는 거의 모든 프로그래밍 언어가 객체지향 프로그래밍이 가능합니다. 객체는 바로 그 자체가 데이터라고 할 수 있고, 객체의 타입을 결정하는 것이 클래스입니다. 즉, 생성될 객체 데이터의 구조와 기능을 설계(추상화)하고 정의한 것이 클래스입니다.

객체지향 프로그래밍(Object Oriented Programming)이란 객체(데이터)를 지향(추구)해서 프로그래밍을 한다는 의미입니다. 객체를 지향한다는 것은 객체 데이터를 중심으로 프로그램을 개발한다는 의미이기도 합니다.

함수는 결과 데이터를 만들어 내기 위한 과정과 기능에 중점을 둡니다. 반면에 객체지향 프로그래밍은 객체가 가지는 데이터와 그 데이터의 전용 기능으로 만들어져 있습니다. 한마디로 객체는 관련된 데이터와 기능의 묶음입니다. 일반적으로 객체 내의 데이터는 속성 또는 필드라고 하는 변수에 저장되고, 기능은 메소드라고 부르는 멤버 함수로 구현합니다. 그래서 객체의 속성은 명사적인 의미를 가지며 이름도 명사로 만듭니다. 메소드는 동사적인 의미이고 이름도 동사로 만듭니다. 다시 말해 클래스를 설계하고 선언한다는 것은 이런 속성과 메소드를 다루기 쉽게 설계하는 것이고, 이런 방식으로 선언된 클래스를 이용해서 객체를 생성합니다. 즉, 객체는 그 객체가 가지는 데이터와 기능을 정의한 클래스가 있어야만 생성이 가능합니다. 객체 = 데이터 + 기능으로, 객체의 구성 요소는 데이터와 기능으로 이루어져 있습니다.

클래스의 결과물	구성 요소	명칭	의미
객체	데이터	멤버 변수 or 속성 or 필드	명사적인 의미
	기능	멤버 함수 or 메소드	동사적인 의미

| 객체의 구성 요소

객체의 필요성

앞 장에서 함수를 이용해서 주소록 프로그램을 구현하였습니다. 그 예제에서는 주소록 프로그램의 데이터를 딕셔너리에 저장하고 딕셔너리 데이터를 또다시 리스트에 저장하였습니다. 거기서 사용되었던 딕셔너리 데이터는 7장에서 학습할 객체와 많은 부분이 비슷합니다. 7장에서 객체를 공부하게 되면 딕셔너리 데이터를 객체로 대체할 수 있게 될 것입니다.

딕셔너리	객체
Key	속성
Value	데이터
[ ]로 키 값 접근	점(.)으로 객체 멤버 접근
내부에 함수 직접 선언 불가능하나 외부에 선언된 함수를 참조하거나 람다 표현식으로 기능 선언 가능	멤버 함수 직접 선언 가능

| 딕셔너리와 객체의 차이점 비교

딕셔너리의 요소에서 외부 함수 참조

딕셔너리와 객체는 구조가 비슷하기 때문에 딕셔너리의 키는 객체의 속성과 같은 역할을 합니다. 파이썬의 딕셔너리와 비슷한 구조로는 자바의 Map 구조가 있습니다. 이런 딕셔너리나

Map은 모두 객체로 변경이 가능합니다. 딕셔너리와 객체의 다른 점은 딕셔너리는 키로 튜플 데이터를 사용할 수 있지만 객체의 속성은 변수처럼 식별자 명명 규칙을 따라야 한다는 것입니다. 또 객체에는 함수를 직접 선택할 수 있지만 딕셔너리에는 함수를 직접 선언할 수 없고 대신 외부에 선언된 함수의 참조 값을 딕셔너리에 저장할 수는 있습니다. 물론 앞으로 객체를 공부하기 때문에 이런 식의 불편한 코드는 사용할 이유가 별로 없습니다. 단지 객체를 이해하기 위해 참고해 주길 바랍니다.

실습예제 **딕셔너리의 요소에서 외부 함수 참조** – ch07ex01.py

```
1    test={ "name" : "HONG" }
2
3    def getName(self=test) :
4        return self["name"]
5
6    def setName(name=None, self=test) :
7        self["name"] = name
8
9    test['getName'] = getName;
10   test['setName'] = setName;
11
12   print("이름은 ", test['getName']())
13   test["setName"]("KIM")
14   print("변경된 이름은 ", test['getName']())
```

> test 딕셔너리의 getName키가 getName() 함수를 참조합니다.

> test 딕셔너리의 setName키가 setName() 함수를 참조합니다.

행 번호	설명
1	키가 "name"이고 값이 "HONG"인 요소를 가진 딕셔너리를 선언하였습니다.
3~4	딕셔너리 외부에 getName() 함수를 선언하였습니다. self 매개변수의 기본값으로 test 딕셔너리 데이터를 참조하도록 합니다.
6~7	딕셔너리 외부에 setName() 함수를 선언하였습니다.
9~10	getName과 setName 함수를 딕셔너리에서 참조하도록 하였습니다.
12~14	딕셔너리의 getName과 setName 함수를 사용해 봅니다.

실행결과

```
이름은  HONG
변경된 이름은  KIM
```

딕셔너리 안에 람다 함수 선언

딕셔너리에 람다 표현식으로 기능을 포함하는 것이 가능합니다. 몇 가지를 제외하면 딕셔너리와 객체는 구조적으로 많은 부분이 닮았다고 할 수 있습니다. 객체란 딕셔너리 같은 데이터 구조에 기능을 포함시킨 것으로 이해할 수 있습니다. 다소 억지스럽지만 객체에 대한 이해를 돕기 위해 앞의 예제를 다음과 같이 조금 수정해 보겠습니다.

실습예제 **딕셔너리 안에 람다 함수 선언** – ch07ex02.py

```
1    def setName(name=None, self=None) :
2        self["name"] = name
```

```
3
4       person = {
5           "name" : "HONG",
6           "setName" : setName,
7           "greeting" : (lambda : person['name'] + "님 안녕하세요!")
8       }
9
10      print(person['greeting']())
11      person['setName']('KIM', person)
12      print(person['greeting']())
```

파이썬 람다 함수는 lambda로 시작합니다. 콜론(:) 부호 앞에는 매개변수가 위치하고, 콜론 부호 뒤에는 반환 값이 위치합니다. 콜론 부호 앞의 매개변수는 생략이 가능합니다.

그렇기 때문에 콜론 부호 뒤에 있는 person['name']의 결과가 반환됩니다. 람다 함수에 대한 자세한 설명은 6장에 있습니다.

[람다 함수의 형식]

lambda(매개변수) : 반환 값

매개변수의 값이 없을 경우 매개변수는 생략이 가능합니다.

소스코드해설

행 번호	설명
1~2	lambda 함수는 return만 가능하기 때문에 setName 함수는 외부에 선언하였습니다.
4~8	person이란 이름의 딕셔너리 객체를 생성하고 기능도 함께 담았습니다.
6	람다 함수로 키의 값을 직접 변경할 수 없어서 외부에 선언된 setName 함수를 사용하였습니다.

7	딕셔너리 객체 안에서 직접 함수를 선언하는 것이 불가능하기 때문에 람다 표현식으로 기능을 선언하였습니다.
12	딕셔너리에 포함된 기능을 이용해서 데이터를 출력해 봅니다.

 실행 결과

HONG님 안녕하세요!
KIM님 안녕하세요!

딕셔너리를 리스트에 활용하기

앞에서 생성한 딕셔너리 데이터는 데이터에 기능을 포함시켜서 만들었습니다. 이렇게 딕셔너리 한 개만 사용할 경우에는 큰 문제가 없지만 딕셔너리 데이터를 여러 개 리스트에 저장하려면 소스가 복잡해집니다. 매번 저장할 딕셔너리 안에 외부 함수를 지정하는 것이 번거로울 뿐만 아니라 소스가 깔끔하지 못합니다. 사실 딕셔너리는 자료 구조로 사용하는 것이 더 적합합니다. 이런 경우에는 딕셔너리 대신 앞으로 학습하게 되는 객체를 사용해야 합니다.

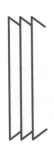
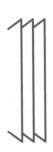

객체 생성

객체를 생성하기 위해서는 먼저 클래스를 선언해야 합니다. 한 번 선언한 클래스로는 여러 개의 객체를 생성해서 사용할 수 있습니다. 앞에서 강조했듯이 객체의 구조는 딕셔너리의 구조와 유사합니다. 즉, 클래스 하나로 똑같은 구조의 객체를 여러 개 만들어서 사용할 수 있고, 생성된 객체에는 얼마든지 새로운 속성을 추가할 수 있습니다.

클래스를 선언할 때 객체에서 사용할 멤버 변수와 멤버 함수를 클래스 내부에 선언합니다. 여기서 멤버 변수는 필드(Field) 또는 속성(Attribute)이라고 하고, 멤버 함수는 메소드(Method) 또는 펑션(Function), 프로시저(Procedure)라고 합니다. 모두 같은 의미이지만 외래어라서 불리는 이름이 여러 가지이므로 헷갈리지 않도록 주의해야 합니다.

클래스를 도식으로 표현하기

클래스를 도식으로 표현한 그림을 UML(Unified Modeling Language)이라고 합니다. 일단 우리가 선언할 클래스를 잠시 도식으로 그려보겠습니다.

People
– name : str
+ __init__(name)   + setName(name) : void   + getName() : str

◀ 맨 위 칸에는 클래스의 이름을 적습니다.

◀ 두 번째 칸에는 속성을 정의합니다. 속성은 보통 private으로 선언합니다. 그러나 Python의 클래스는 기본적으로 캡슐화가 불가능합니다. 속성 뒤에 콜론(:)을 붙이고 데이터 타입을 적어줍니다.

◀ 세 번째 칸에는 기능에 해당하는 메소드를 정의합니다. 메소드는 보통 public으로 선언합니다. 메소드 이름 뒤에 콜론(:)을 붙이고 반환되는 데이터의 형을 적습니다. 반환되는 값이 없는 메소드는 void로 표시합니다.

앞의 예제에서 딕셔너리에 포함시킨 기능에는 self를 억지로 만들어서 넣었습니다. 그런데 이제부터 사용할 클래스는 멤버 메소드에 선언된 self 매개변수에 그 객체의 참조 값이 자동으로 저장됩니다. 여기서 self는 해당 클래스로 생성한 객체 자신을 가리키기 때문에 객체의 멤버끼리는 반드시 self를 통해서 접근해야 합니다.

 객체 자신을 가리키는 참조 변수 self

객체 내부의 멤버끼리는 self를 이용해서 접근합니다. self는 객체 자신을 가리키는 참조 변수입니다.

객체 생성하기

객체를 사용하면 리스트에 추가되는 데이터의 구조를 규격화할 수 있습니다. 잠시 앞에서 딕셔너리 예제를 객체로 바꿔 보도록 하겠습니다. 이 예제를 통해서 객체를 사용함으로써 좀 더 체계화되고 간결해진 것을 알 수 있을 것입니다. 일단 무작정 클래스를 구현해 보겠습니다.

실습 예제 **리스트에 담을 객체 생성을 위한 People 클래스 선언** – ch07ex03.py

```
1    class People :
2        def __init__(self, name):
3            self.name = name
4
5        def setName(self, name):
6            self.name = name
7
8        def greeting(self):
9            return self.name + "님 안녕하세요!"
```

```
10
11    kim = People("KIM"),
12    pList = [kim , People("LEE"), People("Park") ]
13
14    pList[0].setName("HONG")
15
16    for person in pList:
17        print(person.greeting())
```

소스코드해설

행 번호	설명
1~9	리스트에 추가할 객체를 생성하기 위해 클래스를 선언합니다. 클래스에는 멤버 속성을 초기화하기 위해 __init__() 함수를 먼저 선언합니다. __init__() 함수는 객체 생성 시에 자동으로 호출되기 때문에 생성자 함수라고도 합니다. 그리고 멤버의 값을 변경할 때 사용할 setName() 함수도 선언합니다. greeting() 함수는 인사말 메시지를 반환하는 멤버 함수입니다. 멤버 함수들의 공통적인 특징은 매개변수에 모두 self를 선언합니다. self는 클래스로 생성한 객체 자신을 가리키는 참조 변수입니다. 멤버 함수를 선언할 때 self 매개변수를 생략하면 오류가 발생합니다.
2~3	People 클래스의 생성자를 선언합니다. 파이썬에서 생성자 이름은 이미 정해져 있습니다. 모든 클래스 선언 시 생성자 이름은 __init__ 입니다. self 매개변수는 필수로 선언되어야 합니다. self는 객체 내부에서 멤버끼리만 호출 가능하고 객체 외부에서 임의로 self를 사용할 수는 없습니다.
5~6	사용자가 임의로 만든 setter 멤버 함수입니다. name 매개변수를 선언해 객체 외부에서 호출할 때 사용할 데이터를 인수로 전달할 수 있습니다. 맨 앞의 매개변수는 self 매개변수여야 합니다. self 매개변수 뒤에 오는 매개변수는 필요할 때 얼마든지 더 선언할 수 있습니다.
8~9	사용자가 임의로 만든 getter 멤버 함수입니다. 모든 멤버 함수는 self 자기 참조 매개변수를 선언해야 합니다. self는 객체의 멤버 속성이나 멤버 메소드끼리 서로 호출할 때 꼭 사용해야 합니다.
11~12	리스트를 선언하고 People 객체를 리스트의 요소로 저장하였습니다. 앞의 예제에서 딕셔

너리를 그대로 사용할 때보다 훨씬 간결하고 체계화된 것을 볼 수 있습니다. 하나의 객체를 생성해서 변수에 대입시키고 그 변수의 참조 값을 리스트 생성에 사용하였습니다.

14   임의로 리스트 첫 번째 요소의 setter를 호출해서 객체가 가진 데이터를 변경해 보았습니다. 이처럼 객체의 멤버를 외부에서 접근하고자 할 때는 점(.) 연산자를 사용해야 합니다.

16~17   for 반복문을 이용해서 리스트의 요소를 순회합니다. 리스트에 들어 있는 People 객체를 한 번씩 반복할 때마다 People 임시 변수에 담아서 getter를 호출합니다. 그리고 그 결과를 콘솔에 출력합니다.

 실행 결과

HONG 님 안녕하세요!
LEE 님 안녕하세요!
Park 님 안녕하세요!

객체지향 패러다임

객체지향은 프로그래밍의 패러다임이라고 할 수 있습니다. 지금까지 함수 중심으로 프로그램을 작성하던 것을 객체 중심으로 패러다임이 바뀌게 됩니다. 파이썬은 기본적으로 함수로 프로그램을 작성하게 되어 있는데 필요에 따라 클래스를 사용할 수도 있습니다. 클래스는 속성과 관련된 함수를 모아서 묶어 둔 개념이라고 할 수 있습니다. 이렇게 만든 클래스는 새로운 사용자 정의 데이터 타입이 됩니다. 클래스 내부에 관련 함수들을 모아서 묶어 두면 서로 유기적으로 호출할 수 있어야 하는데 이럴 때 필요한 것이 self입니다. self의 정체는 결국 생성된 객체의 참조 변수입니다. 다시 말해 클래스를 만든다는 것은 새로운 참조형 데이터 타입을 만드는 것입니다.

객체지향 프로그램의 설계는 모든 기능을 객체 안에 두고 각각의 객체들끼리 상호 유기적으로 작용하도록 설계해야 합니다. 이것은 "결합도를 낮추고 응집력을 높인다."라는 객체지향 프로그래밍 설계 철학에 기반합니다. 좀 더 구체적으로 말하면 루즈 커플링(Loose Coupling)

과 모듈화로 표현할 수 있습니다. 이것은 객체지향 설계의 5대 원칙인 SOLID 원칙으로 풀어서 정리할 수 있는데 정리하면 다음과 같습니다.

SRP	단일 책임 원칙	응집도를 높입니다. 하나의 객체는 하나의 책임을 갖습니다.
OCP	개방 폐쇄 원칙	클래스의 확장은 가능하나 변경은 어렵게 합니다.
LSP	리스코프 치환 원칙	특정 타입으로 정의된 객체를 치환하더라도 전체 기능에는 변화가 없어야 합니다.
ISP	분리의 원칙	비즈니스의 흐름과 데이터 모델은 분리되어야 합니다.
DIP	의존 관계 원칙	의존 관계를 맺을 때 변화가 쉬워야 합니다. 의존의 역전(IoC), 결합도를 낮춥니다.

| 객체지향 설계 5대 원칙

객체지향 프로그래밍을 본격적으로 학습하기 전에 왜 이런 이론들이 생기게 되었는지를 한 번쯤 꼭 심도 있게 생각해 보길 바랍니다.

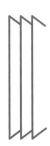

클래스 선언

이제부터 객체의 틀이 되는 클래스를 선언하는 방법에 대해 좀 더 자세하게 학습하도록 하겠습니다.

클래스의 구조

파이썬에서 선언되는 일반적인 클래스의 구조는 대부분 아래와 유사합니다. 클래스 역시 몸체 부분을 탭으로 구분합니다. 그리고 클래스 내부에 선언된 멤버 함수는 self 매개변수를 꼭 선언해야 합니다.

class 클래스 이름 :	← 클래스의 머리 부분을 선언합니다. class 키워드 다음에 클래스의 이름을 적습니다.
멤버 필드1 = 초기 값 멤버 필드2 = 초기 값	← 콜론(:) 다음 줄에 클래스의 몸체가 오는데 탭으로 블록을 구분합니다. 클래스의 멤버 필드를 초기화합니다. 일반 변수를 선언하는 방법과 동일합니다.
def __init__(self) : 생성자 실행문	← 생성자 함수를 선언합니다. 생성자는 멤버를 초기화할 목적으로 객체 생성 시 클래스 이름을 호출하면 자동으로 호출됩니다.
def 멤버 메소드1(self) : 메소드 실행문	← 멤버 메소드를 선언합니다. 멤버 함수에서 다른 멤버를 호출하기 위해서는 self 참조 변수를 이용해서 호출합니다.
def 멤버 메소드2(self) : 메소드 실행문	← 멤버 메소드는 필요한 만큼 얼마든지 여러 개를 선언할 수 있습니다.

| 클래스의 선언 방법

클래스를 선언할 때는 class 키워드를 이용해서 선언된 대상이 클래스임을 알립니다. class 키워드 뒤에 클래스 이름을 적고 콜론(:)을 붙이면 클래스 선언이 끝납니다. 클래스의 몸체는 클래스 이름 아랫줄부터 탭으로 한 번 들여쓰기를 해서 클래스의 몸체 영역을 표시합니다. 이렇게 탭을 사용하는 것은 앞 장에서 학습한 메소드의 몸체 만드는 방법과 동일합니다.

클래스에 포함할 수 있는 내용은 일단 객체의 속성인 멤버 필드로 그 필드를 초기화하는 생성자 메소드와 멤버 필드를 사용하는 멤버 메소드를 클래스 몸체 안에 선언해 주면 됩니다.

파이썬 언어에서는 클래스 이름도 식별자입니다. 파이썬 클래스 이름을 만드는 명명 규칙은 식별자 명명 규칙과 동일하다고 할 수 있습니다. 단지 클래스 이름을 클래스 명명 규칙에 따라 첫 글자를 대문자로 해주어야 합니다. 다음과 같은 파이썬 이름 짓기 관례를 참고하길 바랍니다.

[파이썬 이름 짓기 관례]

(1) 클래스의 이름은 첫 글자를 대문자로 시작합니다. (이것은 Pascal case입니다.)
(2) 클래스는 첫 글자를 대문자로 시작하고 다음 이어지는 단어의 첫 글자도 대문자로 시작합니다.
(3) 변수나 메소드는 첫 글자를 소문자로 시작하고 다음 단어의 첫 글자는 대문자로 시작합니다.
(4) 파이썬은 낙타봉 표기법과 뱀 표기법을 모두 사용할 수 있습니다.
　　예) myName, my_name

클래스 선언하기

지금까지 학습한 클래스 선언 방법을 이용해서 간단한 예제를 만들어 보겠습니다. 필요한 클래스는 무엇이든 설계하고 만들 수 있습니다. 클래스를 설계할 때는 먼저 추상화 과정을 거쳐야 합니다. 원래 객체지향 프로그래밍은 현실 세계를 프로그래밍으로 옮기려는 시도가 시초입니다. 그러나 현실 세계의 대상을 있는 그대로 똑같이 클래스로 만드는 것은 불가능합니다. 즉, 객체의 특징만을 간추려서 간략하게 만들어야 하는데 이런 단순화 과정을 추상화라고 할 수 있습니다.

프로그래밍 과정을 좀 더 체계화하기 위해서 추상화는 꼭 필요합니다. 지금 우리가 하려고 하는 예제 역시 추상화 과정을 거쳐서 대략적인 기능을 간략하게 클래스로 선언한다고 할 수 있습니다. 클래스라는 것은 결국 사용하려는 객체의 설계도라고 할 수 있습니다. 집을 지을 때도 설계도가 있고 자동차를 만들 때도 설계도가 있습니다. 이 설계도를 바탕으로 수많은 집이나 자동차를 만들어 내듯이 우리가 만든 클래스를 이용해서 필요한 객체를 얼마든지 생성할 수 있습니다. 또 그 클래스를 다른 클래스로 상속해서 더 많은 기능을 확장할 수도 있습니다.

[클래스 선언 작업 순서]

(1) class 키워드를 이용해서 클래스를 선언합니다. 내용이 없을 경우 pass만을 적습니다.
(2) 클래스 내부에 생성자를 선언합니다. 전달받을 인수가 있다면 다른 매개변수를 선언합니다.
(3) __init__() 생성자에서 필드를 초기화합니다.
(4) 클래스 내부에 메소드를 선언합니다. 내용이 없을 경우 pass만을 적습니다.
(5) 메소드에서 다른 멤버 메소드를 호출하거나 멤버 필드 값을 사용합니다.
(6) 객체의 멤버 필드 값들을 문자열로 반환하는 __str__() 메소드를 선언합니다. 일종의 to String 메소드와 같습니다.
(7) __str__() 메소드에서 필드 값을 return합니다.
(8) 클래스 외부에서 객체를 생성하고 사용합니다. 참조 변수 = 클래스()

Circle 클래스를 만들어서 원의 면적과 둘레의길이를 구하는 클래스를 선언해 보겠습니다.

 클래스 선언 작업 순서 예제 – ch07ex04.py

```
1    import math
2
3    class Circle :
4
5        def __init__(self, r):
```

```
6
7              self.r = r
8              self.mkArea()
9              self.mkLine()
10
11     def mkArea(self):
12              self.area = math.pi * self.r**2
13
14     def mkLine(self):
15              self.line = 2 * math.pi * self.r
16
17     def __str__(self):
18              return "area:%.3f, line:%.3f" %(self.area,self.line)
19
20
21 circle = Circle(10)  ←
22 print(circle)
```

> 다른 언어의 경우 객체를 생성할 때 new 연산자를 사용하지만 파이썬은 new 연산자를 사용하지 않고 바로 클래스로 객체를 생성합니다.

소스코드해설

행 번호	설명
1	수학의 파이 상수를 사용하기 위해 math 모듈을 불러왔습니다.
3	원의 반지름을 이용해서 둘레의 길이와 면적을 구하는 Circle 클래스를 선언합니다.
4	클래스의 내용이 없다면 pass를 넣어줍니다.
5~9	Circle 클래스의 생성자 메소드입니다. 반지름을 인수로 전달받기 위해서 매개변수 r을 선언하였습니다. 7행에서 전달받은 인수를 멤버 속성 r에 저장합니다. 8행과 9행은 각각 멤버 메소드를 호출하고 있습니다.
11~12	반지름이 저장된 멤버 속성 r을 이용해서 원의 면적을 멤버 속성 area에 저장합니다.
14~15	반지름이 저장된 멤버 속성 r을 이용해서 원의 둘레 길이를 멤버 속성 line에 저장합니다.
17~18	멤버 속성 area와 line을 문자열로 반환합니다.

21	Circle 클래스를 이용해서 circle 객체를 생성합니다. circle은 참조 변수입니다.
22	circle을 출력합니다. __str__ 함수는 직접 호출하지 않아도 객체를 사용하면 자동으로 호출됩니다.

 실행 결과

```
area:314.159, line:62.832
```

생성자 메소드

생성자 메소드는 초기화 함수로 클래스에서 꼭 필요한 요소입니다. 클래스를 선언할 때 생성자 메소드를 꼭 선언하지 않더라도 실행 시 인터프리터에 의해 자동으로 만들어집니다. 클래스로 객체를 선언할 때 전달되는 인수로 멤버 속성을 초기화합니다. 생성자 메소드는 임의로 호출할 수 없습니다. 단지 객체가 생성될 때 클래스의 이름을 이용하는데 이때 생성자 메소드가 자동으로 호출됩니다. 그리고 클래스의 인수로 입력되는 값들은 생성자의 self 매개변수 다음에 오는 매개변수들에 순서대로 전달됩니다. 이처럼 생성자는 클래스 내의 다른 메소드와 다른 좀 특수한 기능의 메소드입니다.

즉, 객체를 선언할 때 circle = Circle(10)의 형태로 객체를 선언합니다. Circle 클래스 이름 뒤에 괄호를 붙여주면 객체가 만들어지고 이 객체의 참조 값이 circle 참조 변수에 저장됩니다. 이때 Circle(10) 형태로 객체를 생성하는 순간 클래스에 선언된 __init__(self, r) 매개변수가 자동으로 호출되면서 Circle의 인수로 넣은 10 값이 r 매개변수에 전달되는 것입니다. __init__() 생성자의 맨 앞에 있는 self 매개변수는 객체 내에서 서로 호출되는 것으로 외부에서는 접근할 수 없습니다. 그래서 self 매개변수 다음에 위치한 매개변수로 인수 값이 전달됩니다. 생성자의 매개변수 중에 self를 제외한 매개변수에 값을 전달합니다. 생성자 메소드도 엄밀히 함수의 일종이기 때문에 self 매개변수만 제외하면 나머지 특징은 일반적인 함수와 동일합니다. 그리고 생성자에는 return을 사용하지 않습니다.

```
circle = Circle(10)  ─────→  __init__(self, r):
```

Circle(10)을 실행하면 __init__(self, r)이 자동 호출되고 인수인 10은 r 매개변수에 저장됩니다.

| 객체 생성과 생성자 메소드의 관계

self에는 객체가 생성될 때 생성되는 객체의 참조 값이 자동으로 입력됩니다. self 참조 변수의 용도는 클래스를 이용해서 생성된 객체 자신을 가리키는 참조 변수입니다. self를 이용해 클래스 내부에서 멤버끼리 서로 접근할 때 사용합니다. 만약 클래스 내부에서 self를 붙이지 않고 호출한다면 그것은 클래스 내부의 멤버를 호출하는 것이 아니라 클래스 외부의 변수나 함수를 호출하는 것입니다.

클래스는 객체에서 사용될 데이터와 관련 기능을 모아둔 묶음이고, 객체는 관련된 것을 포장한 것이라고 단순하게 이해하길 바랍니다.

실습예제 ## 세탁기를 추상화해서 클래스로 선언하기 – ch07ex05.py

```python
1   class Washer:
2       def __init__(self, size, maker):
3           self.size = size
4           self.maker = maker
5
6       def washing(self):
7           detergent()
8           print("{}세탁기가 {}킬로의 빨래를 한다~".format(self.
    maker, self.size))
9
10  # end of Washer class
11
12  def detergent():
13      print("세제 투입!")
```

```
14
15
16    washer = Washer(10, "LG")
17    washer.washing()
```

소스코드해설

행 번호	설명
1~8	세탁기 클래스인 Washer 클래스를 선언합니다. Washer 클래스의 멤버 속성으로 maker 와 size가 있고 메소드로는 washing이 포함되어 있습니다.
2~4	Washer 클래스의 생성자의 매개변수로 size와 maker가 선언되어 있습니다. 객체가 생성될 때 입력되는 초기 값이 저장되는 변수들입니다.
6~8	세탁기 객체의 기능인 washing 메소드입니다. 7행의 호출에는 self를 붙이지 않았습니다. 그 이유는 클래스 외부에 선언된 함수를 호출하기 때문입니다. 이처럼 self를 붙인 호출은 클래스의 멤버끼리 호출하는 것이고, self가 생략된 호출은 클래스 외부의 함수나 변수를 호출하는 것입니다.
12~13	세제 투입 기능으로 세탁기 클래스 외부에 선언한 함수입니다. 이 함수는 7행에서 호출합니다. 세탁기 클래스의 washing 메소드가 사용할 외부 함수입니다.
16	Washer 클래스로 객체를 생성합니다. 인수로 입력한 10은 생성자의 size 매개변수에 전달되고 그 다음 입력한 "LG"는 생성자의 maker 매개변수로 전달됩니다.
17	세탁기 객체의 washing 메소드를 호출하였습니다. washing 메소드의 기능이 실행되면서 객체에 저장된 속성 값을 확인할 수 있습니다.

 실행 결과

세제 투입!
LG세탁기가 10킬로의 빨래를 한다~

멤버 메소드

메소드(Method)는 클래스 내부에 선언된 멤버 함수입니다. 멤버 필드가 속성으로 객체의 데이터를 저장하는 그릇이라면 멤버 메소드는 객체의 기능을 담당합니다. 멤버 메소드에는 self 매개변수가 필수 요소입니다. self 매개변수를 선언하지 않으면 오류가 발생합니다. 또 멤버 메소드에서 다른 멤버를 호출하려면 self를 이용해서 호출합니다. 그런 self 부분만 주의한다면 멤버 메소드 역시 함수의 일종이기 때문에 함수를 선언하는 것처럼 선언하면 됩니다. 메소드의 매개변수는 self 매개변수 뒤에 필요한 만큼 순서대로 선언하면 됩니다. 객체를 통해서 매개변수에 값을 전달할 경우에는 self를 제외하고 사용합니다. self는 내부용이기 때문에 외부에서는 접근이 안됩니다. 객체를 통해서 멤버 메소드에 접근하기 위해서는 점(.) 연산자를 이용합니다.

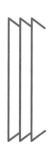
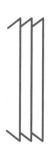

상속

객체지향 프로그래밍의 3대 특징은 정보 은닉, 상속, 다형성입니다. 이 중에서 상속 (Inheritance)은 객체지향 프로그래밍의 중요한 특징입니다. 상속해 주는 클래스를 부모 클래스라고 하고, 상속받는 클래스를 자식 클래스라고 합니다. 상속을 하면 자식 클래스는 부모 클래스의 모든 속성과 기능을 물려받아서 사용할 수 있습니다. 객체지향 프로그래밍에서 상속은 데이터의 상속이 아닌 기능의 상속입니다. 기능을 상속받았다는 것은 자식 클래스가 부모의 기능인 메소드를 그대로 사용할 수 있다는 것입니다.

그래서 상속을 달리 표현하면 자식 클래스에 부모의 모든 기능을 끼워 넣는다고 이해할 수도 있습니다. 아무튼 상속을 받은 자식 클래스 객체는 부모 클래스에 있는 모든 기능을 사용 가능하게 됩니다.

super() 같은 키워드가 없어도 부모 클래스의 메소드를 자식 클래스가 바로 호출해서 사용할 수 있습니다. 그런데 상속은 클래스를 물려받는 의미도 있지만 상속을 하는 것은 데이터의 범위와 종류를 체계화하기 위해서입니다.

다른 클래스를 상속하고자 할 때는 클래스 이름 뒤에 괄호를 적고 괄호 안에 부모 클래스의 이름을 적으면 됩니다. 모든 파이썬 클래스는 묵시적으로 object 클래스를 상속받습니다. 묵시적이란 말은 따로 부모 클래스를 적지 않아도 인터프리터가 알아서 object 클래스를 상속시켜 준다는 의미입니다. 묵시적이란 말의 상대적인 말은 명시적이라 할 수 있습니다.

주의할 점은 명시적으로 부모 클래스를 지정했을 경우에는 자식 클래스의 생성자 안에서 부모 클래스의 생성자 메소드를 반드시 임의로 호출해야 합니다.

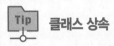

```
class 자식 클래스(부모 클래스) :
    # 자식 클래스의 생성자 선언
    def __init__(self):
        # 부모의 생성자를 임의로 호출합니다.
        super().__init__()
```

엄밀히 말해 상속은 물려받는다는 의미보다는 부모 클래스를 확장해서 새로운 자식 클래스를 만드는 것입니다. 이때 생성자는 상속받지 않기 때문에 자식 클래스에서 부모 클래스의 생성자를 명시적으로 호출해야 합니다. 부모 클래스의 멤버를 호출하기 위해서는 super() 키워드를 사용하거나 부모 클래스의 이름을 직접 사용해야 합니다.

파이썬은 다중 상속이 가능한 언어입니다. 다중 상속이란 부모를 여럿 둘 수 있다는 의미입니다.

 클래스의 다중 상속

```
class 자식 클래스(부모1, 부모2) :
    pass
```

클래스 상속 – 부모 클래스 선언

지금까지 클래스 상속에 대해 학습하였습니다. 이것을 토대로 직접 클래스 상속을 구현해 보도록 하겠습니다. 클래스 상속 예제 작성 순서는 다음과 같이 진행하겠습니다.

[클래스 상속의 작업 순서]

(1) 부모 클래스를 선언합니다.

(2) 자식 클래스를 선언할 때 부모 클래스를 지정합니다.

(3) 자식 클래스의 생성자에서 부모 클래스의 생성자를 호출합니다.

(4) 부모 클래스로 전달할 파라미터를 부모 생성자 호출 시 인자로 사용합니다.

(5) 자식 클래스의 객체를 만들고 부모 클래스의 멤버를 호출해 봅니다.

예제에서 구현할 부모 클래스와 자식 클래스의 관계를 도식으로 그려보겠습니다. 도식에서 클래스 상속 표시는 화살표로 합니다. 구현할 클래스는 앞의 예제 중에서 Circle이나 Washer 중 어떤 것을 사용해도 좋습니다. 여기서는 세탁기 클래스인 Washer 클래스로 상속해 보겠습니다. Washer 클래스를 상속받는 자식 클래스로 삼성 세탁기와 LG 세탁기를 구현하도록 하겠습니다. 이때 세탁기의 기본 기능은 상속을 받아서 사용하고 세탁기의 용량이나 이름 같은 스펙은 각각의 자식 클래스 객체가 가지도록 하겠습니다. 그리고 예제가 복잡해질 수 있으므로 앞의 예제에서 세제 투입 기능은 제외하겠습니다.

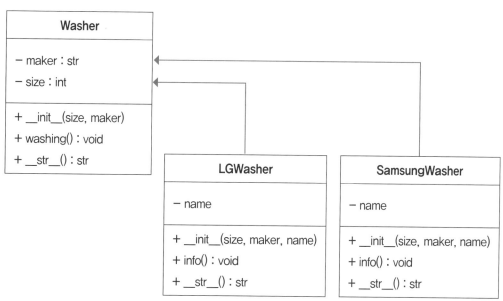

| 세탁기 클래스 상속 예제 도식

다음 예제에서는 앞에서 구현한 세탁기 클래스를 수정해서 부모 클래스로 선언하였습니다. 이 클래스에서 washing 메소드는 자식 클래스에 재정의하지 않고, __str__ 메소드는 재정의하도록 하겠습니다.

실습 예제 **부모 클래스인 Washer 클래스** – ch07ex06.py

```python
class Washer:
    def __init__(self, size, maker):
        self.size = size
        self.maker = maker

    def washing(self):
        print("{}세탁기가 {}킬로의 빨래를 한다~".format(self.maker,
            self.size))

    def __str__(self):
        return "size:{}, maker:{}".format(self.size, self.maker)
```

소스코드해설

행 번호	설명
1~9	부모 클래스로 사용될 Washer 클래스입니다.
2~4	생성자 메소드입니다. size와 maker 매개변수로 전달된 인수의 값을 멤버 필드로 초기화합니다.
6~7	세탁기 클래스의 핵심 기능인 washing 메소드를 선언합니다. 특별한 기능 없이 멤버 필드의 값을 출력하도록 하였습니다.
9~10	__str__ 메소드는 객체를 사용했을 때 자동으로 호출되는 메소드입니다. 이 메소드 역시 특별한 기능 없이 멤버 필드의 값을 문자열로 반환하도록 하였습니다.

클래스 상속 − 자식 클래스 구현(1)

세탁기 클래스를 상속받은 자식 클래스들에 세탁기 이름을 저장할 name 속성과 스펙을 볼 수
있는 info 메소드를 추가하도록 하겠습니다.

**실습
예제** 첫 번째 자식 클래스인 LGWasher 클래스 – ch07ex06.py

```
1    class LGWasher(Washer):
2        def __init__(self, size, maker, name):
3            super().__init__(size, maker)
4            self.name = name
5
6        def info(self):
7            print("사이즈:", self.size)
8            print("제조사:", self.maker)
9            print("제품명:", self.name)
10
11       def __str__(self):
12           return super().__str__() + ", name:{}".
             format(self.name)
13
14
15   lgWasher = LGWasher(10, "LG", "트롬")
16   print(lgWasher)
17   lgWasher.washing()
```

행 번호	설명
1	Washer 클래스를 상속받아서 LGWasher 클래스를 선언합니다. 파이썬에서는 클래스를 상속받을 때 자식 클래스의 이름 뒤의 괄호 안에 부모 클래스를 지정합니다.
3	자식 클래스의 생성자에서는 부모 클래스를 임의로 호출해야 합니다.
6~9	자식 클래스에 추가되는 info() 함수를 선언합니다. 특별한 내용 없이 사이즈, 제조사, 제품명을 출력하도록 하였습니다.
11~12	__str__ 메소드를 재정의하였습니다. super().__str__()는 부모 클래스의 메소드를 호출하는 부분입니다.
15	자식 클래스인 LGWasher의 객체를 생성합니다. 객체 생성 시 인자로 size, maker, name을 입력하였습니다.
16	lgWasher 객체를 바로 실행하였습니다. __str__ 메소드가 자동 실행될 것입니다.
17	lgWasher 객체의 washing 기능을 실행하였습니다.

size:10, maker:LG, name:트롬
LG세탁기가 10킬로의 빨래를 한다~

클래스 상속 - 자식 클래스 구현(2)

두 번째 자식 클래스인 SamsungWasher 클래스를 구현해 보겠습니다. SamsungWasher 클래스 역시 LGWasher 클래스와 동일한 구조입니다. 단지 클래스 이름과 info 메소드 구현 부분에서 크기, 회사, 상품명 부분만 다르게 수정하였습니다.

두 번째 자식 클래스인 SamsungWasher 클래스 – ch07ex07.py

```python
class SamsungWasher(Washer):
    def __init__(self, size, maker, name):
        super().__init__(size, maker)
        self.name = name

    def info(self):
        print("크기:", self.size)
        print("회사:", self.maker)
        print("상품명:", self.name)

    def __str__(self):
        return super().__str__() + ", name:{}".format(self.name)


samsungWasher = SamsungWasher(10, "Samsung", "그랑데")
print(samsungWasher)
samsungWasher.washing()
```

소스코드해설

행 번호	설명
6~9	SamsungWasher 클래스의 구조는 앞서 구현한 LGWasher 클래스와 동일합니다. 단지 info 메소드의 구현 부분만 약간 수정하였습니다.
15~17	SamsungWasher 클래스로 객체를 생성하고 실행해 보았습니다.

메소드 오버라이드

메소드 오버라이드(Method Override)는 부모 클래스에 있는 메소드와 똑같은 메소드를 자식 클래스에도 선언하는 것으로 부모 클래스의 메소드를 재정의하는 것이라고 할 수 있습니다. 메소드 오버라이드를 할 때는 매개변수의 개수도 같아야 합니다. 메소드 오버라이드는 자식 클래스의 메소드가 부모 클래스의 메소드를 가린다는 개념으로 자식 클래스에 같은 이름의 메소드가 있다면 부모 클래스의 메소드를 실행하지 않고 자식 클래스의 메소드를 사용하게 됩니다. __str__ 메소드는 원래 object 클래스에 선언되어 있는 메소드입니다. 이것을 자식 클래스에서 재정의한 것으로 오버라이드된 것이라 할 수 있습니다. 같은 이름의 메소드가 부모 클래스와 자식 클래스에 모두 있을 때 해당 객체의 실제 멤버가 호출됩니다.

다음 예제는 앞에서 구현한 Washer 클래스에 메소드 오버라이드를 적용한 것입니다. 이 예제에서 자식 클래스에 선언되어 있던 info 메소드와 같은 이름의 메소드를 부모 클래스에도 추가하고 대신 몸체는 구현하지 않았습니다. 이렇게 하면 자식 클래스의 info 메소드는 오버라이드된 것입니다. 이 메소드를 외부에서 호출하지 않고 부모 클래스의 washing 메소드에서 호출하였습니다. 이렇게 되면 자식 클래스에서 직접 info 메소드를 호출하지 않더라도 부모의 washing 메소드에 의해 자식 클래스의 info 메소드가 실행됩니다. 이것은 일종의 템플릿 메소드 패턴으로 객체지향 프로그래밍에서 자주 사용되는 기법이라고 할 수 있습니다.

참고로 김씨의 아들이 자기 방에 TV를 별도로 장만하게 되면 더 이상 거실 TV를 볼 이유가 없습니다. 아들은 새로 장만한 아들 TV를 보면 됩니다.

외부의 관점에서는 아들도 김씨이기 때문에 김씨.TV시청() 형태가 됩니다. 이런 것을 객체지향 프로그래밍에서는 동적 바인딩이라고 합니다.

Washer 클래스에 info 메소드를 추가해서 오버라이드 구현 – ch07ex08.py

```python
1    class Washer:
2        def __init__(self, size, maker):
3            self.size = size
4            self.maker = maker
5
6        def washing(self):
7            print("{}세탁기가 {}킬로의 빨래를 한다~".format(self.
     maker, self.size))
8            self.info()
9
10       def info(self):
11           pass
12
13       def __str__(self):
14           return "size:{}, maker:{}".format(self.size,
     self.maker)
15   # end of Washer class
16
17
18   class SamsungWasher(Washer):
19       def __init__(self, size, maker, name):
20           super().__init__(size, maker)
21           self.name = name
22
23       def info(self):
24           print("크기:", self.size)
25           print("회사:", self.maker)
26           print("상품명:", self.name)
27
28       def __str__(self):
29           return super().__str__() + ", name:{}".
```

> 동적 바인딩 : 부모 타입의 참조 변수에 자식 타입으로 생성된 객체를 참조시킬 수 있습니다. 참조 변수로 메소드를 실행하면 실제 구현된 객체의 메소드를 실행하게 됩니다.

> 메소드 오버라이드 : 부모 클래스에 있는 같은 이름의 추상 메소드를 구현하였습니다.

```
                      format(self.name)
30
31
32     samsungWasher = SamsungWasher(10, "Samsung", "그랑데")
33     print(samsungWasher)
34     samsungWasher.washing()
```

소스코드해설

행 번호	설명
8	washing 메소드에서 info 메소드를 호출하였습니다. 부모 클래스의 info 메소드는 특별히 하는 일이 없지만 이것을 상속한 클래스의 info 메소드는 구현된 내용이 있습니다. 이렇게 되면 자식 클래스의 info 메소드가 호출되어 실행됩니다. 오버라이드된 메소드는 동적 바인딩의 특징에 따라 실제 구현된 객체의 메소드가 실행되기 때문입니다.
10~11	자식 클래스에 추가되었던 info 메소드의 원형을 부모 클래스에 추가하였습니다. 이렇게 하면 부모 클래스의 info 메소드를 자식 클래스의 info 메소드로 재정의한 것과 같습니다. 부모 클래스의 info 메소드는 특별한 기능을 구현하지 않아도 되기 때문에 pass 키워드를 이용해서 비워 두었습니다.

 size:10, maker:Samsung, name:그랑데
Samsung세탁기가 10킬로의 빨래를 한다~
크기: 10
회사: Samsung
상품명: 그랑데

316

딕셔너리를 상속받은 클래스 만들기

앞에서 배운 리스트나 딕셔너리도 클래스의 한 종류입니다. 이처럼 파이썬에서 기본적으로 제공하는 클래스도 필요에 따라 상속받아서 새로운 기능을 확장할 수 있습니다. 다음 예제는 파이썬의 기본 클래스인 dict 클래스를 상속받아서 새롭게 구현한 클래스입니다.

실습 예제 | **딕셔너리 클래스를 상속받아서 변경** – ch07ex09.py

```
1    # 딕셔너리 클래스를 상속받아서 변경하기
2    class MyDict(dict) :
3        def __init__(self):
4            super().__init__()
5
6        def setAttribute(self, key, value):
7            self[key] = value
8
9        def getAttribute(self, key):
10            return self[key]
11
12        def size(self):
13            return len(self)
14
15    myDict = MyDict()
16    myDict.setAttribute("name", "hong-gildong")
17    myDict.setAttribute("address", "Seoul Korea")
18
19    print( myDict.getAttribute("name") )
20    print( myDict.getAttribute("address"))
21
22    print(myDict.size())
```

행 번호	설명
2	파이썬의 dict 클래스를 상속받아서 MyDict 클래스를 선언합니다.
4	클래스를 상속받으면 생성자에서 부모 클래스의 생성자를 임의로 호출해야 합니다.
6~7	딕셔너리에 key와 value를 추가하는 메소드인 setAttribute 메소드를 구현하였습니다.
9~10	딕셔너리에서 값을 찾아서 반환해 주는 getAttribute 메소드를 구현하였습니다.
12~13	현재 딕셔너리에 저장된 요소의 개수를 반환하는 size 메소드를 구현하였습니다.
15	MyDict 클래스를 이용해서 객체를 생성하였습니다.
16~17	생성된 myDict 객체에 name과 address 값을 추가하였습니다.
19~20	객체에 저장된 name과 address 값을 가져옵니다.
22	객체에 저장된 요소의 개수를 확인합니다.

```
hong-gildong
Seoul Korea
2
```

이상으로 파이썬의 객체지향 프로그래밍에 대해서 일단락하겠습니다. 8장부터 구현되는 예제에는 클래스가 자주 등장하게 됩니다.

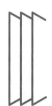

|연|습|문|제|

◆ 이 론 문 제 ◆

1 **파이썬의 객체에 대한 설명으로 틀린 것은?**

① 클래스의 결과물이 객체다.

② 객체지향 프로그래밍이란 데이터를 중심으로 프로그래밍하는 것이다.

③ 객체의 멤버 변수는 명사적인 의미로 속성이나 필드와 같다.

④ 객체지향 프로그래밍은 함수 기능을 중심으로 프로그래밍하는 것이다.

2 **딕셔너리와 객체의 특징이 바르게 짝지어진 것은?**

① Key : Data

② Value : Attribute

③ [ ]로 Key 값 접근 : 점(.)으로 객체 멤버 접근

④ 딕셔너리는 내부에 직접 함수 선언이 가능 : 객체는 멤버 함수 직접 선언 불가능

3   다음 빈칸에 들어갈 알맞은 답을 적으시오.

```
test={ "name" : "HONG" }

def getName(      ①      ) :
    return self["name"]

def setName(name=None, self=test) :
    self["name"] = name

test['getName'] =      ②      ;
test['setName'] =      ③      ;

print("이름은 ", test['getName']())
test["setName"]("KIM")
print("변경된 이름은 ", test['getName']())
```

①

②

③

4   파이썬 클래스 선언에 대한 설명으로 옳지 않은 것은?

① 클래스에는 멤버 속성, 멤버 함수, 생성자 함수가 포함된다.

② 클래스의 멤버 함수에는 self 매개변수가 꼭 선언되어야 한다.

③ 클래스를 이용해서 객체를 생성할 때는 new 연산자가 필요하다.

④ 객체를 생성하지 않으면 클래스는 실행되지 않는다.

5 객체지향 설계의 5대 원칙인 SOLID 원칙에 포함되지 <u>않는</u> 것은?

① 루즈 커플링과 모듈화 원칙

② 단일 책임 원칙

③ 개방 폐쇄 원칙

④ 리스코프 치환 원칙

6 파이썬의 이름 짓기 관례에 해당하지 <u>않는</u> 것은?

① 클래스의 이름은 첫 글자를 대문자로 시작한다.

② 클래스는 첫 글자를 대문자로 시작하고 다음 이어지는 단어의 첫 글자도 대문자로 시작한다.

③ 변수나 메소드 이름은 모두 대문자로 작성하고 언더스코어(_)로 단어를 구분한다.

④ 파이썬은 낙타봉 표기법과 뱀 표기법이 모두 사용 가능하다.

7 파이썬의 생성자 메소드에 대한 설명으로 바르지 <u>않은</u> 것은?

① 생성자 메소드는 선언할 때 선언하지 않으면 인터프리터에 의해 자동으로 만들어진다.

② 파이썬의 생성자 함수는 여러 개 선언이 가능하다.

③ 생성자 메소드를 선언할 때는 self 매개변수를 꼭 포함해야 한다.

④ 파이썬의 생성자 함수 이름은 __init__이다.

8 파이썬에서 클래스 상속이 제대로 된 것은?

① 자식 클래스 extends 부모 클래스 :

② 자식 클래스 inheritance 부모 클래스 :

③ 자식 클래스 :: 부모 클래스 :

④ 자식 클래스(부모 클래스) :

9 파이썬 클래스에 대한 설명으로 바르지 않은 것은?

① 파이썬의 클래스는 다중 상속이 가능하다.

② 파이썬은 기본적으로 정보 은닉이 가능하다.

③ 파이썬 클래스의 멤버 메소드는 오버라이드가 불가능하다.

④ 파이썬의 상속에는 메소드 오버라이드가 가능하다.

10 다음 클래스 상속의 작업 순서를 순서대로 나열하시오.

(1) 부모 클래스를 선언합니다.
(2) 부모 클래스로 전달할 파라미터를 부모 생성자 호출 시 인자로 사용합니다.
(3) 자식 클래스의 생성자에서 부모 클래스의 생성자를 호출합니다.
(4) 자식 클래스의 객체를 만들고 부모 클래스의 멤버를 호출해 봅니다.
(5) 자식 클래스를 선언할 때 부모 클래스를 지정합니다.

1   다음 소스 코드를 실행해서 실행 결과 예시와 같은 결과가 출력되도록 세탁기 클래스를 작성하시오.

```
washer = Washer("LG", "트롬", 65)
washer.washing()
```

| 실행 결과 예시 |

LG 트롬 세탁기가 65킬로그램의 빨래를 합니다.

| 힌트 | 생성자 함수는 def __init__(self, maker, brand, weight) : 와 같은 형식으로 선언합니다.
           메소드에서 멤버 속성에 접근하기 위해서는 self 참조 변수를 이용해야 합니다.
           예) self.maker

2   다음 지시 사항을 참고해서 음악을 저장하는 Music 클래스를 선언하고 실행 결과 예시와 같이 출력되도록 하시오.

[지시 사항]
– 클래스의 이름은 Music이다.
– Music 클래스의 멤버 속성으로는 track, title, singer가 있다.
– track : 앨범에서 몇 번째 노래인지를 저장하는 숫자형 데이터다.
– title : 음악의 제목이 저장되는 문자열 데이터다.
– singer : 가수의 이름이 저장되는 문자열 데이터다.
– 음악을 실행하는 메소드는 play() 메소드다.
– 가수 "엄정화"의 "Festival"이라는 음악을 저장하는 Music 객체 생성은 다음 예와 같다.
   예) music = Music(1, "Festival", "엄정화")
– 생성된 music 객체를 실행해서 실행 결과 예시와 같은 결과가 출력되도록 한다.

| 실행 결과 예시 |

1번 트랙 엄정화의 Festival 실행중입니다.

3   x 좌표와 y 좌표의 위치 정보를 저장하는 Point 클래스를 선언하시오. (Point의 생성자를 이용해서 좌표 값을 초기화할 수도 있고, setter와 getter 메소드를 이용해서 좌표를 변경할 수도 있어야 합니다. 또 좌표를 확인하는 메소드는 show_point() 메소드가 되도록 하고, set_point(x, y) 함수로 좌표 값을 한번에 변경 가능하도록 합니다.)

```
p1 = Point(10, 20)
p1.show_point();

p1.set_point(100, 200)
print(p1.get_x(), p1.get_y())
```

| 실행 결과 예시 |

```
x=10, y=20
100 200
```

| 힌트 | getter와 show_point() 함수의 예는 다음과 같습니다.

예)

```
def get_x(self):
    return self.x

def get_y(self):
    return self.y

def show_point(self):
    print('x=%d, y=%d' %(self.x, self.y))
```

4   2번 문제에서 구현한 Music 클래스의 객체를 실행하는 MusicPlayer 클래스를 선언하시오.
(MusicPlayer 클래스에는 Music의 목록을 저장하는 리스트 속성을 두고 음악을 추가, 제거, 전곡 실행이
가능하도록 합니다.)

| 실행 **결과** 예시 |

```
::: Music Player :::
(1)추가 (2)제거 (3)전곡 실행 (4)종료 〉〉 1
새 노래를 계속 입력 하세요. (종료는 '그만') 〉〉
곡목 입력 〉〉 바람의 노래
가수 입력 〉〉 조용필
곡목 입력 〉〉 인연
가수 입력 〉〉 이선희
곡목 입력 〉〉 Festival
가수 입력 〉〉 엄정화
곡목 입력 〉〉 그만
곡 추가 기능을 마칩니다!
::: Music Player :::
(1)추가 (2)제거 (3)전곡 실행 (4)종료 〉〉 2
삭제 할 번호 입력 〉〉 5
삭제 할 음악이 없습니다!
::: Music Player :::
(1)추가 (2)제거 (3)전곡 실행 (4)종료 〉〉 2
삭제 할 번호 입력 〉〉 2
2번 트랙 이선희의 인연 삭제
::: Music Player :::
(1)추가 (2)제거 (3)전곡 실행 (4)종료 〉〉 3
1번 트랙 조용필의 바람의 노래 실행중입니다.
3번 트랙 엄정화의 Festival 실행중입니다.
::: Music Player :::
(1)추가 (2)제거 (3)전곡 실행 (4)종료 〉〉 4
뮤직 플레이어 종료!
```

MusicPlayer 객체를 실행하는 메뉴 부분의 소스 코드는 아래 예를 참고하길 바랍니다.

예)

```
mp = MusicPlayer()
while True :
    print("::: Music Player :::")
    no = int(input("(1)추가 (2)제거 (3)전곡 실행 (4)종료 >> "))
    if no == 1 :
        print("새 노래를 계속 입력 하세요. (종료는 '그만') >>")
        mp.input()
    elif no == 2 :
        idx = int(input('삭제 할 번호 입력 >> '))
        mp.delete(idx)
    elif no == 3 :
        mp.play_all()
    elif no == 4 :
        print("뮤직 플레이어 종료!")
        break
```

5 **3번 문제에서 구현한 Point 클래스를 상속받아서 Point3D 클래스를 구현하고, 다음 소스 코드를 실행해서 실행 결과 예시처럼 출력되게 하시오.**

```
p3d = Point3D(10,20,30)
p3d.show_point()
p3d.set_point(100,200,300)
print(p3d.get_x(), p3d.get_y(), p3d.get_z())
```

| 실행 결과 예시 |

```
x=10, y=20, z=30
100 200 300
```

| 힌트 | 부모 클래스의 멤버에 접근하려면 super() 키워드를 사용합니다.

예)

– 부모 클래스의 생성자 접근 : super().__init__()

– 부모 클래스의 멤버 메소드 접근 : super().메소드()

print() 함수는 end 속성을 이용해서 마지막 문자를 변경할 수 있습니다.

예) print("hello", end="") 〈── hello를 출력하고 개행하지 않습니다.

8

예외 처리 구문

8장에서는 예외 처리를 이용해서 비정상 종료를 막는 방법에 대해 학습하고, 로그 처리와

로그 파일을 생성하는 방법에 대해서 학습해 보도록 하겠습니다.

p y t h o n

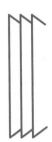

맛보기 예제 – 일단 따라해 보세요!

예외 처리는 try ~ except문을 이용하는데 이것은 if ~ else 제어문의 변형된 형태로 이해해도 좋을 것 같습니다. try ~ except문이 없다면 if ~ else문으로 예외 처리를 해야 할 것입니다. 파이썬에서 로깅 처리를 위해서는 logging 모듈을 활용할 수 있습니다. logging 모듈과 print() 모듈은 스레드가 다르기 때문에 순차적으로 실행되지 않습니다. 로깅 처리 후에 print()문이 순서대로 실행되도록 하기 위해 임시로 sleep() 함수를 사용하였습니다.

```
sleep(0.5)
```

sleep() 함수의 인자 값은 초 단위로 들어갑니다. 0.5를 입력하면 0.5초 동안 잠시 멈추는 것을 의미합니다.

 일단 따라해 보기 – ch08_pre_example.py

```
1    import logging
2    from time import sleep
3
4    while True :
5        try :
6            await age = int(input("나이 입력 >>"))
7            print('입력 한 나이는 ', age)
```

```
8                break          ←
9          except  ValueError as e  :
10               logging.warning("나이는 정수로 입력 하세요!");
11               sleep(0.5)←
12               continue
13
14    print("The End!")
```

정상 값이 입력되면 반복문을 탈출하고 예외가 발생하면 break를 건너뛰고 except 구문으로 넘어가게 됩니다.

로그와 print() 함수가 순서대로 나오게 하기 위해 로그를 출력하고 강제로 인터럽트를 발생시켜 잠시 멈추게 하였습니다.

실행결과
나이 입력 >>a
WARNING:root:나이는 정수로 입력 하세요!
나이 입력 >>17
입력 한 나이는 17
The End!

소스 코드를 실행해서 나이 입력에 정수가 아닌 다른 문자를 넣어 보면 except가 실행되어 예외가 발생합니다. 예외가 발생하면 예외 처리를 하고 continue를 하면 while 반복문의 맨 처음으로 돌아가서 다시 try문을 실행하게 됩니다. 다시 정수를 입력해 보면 정상 실행되는 것을 확인할 수 있습니다.

예외 처리

예외는 에러가 아니므로 try ~ except 문장을 이용해서 처리할 수 있습니다. 예외를 처리하는 부분을 미리 만들어 두지 않으면 에러가 발생합니다.

정상적인 프로그램이라면 시작에서부터 종료까지 문제 없이 진행되어야 합니다. 그러나 예외가 발생하면 프로그램 진행이 끝까지 수행되지 못하고 중도에 멈추게 됩니다. 이런 예외 상황을 대비해서 사전에 미리 코딩해 줄 수 있습니다. 이런 상황은 if문으로도 어느 정도 해결이 가능하지만 try ~ except문을 이용하면 좀 더 수월하게 예외를 처리할 수 있습니다.

프로그램의 비정상 종료

예외 처리는 에러가 발생할 가능성이 있는 코드를 미리 예측하고 그 대비책을 설정해 주는 것입니다. 예외는 여러 경우에 발생 가능합니다. 연산이 불가능한 데이터가 입력되거나 읽을 수 없는 파일을 읽어들이려고 하거나 네트워크나 데이터베이스가 연결되지 않은 상태에서 요청을 한다거나 하는 것들이 모두 예외를 유발할 수 있는 상황입니다. 이런 상황은 모두 사용자가 프로그램 실행 중에 발생하는 경우이기 때문에 프로그래머는 소스 코드를 작성할 때 그런 상황을 미리 예측하고 예외 처리를 구현해 주어야 합니다.

Tip 프로그램 실행 중에 예외가 발생할 수 있는 상황들

- 함수가 아닌 데이터를 실행하려고 할 경우
- 유효하지 않은 데이터를 입력받을 경우
- 파일 입출력 관련 문제
- 연결되지 않은 네트워크를 사용하려고 할 경우
- Database Connection 문제
- 나눌 수 없는 정수를 나누는 문제
- 객체가 아닌 데이터의 멤버를 호출하는 문제

프로그램 실행 중에는 수없이 많은 예외들이 발생할 수 있고 이런 예외들을 처리할 수 있는 구문이 파이썬에는 이미 많이 준비되어 있습니다.

try ~ except를 이용한 에러 처리

예외 처리를 위해서는 try ~ except 구문을 사용하는데 try 구문으로 예외가 발생할 가능성이 있는 문장을 감싸주면 예외 처리가 준비됩니다. 그리고 예외가 발생했을 때 except 구문으로 처리해 주면 됩니다.

이런 예외가 발생하는 경우의 예를 하나 들어 보겠습니다. 특정 함수의 인수로 전달되는 콜백 함수가 함수일 경우에는 실행하고, 함수가 아닌 데이터가 인수로 전달되면 에러가 발생합니다. 이럴 때 예외 처리는 if문으로 만들 수 있습니다. 그러나 if문으로 모든 예외를 처리하기에는 부족합니다. 파이썬에서는 이런 경우에 try ~ except문을 이용할 수 있습니다. 예외 처리에 사용된 try문은 예외가 발생하지 않으면 별 문제 없이 프로그램이 진행됩니다. 그러나 예외가 발생하면 except 구문의 문장이 실행됩니다. 이 except 구문에 예외 상황에 대처할 구문을 넣어주면 됩니다. 예외 처리 문장은 기본적으로 try ~ except 구문으로 구성됩니다. 이 외에도 필요에 따라 else, finally 구문을 추가할 수 있습니다.

try	예외가 발생할 가능성이 있는 문장에 try해 줍니다.
except	예외가 발생하면 실행되는 구문입니다. 다른 except를 더 추가할 수 있습니다.
else	예외가 발생하지 않으면 실행되는 구문입니다.
finally	에러 발생 여부와 관계없이 마무리 작업을 위해 무조건 실행되는 구문입니다.

| 파이썬 예외 처리 기본 키워드

실습예제 **파이썬 예외 처리 기본 키워드** – ch08ex01.py

```
1    def player(callback):
2        try :
3            print("{:-^50}".format("try"))
4            print("예외가 발생 할 가능성이 있는 문장에  try 해준다")
5            result = callback()
6            print("처리 결과 : ", result)
7        except TypeError:
8            print("{:-^50}".format("except TypeError"))
9            print("TypeError 예외가 발생하면 실행 되는 구문")
10           print("Exception : callback은 함수가 아닙니다!")
11           print(callback)
12       except :
13           print("{:-^50}".format("except TypeError"))
14           print("TypeError 예외 이외의 예외")
15       else :
16           print("{:-^50}".format("else"))
17           print("예외가 발생 하지 않은 경우에 실행되는 구문")
18       finally :
19           print("{:-^50}".format("finally"))
20           print("에러 발생 여부와 관계없이 마무리 작업으로 실행 되는 구문")
21
22
```

```
23        def sayHello():
24            return "Hello world^^"
25
26
27        player(sayHello)
28        #player("Hello")
```

소스코드해설

행 번호	설명

1~20   예외 처리 구문 테스트를 위해 임시로 함수를 선언하였습니다. 함수로 전달되는 callback 함수를 실행하는 예제입니다. 이 callback이 함수형이면 정상 실행되고, 그렇지 않으면 exception이 발생합니다.

2~6   callback 매개변수로 전달되는 함수를 실행하는 try 구문입니다. 5행에서 매개변수로 전달받은 callback() 함수를 실행합니다. 만약 callback이 함수가 아니라면 예외에 의한 에러가 발생합니다. callback이 함수라면 결과가 result 변수에 담겨서 정상 출력됩니다.

7~11   5행에서 실행한 callback이 함수가 아니라면 TypeError 예외가 발생합니다. 이 예외가 발생하면 실행되는 부분입니다.

12~14   try 구문에서 발생한 예외가 TypeError 예외가 아니라면 이 구문이 실행됩니다.

15~17   try 구문에서 예외가 발생하지 않으면 함께 실행되는 부분입니다.

18~20   finally 구문은 try 구문에서 예외 발생 유무와 상관없이 실행되는 부분입니다.

23~24   player() 함수의 인수로 전달될 콜백 함수입니다.

27   player() 함수가 정상 실행되도록 함수를 인수로 전달하였습니다.

28   27행을 주석 처리하고 이 부분의 주석을 풀어주면 인수가 함수 타입이 아니기 때문에 예외가 발생합니다.

─────────────────────────try─────────────────────────
예외가 발생 할 가능성이 있는 문장에 try 해준다

처리 결과 : Hello world^^

─────────────────────────else─────────────────────────
예외가 발생 하지 않은 경우에 실행되는 구문

─────────────────────────finally─────────────────────────
에러 발생 여부와 관계없이 마무리 작업으로 실행 되는 구문

---

ch08ex01.py

```python
1   def player(callback):
2       try :
3           print("{:-^50}".format("try"))
4       2   print("예외가 발생 할 가능성이 있는 문장에 try 해준다")
5           result = callback()
6           print("처리 결과 : ", result)
7       except TypeError:
8           print("{:-^50}".format("except TypeError"))
9           print("TypeError 예외가 발생하면 실행 되는 구문")
10          print("Exception : callback은 함수가 아닙니다!")
11          print(callback)
12      except :
13          print("{:-^50}".format("except TypeError"))
14          print("TypeError 예외 이외의 예외")
15      else :
16      3   print("{:-^50}".format("else"))
17          print("예외가 발생 하지 않은 경우에 실행되는 구문")
18      finally :
19      4   print("{:-^50}".format("finally"))
20          print("에러 발생 여부와 관계없이 마무리 작업으로 실행 되는 구문")
21
22
23  def sayHello():
24      return "Hello world^^"
25
26
27  1   player(sayHello)
28      #player("Hello")
```

위에서 선언된 함수가 실행됩니다.

| 예외 처리 실행 순서 1

위 예제에서 27행을 주석 처리하고 28행의 주석을 풀고 실행하게 되면 예외가 발생하게 됩니다. 예외가 발생하면 7~11행의 예외 처리 부분이 실행됩니다. 예외가 발생하면 15행의 else 구문은 실행되지 않습니다. 18~20행의 finally 구문은 예외가 발생하거나 발생하지 않거나 상

관없이 무조건 실행되는 구문입니다. 이 구문은 예외 발생 전에 생성된 객체나 파일 연결, DB 연결 같은 사항의 close 처리와 같은 마무리 작업으로 실행됩니다. 만약 생성만 하고 예외로 인해 close해 주지 않으면 이 때문에 또 다른 오류가 발생하거나 완전한 종료가 수행되지 않을 수 있습니다.

실행 결과 2

```
--------------------------------try--------------------------------
예외가 발생 할 가능성이 있는 문장에 try 해준다
--------------------------except TypeError--------------------------
TypeError 예외가 발생하면 실행 되는 구문
Exception : callback은 함수가 아닙니다!
Hello
-------------------------------finally-------------------------------
에러 발생 여부와 관계없이 마무리 작업으로 실행 되는 구문
```

```python
def player(callback):
    try :
        print("{:-^50}".format("try"))
        print("예외가 발생 할 가능성이 있는 문장에 try 해준다")
        result = callback()
        print("처리 결과 : ", result)
    except TypeError:
        print("{:-^50}".format("except TypeError"))
        print("TypeError 예외가 발생하면 실행 되는 구문")
        print("Exception : callback은 함수가 아닙니다!")
        print(callback)
    except :
        print("{:-^50}".format("except TypeError"))
        print("TypeError 예외 이외의 예외")
    else :
        print("{:-^50}".format("else"))
        print("예외가 발생 하지 않은 경우에 실행되는 구문")
    finally :
        print("{:-^50}".format("finally"))
        print("에러 발생 여부와 관계없이 마무리 작업으로 실행 되는 구문")


def sayHello():
    return "Hello world^^"




#player(sayHello)
player("Hello")
```

위에서 선언된 함수가 실행됩니다.

| 예외 처리 실행 순서 2

파이썬의 대표적인 예외 구문

파이썬에서 제공하는 예외 처리 타입은 매우 많습니다. 그중 Exception Handling은 https://docs.python.org/ko/3.7/reference/compound_stmts.html#the-try-statement에서 더 자세한 내용을 찾아볼 수 있습니다. 파이썬에서 제공하는 예외 타입 중에서 프로그램 개발 시 많이 접하게 되는 예외 타입은 다음과 같습니다.

예외 타입	설명
ZeroDivisionError	나눌 수 없는 값으로 나눔
NameError	선언되지 않은 식별자를 사용함
TypeError	타입 오류
SyntaxError	구문 오류
FileNotFoundError	없는 파일을 사용하려고 함
IndexError	배열에 없는 첨자에 접근하려고 함
KeyError	딕셔너리에 없는 키에 접근하려고 함
ValueError	데이터의 형이 다름

| 많이 접하게 되는 파이썬의 예외 타입들

일반적으로 나눗셈은 나눗수가 0이면 안됩니다. 이럴 경우 ZeroDivisionError 예외가 발생합니다. 다음은 ZeroDivisionError 예외가 발생하는 경우의 예제입니다.

실습예제 **ZeroDivisionError 예외 발생 예제 – ch08ex02.py**

```
1    try:
2        result = 10/0
3    except ZeroDivisionError as zero :
```

```
4        print("0으로 나눌 수 없습니다!")
5        print(zero)
```

 소스코드해설

행 번호	설명
2	0으로 나눌 수 없기 때문에 예외가 발생합니다.
3	예외가 발생하면 실행되는 except 구문입니다. as를 이용해서 ZeroDivisionError를 zero 로 줄였습니다.
4	전달된 예외 메시지를 출력하였습니다.

실행 결과
0으로 나눌 수 없습니다!
`division by zero`

정의되지 않은 변수를 사용하면 NameError 예외가 발생합니다. 다음은 선언되지 않은 user 변수를 문자열에 연결하려고 할 때 발생하는 예외를 실습해 보는 예제입니다. 이런 예외를 직접 경험해 보지 않으면 실제로 많은 양의 코딩을 할 경우 간단한 예외의 원인도 찾기 어려울 수 있습니다.

 NameError 예외 발생 예제 – ch08ex03.py

```
1    try:
2        message = user + "님 안녕하세요^^"
3        print(message)
4    except NameError as e:
```

```
5          print("식별자가 정의 되지 않았습니다!")
6          print(e)
```

 식행결과

식별자가 정의 되지 않았습니다!
name 'user' is not defined

예외 타입 새로 만들기

사용자 정의 예외 타입을 새롭게 만들기 위해서는 클래스로 정의해야 합니다. 이때 새로운 예외 타입 클래스는 부모 클래스로 Exception 클래스를 상속받아야 합니다.
사용자 정의 예외 클래스를 선언하는 방법은 클래스 이름 뒤에 괄호를 붙이고, Exception 클래스를 부모 클래스로 지정해 주면 됩니다.

```
class UserDefinitionError(Exception):
    def __init__(self, message):
        super().__init__("사용자 정의 예외: "+message)
```

이때 클래스의 내용이 없다면 굳이 내용을 적지 않고 pass만 적어도 됩니다.

```
class UserDefinitionError(Exception):
    pass
```

사용자 정의 예외를 발생시키려면 예외 발생 시점에서 raise를 이용해서 예외를 발생시킵니다. 이것은 사용자 정의 예외를 강제로 발생시키는 것입니다. 예외를 발생시킬 때 메시지를 넣어주면 예외 처리 구문에서 메시지를 보여줍니다.

엄밀히 말해 예외와 에러는 다르다고 할 수 있습니다. 파이썬 프로그래밍에서 에러는 문법적인 에러를 의미합니다. 예외보다 좀 더 명확한 의미로 프로그램 작성 시에 이미 발생합니다. 그러나 예외는 문법적으로는 문제가 없지만 프로그램 실행 시에 유효하지 않은 값이 입력되는 것처럼 실행 시 예상치 못한 문제가 발생하는 것이라고 할 수 있습니다. 예외 중에서 복구 불가능한 예외도 얼마든지 있습니다. 이럴 경우에는 프로그램을 종료시키는 방법이 최선이라고 할 수 있습니다.

종류	설명
Error	문법적인 에러로 프로그램 작성 시에 이미 발생합니다.
Exception	문법적인 문제는 없지만 프로그램 실행 시에 예기치 않게 발생할 수 있습니다.

| Error와 Exception의 차이

실습 예제

raise를 이용해 사용자 정의 예외를 강제로 발생시키는 예제 – ch08ex04.py

```
1    class UserDefinitionError(Exception):
2        pass
3
```

```
4
5    try:
6            raise UserDefinitionError("User definition error!")
7    except UserDefinitionError as e:
8            print(e)
```

행 번호	설명
1~2	사용자 정의 예외 클래스를 정의합니다.
6	raise 키워드를 이용해서 사용자 정의 예외를 강제로 발생시킵니다.
7	except 구문에서 사용자 정의 예외 타입을 받습니다. as 키워드를 이용해서 예외 객체를 e로 축약하였습니다.

실행 결과

```
User definition error!
```

이렇게 선언한 사용자 정의 예외를 앞에서 실행한 NameError 예제에 적용해 보겠습니다. 이때 예외의 except 구문 안에서 try ~ except 구문을 내포하는 방식으로 실행해 주어야 합니다.

 사용자 정의 예외를 강제로 발생시키는 예제 – ch08ex05.py

```
1    class UserDefinitionError(Exception):
2        def __init__(self, message):
3            super().__init__("사용자 정의 예외: "+message)
```

```
4
5
6    try:
7        message = user + "님 안녕하세요^^"
8        print(message)
9    except NameError as e:
10       print("식별자가 정의 되지 않았습니다!")
11
12       try:
13           raise UserDefinitionError(str(e))
14       except UserDefinitionError as user_e:
15           print(user_e)
```

소스코드해설

행 번호	설명
1~3	사용자 정의 예외 클래스를 정의합니다. 생성자에서 Exception 클래스의 생성자를 직접 호출해서 문장을 추가해 주었습니다.
7	선언되지 않은 message 변수에 데이터를 저장하려고 하기 때문에 이 부분에서 예외가 발생합니다.
9	except 구문에서 NameError 예외를 받습니다.
12	사용자 정의 예외인 UserDefinitionError를 강제로 실행하기 위해서 try문을 추가합니다.
13	raise를 이용해서 사용자 정의 예외를 발생시킵니다.
14	사용자 정의 예외가 발생하면 받아서 처리하는 except 구문입니다.

 식별자가 정의 되지 않았습니다!
사용자 정의 예외: name 'user' is not defined

assert 구문

raise 외에도 assert를 이용해서 예외를 발생시킬 수 있습니다. assert문을 이용해서 조건식과 예외 메시지를 연결해 줍니다. assert문은 AssertionError와 동일하다고 할 수 있습니다. 주의할 점은 assert의 조건이 False일 경우 메시지가 발생한다는 것입니다.

assert 조건식, 예외 메시지	if not 조건식 : raise AssertionError(예외 메시지)

 실습 예제

assert를 이용해 사용자 정의 예외를 강제로 발생시키는 예제
– ch08ex05_2.py

```
1   user_name = input("성명 입력 : ")
2
3   try :
4       assert len(user_name) >= 3, "성명은 3글자 이상이어야 합니다."
5       print("user_name =>", user_name)
6   except AssertionError as e :
7       print(e)
```

소스코드해설

행 번호	설명
1	assert에 적용할 문자열을 입력받습니다.
3~7	assert문에서 발생한 예외 처리를 하기 위해 try ~ catch 구문을 사용하였습니다.
4~5	assert문을 선언합니다. user_name의 글자 수가 3글자 이상이면 조건의 결과가 True이기 때문에 예외가 발생하지 않습니다. 입력된 글자 수가 3글자보다 적다면 예외가 발생합니다.

6	4행에서 예외가 발생하면 예외를 받아 처리하는 부분으로 assert의 예외 타입은 AssertError입니다.
7	예외 결과를 출력합니다.

 실행 결과

성명 입력 : 길동
성명은 3글자 이상이어야 합니다.

입력된 성명의 글자 수가 3글자 미만일 경우 예외가 발생하게 만든 사용자 정의 예외입니다.

```
ch08ex05_2.py ×
1
2    user_name = input("성명 입력 : ")
3
4    try :
5        assert len(user_name) >= 3, "성명은 3글자 이상이어야 합니다."
6        print("user_name =>", user_name)         Assertion message
7    except AssertionError as e :
8        print(e)
9
```

| 사용자 정의 예외를 강제로 발생시키기

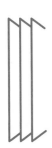

logging 모듈 사용

logging 모듈 사용 이유

애플리케이션이 실행될 때 작업 상태나 예외 처리 등의 동작을 로그로 남겨 두면 운영자가 시스템을 관리할 때 유용하게 활용할 수 있습니다. 로그에는 일반적으로 로그 레벨 타입과 로그 발생 시간, 로그 메시지가 기록됩니다. 로그는 출력 화면에 보이게 할 수도 있고 별도의 파일로 관리되기도 합니다. 이것은 시스템이 실행되는 동안의 흔적으로 어떤 오류나 문제가 발생했을 때 이 로그를 분석해서 문제의 원인을 파악할 수 있습니다. 그뿐 아니라 프로그램 개발 단계에서 로그를 잘 분석하면 프로그램 개발에도 도움이 될 수 있습니다. logging 모듈은 프로그램과는 별도의 스레드를 사용하기는 하지만 로그 저장이 너무 과하면 프로그램 실행에 무리가 갈 수 있습니다. 로그에 모든 것을 다 기록하기보다는 디버깅에 필요한 최소한의 처리로 설정해야 합니다.

로그 처리를 할 때는 print() 함수 대신 logging 모듈을 이용해서 처리할 수 있습니다. logging 모듈에는 콘솔 출력 기능 외에도 파일 출력 기능이 포함되어 있기 때문에 파이썬에서의 로그 처리는 print() 함수 대신 logging 모듈을 사용할 것을 권장합니다.

logging 모듈 기본 설정

logging 모듈 사용 방법은 일단 logging 모듈을 불러온 후에 로깅 기본 설정을 해주면 됩니다. 로깅 기본 설정에는 filename, filemode, format, datefmt, level, stream 등을 설정할 수 있습니다. 주로 로깅 설정은 level과 출력 format을 설정합니다. format에는 asctime, levelname, message 등을 설정할 수 있습니다. 로깅 설정에 filename이 있는 것은 로그를 별도의 로그 파일에 저장 가능하기 때문입니다.

```
import logging

logging.basicConfig(filename, filemode, format, datefmt, level, stream)
```

이 형식을 바탕으로 로깅의 기본 설정을 해보겠습니다. 파이썬 로깅의 기본 로그 레벨은 WARNING입니다. 그래서 basicConfig에서 로깅 레벨 설정을 하지 않으면 logging.warning() 기능만 동작합니다. basicConfig()로 기본 설정을 해주면 logging.info()나 logging.debug() 같은 기능도 실행할 수 있습니다.

실습 예제 로그 발생 예제 – ch08ex06.py

```
1    import logging
2
3    logging.info("INFO log message")
4    logging.warning("WARNING log message")
5    logging.debug("Some message")
```

소스코드해설

행 번호	설명
1	logging 모듈을 사용하기 위해 불러옵니다.
3~5	logging 모듈의 기본 로그 레벨은 WARNING입니다. 그래서 info() 기능과 debug() 기능은 지금 당장 출력되지 않습니다.

```
WARNING:root:WARNING log message
```

warning() 외에 info()나 debug() 같은 다른 레벨의 로그도 출력하기 위해서는 basicConfig()로
로그 레벨 설정을 해야 합니다.

 여러 종류의 로그 발생 예제 – ch08ex06_2.py

```python
1    import logging
2
3    logging.basicConfig(level=logging.DEBUG,
     format='%(levelname)s - %(asctime)s - %(message)s')
4
5    logging.info("INFO log message")
6    logging.warning("WARNING log message")
7    logging.debug("DEBUGE log message")
8    logging.error("ERROR log message")
9    logging.critical("CRITICAL log message")
```

소스코드해설

행 번호	설명
3	logging 모듈의 기본 설정을 합니다. basicConfig() 메소드의 인수로 filename, filemode, format, datefmt, level, stream 등을 지정할 수 있습니다. 이때 level 값을 logging. DEBUG로 하게 되면 모든 레벨의 로깅을 출력할 수 있습니다.
5~9	로그 레벨 설정을 DEBUG로 했기 때문에 모든 레벨의 로그를 출력할 수 있습니다.

```
INFO - 2020-08-28 18:05:27,325 - INFO log message
WARNING - 2020-08-28 18:05:27,325 - WARNING log message
DEBUG - 2020-08-28 18:05:27,325 - DEBUGE log message
ERROR - 2020-08-28 18:05:27,325 - ERROR log message
CRITICAL - 2020-08-28 18:05:27,325 - CRITICAL log message
```

로깅 모듈은 총 5단계의 레벨을 지원합니다. 이 중에서 debug 레벨이 가장 약한 레벨로 개발 단계에서 디버그 정보를 보여줍니다. 기본 레벨은 warning 레벨로 warning 레벨부터는 로깅의 기본 설정을 하지 않아도 출력이 가능합니다. 가장 심각한 단계의 레벨은 critical 레벨입니다.

5 Level	debug(가장 약한 단계)
4 Level	info
3 Level	warning(기본 단계)
2 Level	error
1 Level	critical(가장 심각한 단계)

| logging 모듈의 레벨 단계

logging 모듈 적용하기

기본 설정을 한 후 디버그를 로그 출력해 보았다면 실제로 앞의 예제에 적용해 보겠습니다. 다음 예제는 앞의 예제에서 print() 함수를 이용해서 콘솔에 출력했던 것을 logging 모듈로 바꿔서 출력해 보는 예제입니다.

print() 함수를 logging.debug() 함수로 바꿔서 출력하기 – ch08ex07.py

```python
1   class UserDefinitionError(Exception):
2       def __init__(self, message):
3           super().__init__("사용자 정의 예외: "+message)
4
5
6   import logging
7
8   logging.basicConfig(level=logging.DEBUG,
9   format='[%(levelname)s] %(asctime)s - %(message)s')
10
11
12  try:
13      message = "안녕하세요^^"
14      print(user + message)
15      logging.debug(message)
16  except NameError as e:
17      logging.debug("식별자가 정의 되지 않았습니다!")
18
19      try:
20          raise UserDefinitionError(str(e))
21      except UserDefinitionError as user_e:
            logging.debug(user_e)
```

● 소스코드해설 ●

행 번호	설명
6~8	logging 모듈을 불러와서 기본 설정을 합니다.
13~15	print() 함수와 logging.debug() 함수를 함께 사용해 보았습니다. message 변수가 선언되어 있지 않기 때문에 예외가 발생합니다. 로깅 스레드(thread)는 프로그램 실행 스레드

	와 다른 스레드에서 동작하기 때문에 print() 출력과 logging 출력의 순서가 바뀔 수도 있습니다.
17	print() 함수 대신 logging.debug() 함수로 로그를 출력하였습니다.
21	print() 함수 대신 logging.debug() 함수로 로그를 출력하였습니다.

[DEBUG] 2020-09-03 12:09:30,197 - 식별자가 정의 되지 않았습니다!
[DEBUG] 2020-09-03 12:09:30,198 - 사용자 정의 예외: name 'user' is not defined

로깅 스레드는 프로그램 실행 스레드와 다른 스레드에서 동작합니다. 그래서 출력 결과와 로그 출력의 순서가 뒤바뀔 수도 있습니다. 따라서 디버깅과 print() 함수는 별도로 사용되어야 합니다.

로그 파일에 로그 남기기

앞에서 언급했듯이 logging 모듈은 파일에 로그를 남길 수 있습니다. 앞의 로깅 기본 설정 부분을 약간 수정해서 로그가 파일에 남도록 설정해 보겠습니다. 로그를 파일에 남기게 되면 콘솔 화면에는 내용이 보이지 않습니다.

실습 예제 **로그를 파일에 저장하기 – ch08ex08.py**

```
1    import logging
2
3    logging.basicConfig(filename='logfile.txt', level=logging.
```

```
4    DEBUG, format='%(levelname)s - %(asctime)s - %(message)s')
5
6    logging.debug("Some message")
```

소스코드해설

행 번호	설명
3	로깅 모듈의 기본 설정에 filename 속성을 추가하였습니다. 이렇게 하면 filename에 지정된 logfile.txt 파일에 로그가 저장됩니다.
6	기본 설정을 파일로 했기 때문에 "Some message" 내용이 파일로 출력됩니다.

 실행결과

〈콘솔 화면〉
Process finished with exit code 0

〈logfile.txt 파일〉
DEBUG - 2020-09-03 12:18:32,900 - Some message

로그 파일 분할하기

로그가 계속 파일에 쌓이면 로그 파일이 너무 커지게 됩니다. 이렇게 되면 로그를 분석하기도 어렵고 너무 무거워진 파일을 관리하기도 어렵습니다. logging 모듈은 로그 파일을 크기에 맞게 분할하는 설정이 있습니다. 파일을 분할하기 위해서는 FileHandler를 설정해야 합니다.

```
class logging.FileHandler(filename, mode='a', encoding=None, delay=False)
```

FileHandler 클래스는 filename, mode, encoding, delay 인수를 사용합니다. 파일 핸들러를 사용하는 방법은 일단 로거와 파일 핸들러를 생성한 후에 파일 핸들러를 로거에 등록해 주면 됩니다. 이렇게 하면 로그 레벨별로 각각 다른 로그 파일을 생성해 줄 수 있습니다.

실습예제 **로그 파일 저장하기** – ch08ex09.py

```
1   import logging
2
3   logging.basicConfig(level=logging.DEBUG)
4
5   debug_logger = logging.getLogger('debug_log')
6   debug_logger.setLevel(logging.DEBUG)
7
8   logFileHandler = logging.FileHandler('debug.log')
9   logFileHandler.setLevel(logging.DEBUG)
10
11  debug_logger.addHandler(logFileHandler)
12
13  logging.debug("DEBUG log message - Console")
14  debug_logger.debug("DEBUG log message - File")
```

소스코드해설

행 번호	설명
3	13행의 logging.debug() 함수를 이용해서 콘솔 화면에 출력하기 위해 basicConfig() 설정을 해주었습니다. level=logging.DEBUG를 지정해 주지 않으면 logging.debug()가 출력되지 않습니다.
5~6	로거를 생성하고, 생성된 로거에 level을 설정합니다.
8~9	파일 핸들러를 생성하고, 생성된 파일 핸들러에 level을 설정합니다.

11	로거에 파일 핸들러를 등록합니다.
13	로그 메시지를 콘솔에 출력합니다.
14	로그 메시지를 로그 파일에 출력합니다.

 〈콘솔 화면〉

```
DEBUG:root:DEBUG log message - Console
DEBUG:debug_log:DEBUG log message - File
```

〈debug.log 파일〉

```
DEBUG log message - File
```

로깅 핸들러는 아래 링크를 참조합니다.

```
https://docs.python.org/3/library/logging.handlers.html#module-logging.
handlers
```

로그 파일을 크기별로 분할하고 싶다면 RotatingFileHandler를 이용할 수 있습니다.

```
class logging.handlers.RotatingFileHandler(filename, mode='a',
maxBytes=0, backupCount=0, encoding=None, delay=False)
```

RotatingFileHandler 클래스는 FileHandler가 가지는 인수에 maxBytes 인수와 backupCount 인수가 추가되었습니다. maxBytes는 파일 하나당 최대 바이트 수를 지정하는 것이고, backupCount는 생성된 백업 파일의 수를 지정하는 것입니다. 이렇게 생성한 파일 핸들러는 logFileHandler.setFormatter()를 이용해서 출력 포맷을 설정할 수 있습니다. setFormatter()의 인자로 출력 포맷 객체를 사용합니다. 출력 포맷은 logging.Formatter()를 이용해서 출력 서식을 설정할 수 있습니다.

실습예제 **로그 파일 분할하기 – ch08ex09_2.py**

```
1    import logging
2    import logging.handlers
3
4    debug_logger = logging.getLogger('debug_log')
5    debug_logger.setLevel(logging.DEBUG)
6
7    file = "logging.log"
8    size = 1024
9    count = 10
10   logFileHandler = logging.handlers.RotatingFileHandler(fil
     ename=file, maxBytes=size, backupCount=count)
11   logFileHandler.setLevel(logging.DEBUG)
12
13   debug_logger.addHandler(logFileHandler)
14
15   for i in range(100) :
16       debug_logger.debug("DEBUG log message - File")
```

소스코드해설

행 번호	설명
2	RotatingFileHandler 클래스를 사용하기 위해 logging.handlers 모듈을 불러옵니다.
7~9	RotatingFileHandler 객체를 생성할 때 필요한 데이터를 선언합니다. file은 저장될 로그 파일의 이름입니다. size는 1024바이트로 1킬로바이트가 됩니다. 로그 파일이 1킬로바이

10	RotatingFileHandler 객체를 생성합니다. 객체를 생성할 때 7~9행에 선언해 둔 설정 값을 사용합니다.
11	로그 파일 핸들러의 레벨을 DEBUG로 설정합니다.
13	로그 파일 핸들러를 로거에 추가합니다.
15~16	파일 크기를 임의로 키우기 위해 for 반복문을 이용해서 100번 정도 로그를 생성합니다.

트 이상이면 파일이 분할됩니다. count는 최대 파일의 개수를 10개로 제한합니다.

〈logging.log 파일〉

```
DEBUG log message - File
DEBUG log message - File
DEBUG log message - File
DEBUG log message - File
DEBUG log message - File
DEBUG log message - File
DEBUG log message - File
DEBUG log message - File
DEBUG log message - File
DEBUG log message - File
DEBUG log message - File
DEBUG log message - File
DEBUG log message - File
DEBUG log message - File
DEBUG log message - File
DEBUG log message - File
DEBUG log message - File
DEBUG log message - File
DEBUG log message - File
DEBUG log message - File
DEBUG log message - File
DEBUG log message - File
```

logging.log   logging.log.1   logging.log.2

| 로그 파일 분할 생성 결과

이상으로 예외 처리와 로그 처리에 대한 학습을 마치고, 9장부터는 모듈에 대해 학습하겠습니다.

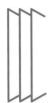
───────── ◆ 이 론 문 제 ◆ ─────────

1 　프로그램이 실행 중에 예외가 발생할 수 있는 상황이 <u>아닌</u> 것은?

　① 함수가 아닌 데이터를 실행하려고 하거나 유효하지 않은 데이터를 입력받을 경우
　② 연결되지 않은 네트워크를 사용하려고 하는 경우
　③ 천재지변으로 컴퓨터의 본체가 파손되는 경우
　④ 나눌 수 없는 정수를 나누는 경우

2 　파이썬 예외 처리 구문에 대한 설명으로 바르지 <u>않은</u> 것은?

　① try : 예외가 발생할 가능성이 있는 문장에 try해 준다.
　② except : 예외가 발생하면 실행되는 구문
　③ else : 예외가 발생하지 않으면 실행되는 구문
　④ finally : 예외가 발생하면 except 처리 후 마무리하는 구문

3 　다음은 어떤 수를 0으로 나눌 때 발생할 수 있는 예외 처리 구문이다. 빈칸에 알맞은 답을 적으
　시오.

```
try:
    result = 10/0
except ____①____ as zero :
    print("0으로 나눌 수 없습니다!")
    print(zero)
```

　①

4　다음은 Exception 클래스를 상속받아서 사용자 정의 예외 클래스를 선언하고 사용하는 예제이다. 사용자 정의 예외 객체를 강제로 발생시키는 부분에 들어갈 알맞은 답을 적으시오.

```python
class UserDefinitionError(Exception):
    pass


try:
    _____①_____ ("User definition error!")
except UserDefinitionError as e:
    print(e)
```

①

5　다음은 assert를 이용해서 사용자 정의 예외를 강제로 발생시키는 예제이다. user_name 변수에 입력된 값이 3글자 이상인지를 비교하고, 3글자가 안 되면 예외가 강제로 발생하는 문장을 빈칸에 적으시오.

```python
user_name = input("성명 입력 : ")


try :
    _____①_____
    print("user_name =>", user_name)
except AssertionError as e :
    print(e)
```

①

6   logging 모듈의 기본 로그 레벨이 WARNING일 경우 다음 소스 코드의 실행 결과를 적으시오.

```
import logging

logging.info("INFO log message")
logging.warning("WARNING log message")
logging.debug("Some message")
```

답 : _____

7   다음 5종류의 로그가 모두 출력되도록 하려면 빈칸에 어떤 값을 입력해야 하는지 적으시오.

```
import logging

logging.basicConfig(level= ____①____ , format='%(levelname)s - %(asctime)s -
%(message)s')

logging.info("INFO log message")
logging.warning("WARNING log message")
logging.debug("DEBUGE log message")
logging.error("ERROR log message")
logging.critical("CRITICAL log message")
```

①

8   다음 logging 모듈의 레벨 단계표의 ①과 ②에 들어갈 알맞은 답을 적으시오.

5 Level	debug (가장 약한 단계)
4 Level	①
3 Level	warning(기본 단계)
2 Level	②
1 Level	critical(가장 심각한 단계)

①

②

9   다음은 로그를 파일에 저장하는 예제이다. 로그를 logfile.txt 파일에 저장하려고 할 때 빈칸에 들어갈 속성과 설정 값은 무엇인지 적으시오.

```
import logging

logging.basicConfig( _____①_____ , level=logging.DEBUG, format='%(levelname)s −
%(asctime)s − %(message)s')

logging.debug("Some message")
```

①

10   파이썬 로그 파일을 분할하기 위해 필요한 모듈은 무엇인가?

① logging   ② logging.handlers
③ pprint()   ④ json.dump

1   **이름과 나이를 입력받아서 연령대를 출력하는 프로그램에서 나이에 문자가 들어가면 오류가 발생하는 부분을 예외 처리 구문을 이용해서 변경하시오.**

| 원본 **소스 코드** |

```
name = input("이름 입력>> ")
age = int(input("나이 입력>> "))

print(name + "님은 ", end="")
if age < 19 :
    print("미성년자입니다")
elif age < 35 :
    print("청년입니다.")
elif age < 65 :
    print("중년입니다.")
else :
    print("노년입니다.")
```

나이 입력 부분에 숫자가 아닌 문자가 입력되면 ValueError가 발생한다.

| 나이 입력란에 문자를 입력하면 오류 발생 |

```
이름 입력>> 김범준
나이 입력>> a
Traceback (most recent call last):
  File "C:/ch08exercise.py", line 3, in <module>
    age = int(input("나이 입력>> "))
ValueError: invalid literal for int() with base 10: 'a'
```

이 부분에서 다음과 같이 오류가 발생하지 않도록 예외 처리 구문을 이용해서 원본 소스 코드를 변경하시오.

> 이름 입력〉〉 김범준
> 나이 입력〉〉 a
> ValueError가 발생 했습니다. 나이를 다시 입력하세요.
> 나이 입력〉〉 32
> 김범준님은 청년입니다.

| 힌트 | try ~ except문을 while 반복문으로 감싸서 정상 입력되면 break로 반복문을 탈출하고, 예외가 발생하면 다시 입력을 받도록 합니다.

```
while True :
    try :
        age = int(input("나이 입력〉〉 "))
        break
    except :
        print("ValueError가 발생 했습니다. 나이를 다시 입력하세요.")
        continue
```

2   **다음과 같이 생성 주문 프로그램을 구현하였다. 그런데 메뉴에 없는 번호를 입력받으면 IndexError가 발생하게 된다.**

| 원본 **소스** 코드 |

```
fish_list = ['오징어','꼴뚜기','대구','명태','거북이']
print("생선을 주문하세요!")
for i, fish in enumerate(fish_list) :
    print("(%d)%s " %(i+1,fish), end=" ")

choice = int(input("〉〉 "))
print("-" * 55)
print(fish_list[choice-1],"주문 완료!")
```

생선을 주문하세요!

(1)오징어 (2)꼴뚜기 (3)대구 (4)명태 (5)거북이 〉〉6

──

Traceback (most recent call last):

  File "C:/ ch08exercise.py", line 31, in 〈module〉

    print(fish_list[choice−1],"주문 완료!")

IndexError: list index out of range

이 오류를 예외 처리 구문을 활용해서 다음과 같이 정상 출력되도록 하시오.

생선을 주문하세요!

(1)오징어 (2)꼴뚜기 (3)대구 (4)명태 (5)거북이 〉〉6

──

IndexError가 발생 했습니다.

다시 선택 〉〉 a

ValueError가 발생 했습니다.

다시 선택 〉〉 4

──

명태 정상 주문 완료!

3 **2번 문제의 소스 코드에는 음수가 입력되어도 정상 종료하게 된다. 음수가 입력되면 "알 수 없는 예외가 발생 했습니다."라고 출력하고 다시 선택하도록 예외 처리 구문을 수정하시오.**

생선을 주문하세요!

(1)오징어 (2)꼴뚜기 (3)대구 (4)명태 (5)거북이 〉〉−1

──

알 수 없는 예외가 발생 했습니다.

다시 선택 〉〉 5

거북이 정상 주문 완료!

| 힌트 | 음수 값이 입력되어도 정상 주문이 되기 때문에 0 이하의 값이 입력되면 예외를 강제로 발생되도록 하고 이 것을 예외 처리합니다.

```
try :
    choice = int(input(">> "))
    print("-" * 55)
    if choice <= 0 :
        raise Exception('알 수 없는 에러입니다!')
    print(fish_list[choice - 1], end=" ")
    break
```

4　　3번 문제의 구현 코드에서는 예외 처리 부분의 출력문으로 print() 함수를 이용하였다. 이 부분의 출력문을 logging 모듈로 변경해서 예외 처리 부분을 수정하시오.

| 실행 결과 예시 |

```
생선을 주문하세요!
(1)오징어  (2)꼴뚜기  (3)대구  (4)명태  (5)거북이  >> 6
-------------------------------------------------------
ERROR:root:IndexError 발생
다시 선택 >> a
ERROR:root:ValueError 발생
다시 선택 >> 4
-------------------------------------------------------
명태 정상 주문 완료!
```

| 힌트 | logging 기본 모듈을 사용해서 log 출력이 가능합니다. logging 모듈 레벨 error 기본 단계인 3 Level보다 낮은 2 Level이기 때문에 특별한 basicConfig() 설정 없이도 적용 가능합니다.
예) logging.error("IndexError 발생")
logging 출력과 print() 출력은 스레드를 다르게 사용하기 때문에 출력 순서가 바뀔 수 있습니다. 이를 해결하기 위해 간단히 time 모듈을 활용해서 print() 문장과 loging 모듈 실행 사이에 약간의 시차를 주었습니다.
예)
time.sleep(0.1)
print("다시 선택", end=" ")

5 4번 문제에서 구현한 logging 부분의 예외 출력 문구가 파일에 출력되도록 수정하고, 콘솔 창에는 print() 함수를 이용해서 오류 메시지가 출력되도록 하시오.

생선을 주문하세요!
(1)오징어 (2)꼴뚜기 (3)대구 (4)명태 (5)거북이 〉〉 6
━━━━━━━━━━━━━━━━━━━━━━━━━━━━━━━━━━━
IndexError 발생
다시 선택 〉〉 a
ValueError 발생
다시 선택 〉〉 5
━━━━━━━━━━━━━━━━━━━━━━━━━━━━━━━━━━━
거북이 정상 주문 완료!

로그 파일 저장 결과
root - 2020-09-29 15:52:32,000 - IndexError 발생
root - 2020-09-29 15:52:34,104 - ValueError 발생

| 힌트 | 로그를 파일에 기록하기 위해서는 로그 파일을 설정해야 합니다. 로그 파일 기본 설정은 다음 예처럼 해줄 수 있습니다.

예)
logging.basicConfig(level=logging.DEBUG, format='[%(levelname)s] %(asctime)s - %(message)s')

로그 파일에 특수문자나 한글이 포함되었을 경우 글자가 깨지는 문제가 발생할 수 있습니다. 이를 해결하기 위해서는 다음 예처럼 파일 encoding 설정을 따로 해주어야 합니다.

예)
root_logger= logging.getLogger()
handler = logging.FileHandler('log_fish_order.txt', 'w', 'utf-8')
handler.setFormatter(logging.Formatter('%(name)s - %(asctime)s - %(message)s'))
root_logger.addHandler(handler)

9

표준 모듈 및
사용자 정의 모듈

9장에서는 모듈에 대해서 학습합니다. 먼저 표준 모듈과 사용자가 직접 정의해서 만드는 모듈에 대해서 학습하고, 외부 모듈을 임포트(import)하는 여러 가지 형식에 대해서도 학습해 보도록 하겠습니다.

python

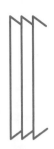

맛보기 예제 – 일단 따라해 보세요!

파이썬의 여러 장점 중 하나는 다양하고 풍부한 모듈이 존재한다는 것입니다. 9장에서는 다양한 파이썬 모듈 중 일부를 공부하게 됩니다. 본론으로 들어가기에 앞서 파이썬 그래픽 모듈 중에서 비교적 사용이 간편한 Turtle 모듈을 한 번 다루어 보겠습니다. Turtle 모듈 역시 클래스의 한 종류입니다. 클래스는 객체를 생성하기 위한 것입니다.

Turtle 모듈을 사용하기 위해서는 먼저 Turtle 모듈을 불러와야 합니다.

```
from turtle import Turtle
```

Turtle 모듈은 다음과 같이 객체를 통해서 제어합니다. Turtle 객체를 통해서 선의 색상, 선의 두께, 커서의 모양 등을 설정할 수 있습니다.

```
t = Turtle()
t.color("RED")
t.pensize(5)
t.shape("turtle")
```

또 진행 방향, 회전 각도, 진행 거리 등도 제어할 수 있습니다. Turtle 객체를 제어하기 위해서는 다음과 같이 Turtle에 내장된 메소드를 사용합니다.

진행 방향을 설정하는 메소드는 left(), right()입니다.


```
t.left(angle)
t.right(angle)
```


이동 거리를 설정하는 메소드는 forward()입니다.


```
t.forward(length)
```


그 밖에도 penup(), pendown(), goto() 등의 다양한 기능들을 이용해서 Turtle 객체를 제어할 수 있습니다. 다음 예제는 Turtle 모듈을 제어하는 전체 소스 코드로 키보드에서 방향, 각도, 거리를 입력받아서 Turtle을 제어하는 프로그래밍 소스 코드입니다.

실습예제 **일단 따라해 보기** – ch09_pre_example.py

```
1    from turtle import Turtle
2
3    t = Turtle()
4    t.color("RED")
5    t.pensize(5)
6    t.shape("turtle")
7
8    def moveTurtle() :
9        direction = input("진행 방향 입력(Left:L 또는 Right:R) >> ")
10       angle = int(input("각도 입력(정수) >>"))
11       length = int(input("거리 입력(정수) >>"))
12
```

```
13              t.left(angle) if direction == "L" else t.right(angle)
14              t.forward(length)
15
16
17          for i in range(5) :
18              moveTurtle()
19
20          input('Press any key to continue ...')
```

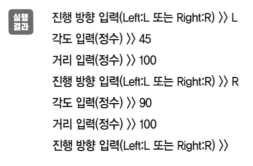

파이썬 삼항 연산자를 이용해서 왼쪽 또는 오른쪽으로 방향을 전환합니다. 파이썬 삼항 연산자는 if와 else 사이에 조건식이 위치합니다.

실행 결과

진행 방향 입력(Left:L 또는 Right:R) 〉〉 L
각도 입력(정수) 〉〉 45
거리 입력(정수) 〉〉 100
진행 방향 입력(Left:L 또는 Right:R) 〉〉 R
각도 입력(정수) 〉〉 90
거리 입력(정수) 〉〉 100
진행 방향 입력(Left:L 또는 Right:R) 〉〉

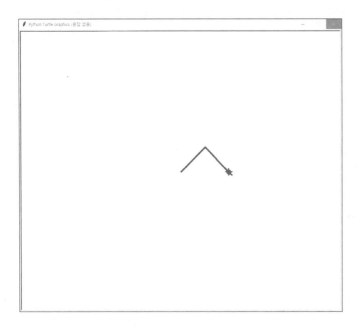

모듈

초창기의 소프트웨어 설계 방법은 하나의 파일에 모든 기능을 절차적(순차적)으로 나열해서 프로그램이 순서대로 실행되도록 하였습니다. 그런데 이렇게 절차적인 방법으로 구현하게 되면 같은 소스를 계속 중복해서 작성해야 한다거나 소스가 스파게티처럼 마구 꼬여서 복잡해지는 일이 자주 발생합니다. 따라서 이런 점을 보완하기 위해 모듈 방식의 프로그램 설계 기법이 등장하게 됩니다. 모듈은 프로그램의 기능을 각각의 부품처럼 만들어서 필요한 곳에서 다시 호출하거나 재활용할 수 있도록 만드는 것입니다.

모듈 사용 이유

프로그램을 설계할 때는 기능을 각각의 부품처럼 설계하는 것이 여러모로 좋습니다. 이런 방식으로 부품처럼 설계해서 사용하는 것을 모듈화라고 합니다. 모듈화는 프로그램의 각각의 기능이 서로 영향을 주지 않고 응집력을 가지게 되어 프로그램 기능 간에 간섭을 줄일 수 있습니다. 이렇게 기능들 간에 간섭이 줄어들게 되면 모듈들이 독립성을 가지게 됩니다. 결국 독립된 모듈을 부품처럼 사용함으로써 다른 기능에 영향을 주지 않는 안정적인 구현이 가능해집니다.

파이썬에서 모듈은 쉽게 말해 자주 사용하는 코드를 모아 놓은 라이브러리라고 할 수 있습니다. 모듈에는 파이썬 설치 시 함께 제공되는 내장 모듈인 코어 모듈과 파이썬 설치 후 별도로 설치해서 사용하는 외부의 서드파티 모듈이 있습니다. 외부 모듈은 pip 명령어를 이용해서 자동 다운로드 및 설치할 수 있습니다. 프로그램 소스 코드의 양이 많으면 가독성이 떨어지고 코드가 복잡해집니다. 이렇게 되면 한 파일에 소스 코드를 모두 담기 힘들어집니다. 파이썬은 소스 파일을 여러 개로 나누어서 작성할 수 있습니다. 나누어진 각각의 파일은 import문을 이용해서 모듈로 사용 가능합니다. import문은 어디에서 사용해도 문법적으로 문제는 없지만 일반적으로 파일의 맨 상단에 모아서 사용합니다.

모듈을 이용한 파이썬 프로그램의 구조화

파이썬은 함수와 클래스, 파일을 이용해서 프로그램의 구조화가 가능합니다. import로 불러오는 대부분의 모듈은 일반적인 .py 파일입니다. 간혹 빠른 속도를 요구하는 경우에는 파일이 아닌 바이너리 코드로 미리 컴파일해서 모듈로 사용하기도 합니다. 파이썬에서 모듈을 import하는 방식은 다음의 세 가지를 많이 사용합니다.

[모듈 import하기]

(1) import 파일
(2) from 파일 import 함수 또는 클래스
(3) import 파일 as 별명

모듈을 사용하는 첫 번째 방식은 단순히 파이썬 파일을 import하는 방식입니다. 파일을 불러온 후 일반적으로 **파일.함수**() 또는 **파일.클래스**의 형식으로 사용합니다. 두 번째 방식은 파일에서 함수 또는 클래스를 다이렉트로 불러오는 방식으로 함수 이름이나 클래스 이름을 바로 사용할 수 있습니다. 세 번째 방식은 첫 번째 방식과 동일하게 파일이나 모듈을 불러온 후 별명을 만들어서 사용하는 방식입니다. 모듈이나 파일 이름이 길 경우에는 이런 방식으로 별명을 사용하는 것이 편리합니다.

파이썬 모듈 만들어 사용하기

사용자 정의 모듈 만드는 방법에 대해 알아보겠습니다. 사용자 정의 모듈을 만드는 것은 일반적인 파이썬 파일을 만드는 것과 동일합니다. 좀 더 간략하게 정리하면 다음과 같이 두 단계로 만들 수 있습니다.

[사용자 정의 모듈 만들기]

(1) 모듈로 사용할 .py 파일을 만듭니다.
(2) 명령 프롬프트 또는 모듈을 사용할 파일에서 import합니다.

파이썬 모듈로 사용할 파일에는 제어문을 이용해서 다음과 같은 코드를 넣어주는 것이 안전합니다.

```
if __name__ == '__main__':
        실행함수()
```

이것은 파이썬 파일을 직접 바로 실행할 경우에는 모듈이 즉시 실행되지만 외부 파일에서 모듈로 불러들일 때는 즉시 실행되지 않도록 하는 코드입니다. __name__은 파이썬 환경 변수로 현재 실행되는 모듈의 이름이 저장되는데 파일을 직접 실행할 경우 __name__ 변수에 "__main__"으로 값이 저장됩니다.

sayHello() 함수를 모듈로 만들기

이해를 돕기 위해 간단히 sayHello() 함수를 선언한 파일을 작성하고 이 파일을 외부의 다른 파일에서 모듈로 불러오는 예제를 구현해 보겠습니다. 일단 파일에 sayHello() 함수를 선언하도록 하겠습니다.

모듈로 사용할 파이썬 파일 작성 – ch09ex01_hello.py

```
1    def say_hello(name) :
2        print("hello", name)
3
4
5    def say_hello2(name) :
6        print("good morning", name)
7
8
9    if __name__ == '__main__':
10       say_hello("kim")
11       say_hello2("hong")
```

소스코드해설

행 번호	설명
1~2	모듈 테스트에 사용될 say_hello() 함수를 선언하였습니다.
5~6	모듈 테스트에 사용될 두 번째 함수인 say_hello2() 함수를 선언하였습니다.
9~11	파일을 직접 실행할 경우 say_hello() 함수와 say_hello2() 함수를 호출하고 외부 파일에서 불러들일 경우에는 함수 호출이 안되도록 하였습니다.

 실행결과

```
hello kim
good morning hong
```

이제 앞에서 작성한 ch09ex01_hello.py 파일을 모듈로 사용해 보도록 하겠습니다. 파이썬에서 모듈은 import를 이용해서 해당 파일을 지정해 주면 됩니다.

 사용자 정의 파일을 모듈 형식으로 불러오기 1 – ch09ex02_hello.py

```
1    import ch09ex01_hello as hello
2    # import ch09_module.ch09ex01_hello as hello
3
4    if __name__ == '__main__':
5        hello.say_hello("kim")
6        hello.say_hello2("hong")
```

소스코드해설

행 번호	설명
1	import문을 이용해서 모듈로 사용할 외부 파일을 불러오기 합니다. 긴 파일 이름을 짧게 줄여서 사용할 수 있도록 ch09ex01_hello 파일의 이름을 hello로 별명을 만들었습니다. 이렇게 하면 hello.say_hello(name)과 같은 형식으로 호출할 수 있습니다.
4~6	모듈로 불러온 파일에 선언된 함수를 호출하여 실행합니다. 실행 결과는 앞의 예제와 동일합니다.

실행결과
```
hello kim
good morning hong
```

파일을 직접 import하면 모듈 안의 함수를 호출할 때 매번 모듈 이름을 붙여야 합니다. 이럴 때 from을 이용하면 모듈 안에 있는 함수를 직접 import할 수 있어서 함수 사용이 편해집니다.

사용자 정의 파일을 모듈 형식으로 불러오기 2 – ch09ex03_hello.py

```
1    from ch09ex01_hello import say_hello
2    from ch09ex01_hello import say_hello2
3
4
5    if __name__ == '__main__':
6        say_hello("kim")
7        say_hello2("hong")
```

소스코드해설

행 번호	설명
1~2	from문을 이용해서 모듈로 사용할 파일의 모든 함수를 하나씩 불러들입니다.
5~7	파일 안에 함수를 직접 불러들였기 때문에 파일 이름을 쓰지 않고 바로 함수를 사용할 수 있게 되었습니다. 실행 결과는 앞의 예제와 동일합니다.

실행
결과

```
hello kim
good morning hong
```

from문을 사용할 때 불러오는 파일의 모든 함수를 한꺼번에 import할 수도 있습니다. 일일이 하나씩 import하기보다는 일단 모든 기능을 불러와서 모듈로 사용하는 것이 편리합니다.

사용자 정의 파일을 모듈 형식으로 불러오기 3 – ch09ex04_hello.py

```
1    from ch08ex01_hello import *
2
3
4    if __name__ == '__main__':
5        say_hello("kim")
6        say_hello2("hong")
```

소스코드해설

행 번호	설명
1	from문을 이용해서 모듈로 사용할 파일의 모든 함수를 한꺼번에 불러들입니다. 이때 별 (*) 기호를 사용하면 모든 함수를 직접 불러들인다는 의미입니다.
4~6	파일 안에 함수를 직접 불러들였기 때문에 파일 이름을 쓰지 않고 바로 함수를 사용할 수 있게 되었습니다. 실행 결과는 앞의 예제와 동일합니다.

```
hello kim
good morning hong
```

외부 모듈 사용하기

모듈의 종류에는 파이썬이 설치될 때 함께 설치되는 파이썬 내장 모듈과 파이썬 설치와는 별도로 따로 설치해서 사용하는 외부 모듈이 있습니다. 파이썬 내장 모듈은 코어 모듈이라고도 하는데 코어 모듈은 sys.path를 이용해서 모듈 설치 경로를 확인할 수 있습니다.

코어 모듈이 설치된 곳에 사용자가 만든 .py 파일이 들어가게 되면 코어 모듈과 충돌이 일어나서 제대로 사용할 수 없게 됩니다. 코어 모듈에는 그야말로 파이썬에서 검증된 안전한 모듈만 모아두었기 때문에 다른 파일과 섞이지 않도록 주의해야 합니다.

서드파티 모듈은 파이썬 설치와는 별도로 사용자의 필요에 따라 따로 설치해서 사용하는 외장 모듈입니다. 파이썬의 코어 모듈만으로는 모두 감당할 수 없기 때문에 서드파티 모듈로 보완하게 됩니다. 이런 서드파티 모듈들은 파이썬 커뮤니티에 의해서 꾸준히 개발되고 있습니다. 서드파티 모듈 설치 관리자는 pypi입니다. pypi는 파이썬 중앙 저장소로 https://pypi.org/에 저장되고 관리됩니다. 이렇게 하나의 저장소에서 개발하고 배포하기 때문에 외장 모듈을 설치하고 사용하는 것이 어렵지 않습니다.

파이썬 모듈 설치 명령어는 pip입니다. pip는 패키지 매니저인데 예전에는 pip를 파이썬과 별도로 설치해야 했지만 최근에는 pip가 파이썬이 설치될 때 함께 설치됩니다.

[파이썬 모듈 설치하기]

```
Dos> pip install 모듈명
```

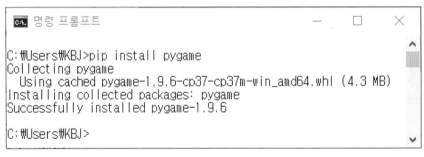

| 파이썬 모듈 설치

[pip 설치 확인하기]

Dos> pip --version

| 설치 확인

[외부 모듈 삭제하기]

Dos> pip uninstall 모듈명

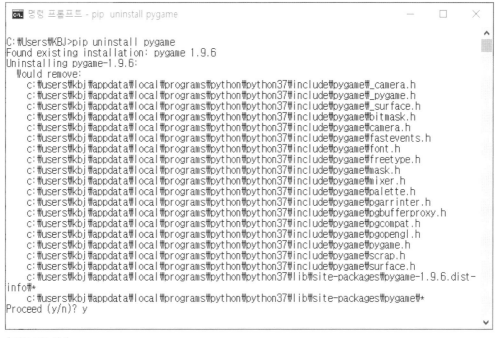

| 외부 모듈 삭제

파이썬에 외부 모듈이 설치된 것을 확인하는 방법에는 두 가지 방식이 있습니다.

첫 번째는 터미널의 DOS 명령 프롬프트에서 freeze 속성으로 확인하는 방식이고, 두 번째는

파이썬 인터프리터에서 import해 보는 방식입니다.

[파이썬 서드파티 모듈 확인하기]

Dos> pip freeze
.... 모듈 설치 결과 목록이 보입니다 ....

Dos> python
>>> import 모듈명

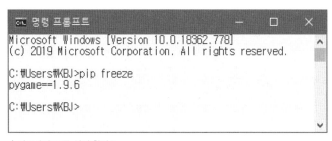

| 서드파티 모듈 설치 확인 1

| 서드파티 모듈 설치 확인 2

패키지

파일이 커지면 모듈로 분리하고, 모듈이 많아지면 다시 패키지(package)로 분류합니다. 모듈이 함수와 클래스를 파일로 분리한 것이라면 패키지는 이런 모듈을 모아 묶어서 관리하는 것이라고 할 수 있습니다. 그래서 파이썬에서 패키지는 모듈이 저장된 폴더라고 할 수 있습니다. 파이썬의 패키지라는 의미로 __init__.py 파일을 추가해 주면 파이썬 패키지가 됩니다. __init__.py는 특별한 내용이 없고 단지 파이썬의 패키지를 표시할 뿐입니다. 모듈에 패키지를 더해서 프로그램을 좀 더 구조화할 수 있습니다. 프로그램을 구현할 때 이런 여러 가지 비즈니스 단위를 패키지로 만들고 관련 모듈을 분류해 둔다면 전체적인 프로그램을 좀 더 구조화된 형태로 구현할 수 있습니다.

전화번호부 프로그램 모듈화 예제

(1) phonebook 패키지 준비

__init__.py 파일은 phonebook 폴더가 패키지임을 알리는 빈 파일입니다. __init__.py 빈 파일이 포함된 폴더는 자동으로 모듈 폴더가 됩니다.

| 모듈 폴더 생성을 위해 __init__.py 파일 작성

모듈과 모듈 폴더를 실습하기 위해 현재 작업 중인 폴더의 하위에 phonebook 폴더를 생성하고 실습 예제 파일을 작성하겠습니다. 먼저 실습 예제에 필요한 데이터를 저장하는 파일을 만들겠습니다. 데이터는 단순히 리스트에 딕셔너리가 저장된 형태로 작성했고, 딕셔너리를 구분할 수 있도록 idx 값을 추가해 주었습니다.

실습예제 **모듈에 사용할 데이터 파일** – phonebook/phonebook_data.py

```
1   addrList = [
2       {"idx": 0, "name": 'HONG', "phone": '010-111-111',
        "addr": '서울시'},
3       {"idx": 1, "name": 'KIM', "phone": '010-111-111',
        "addr": '대구시'},
4       {"idx": 2, "name": 'LEE', "phone": '010-111-111',
        "addr": '대전시'}
5   ]
6
7   idx = 2;
8
```

소스코드해설

행 번호	설명
1~6	출력, 검색 테스트에 사용될 데이터를 임시로 준비합니다. 다른 실습 예제 파일과 혼선을 없애기 위해 하위 폴더를 하나 더 만들어서 이름을 phonebook으로 하였습니다.
7	다음 입력 데이터의 idx를 만들기 위한 변수를 준비합니다. 이 idx 변수는 새로 데이터가 입력될 경우 1씩 증가하게 됩니다.

실습 예제에 사용될 데이터 파일이 준비되었다면 프로그램의 기능을 정의하는 파일을 준비합니다. 프로그램의 주요 기능은 입력, 출력, 검색, 수정, 삭제입니다. 이 파일에서 준비한 데이터 파일을 import합니다. 데이터 파일의 위치는 phonebook의 메인 실행 파일 위치에서부터의 경로를 지정해 주어야 합니다.

실습예제 모듈 파일 – phonebook/phonebook_module.py

```
1    from phonebook.phonebook_data import *
2
3
4    # 기능별 함수 선언
5    def mkData():
6        # 성명, 전화번호, 주소를 입력받아서 돌려주는 함수
7        global idx
8        idx += 1
9        name = input("성명입력>>> ")
10       phone = input("전화번호입력>>> ")
11       addr = input("주소입력>>> ")
12
13       return {"idx": idx, "name": name, "phone": phone,
     "addr": addr}
14
15
16   def inputData():
17       print("#### 입력 기능 ####")
18       # 입력 기능을 구현해 봅니다.
```

```
19      data_value = mkData()
20      addrList.append(data_value) ←
21      print("데이터 입력 성공!")
22
23
24  def outputData():
25      print("#### 출력 기능 ####")
26      for person in addrList:
27          print("{: ^3}|{: ^6}|{: ^13}|{: ^9}".
        format(person["idx"], person["name"], person["phone"],
        person["addr"]))
28
29
30
31  def find_idx(addrList, idx=None, name=None):
32      flag = 0
33      if name != None:
34          flag = 1
35
36      for i, person in enumerate(addrList):
37          if flag == 0:
38              if person["idx"] == idx:
39                  return i
40          else:
41              if person["name"] == name:
42                  return i
43
44      # for문 밖으로 나온 것은 대상이 없다는 의미
45      return -1
46
47
48  def searchData():
49      print("#### 검색 기능 ####")
50      searchName = input("검색 할 이름을 입력하세요 : ")
51      index = find_idx(addrList, name=searchName)
```

phonebook_data.py 파일을 모듈로 불러왔기 때문에 addrList를 그냥 사용할 수 있습니다.

```
52        person = addrList[index]
53        print("{: ^3}|{: ^6}|{: ^13}|{: ^9}".
      format(person["idx"], person["name"], person["phone"],
      person["addr"]))
54
55
56
57    def modifyData():
58        print("#### 수정 기능 ####")
59
60
61    def deleteData():
62        print("#### 삭제 기능 ####")
63        # del addrList[1]
64        del_idx = int(input("삭제 할 번호를 입력 하세요 : "))
65        index = find_idx(addrList, idx=del_idx)
66        if index != -1:
67            del addrList[index]
68            print("삭제 성공!")
69        else:
70            print("삭제 할 대상이 없습니다!")
71
72    factory = [inputData, outputData, searchData, modifyData,
      deleteData]
```

> 수정 기능의 구현은 학습을 위해 남겨 두겠습니다. 이 책을 읽는 여러분이 직접 구현해 보길 바랍니다.

소스코드해설

행 번호	설명
1	데이터가 저장된 phonebook_data.py 파일을 불러옵니다. 프로그램이 실행된 후 다시 이 파일의 리스트 변수에 데이터가 추가됩니다.
5~13	사용자 데이터를 입력받아서 딕셔너리로 만들어 주는 함수입니다.
19~21	만들어진 딕셔너리 데이터를 리스트에 저장하는 함수입니다.

24~27	리스트에 들어 있는 데이터를 화면에 출력합니다.
31~45	함수의 인수로 전달받은 name이 포함된 딕셔너리 객체의 인덱스를 찾아서 반환해 주는 함수입니다.
48~53	위에 선언한 find_idx() 함수로 검색한 결과를 화면에 출력해 줍니다.
57~58	수정 기능을 구현한 함수입니다. 아직 내용이 구현되지 않았습니다. 독자 여러분이 직접 구현해야 합니다.
61~70	삭제 기능이 구현된 함수입니다. 이곳에서도 위에서 선언한 find_idx() 함수를 활용하였습니다.
72	위에 선언된 함수들을 리스트에 추가해서 factory 변수로 사용합니다. 이것을 메뉴에서 각각 호출해서 실행합니다.

 ──── 실행 결과는 최종 실행 결과에서 확인 합니다. ──

앞에서 phonebook 프로그램의 주요 기능을 정의하는 모듈과 데이터 파일을 준비하였습니다. 이제 이 기능의 실행에 필요한 menu 기능을 정의한 파일을 준비합니다. 이렇게 해서 phonebook 모듈 폴더에 phonebook_data.py 파일, phonebook_module.py 파일, phonebook_menu.py 파일 3개가 준비됩니다.

 모듈로 사용할 파일 – phonebook/phonebook_menu.py

```
1    from phonebook.phonebook_module import *
2
3
4    # 메뉴 함수 선언
5    def menu():
```

```
6          print("1.입력  2.출력  3.검색  4.수정  5.삭제  6.종료")
7          no = int(input("선택>>> "))
8          return no
9
10
11     def run(no):
12          print("{}번이 선택되었습니다!".format(no))
13          if no == 6:
14              print("#### 종료 ####")
15              exit(0)
16
17          if no in range(1,len(factory)+1) :
18              factory[no-1]()
19          else :
20              print("해당 사항 없음");
```

 —— 실행 결과는 최종 실행 결과에서 확인 합니다. ——

이제 앞에서 준비한 phonebook 모듈 폴더의 파일들을 import해서 사용하는 파일을 준비합니다. phonebook 모듈의 menu를 ch09ex05_phonebook.py 파일의 main 함수에서 실행하면 전체 기능이 동작합니다.

실습예제 **모듈을 불러서 사용할 메인 파일** – ch09ex05_phonebook.py

```
1    from phonebook.phonebook_menu import *
2
3
4    # 메인 함수 선언
5    def main():
6        while True:
7            print("{:=^40}".format(" 주소록 "))
8            no = menu();
9
10
11           run(no)
12           print("\n")
13   if __name__ == '__main__':
14       main()
```

소스코드해설

행 번호	설명
1	앞에서 구현한 phonebook.phonebook_menu.py 파일의 모듈을 불러옵니다.
5~11	menu() 함수와 run() 함수를 실행하는 메인 함수를 선언하였습니다. 메인 함수 안에서 반복문을 이용해서 무한 루프로 돌게 하였습니다.
13~14	실행 파일을 직접 실행했을 경우에만 main 함수가 호출되도록 합니다. 만약 이 파일이 다른 파일로 불러들여지면 자동 실행되지 않도록 제어문으로 작성하였습니다.

실행 결과

```
================= 주소록 =================
1.입력 2.출력 3.검색 4.수정 5.삭제 6.종료
선택>>> 1
1번이 선택되었습니다!
#### 입력 기능 ####
성명입력>>> kim
전화번호입력>>> 010-1111-1111
주소입력>>> 서울시 마포구
데이터 입력 성공!


================= 주소록 =================
1.입력 2.출력 3.검색 4.수정 5.삭제 6.종료
선택>>> 1
1번이 선택되었습니다!
#### 입력 기능 ####
성명입력>>> hong
전화번호입력>>> 010-2222-222
주소입력>>> 서울시 종로구 관철동
데이터 입력 성공!


================= 주소록 =================
1.입력 2.출력 3.검색 4.수정 5.삭제 6.종료
선택>>> 2
2번이 선택되었습니다!
#### 출력 기능 ####
 0 | HONG | 010-111-111 | 서울시
 1 | KIM  | 010-111-111 | 대구시
 2 | LEE  | 010-111-111 | 대전시
 3 | kim  | 010-1111-1111 | 서울시 마포구
 4 | hong | 010-2222-222 | 서울시 종로구 관철동
```

```
================ 주소록 ================
1.입력 2.출력 3.검색 4.수정 5.삭제 6.종료
선택〉〉〉 3
3번이 선택되었습니다!
#### 검색 기능 ####
검색 할 이름을 입력하세요 : LEE
 2 | LEE  | 010-111-111 | 대전시


================ 주소록 ================
1.입력 2.출력 3.검색 4.수정 5.삭제 6.종료
선택〉〉〉 6
6번이 선택되었습니다!
#### 종료 ####

Process finished with exit code 0
```

수정 기능은 학습을 위해 구현하지 않았습니다. 이 책을 읽는 독자 여러분이 직접 만들어 보길 바랍니다.

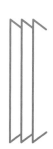

파이썬 내장 함수

이번에는 파이썬에서 기본적으로 제공되는 내장 함수들에 대해 설명하겠습니다. 파이썬 내장 함수(Built-in Functions)는 파이썬 설치와 함께 제공되는 기본 함수들입니다.

파이썬 내장 함수들

파이썬 내장 함수는 그것을 사용하기 위해 import문조차 필요 없는 기본적인 함수들입니다. 대표적으로 print() 함수, input() 함수가 있습니다. 자주 사용되는 파이썬 내장 함수는 다음과 같습니다.

지금 당장 내장 함수들을 외울 필요는 없으므로 대략 이런 것들이 있다고 숙지하고 넘어가길 바랍니다. 실제로 사용할 때 매뉴얼을 보고 사용하면 됩니다. 프로그래밍은 무작정 외운다고 해서 실력이 느는 것이 아닙니다. 프로그래밍을 잘하기 위해서는 전체적인 것을 이해하고 필요한 것은 찾아서 사용하는 요령이 필요합니다. 그렇다고 해서 외우는 것이 프로그래밍 공부에 전혀 도움이 안 된다고 단정 지을 수는 없습니다. 바로 이해하기 어려운 부분은 적당히 외워서 사용하다 보면 언젠가는 이해가 되기도 합니다.

- print() – 문자열 데이터를 콘솔에 출력합니다.
- input() – 키보드로부터 문자열을 입력받습니다. 숫자형으로 형 변환을 할 경우 int() 함수가 필요합니다.
- abs() – 인수를 절댓값으로 반환합니다.
- all() – 주어진 인수가 모두 참인지 확인합니다. 모두 참이면 True가 반환됩니다.

- any() – 주어진 인수 중에 하나라도 참이면 True를 반환합니다. 인수가 비어 있다면 False를 반환합니다.
- chr() – 인수로 입력된 아스키 코드를 문자로 반환합니다.
- enumerate() – 인수로 입력된 열거형 데이터의 요소와 첨자를 반환합니다.
- eval() – 인자로 입력된 문자열을 수식으로 변환하여 계산 결과를 반환합니다.
- filter() – 두 번째 인수로 입력되는 열거형 데이터를 첫 번째 인수로 입력되는 함수를 이용해서 조건에 맞지 않는 항목을 걸러낼 수 있습니다.
- hex() – 인수로 입력된 정수를 16진수 문자열로 반환합니다.
- isinstance() – 첫 번째 인수인 object의 타입이 두 번째 인수인 class의 타입인지 검사합니다.
- lambda() – 람다 함수를 선언할 때 사용하는 키워드입니다.
- len() – 문자열이나 컬렉션의 길이를 반환합니다.
- list() – 리스트 객체를 생성합니다.
- map() – map 객체를 생성합니다.
- max() – 주어진 인수 중 최댓값을 반환합니다.
- min() – 주어진 인수 중 최솟값을 반환합니다.
- open() – 파일을 불러들일 때 사용합니다. 이미지 같은 파일을 바이너리로 읽어들입니다.
- ord() – 인수로 주어진 문자의 아스키 코드 값을 반환합니다.
- pow() – 첫 번째 인수로 들어온 값의 거듭 제곱근 값을 반환합니다.
- range() – 반복문 등에서 범위를 지정해 줍니다.
- sorted() – 배열이나 컬렉션의 요소를 정렬해서 반환합니다.
- str() – 문자열로 형 변환합니다.
- int() – 정수로 형 변환합니다.
- .upper() – 소문자를 모두 대문자로 변환합니다.
- .lower() – 대문자를 모두 소문자로 변환합니다.

파이썬 내장 함수에 대해서는 파이썬 공식 사이트의 문서를 참조하면 더 확실한 내용을 자세히 확인할 수 있습니다. (파이썬 내장 함수 참고 문서 : https://docs.python.org/ko/3/library/functions.html)

저장해 두었다가 자주 확인해 보길 바랍니다.

Built-in Functions

The Python interpreter has a number of functions and types built into it that are always available. They are listed here in alphabetical order.

		Built-in Functions		
abs()	delattr()	hash()	memoryview()	set()
all()	dict()	help()	min()	setattr()
any()	dir()	hex()	next()	slice()
ascii()	divmod()	id()	object()	sorted()
bin()	enumerate()	input()	oct()	staticmethod()
bool()	eval()	int()	open()	str()
breakpoint()	exec()	isinstance()	ord()	sum()
bytearray()	filter()	issubclass()	pow()	super()
bytes()	float()	iter()	print()	tuple()
callable()	format()	len()	property()	type()
chr()	frozenset()	list()	range()	vars()
classmethod()	getattr()	locals()	repr()	zip()
compile()	globals()	map()	reversed()	__import__()
complex()	hasattr()	max()	round()	

| 파이썬 내장 함수의 종류(출처 : 파이썬 공식 문서)

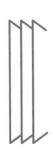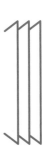

파이썬 내장 함수의 사용 예제

알면 유용한 몇 가지 내장 함수를 사용해 보도록 하겠습니다. 나머지 내장 함수도 필요 시 꼭 사용해 보길 권장합니다. 대부분의 내장 함수들은 기능이 단순하고 함수 이름도 직관적으로 이해하기 쉽게 만들었기 때문에 어렵지 않게 사용할 수 있습니다. 함수형 프로그래밍에서 내장 함수는 아주 중요합니다. 이번 단원에서 잘 이해하고 넘어가길 바랍니다.

filter 내장 함수

filter 함수와 map 함수는 기능이 매우 유용한데 처음 접하는 독자들에게는 다소 생소할 것 같아서 간단한 예제와 함께 설명하도록 하겠습니다. filter 함수와 map 함수는 모두 결과 타입으로 iterator 반복자 객체로 결과가 반환됩니다. 이것을 for문이나 while문에서 반복해 사용합니다. 파이썬의 for문은 기본적으로 forEach처럼 확장된 for문의 형태를 가지기 때문에 어렵지 않게 iterator 객체를 사용할 수 있습니다. while문에서는 반복 객체의 __next__() 멤버 메소드로 사용이 가능합니다. 간단한 테스트에서 이렇게 사용하는 것조차 번거롭다면 list() 함수를 이용해서 리스트로 형 변환해서 print() 함수로 바로 출력해 볼 수 있습니다.

실습예제 **filter 내장 함수 사용 – ch09ex06_filter.py**

```
1    def choose(a) :
2        if(a%10 == 0) :
```

```
3              return a
4

5

6    lis = [10,25,30,46,50]
7

8    lis2 = list(filter(choose, lis) )
9

10   print(lis2)
```

소스코드해설

행 번호	설명
1~3	리스트에서 10의 배수만 걸러내기 위한 기능을 정의합니다. 리스트의 각각의 요소를 매개변수 a로 전달하고 전달된 인수 값이 10의 배수이면 다시 반환합니다.
6	filter 내장 함수에 사용될 리스트입니다. 리스트의 요소 중 10, 30, 50이 10의 배수이고 나머지는 10의 배수가 아닙니다.
8	filter 내장 함수를 실행합니다. 위에 선언된 choose() 함수와 lis 리스트를 인수로 사용합니다. filter() 함수의 결과 타입은 리스트가 아니기 때문에 list() 함수를 이용해서 결과를 리스트형으로 형 변환합니다.
10	lis 리스트에서 10의 배수만 걸러진 결과 lis2를 출력합니다.

 [10, 30, 50]

map 내장 함수

map 내장 함수는 앞에서 학습한 filter 내장 함수와 사용 결과가 유사합니다. map과 같은 내장 함수들은 for문이나 while문 같은 반복과 함께 사용합니다.

 for문과 함께 map 내장 함수 사용 – ch09ex07_map.py

```
1    def mult(i) :
2        return i *  100
3
4    lis = [10, 20, 30, 40]
5
6    result = map(mult, lis)
7
8    for item in result :
9        print(item, end=" ")
```

소스코드해설

행 번호	설명
1~2	매개변수 i에 전달된 값이 100을 곱해서 반환하는 함수 mult를 선언합니다. 테스트를 위한 함수로 전달된 인수를 100배로 만들어 주는 단순한 기능입니다.
4	map() 함수에 사용할 리스트를 선언합니다.
6	map() 함수를 실행합니다. 위에 선언된 mult() 함수와 lis 리스트를 인수로 사용합니다. lis 리스트의 각 요소에 100씩 곱해진 결과 리스트를 result에 전달합니다.
8~9	for문을 활용해서 결과로 전달된 result 리스트를 출력합니다. 결과 타입을 리스트로 변환하지 않고 바로 사용하기 위해서는 반복문을 사용해야 합니다.

 1000 2000 3000 4000

for 반복문을 이용한 map 내장 함수를 while 반복문으로 살짝 수정해 보았습니다. while문이 for문보다는 소스가 좀 더 길지만 가독성은 더 좋다고 할 수 있습니다.

실습
예제
while문을 이용한 map 내장 함수 – ch09ex07_map2.py

```python
1    def mult(i) :
2        return i *  100
3
4    lis = [10, 20, 30, 40]
5
6    result = map(mult, lis)
7
8    # for item in result :
9    #     print(item, end=" ")
10
11
12   while True :
13       try :
14           element = result.__next__()
15           print(element)
16       except:
17           break
```

소스코드해설

행 번호	설명

12~17   for문을 이용하면 result의 요소를 자동으로 추출 가능합니다. 그러나 for문 대신 while문을 이용하면 for문처럼 요소를 자동으로 추출할 수 없기 때문에 __next__() 메소드를 이용해서 요소 값을 뽑아야 합니다. 요소가 없다면 try문에서 except문으로 예외가 전달되면서 break하게 됩니다.

reduce 내장 함수

map과 비슷한 함수로 reduce() 함수가 있습니다. reduce() 함수는 인자로 주어진 리스트의 요소를 인자로 주어진 특정 기능의 결과로 누적할 때 활용 가능합니다. reduce() 함수는 여러 요소를 하나로 묶어주는 기능을 합니다.

실습
예제 reduce 내장 함수 사용 예제 – ch09ex08_reduce.py

```
1    from functools import reduce
2
3    def sum(x, y) :
4        return x+y
5
6    lis2 = [x for x in range(1,11)]
7    print(lis2)
8
9    total = reduce(sum, lis2)
10
11   print("total =>", total)
```

행 번호	설명
1	reduce() 함수를 functools 모듈에서 불러옵니다.
3~4	reduce() 함수에 사용될 함수를 정의합니다. 이 함수로 리스트의 요소 값을 하나로 누적할 것입니다.
6	range() 함수를 이용해서 1~10까지의 숫자를 리스트에 담아줍니다. 이 식이 복잡하다면 list() 함수를 이용해서 다음과 같이 작성해도 결과는 같습니다. lis2 = list(range(1,11))
9	reduce() 함수를 실행합니다. 위에서 선언한 sum() 함수와 lis2 리스트를 활용합니다.
11	lis2 리스트의 요소 값이 누적된 total 변수의 값을 확인합니다.

실행
결과

```
[1, 2, 3, 4, 5, 6, 7, 8, 9, 10]
total =〉 55
```

reduce() 함수는 functools.reduce() 모듈을 import해야 사용 가능합니다. 파이참을 사용할 경우에는 reduce() 함수를 작성할 때 단축키 Alt + Enter 를 누르면 모듈을 자동으로 import 할 수 있습니다. 파이참을 사용하지 않는다면 from functools import reduce 문장을 직접 추가해 주면 reduce() 함수를 사용할 수 있습니다.

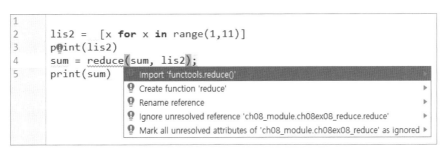

| 파이참 어시스트 기능을 이용해서 모듈을 자동으로 import하기

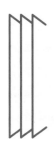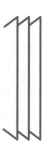

파이썬 표준 모듈

파이썬 표준 모듈은 파이썬이 설치될 때 함께 설치되는 모듈입니다. 그러나 기본 모듈과 다르게 사용하려면 모듈을 직접 파일에 import해야만 사용할 수 있습니다. 앞의 예제에서 사용한 functools 모듈도 파이썬 표준 모듈 중 하나입니다. 그 외에도 파이썬 표준 모듈에는 math 모듈, random 모듈, sys 모듈, os 모듈 등이 있습니다. 파이썬 표준 모듈에 대한 API는 구글링을 통해서 쉽게 찾을 수 있습니다.

구글 검색 엔진에서 "python api"로 검색하면 파이썬 공식 사이트에서 제공하는 도큐멘테이션의 경로를 쉽게 찾을 수 있으며, 거기서 관련 모듈을 검색할 수 있습니다.

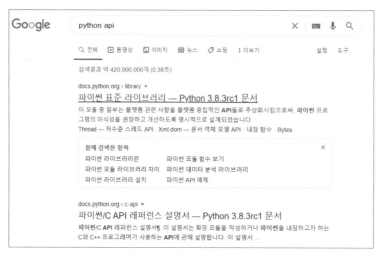

| 파이썬 표준 라이브러리 검색(출처 : https://www.google.com/search?q=python+ap)

파이썬 표준 모듈은 페이지 상단에 import해 주는 것으로 사용자 정의 모듈을 import하는 것과 동일한 방법으로 사용합니다.

math 모듈

math 모듈은 수학적인 계산을 도와주는 모듈입니다. math 모듈에 있는 거의 대부분의 함수는 수학적인 계산과 관련이 있습니다. math 모듈에는 PI, E 등의 상수와 제곱근이나 반올림, 삼각 함수 등을 쉽게 계산할 수 있게 도와주는 함수들이 있습니다. 파이썬 표준 라이브러리 api 페이지에서 math 모듈의 자세한 사항을 확인할 수 있습니다.

9.2. `math` — Mathematical functions

This module is always available. It provides access to the mathematical functions defined by the C standard.

These functions cannot be used with complex numbers; use the functions of the same name from the `cmath` module if you require support for complex numbers. The distinction between functions which support complex numbers and those which don't is made since most users do not want to learn quite as much mathematics as required to understand complex numbers. Receiving an exception instead of a complex result allows earlier detection of the unexpected complex number used as a parameter, so that the programmer can determine how and why it was generated in the first place.

The following functions are provided by this module. Except when explicitly noted otherwise, all return values are floats.

9.2.1. Number-theoretic and representation functions

`math.ceil(x)`
Return the ceiling of x, the smallest integer greater than or equal to x. If x is not a float, delegates to `x.__ceil__()`, which should return an `Integral` value.

`math.copysign(x, y)`
Return a float with the magnitude (absolute value) of x but the sign of y. On platforms that support signed zeros, `copysign(1.0, -0.0)` returns -1.0.

`math.fabs(x)`
Return the absolute value of x.

`math.factorial(x)`
Return x factorial. Raises `ValueError` if x is not integral or is negative.

`math.floor(x)`
Return the floor of x, the largest integer less than or equal to x. If x is not a float, delegates to `x.__floor__()`, which should return an `Integral` value.

`math.fmod(x, y)`
Return `fmod(x, y)`, as defined by the platform C library. Note that the Python expression x % y may not return the same result. The intent of the C standard is that `fmod(x, y)` be exactly (mathematically; to infinite precision) equal to x - n*y for some integer n such that the result has the same sign as x and magnitude

| Python math 관련 api(출처: https://docs.python.org/ko/3.6/library/math.html?module-math)

함수	설명
math.ceil(x)	인수 x의 값을 올림합니다.
math.fasb(x)	인수 x 값의 절댓값을 반환합니다.
math.factorial(x)	인수 x의 절댓값을 반환합니다.
math.floor(x)	인수 x의 값을 내림합니다.

| math 모듈의 수 이론 및 표현 함수

함수	설명
math.exp(x)	e ** x를 반환합니다.
math.log(x[,base])	하나의 인수로 x의 자연 로그(기본값은 e)를 반환합니다. 두 개의 인수를 사용하여 log(x)/log(base)로 계산된 x의 로그를 주어진 밑수로 반환합니다.
math.pow(x,y)	거듭제곱 값을 반환합니다. x의 거듭제곱을 y로 올립니다.
math.sqrt(x)	인수로 주어진 x의 제곱근을 반환합니다.

| math 모듈의 승수와 로그 관련 함수

함수	설명
math.sin(x)	인수로 주어진 x의 사인 값을 반환합니다.
math.cos(x)	인수로 주어진 x의 코사인 값을 반환합니다.
math.tan(x)	인수로 주어진 x의 탄젠트 값을 반환합니다.

| math 모듈의 삼각 함수 관련 함수

함수	설명
math.degrees(x)	x로 주어진 각도를 디그리 각도로 반환합니다.
math.radians(x)	x로 주어진 각도를 라디안 각도로 반환합니다.

| math 모듈의 각도 변환 함수

상수	설명
math.pi	수학의 파이 상수입니다. 사용 가능한 정밀도의 소수점 아래 값을 제공합니다. pi=3.141592...
math.e	수학의 e 상수입니다. 사용 가능한 정밀도의 소수점 아래 값을 제공합니다. e=2.718281...
math.nan	not a number로 숫자가 아님을 의미하는 상수입니다.

| math 모듈의 상수

지금까지 설명한 math 모듈의 함수를 단편적으로 하나씩 실습하는 대신 몇 가지 함수를 함께 사용해 보겠습니다. for문을 이용해서 결과가 변화하는 단계를 예제를 통해 구현하겠습니다. 전체 실행이 한번에 이해가 어렵다면 각각의 함수를 단편적으로 하나씩 해보면 어떻게 동작하는지 쉽게 이해가 될 것입니다. 사실 이런 모듈들은 실제로 필요할 때 찾아서 적용해도 됩니다. 오히려 필요에 의한 학습이 더 효과적일 수 있습니다.

```
1    import math
2
3    for i in range(1,60):
4        print(math.floor((math.sin(i/10) * 100) ), end=" ")
5        if(i%20 == 0) : print()
```

소스코드해설

행 번호	설명
1	math 모듈을 사용하기 위해 모듈을 불러옵니다.
3	for문을 이용해서 1부터 60까지 자연수를 반복합니다.
4	math.sin() 함수를 이용해서 사인 값을 만들어 줍니다. sin의 인수를 1보다 작은 실수로 사용하기 위해 i를 10으로 나누어 주었습니다. 파이썬에는 나누기 연산자가 두 종류입니다. / 연산의 결과는 실수 타입입니다. sin의 결과 값이 너무 단조롭게 될 수 있기 때문에 결과에 100을 곱하였습니다. 그리고 소수점 아래를 제거하기 위해 math.floor() 함수를 사용해서 내림으로 처리하였습니다.
5	결과가 한 줄에 다 보이기 힘들기 때문에 중간 중간 줄 바꿈을 넣어주었습니다. 증가하는 i의 값이 20의 배수가 되면 줄을 바꾸도록 하였습니다. 아래의 실행 결과를 확인해 보면 출력 데이터의 값이 서서히 늘어났다가 서서히 줄어드는 것을 반복한다는 사실을 확인할 수 있습니다.

```
9 19 29 38 47 56 64 71 78 84 89 93 96 98 99 99 99 97 94 90
86 80 74 67 59 51 42 33 23 14 4 -6 -16 -26 -36 -45 -53 -62 -69 -76
-82 -88 -92 -96 -98 -100 -100 -100 -99 -96 -93 -89 -84 -78 -71 -64
-56 -47 -38
```

random 모듈

random 모듈은 난수 발생기라고 할 수 있습니다. 프로그래밍에서는 정해지지 않은 랜덤한 값을 난수라고 표현합니다. random 모듈을 이용해서 지정된 범위 사이의 불특정한 값을 반환하거나 리스트 안에 있는 특정한 값을 선택하거나 리스트의 순서를 섞는 등의 일을 할 수 있습니다. 만약 간단한 게임이라도 만들려고 한다면 이 random 모듈을 사용해야 합니다.

함수	설명
random.random()	1보다 작은 실수인 난수를 반환합니다.
random.uniform(a,b)	인수로 주어진 a와 b 사이의 난수를 반환합니다.
random.randrange(stop) random.randrange(start,stop[,step])	0부터 인수로 지정된 범위의 정수인 난수를 반환합니다. start ~ stop 범위 내의 정수인 난수를 반환합니다.
random.choice(seq)	리스트에 있는 요소 중에 불특정한 요소 하나를 선택합니다.
random.shuffle(x[, random])	리스트의 요소들을 무작위로 섞어줍니다.
random.sample(population, k)	리스트의 요소 중에서 무작위로 k개만큼 뽑아줍니다.

| random 모듈의 함수(출처 : https://docs.python.org/ko/3.6/library/random.html?module-random#module-random)

 random 모듈 실행 – ch09ex10_random.py

```
1   import random
2
3   print("{:~^50}".format("랜덤 모듈 실습"))
4
5   # 1보다 작은 실수인 난수를 반환
6   num = random.random()
7   print("random.random() => ", num)
```

```
8
9    # 인수로 주어진 a와 b 사이의 난수를 반환
10   num = random.uniform(4,6)
11   print("random.uniform(4,6) => ", num)
12
13   # 0부터 인수로 지정된 범위의 정수인 난수 반환
14   num = random.randrange(5)
15   print("random.randrange(5) => ", num)
16
17   # 인수로 주어진 start ~ stop 범위 내의 정수인 난수 발생
18   num = random.randrange(105,109,2)
19   print("random.randrange(105,109,2) => ", num)
20
21   # 리스트의 요소 중 선택
22   num = random.choice( list(range(5,11)) )
23   print("random.choice( list(range(5,11)) ) => ", num)
24
25   # 리스트의 요소 섞기
26   lis = list(range(1,11));
27   print("shuffle전의 lis => ", lis)
28   random.shuffle( lis )
29   print("shuffle 후의 lis => ", lis)
30
31   # 리스트에서 k개만큼 추출하기
32   print("추출 하기 => ", random.sample(lis, k=2))
```

소스코드해설

행 번호	설명
1	random 모듈을 사용하기 위해 모듈을 불러옵니다.
6	1보다 작은 실수인 난수를 발생시킵니다.
10	인수로 주어진 a와 b 사이의 난수를 반환합니다.

14	0부터 인수로 지정된 범위의 정수인 난수를 반환합니다.
18	인수로 주어진 start ~ stop 범위 내의 정수인 난수를 발생시킵니다.
22	인수로 주어진 리스트의 요소 중 불특정 요소를 선택합니다.
26	인수로 주어진 리스트의 요소들을 섞어줍니다.
32	인수로 주어진 리스트에서 k개만큼의 불특정 요소를 추출합니다.

```
─────────────────랜덤 모듈 실습─────────────────
random.random() =〉 0.7483204622843412
random.uniform(4,6) =〉 5.042793936683758
random.randrange(5) =〉 0
random.randrange(105,109,2) =〉 107
random.choice( list(range(5,11)) ) =〉 9
shuffle전의 lis =〉 [1, 2, 3, 4, 5, 6, 7, 8, 9, 10]
shuffle 후의 lis =〉 [1, 2, 8, 9, 7, 4, 5, 6, 10, 3]
추출 하기 =〉 [7, 9]
```

sys 모듈

sys 모듈은 시스템의 환경 변수를 알아내거나 프로그램 실행 시 전달되는 파라미터 값을 받아올 때 사용됩니다. 또 프로세스를 강제로 종료할 경우에도 사용할 수 있습니다.

함수 또는 속성	설명
sys.argv	프로그램 실행 시 전달된 파라미터의 리스트입니다. 첫 번째 요소는 실행 파일의 경로입니다.
sys.getwindowsversion()	실행 중인 시스템의 버전 정보를 반환합니다.

함수 또는 속성	설명
sys.path	실행 중인 PC의 path 환경 변수 정보입니다.
sys.version	실행 중인 시스템의 버전 정보입니다.
sys.exit()	실행 중인 프로세스를 강제 종료합니다.
sys.copyright	실행 중인 시스템의 copyright 정보를 보여줍니다.

| sys 모듈의 함수 또는 속성 설명

sys 모듈 실행 – ch09ex11_sys.py

```
1    import random
2
3    print("{:-^50}".format("랜덤 모듈 실습"))
4
5    import sys
6
7    print("{:-^80}".format("sys.argv"))
8    print(sys.argv[0][-16:])
9
10   print("{:-^80}".format("sys.copyright"))
11   print(sys.copyright)
12
13   print("{:-^80}".format("sys.getwindowsversion()"))
14   print(sys.getwindowsversion())
15
16   print("{:-^80}".format("sys.version"))
17   print(sys.version)
18
19   print("{:-^80}".format("sys.path"))
20   print(sys.path)
```

```
21
22      sys.exit()
```

소스코드해설

행 번호	설명
5	sys 모듈을 불러옵니다.
8	sys.argv로 매개변수를 알아냅니다. 매개변수의 첫 번째 요소는 경로입니다. 경로가 너무 길어서 문자열 슬라이싱하였습니다.
11~20	PC 시스템의 환경 변수를 출력합니다.
22	프로세스를 강제 종료합니다.

```
----------------------------sys.argv----------------------------
/ch09ex11_sys.py
---------------------------sys.copyright---------------------------
Copyright (c) 2001-2020 Python Software Foundation.
All Rights Reserved.


Copyright (c) 2000 BeOpen.com.
All Rights Reserved.


Copyright (c) 1995-2001 Corporation for National Research
Initiatives.
All Rights Reserved.


Copyright (c) 1991-1995 Stichting Mathematisch Centrum,
Amsterdam.
All Rights Reserved.
```

```
--------------------sys.getwindowsversion()---------------------
sys.getwindowsversion(major=10, minor=0, build=18362,
platform=2, service_pack='')
---------------------------sys.version-----------------------
3.7.7 (default, May  6 2020, 11:45:54) [MSC v.1916 64 bit
(AMD64)]
-----------------------------sys.path------------------------
['C:\\Users\\KBJ\\Documents\\_Python_PythonExample\\Python_
new_book_source\\ch09_module', 'C:\\Users\\KBJ\\Documents\\_
Python_PythonExample\\Python_new_book_source', 'C:\\Users\\
KBJ\\myPyCode\\modules', 'C:\\Users\\KBJ\\myPyCode\\packages',
 'C:\\ProgramData\\Anaconda3\\envs\\Python_new_book_
source\\python37.zip', 'C:\\ProgramData\\Anaconda3\\
envs\\Python_new_book_source\\DLLs', 'C:\\ProgramData\\
Anaconda3\\envs\\Python_new_book_source\\lib',
 'C:\\ProgramData\\Anaconda3\\envs\\Python_new_book_source',
 'C:\\ProgramData\\Anaconda3\\envs\\Python_new_book_source\\
lib\\site-packages']

Process finished with exit code 0
```

os 모듈

os 모듈은 사용하는 운영체제의 자원을 활용 가능하게 도와주는 모듈이라고 할 수 있습니다. 예를 들어 파일을 읽고 쓰고 수정하는 기능이라든가 path 경로를 조작하는 등 시스템의 자원을 수정하는 일을 가능하게 합니다. 또 파일이나 디렉터리를 읽거나 작성하는 등의 고급 처리도 os 모듈과 관련이 있다고 할 수 있습니다. os 모듈의 기능은 상당히 많습니다. 파이썬 api 도큐먼트 페이지에서 관련 기능을 꼭 참조해서 사용하길 바랍니다.

함수	설명
os.name	현재 운영체제의 이름이 저장되어 있습니다. 'nt', 'posix', 'java' 등의 이름으로 등록되어 있습니다.
os.getcwd()	시스템에서 현재 폴더의 위치를 반환합니다.
os.listdir()	현재 폴더의 하위 파일 및 하위 디렉터리의 목록을 반환합니다.
os.mkdir(path, mode=0o777, *, dir_fd=None)	새 디렉터리를 생성합니다.
os.rmdir(path, *, dir_fd=None)	폴더를 제거합니다. 폴더의 내용이 비어 있을 때만 제거가 가능합니다.
os.rename(src, dst, *, src_dir_fd=None, dst_dir_fd=None)	파일 또는 디렉터리의 이름을 변경합니다.
os.remove(path, *, dir_fd=None)	경로의 파일을 삭제합니다.
os.unlink(path, *. dir_fd=None)	경로의 파일을 삭제합니다. os.remove()와 동일한 기능입니다.
os.getenv(key, default=None)	환경 변수 키가 있는지 확인합니다. 키에 대응되는 환경 변수가 있다면 값을 반환합니다. 값이 없다면 기본값을 반환합니다.
os.putenv(key, value)	새로운 환경 변수를 설정합니다.
os.system()	해당 운영체제의 터미널 명령을 직접 실행할 수 있습니다.

| os 모듈의 기능(출처 : https://docs.python.org/ko/3.6/library/os.html?module—os)

다음은 os 모듈을 이용한 예제입니다. 다른 모듈들도 사용 방법은 비슷합니다.

OS 모듈 실행 – ch09ex12_os.py

```
1      import os
2
3      os_name = os.name
4      print("os name : ", os_name)
5
6      cwd = os.getcwd()
7      print("현재 폴더 위치 : ", cwd)
8
9      list_dir = os.listdir()
10     print("하위 파일 및 디렉터리 : ")
11     for file_name in list_dir :
12         print(file_name)
13
14     # 디렉터리 생성
15     #os.mkdir("new_dir", mode=0o777);
16
17     # 디렉터리 이름 변경
18     #os.rename("new_dir", "dir2")
19
20     # 지정된 디렉터리 삭제하기
21     #os.rmdir("new_dir")
22
23     # 지정된 파일 삭제하기
24     #os.unlink("test.txt")
```

소스코드해설

행 번호	설명
1	os 모듈을 불러옵니다.
3~4	os의 이름을 확인합니다.
6~7	현재 폴더의 위치를 확인합니다.
9~12	현재 디렉터리의 하위 파일 및 디렉터리 목록을 확인합니다. os.listdir()은 결과로 목록을 반환합니다. for 반복문을 이용해서 목록을 출력해 봅니다.
15	새 디렉터리를 생성합니다.
18	지정된 디렉터리의 이름을 변경합니다.
21	지정된 디렉터리를 삭제합니다. 디렉터리의 내용이 없어야 삭제 가능합니다.
24	지정된 파일을 삭제합니다.

```
os name :  nt
현재 폴더 위치 :  C:\Users\KBJ\Documents\_Python_PythonExample\
Python_new_book_source\ch09_module
하위 파일 및 디렉터리 :
ch09ex01_hello.py
ch09ex02_hello.py
ch09ex03_hello.py
ch09ex04_hello.py
ch09ex05_phonebook.py
ch09ex06_filter.py
ch09ex07_map.py
ch09ex08_reduce.py
ch09ex09_sin.py
ch09ex101_pygame_test.py
ch09ex102_pygame_test.py
ch09ex10_random.py
```

```
ch09ex11_sys.py
ch09ex12_os.py
phonebook
    __init__.py
    __pycache__
```

urllib 모듈

내장 모듈 중에서 아주 유용한 모듈로 urllib 모듈이 있습니다. urllib 모듈은 인터넷상에 있는
자원의 위치를 확인하고 활용할 때 사용합니다. urllib 모듈에는 requests 같은 모듈이 포함되
어 있습니다. 이 모듈을 이용해서 웹에 있는 이미지 같은 소스를 통째로 가져올 수도 있고 크
롤링 기술에 사용할 수도 있습니다. BeautifulSoup 모듈과 함께 사용하는 크롤링 기술에 대
해서는 10장에서 다루도록 하겠습니다.

time 모듈

time 모듈은 datetime 모듈, calendar 모듈과 함께 사용하는 다양한 시간 관련 함수를 제공합
니다. 보통 time 모듈과 datetime 모듈을 사용해서 날짜와 관련된 일련의 처리가 가능합니다.
time은 타임스탬프라고 하는 유닉스 타임을 사용하는데 이 시간은 1971년 1월 1일부터의 시
간을 초 단위로 누적한 데이터입니다. 만약 실행 중인 프로그램에 잠시 멈춤 기능을 사용하고
싶다면 time.sleep(시간) 같은 함수를 활용할 수 있습니다. 이 함수는 프로그램에 잠시 동안
인터럽트를 발생시켜서 주어진 시간 동안 일시 정지하도록 하는 함수입니다.

datetime 모듈

datetime 모듈은 time 모듈로 발생시킨 시간 데이터를 날짜 시간 관련 포맷으로 바꿔주는 역할을 합니다. 비슷한 기능의 모듈로 calendar 모듈이 있습니다.

파이썬 외부 모듈

파이썬 표준 모듈 외에 파이썬 리포지터리 저장소에서 받아 설치해서 사용하는 외장 모듈이 있습니다. 이런 파이썬 외장 모듈의 설치는 pip를 이용해서 손쉽게 설치하거나 제거할 수 있습니다. 파이썬 외장 모듈은 성능이 뛰어나고 활용 가능한 부분이 많습니다. 이번 단원에서는 pip를 이용한 파이썬 외장 모듈 설치에 대해 학습하고, 활용 가능한 대표적인 외장 모듈인 BeautifulSoup 모듈과 Flask 모듈에 대해서는 10장에서 자세히 다루도록 하겠습니다.

파이썬 외부 모듈을 설치하기 위해서는 pip 도구를 사용합니다. pip는 파이썬 모듈 관리 도구입니다.

 Tip 파이썬 참고 사이트 소개

다음은 파이썬을 학습할 때 알면 많은 도움을 받을 수 있는 사이트입니다. 파이썬을 공부할 때 꼭 알아야 할 사이트라고 할 수는 없지만 알고 있으면 여러모로 도움을 받을 수 있습니다. 시간 날 때 한 번씩 방문해서 확인해 보길 바랍니다.

파이썬 네이버 개발자 사이트
https://developers.naver.com/main/

파이썬 코드 가이드라인
https://pep8.org/

파이썬 예제 모음
https://www.pythonforbeginners.com/

예제 코드 모음 ActiveState Code
http://code.activestate.com/recipes/langs/python/

w3schools.com
https://www.w3schools.com/python/python_exercises.asp

파이썬 뉴스레터
https://www.pythonweekly.com/

|연|습|문|제|

───────── ◆ 이 론 문 제 ◆ ─────────

1   파이썬에서 모듈을 불러오는 방법에 해당하지 <u>않는</u> 것은?

① import 파일

② from 파일 import 함수 또는 클래스

③ from 파일 as 별명 import 함수

④ import 파일 as 별명

2   파이썬 파일을 모듈로 사용할 때 다음과 같은 소스 코드를 사용하는 이유를 설명하시오.

```
if __name__ == '__main__':
    실행함수()
```

답 : _____

3 다음과 같이 hello.py 파일이 있다고 할 때 hello.py 파일에 포함된 메소드를 다른 파일에서 모듈로 불러오는 소스 코드를 완성하시오.

hello.py 파일의 내용
```
def say_hello(name) :
    print("hello", name)


def say_hello2(name) :
    print("good morning", name)



if __name__ == '__main__':
    say_hello("kim")
    say_hello2("hong")
```

hello.py 파일에 포함된 메소드를 모듈로 불러오는 파일
```
from _____①_____
from _____②_____



if __name__ == '__main__':
    say_hello("kim")
    say_hello2("hong")
```

①

②

4 파이썬 외부 모듈을 사용할 때 사용하는 pip 명령어와 설명이 바르지 <u>않은</u> 것은?

① pip install 모듈명 : 외부 모듈을 설치하는 명령어

② pip –version : pip가 설치되었는지를 확인하는 명령어

③ pip preeze : 설치된 모듈 목록을 확인하는 명령어

④ pip uninstall 모듈명 : 설치된 외부 모듈을 제거하는 명령어

5 파이썬에서 특정 폴더 자체가 패키지임을 알리는 빈 파일의 이름이 무엇인지 적으시오.

답 : _____

6 함수를 사용하기 위해서 import문조차 필요 없는 파이썬 내장 함수가 <u>아닌</u> 것은?

① sleep()

② abs()

③ chr()

④ pow()

7   다음 파이썬 내장 함수의 기능을 빈칸에 적으시오.

함수 이름	내장 함수 기능
abs()	①
all()	②
any()	③
chr()	④
filter()	⑤
ord()	⑥

① _____

② _____

③ _____

④ _____

⑤ _____

⑥ _____

8   다음은 파이썬 내장 함수 중 filter() 함수의 사용 예제다. 예상 결과를 적으시오.

```
def choose(a) :
    if(a%10 == 0) :
        return a



lis = [10,25,30,46,50]
lis2 = list(filter(choose, lis) )
print(lis2)
```

답 : _____

9   다음은 파이썬 내장 함수인 map() 내장 함수의 사용 예제다. 실행 결과를 적으시오.

```
def mult(i) :
    return i * 100


lis = [10, 20, 30, 40]
result = map(mult, lis)

for item in result :
    print(item, end=" ")
```

답 : _____

10   다음은 파이썬 랜덤 모듈의 함수와 설명을 정리한 표다. 빈칸에 알맞은 내용을 적으시오.

함수 이름	설명
random.random()	1보다 작은 실수인 난수를 반환합니다.
random.uniform(a,b)	①
random.randrange(stop)	0부터 인수로 지정된 범위의 정수인 난수를 반환
random.randrange(start,stop[,step])	합니다.
	start ~ stop 범위 내의 정수인 난수를 반환합니다.
random.choice(seq)	②
random.shuffle(x[, random])	③
random.sample(population, k)	리스트의 요소 중에서 무작위로 k개만큼 뽑아줍니다.

① _____

② _____

③ _____

1   다음 실행 소스 코드가 정상 실행되도록 모듈을 완성하시오.

| 실행 소스 코드 |

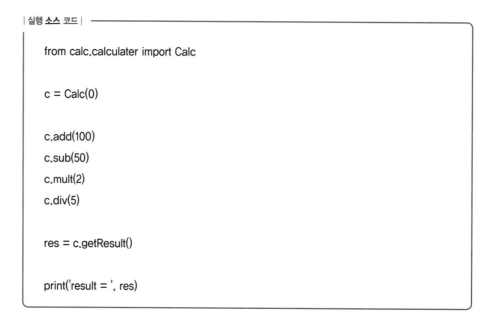

```
from calc.calculater import Calc

c = Calc(0)

c.add(100)
c.sub(50)
c.mult(2)
c.div(5)

res = c.getResult()

print('result = ', res)
```

| 실행 결과 예시 |

```
result =  20.0

Process finished with exit code 0
```

| 힌트 | 모듈은 from문을 참고해서 calc 폴더 안에 calculater 파일을 생성하고 파일 안에 Calc 클래스를 선언합니다.
Calc 클래스 내부에는 add(num), sub(num), mult(num), div(num), getResult() 함수를 선언합니다. calc 폴
더가 모듈로 사용되기 위해서는 폴더 내부에 __init__.py 파일이 존재해야 합니다.

2 　파이썬 표준 라이브러리의 터틀 그래픽 모듈을 활용하여 다음과 같이 움직임을 반복하는 모양을 그려보시오.

| 실행 **결과 예시** |

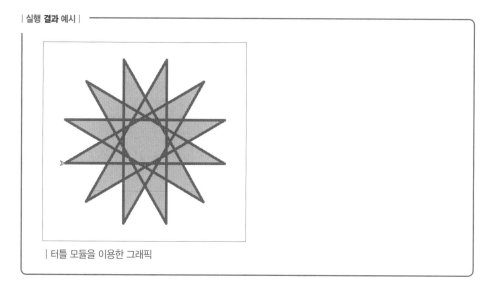

| 터틀 모듈을 이용한 그래픽

| 힌트 | 　Python 한글 API는 https://python.flowdas.com/library/turtle.html에서 참고합니다.
　도형의 선과 면의 색상 지정은 color() 함수를 이용합니다.
　도형의 직선은 forward() 함수를 이용합니다.
　좌우 방향 전환은 left(), right() 함수를 이용합니다.
　색상 채우기는 begin_fill() 함수와 end_fill() 함수를 이용합니다.

3 　pip install 명령을 사용해서 matplotlib 모듈을 설치하고, matplotlib 모듈을 설치하고 난 후 다음의 좌표 리스트를 출력해 보시오.

| 좌표 **리스트** |

```
x_nums = [1, 2, 3, 4, 7, 8]
y_nums = [3, 4, 6, 5, 4, 7]
```

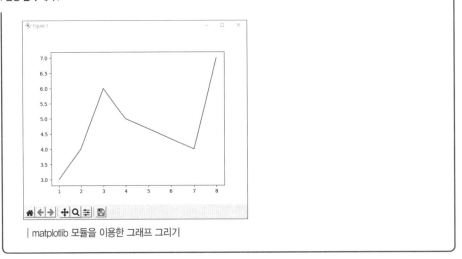

| matplotlib 모듈을 이용한 그래프 그리기

| 힌트 | 터미널 창에서 matplotlib 설치 명령어는 pip install matplotlib입니다.

예) import matplotlib

matplotlib과 pillow, cycler, pyparsing, python-deteutil, numpy 모듈 등이 함께 설치됩니다.

설치가 완료되면 다음과 같은 성공 메시지가 Terminal 창에 출력됩니다.

Installing collected packages: pillow, cycler, pyparsing, python-dateutil, kiwisolver, numpy, matplotlib

Successfully installed cycler-0.10.0 kiwisolver-1.2.0 matplotlib-3.3.2 numpy-1.19.2 pillow-7.2.0 pyparsing-2.4.7

ython-dateutil-2.8.1

설치가 완료되면 matplotlib 모듈을 import할 수 있습니다. matplotlib을 정상적으로 불러왔다면 plot() 함수를 이용해서 좌표 리스트를 출력할 수 있고, 좌표를 보여주는 함수인 show() 함수를 이용해서 Figure 창을 실행할 수 있습니다.

출력 결과를 테스트할 소스 코드는 다음 예와 같습니다.

예)

```
import matplotlib.pyplot as ppl

x_nums = [1, 2, 3, 4, 7, 8]
y_nums = [3, 4, 6, 5, 4, 7]
ppl.plot(x_nums, y_nums)
ppl.show()
```

4   openpyxl 모듈을 설치하고 엑셀 파일을 생성한 후 엑셀 파일 시트의 B2 셀에 "Hello Python world"를 추가하시오. (openpyxl의 공식 문서는 https://openpyxl.readthedocs.io/en/latest/를 참조합니다.)

| 실행 결과 예시 |

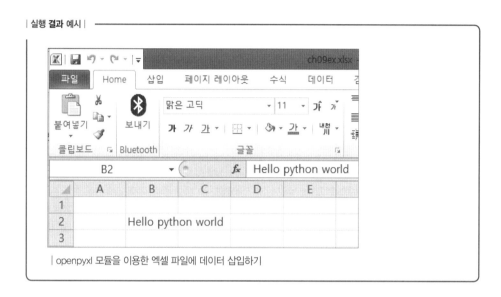

| openpyxl 모듈을 이용한 엑셀 파일에 데이터 삽입하기

| 힌트 | 터미널에서 openpyxl 모듈을 설치하는 명령어는 다음 예와 같습니다.

예) pip install openpyxl

openpyxl의 공식 문서는 https://openpyxl.readthedocs.io/en/latest/입니다. 파이썬에서 엑셀 파일을 생성하고 셀에 데이터를 추가하는 소스 코드는 다음 예와 같습니다.

예)
import openpyxl

work_book = openpyxl.Workbook()
work_sheet = work_book.create_sheet(index=0, title='Python Ch09 Exercise')
work_sheet['B2'] = 'Hello python world'

work_book.save(filename='ch09ex.xlsx')

5   4번 문제에서 저장한 엑셀 파일을 파이썬으로 읽어와서 시트의 목록과 max column 값, max row 값 그리고 B2 셀의 내용을 출력하시오.

| 실행 **결과 예시** |

['Python Ch09 Exercise', 'Sheet']

max column : 2

max row : 2

B2 셀의 값 : Hello python world

| 힌트 | openpyxl의 엑셀 파일을 읽어오는 명령어는 openpyxl.load_workbook('ch09ex.xlsx')입니다.

wb.sheetnames 속성으로 시트 목록을 알 수 있습니다.

시트를 선택하는 명령어는 딕셔너리를 사용할 때처럼 wb['Python Ch09 Exercise']의 형식으로 가능합니다.

work_sheet.max_column 속성은 열의 최댓값입니다. work_sheet.max_row 속성은 행의 최댓값입니다. 셀의 값은 work_sheet['B2'].value 명령으로 알아낼 수 있습니다. 엑셀 파일을 열어서 값을 읽어오는 명령어는 다음 예와 같습니다.

예)

```
import openpyxl

wb = openpyxl.load_workbook('ch09ex.xlsx')
sheet_names = wb.sheetnames
print(sheet_names)

work_sheet = wb['Python Ch09 Exercise']

max_col = work_sheet.max_column
print('max column : ', max_col)
max_row = work_sheet.max_row
print('max row : ', max_row)

print('B2 셀의 값 : ', work_sheet['B2'].value)
```

10

파일 입출력 및 DB 연동

10장에서는 가공한 데이터를 저장하는 방법에 대해서 학습합니다. 먼저 파일에 데이터를 저장하는 방법을 학습한 후에 데이터베이스에 데이터를 저장하는 기술에 대해서 학습합니다. 또 파일에 데이터를 일반적인 text 파일 형태로 저장하는 방법과 객체 형태로 저장하는 방법에 대해서 학습하고, Dictionary 형식의 데이터를 웹 기술과 연동하는 데 유리하도록 JSON 파일로 저장하는 방법을 학습하도록 하겠습니다.

python

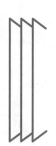

맛보기 예제 – 일단 따라해 보세요!

9장에서 Turtle 모듈을 이용해서 실습한 일단 따라해 보기 예제에 자료 구조를 응용해 보겠습니다. 9장에서 실습한 Turtle 실습 예제는 방향, 각도, 거리를 키보드로 입력받아서 한 번에 하나의 기능씩 실행하였습니다. 10장에서는 그 예제를 좀 변형시켜서 진행 방향과 거리를 미리 리스트에 저장해 두고 자동으로 실행되도록 해보겠습니다. 다음과 같이 딕셔너리에 진행 방향, 각도, 거리를 저장하고 그런 딕셔너리 객체를 리스트에 저장해 두겠습니다.

```
data_list = [
    {
        "direction" : 'L',
        "angle" : 0,
        "length" : 200
    },
    {
        "direction" : 'L',
        "angle" : 90,
        "length" : 100
    },
    {
        "direction" : 'R',
        "angle" : 90,
        "length" : 50
    },
    {
```

```
        "direction" : 'R',
        "angle" : 90,
        "length" : 100
    },
    {
        "direction" : 'L',
        "angle" : 90,
        "length" : 200
    }
]
```

위에서 설명한 리스트의 구조를 좀 더 간략히 정리해 보면 다음과 같습니다.

```
[ { ... }, { ... }, { ... } ]
```

즉, 리스트 구조 안에 딕셔너리 구조가 연속적으로 들어가 있는 형태입니다. 반복문을 이용해서 리스트에서 딕셔너리를 하나씩 끄집어 내서 딕셔너리에 저장된 데이터 값을 참조해 Turtle을 움직이게 하는 방식으로 구현되었습니다.

리스트에 담긴 딕셔너리의 속성은 리스트[인덱스]['키'] 형식으로 index와 key 값으로 접근할 수 있습니다.

```
direction = data_list[i]['direction']
angle = data_list[i]['angle']
length = data_list[i]['length']
```

Turtle 예제에 리스트와 딕셔너리 자료 구조를 활용한 예제의 전체 소스 코드는 다음과 같습니다.

실습예제 **일단 따라해 보기** – ch10_pre_example.py

```
1     data_list = [
2         {
3             "direction" : 'L',
4             "angle" : 0,
5             "length" : 200
6         },
7         {
8             "direction" : 'L',
9             "angle" : 90,
10            "length" : 100
11        },
12        {
13            "direction" : 'R',
14            "angle" : 90,
15            "length" : 50
16        },
17        {
18            "direction" : 'R',
19            "angle" : 90,
20            "length" : 100
21        },
22        {
23            "direction" : 'L',
24            "angle" : 90,
25            "length" : 200
26        }
27    ]
```

```
28
29      from turtle import Turtle
30
31      t = Turtle()
32      t.color("RED")
33      t.pensize(5)
34      t.shape("turtle")
35
36      def moveTurtle(i) :
37          print(data_list[i])
38          direction = data_list[i]['direction']
39          angle = data_list[i]['angle']
40          length = data_list[i]['length']
41
42          t.left(angle) if direction == "L" else t.right(angle)
43          t.forward(length)
44
45
46      for i in range(0,5) :
47          moveTurtle(i)
48
49      input('Press any key to continue ...')
50
```

실행
결과
```
{'direction': 'L', 'angle': 0, 'length': 200}
{'direction': 'L', 'angle': 90, 'length': 100}
{'direction': 'R', 'angle': 90, 'length': 50}
{'direction': 'R', 'angle': 90, 'length': 100}
{'direction': 'L', 'angle': 90, 'length': 200}
Press any key to continue ...
10-0
```

CHAPTER10 | 파일 입출력 및 DB 연동 | 429

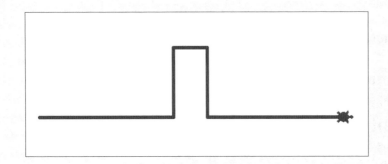

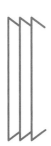

데이터의 저장

지금까지 파이썬 기본 문법을 이용해서 데이터를 가공하는 기술에 대해서 공부하였습니다. 컴퓨터 프로그래밍에서 데이터를 가공하는 일만큼 중요한 것이 데이터를 저장하는 일입니다. 프로그램이 실행되는 동안 변수는 RAM이라는 메모리에 저장됩니다. 그러나 RAM은 휘발성 메모리이기 때문에 컴퓨터 전원이 꺼지면 RAM 메모리에 저장된 데이터는 모두 사라지게 됩니다. 그렇기 때문에 전원이 꺼져도 저장된 데이터가 사라지지 않는 하드디스크 스토리지에 파일 형식으로 데이터를 저장해야 합니다.

파일에 데이터 저장

파일은 컴퓨터의 하드디스크에 만들어지기 때문에 컴퓨터의 전원이 꺼지더라도 안전하게 데이터를 보관할 수 있습니다. 이렇게 데이터를 파일에 저장하기 위해서는 파일 입출력을 해야 합니다.

이번 단원에서는 가공된 데이터를 어떻게 저장하고 가공할 데이터를 어떻게 읽어오는지에 대해 학습하겠습니다. 데이터를 파일에 저장할 때는 일반적인 텍스트로 저장하거나 딕셔너리 또는 리스트와 같은 객체 형태로 바로 저장하기도 합니다. 또 웹 프로그램에서 주로 사용되는 JSON 파일로도 읽고 쓰기가 가능합니다. 이렇게 파일에 객체를 직접 저장할 경우에는 바이너리 형식으로 객체를 처리해야 합니다. 바이너리 형식으로 처리할 경우 파일 열기 모드에 b를 붙여서 사용합니다.

데이터베이스에 데이터 저장

원래 컴퓨터 프로그램에서 데이터는 파일 입출력만 사용하였습니다. 그런데 데이터를 사용하는 프로그램이 많아지면서 데이터의 중복 문제가 발생하였습니다. 또 데이터를 여러 애플리케이션에서 사용하기 때문에 데이터의 안전성에도 문제가 생기기 시작하였습니다.

이런 여러 문제의 해결 방안으로 데이터베이스 개념이 도입되었습니다. 데이터베이스는 단순히 데이터 파일을 모아둔 폴더라고 이해할 수 있습니다. 그리고 데이터베이스를 관리하는 프로그램을 만들게 되었는데 바로 DBMS라는 데이터베이스 매니지먼트 시스템입니다.

DBMS 중에 유명한 제품으로 Oracle이나 MySQL과 같은 프로그램이 있습니다. 그 외에도 MS-SQL이나 Maria DB 같은 프로그램들이 있습니다. 이런 DBMS는 구동 원리에 따라 R-DB 계통과 No-SQL 계통이 있습니다. No-SQL 계통의 대표적인 DBMS에는 몽고디비가 있습니다. 이 책에서는 학습용이나 소규모 프로젝트에 적합한 SQLite를 이용해서 DB 연동 실습을할 예정입니다. 이 책에서 SQLite를 사용하는 이유는 일단 설치하기 쉽고 라이선스가 무료이기 때문입니다. 또 다루기 쉽고 기능도 나름 우수하다고 할 수 있습니다.

이 단원의 목적은 파이썬 애플리케이션과 DB가 연동하는 것을 학습하는 것이기 때문에 DBMS는 설치가 용이하고 사용법이 어렵지 않은 툴을 선택하게 되었습니다. 참고로 SQLite 데이터베이스와 비슷한 경량의 DBMS에는 H2 데이터베이스가 있습니다. H2 데이터베이스가 SQLite 데이터베이스보다 기능 면에서는 좀 더 우수하다고 할 수 있습니다.

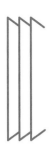
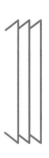

파일 읽고 쓰기

파일 입출력을 위해서는 먼저 파일 객체를 생성해야 합니다. 파일 객체를 생성하려면 open()
함수를 이용합니다. open() 함수가 실행될 때 다음과 같은 인수를 전달받습니다.

open(파일이름, 파일열기모드)

모드 부호	설명
r	읽기 모드 – 파일을 읽기 용도로 사용합니다.
w	쓰기 모드 – 파일에 내용을 쓸 때 사용합니다. – 이전 내용이 있다면 모두 지워지고 새로운 내용이 기록됩니다. – 파일이 존재하지 않으면 새로운 파일을 생성합니다.
a	추가 모드 – 파일의 기존 내용에 새로운 내용을 추가할 때 사용합니다.
rb	파일을 바이너리 형식으로 읽을 수 있게 합니다. 파일에 객체 형식으로 저장된 파일을 읽어들일 때 필요한 모드입니다.
wb	파일을 바이너리 형식으로 사용할 수 있게 합니다. 파일에 내용을 객체 형식으로 쓸 때 필요한 형식입니다.
ab	파일에 내용을 바이너리 형식으로 추가할 수 있게 합니다.

| 모드 부호 설명

파일 열기 모드에는 읽기 모드, 쓰기 모드, 추가 모드가 있습니다. 파일 쓰기(w) 모드로 파일을 open하게 되면 파일이 새로 생성됩니다. 만약 파일이 이미 존재한다면 기존의 파일 내용이 모두 삭제된 후 새로운 파일이 생성됩니다.

파일 열기

파이썬에서는 프로그램이 종료되면 자동으로 close되므로 close를 생략해도 프로그램 종료 후 파일이 닫힙니다. 그러나 가능한 한 파일 사용 후에 직접 close하는 것이 안전합니다. 프로그램이 종료되지 않은 상태로 쓰기 모드의 열려 있는 파일을 다시 사용하게 되면 에러가 발생하기 때문입니다. 정확히 말해 파일 쓰기는 close를 해야 쓰기가 완료됩니다. 다음 예시에서 fp는 파일 객체를 가리키는 참조 값입니다. fp를 이용해서 파일의 데이터를 읽거나 쓰게 됩니다.

```
fp = open(file, mode)
...
close()
```

쓰기 모드로 파일을 열기했을 때 파일이 없다면 새로운 파일을 만들어 줍니다. 다음 예제에서 쓰기 모드로 파일을 열고 닫은 후 새로 생성된 파일을 확인해 보도록 하겠습니다.

실습 예제 **open() 함수로 파일 생성하고 열기** – ch10ex01_open.py

```
1    fp = open("io_test.txt", "w")
2
3    fp.close()
```

소스 코드를 실행하고 실행 파일이 있는 폴더를 확인하면 io_test.txt 파일이 생성된 것을 확인할 수 있습니다.

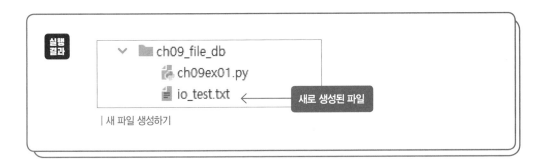

| 새 파일 생성하기

파일 쓰기

앞의 예제 소스는 파일을 생성만 하고 내용이 없는 0바이트의 빈 파일입니다. 이번에는 파일을 쓰기 모드로 열고 내용을 추가해 보겠습니다. 파일에 데이터를 쓸 때는 write() 함수를 이용합니다. 파일을 close()하기 전에는 write() 함수로 쓴 데이터는 파일에 계속 추가됩니다. 줄 바꿈을 하기 위해서는 n 특수문자를 이용해야 한 줄씩 추가됩니다.

윈도우에서 파일 입출력을 텍스트로 할 경우에는 파일 오픈 시 encoding='utf-8'로 속성을 설정해 주어야 합니다. 그 이유는 윈도우 환경에서는 한글 인코딩이 cp949로 처리되기 때문입니다. 파이썬 3.x 버전부터는 utf-8이 기본 인코딩이기 때문에 윈도우 시스템의 인코딩과 서로 맞지 않아서 한글이 깨지는 현상이 발생합니다.

파일에 내용 쓰기 – ch10ex02_write.py

```
1    # 파일 열기
2    fp = open("io_test.txt", "w", encoding="utf-8")
3
4    # 파일에 내용 쓰기
5    fp.write("Hello World\n")
6    fp.write("건강한 대한민국\n")
7    fp.write("즐거운 파이썬 공부\n")
8
9    # 파일 닫기
10   fp.close()
```

소스코드해설

행 번호	설명
1	io_test.txt 파일을 쓰기 모드로 열었습니다.
5~7	write() 함수를 이용해서 문자열 데이터를 파일에 기록합니다. 문자열 끝에 ₩n을 추가해 주어야 줄 바꿈이 됩니다.
10	열었던 파일을 close()해 주어야 쓰기 작업이 완료됩니다.

소스 코드를 실행하면 콘솔에는 아무런 결과가 없습니다. 실행 파일과 같은 경로에 생성된 io_test.txt 파일을 열어서 확인하면 내용이 기록된 것을 확인할 수 있습니다.

 Hello World
건강한 대한민국
즐거운 파이썬 공부

436

파일 읽기

이제 파일에 기록된 데이터를 다시 읽어들이는 작업을 해보겠습니다. 파이썬은 파일에 내용을 쓰는 것만큼 읽는 작업이 비교적 쉽습니다. 그리고 파일의 내용을 읽어들이는 기능도 한 페이지 전체를 한꺼번에 읽는 것에서부터 한 줄씩 읽는 기능까지 다양하게 있습니다.
파일에서 데이터를 읽거나 쓰는 작업은 다음과 같이 간략히 정리할 수 있습니다.

> (1) 첫째, 파일을 open합니다.
> (2) 둘째, 파일에 데이터를 쓰거나 읽습니다.
> (3) 셋째, 파일을 close합니다.

이 단계는 신발장에 신발을 넣고 빼는 것만큼 간단하다고 할 수 있습니다.

> (1) 신발장 문을 열어줍니다.
> (2) 신발장에서 신발을 꺼내거나 넣습니다.
> (3) 신발장 문을 닫습니다.

이렇게 비교했을 때 파이썬에서 데이터를 쓰거나 읽는 것이 어렵다고 할 수 있을까요?
파일을 읽어오는 여러 가지 함수 중에서 일단 파일에서 한 라인을 읽어오는 readline() 함수를 사용해 보도록 하겠습니다. readline() 함수는 파일에서 한 줄의 데이터를 읽어옵니다. 파일의 데이터에 줄 바꿈 문자가 포함되어 있다면 줄 바꿈 문자인 n도 함께 읽어온다는 데 주의합니다. 만약 읽어온 데이터에서 줄 바꿈 기호를 제거하고 싶다면 문자열을 슬라이싱해 줍니다. 그리고 readline() 함수를 이용해서 파일의 모든 내용을 읽어오려면 반복문을 이용해서 처리해 줍니다. 파일의 데이터를 텍스트로 읽어올 때도 쓸 때와 마찬가지로 encoding='utf-8' 속성을 지정해 주어야 한글이 깨지지 않습니다.

```
1   fp = open("io_test.txt", "r", encoding='utf-8')
2   while True:
3       data = fp.readline()
4       data = data[0:len(data)-1] # 마지막의 '₩n' 문자를 제거합니다.
5       if not data :
6           break;
7       print(data)
8   fp.close()
```

소스코드해설

행 번호	설명
1	파일을 읽기 모드로 열었습니다. 한글이 깨지는 것을 방지하기 위해 encoding='utf-8'로 인코딩 설정을 해주었습니다.
2	파일의 모든 행을 읽어오기 위해서 반복문을 사용하였습니다. 일단 True로 무한 반복하게 하고 5행에서 조건문을 이용해서 데이터가 더 이상 없으면 break로 반복문을 탈출하도록 하였습니다.
3	readline() 함수를 이용해서 파일을 한 줄씩 읽어들였습니다.
4	읽어들인 행의 마지막 문자인 줄 바꿈 문자 ₩n을 제거하기 위해 슬라이싱하였습니다.
5~6	읽어들인 데이터가 없다면 break문을 이용해서 반복문을 탈출합니다.
7	파일에서 읽어들인 한 행의 데이터를 출력합니다.
8	작업이 끝나면 파일을 닫습니다.

```
Hello World
건강한 대한민국
즐거운 파이썬 공부


Process finished with exit code 0
```

여러 행을 한꺼번에 읽어오는 readlines() 함수

readline() 함수는 한 번에 한 줄의 데이터를 읽어오는 데 반해 readlines() 함수는 한꺼번에 여러 행의 데이터를 읽어들여서 리스트 형식으로 반환합니다. 다음과 같이 readlines() 함수를 이용해서 파일의 데이터를 읽어오는 실습을 해보겠습니다. readline() 함수와 달리 readlines() 함수는 함수 이름의 끝에 s가 더 붙어 있습니다. 윈도우 환경에서는 readlines() 함수도 encoding='utf-8' 속성을 꼭 사용해야 합니다.

실습예제 파일의 여러 라인을 리스트로 읽어오기 – ch10ex04_readlines.py

```
1    fp = open("io_test.txt","r", encoding='utf-8')
2    lines = fp.readlines()
3
4    for line in lines :
5        print(line, end="")
6
7    fp.close()
8    print("-"*30)
```

행 번호	설명
1	파일을 읽기 모드로 열어줍니다.
2	파일의 데이터를 readlines() 함수를 이용해서 읽어들입니다. readlines() 함수의 결과 형은 리스트형입니다. 파일의 모든 행이 리스트에 담겨서 반환됩니다.
4~5	리스트에 들어 있는 데이터를 for 반복문을 이용해서 출력합니다. 마지막 라인에 ₩n이 포함되었다면 print() 함수의 기본 개행 기능과 중복되기 때문에 print() 함수의 end 속성을 변경해 줍니다.
7	파일 작업이 모두 완료된 후 파일을 닫습니다.
8	구분 선을 추가하였습니다.

```
Hello World
건강한 대한민국
즐거운 파이썬 공부
------------------------------

Process finished with exit code 0
```

with문을 이용한 파일 입출력

단순히 open() 함수로 파일을 열었다면 작업이 끝난 후 close해 주어야 작업이 마무리됩니다. with문을 이용하면 이런 번거로움을 간단히 해결할 수 있습니다. with문은 파일을 열고 작업이 끝난 후 close하지 않아도 자동으로 파일을 닫아줍니다. close하는 것을 자주 잊어 버린다면 차라리 with문을 이용해서 파일을 open하는 것이 안전합니다.

with ~ as문을 이용한 자동 close – ch10ex05.py

```
1    # fp = open("io_test.txt", "w", encoding='utf-8')
2    # fp.write("파일 입출력 테스트 2번째")
3    # fp.close()
4
5    with open("io_test.txt","w", encoding='utf-8') as fp :
6        fp.write("with문을 이용한 파일 입출력 테스트")
```

소스코드해설

행 번호	설명
1~3	with문을 이용하지 않고 파일을 열고 닫는 예제를 with문과 비교하기 위해 주석 처리하였습니다.
5	with문을 이용해서 파일을 open하였습니다. fp는 파일 객체를 참조하는 변수입니다.
6	생성된 파일 객체의 write() 함수를 이용해서 문자열의 내용을 파일에 기록합니다.

같은 경로에 생성된 io_test.txt 파일을 열어 보면 내용이 변경된 것을 확인할 수 있습니다.

[소 스 코 드 실 행 결 과]

with문을 이용한 파일 입출력 테스트

추가 모드를 이용해서 파일에 새 내용 추가하기

파일 쓰기를 할 때 w 모드를 사용하면 파일을 덮어쓰기 때문에 파일의 기존 내용이 모두 삭제되고 새로운 파일이 생성됩니다. 하지만 a 모드를 사용하면 파일의 기존 내용을 지우지 않고 새 내용을 추가해 줍니다.

실습예제 **기존 파일에 내용 추가하기** – ch10ex06_append.py

```
1    fp = open("io_test.txt", "a", encoding='utf-8')
2    for i in range(5,8) :
3        data = "{0}번째 라인 ...\n".format(i)
4        fp.write(data)
5    fp.close()
6
7    fp = open("io_test.txt","r", encoding='utf-8')
8    data = fp.read()
9    print(data)
10   fp.close()
```

소스코드해설

행 번호	설명
1	파일을 추가 모드로 열었습니다.
2	range() 함수를 이용해서 5부터 시작해서 3회전합니다.
3	파일에 기록할 데이터를 만들어 줍니다.
4	write() 함수를 이용해서 파일에 데이터를 기록합니다. 파일 열기 모드가 추가 모드이기 때문에 기존의 내용이 삭제되지 않고 추가됩니다.

5	파일을 닫아줍니다.
7~10	파일에 기록된 내용을 읽어들여서 확인합니다.

 with문을 이용한 파일 입출력 테스트 5번째 라인 ...
6번째 라인 ...
7번째 라인 ...

Process finished with exit code 0

파일에 내용을 추가하고 곧바로 파일의 내용을 읽어왔습니다. 실행 결과를 보면 앞 예제의 결과 아래에 "6번째 라인 ..." 문장과 "7번째 라인 ..." 문장이 추가된 것을 확인할 수 있습니다. 맨 윗줄에 "with문을 이용한 파일 입출력 테스트"는 앞 예제에서 기록된 기존 데이터입니다. 파일 열기 모드를 추가 모드로 열었기 때문에 기존 데이터가 삭제되지 않은 상태에서 새로운 데이터가 추가되었습니다.

[생각해 보기1]

파일에 저장된 데이터를 다른 파일로 복사하는 프로그램을 만들어 보자.

[생각해 보기2]

앞 장에서 구현한 전화번호부 프로그램에서 입력된 데이터를 파일에 저장하는 기능을 추가해 보자.

※ 생각해 보기 문제는 답을 제공하지 않습니다.

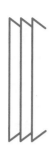
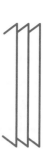

객체 입출력

텍스트로 이루어진 간단한 데이터를 파일로 입출력하는 것은 그리 어렵지 않지만 객체나 리스트에 담긴 데이터를 단순 텍스트 파일로 입출력하는 것은 좀 복잡할 수 있습니다. 이럴 경우 단순 텍스트로 입출력하는 open() 함수만으로는 한계가 있을 수 있습니다. 물론 시간과 노력을 투자한다면 불가능할 것도 없지만 그런 소모적인 일에 시간을 너무 낭비하지 않도록 합니다. 이처럼 객체를 파일로 입출력하는 수고로움을 덜어 주기 위해 pickle 모듈을 함께 활용할 수 있습니다.

pickle 모듈을 이용해서 객체를 파일로 dump하고 다시 파일에 있는 데이터를 load할 수 있습니다. 말 그대로 dump는 객체를 통째로 파일에 저장하는 것이고, load는 파일의 데이터를 객체 형태로 다시 재구성하는 것입니다. 이 경우에 객체 직렬화라는 개념이 도입됩니다.

객체 직렬화에 대해 간단히 설명하면 객체를 해체해서 파일에 저장하고 파일에 저장된 객체의 데이터를 읽어들여서 다시 객체로 재구성한다고 이해하면 됩니다. 예를 들어 객체를 민속촌에 있는 집이라고 생각했을 때 처음 마을에 있던 집을 해체해서 민속촌으로 옮기려고 한다면 집을 해체한 순서 그대로 역순으로 옮긴 곳에서 다시 조립해야 할 것입니다.

이처럼 객체에서 파일로 옮기고 파일에서 객체로 불러들일 때 객체 직렬화를 이용한다는 것입니다. 물론 이렇게 복잡한 일을 원래는 프로그래머가 직접 텍스트로 구현해야 하겠지만 그것을 pickle 같은 모듈이 대신해 주는 것입니다. pickle과 비슷한 기능의 모듈로는 marshal과 json 모듈이 있습니다.

marshal 모듈은 기본적인 기능이 객체를 입출력한다는 면에서 pickle과 유사합니다. 단지 marshal이 pickle 모듈보다 가볍고 성능도 함축적이라고 할 수 있습니다. json 모듈은 자바스크립트의 json 객체 형태로 저장하고 다시 json 파일을 불러올 때는 파이썬의 딕셔너리 구조로 바꿔주는 모듈입니다. json 모듈은 웹 프로그램이나 자바스크립트 기술과 연동할 때 꼭 필요합니다. 최근 웹에서 제공하는 open API나 공공 데이터 같은 경우 json 파일로 제공되는 경우가 많기 때문에 json 모듈도 익혀 두면 유용하게 활용할 수 있습니다.

pickle 모듈을 이용한 객체 입출력

pickle 모듈을 활용해서 객체 입출력을 해보겠습니다. 먼저 pickle 모듈 예제에서 사용할 객체들을 만들고 이것들을 또 리스트에 담아서 객체 리스트를 준비하겠습니다. 그리고 pickle 모듈에 사용될 파일 객체를 준비하고 준비된 파일의 객체 리스트를 출력하겠습니다. 다음은 출력된 객체 리스트를 파일에서 다시 불러와서 콘솔 화면에 뿌리는 단순한 예제입니다.

 pickle 모듈을 이용한 객체 입출력 – ch10ex07_pickle.py

```
1    # pickle 모듈을 불러옵니다.
2    import pickle
3
4
5    from pprint import pprint
6    # 딕셔너리 객체 데이터
7    person1 = {
8        'name':'홍길순',
9        'height':170,
10       'weight':60
11   }
12
13   person2 = {
14       'name':'홍길동',
15       'height':200,
16       'weight':80
17   }
```

```
18
19    # 딕셔너리 객체 데이터를 리스트로 만듭니다.
20    people = [person1, person2]
21
22    # 데이터를 저장합니다.
23    # pickle은 바이너리로 저장되므로 'wb' 모드로 파일을 엽니다.
24    with open('people.pickle', 'wb') as f:
25        pickle.dump(people, f)
26
27
28    # 저장된 데이터를 읽습니다.
29    with open('people.pickle', 'rb') as f:
30        loaded_people = pickle.load(f)
31
32    pprint(loaded_people)
```

소스코드 해설

행 번호	설명
2	객체 입출력을 위해서 pickle 모듈을 불러옵니다.
5~20	pickle을 이용해서 파일에 저장하기 위한 샘플 데이터를 준비합니다. 임의로 선언된 두 개의 딕셔너리 객체를 20행의 리스트에 담습니다. 그리고 pickle을 이용해서 파일에 객체를 그대로 저장합니다.
24	pickle 모듈에서 활용할 파일 객체를 생성합니다. 객체 입출력은 바이너리로 입출력되어야 하기 때문에 'wb' 모드로 파일을 열었습니다.
25	24행에서 생성한 파일 객체에 pickle 모듈을 이용해서 미리 준비해 둔 people 객체를 출력합니다.
29~32	파일에 저장된 객체 형식의 데이터를 다시 로드해서 결과를 출력합니다. pickle 모듈에서 저장은 dump() 함수로 하고 데이터를 읽는 것은 load() 함수로 합니다.

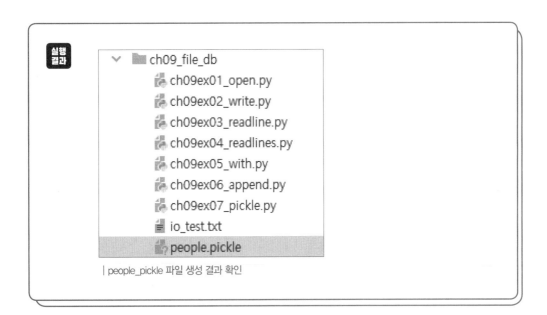

소스 코드를 실행한 후에 폴더를 열어 보면 people.pickle 파일이 생성된 것을 확인할 수 있습니다.

```
[{'height': 170, 'name': '홍길순', 'weight': 60},
 {'height': 200, 'name': '홍길동', 'weight': 80}]


Process finished with exit code 0
```

콘솔 창에는 소스 코드의 실행 결과가 출력됩니다. pickle 파일로 저장되기 전에 준비했던 객체 모양 그대로인 것을 확인할 수 있습니다. 객체로 저장된 파일은 직접 열면 내용이 깨져서 제대로 읽을 수 없습니다. 객체 저장은 바이너리 코드로 저장되기 때문에 사람이 읽을 수 있는 형태가 아닙니다.

json 모듈을 이용한 객체 입출력

이제 json 모듈을 이용해서 파이썬의 딕셔너리를 json 파일로 출력하겠습니다. json 객체는 자바스크립트 기술입니다. 사실 json은 자바스크립트 객체 형식을 한 문자열일 뿐 객체는 아닙니다. json 객체의 구조는 파이썬의 딕셔너리 구조와 매우 유사하지만 똑같다고 할 수는 없습니다. 그렇기 때문에 파이썬의 딕셔너리를 json으로 완벽하게 변경할 수는 없습니다. json 모듈을 이용하면 파이썬의 딕셔너리 객체를 json 형식으로 저장하고 또 json 파일을 다시 딕셔너리 객체로 불러올 수 있습니다.

json 파일을 파이썬으로 불러들이면 자동으로 딕셔너리 형식으로 변경되는데 json 모듈을 사용한다고 해도 파이썬의 모든 자료 구조를 표현하지는 못합니다. json으로는 pickle처럼 임의의 클래스 객체를 저장할 수 없습니다. 만약 그렇게 할 필요가 있다면 별도의 api를 제작해야 합니다. json의 장점은 다른 언어에서 호환되는 프로그램을 작성하는 데 수월하다는 것입니다. 일단 json과 딕셔너리의 특징을 비교해 보겠습니다.

딕셔너리 구조	JSON 구조
dict	object
list, tuple	array
str	string
int	number(int)
float	number(real)
True	true
False	false
None	null

| 파이썬의 딕셔너리 구조와 JSON 구조 비교

지금까지 파이썬의 딕셔너리와 json의 특징을 간략히 설명하였습니다. 이번에는 json 모듈을

이용해서 입출력하는 예제를 만들어 보겠습니다. 먼저 JSON 객체의 구조를 설명하겠습니다. JSON 객체와 딕셔너리 객체는 모양이 유사합니다. 단지 JSON 객체는 키도 문자열로 만들어 주어야 합니다. 보통 자바스크립트에서 사용할 경우에는 JSON의 키를 문자열로 하지 않아도 별 문제가 없지만 문법적으로는 JSON 객체의 키를 쌍따옴표로 묶어주는 것이 정석입니다.

[JSON 객체의 구조]

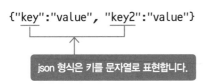

자바스크립트에서 배열은 대괄호를 이용해서 표현합니다. JSON 객체를 대괄호 안에 넣어주면 JSON 배열 구조가 됩니다. 이 배열은 다시 JSON 객체에서 value 값으로 사용할 수 있습니다.

[JSON 배열의 구조]

```
{"key":[
    {"firstName":"kim", "lastName":"gildong"},
    {"firstName":"lee", "lastName":"gildong2"},
    {"firstName":"park", "lastName":"gildong3"}
]}
```

파이썬에서 객체를 출력할 때는 print() 함수보다는 pprint() 함수를 이용하는 것이 모양을 예쁘게 출력할 수 있습니다. pprint 모듈은 들여쓰기나 줄 바꿈 등을 임의 값으로 조절할 수 있어서 출력 내용을 좀 더 읽기 쉽게 꾸며 줍니다. 다음은 pprint() 함수를 이용한 객체 출력 예제입니다. pprint() 함수를 사용하기 위해서는 pprint 모듈을 불러와야 합니다.

pprint 모듈을 이용해서 JSON 데이터 출력 – ch10ex08_json.py

```
1       from pprint import pprint
2
3       hello = [[1,2],[3,4],[5,6]]
4       pprint(hello, width=15, indent=8)
5
6       s = "무궁화 무궁화 우리나라 꽃 삼천리 강산에 우리나라 꽃"
7       pprint(s, width=10, indent=4)
8
9       json_data = '''{"id":"kim",
10          "name":"\uae40\ubc94\uc900",
11          "age": 60
12      }'''
13
14      print(json_data)
15      pprint(json_data)
```

소스코드해설

행 번호	설명
1	pprint() 함수를 사용하기 위해 pprint 모듈을 불러옵니다.
3	pprint() 함수에서 테스트할 2차원 배열을 선언하였습니다.
4	위에서 선언한 2차원 배열을 pprint() 함수로 출력합니다. 속성으로 출력 영역을 15칸 확보하고 들여쓰기는 8칸씩으로 설정하였습니다.
6	pprint() 함수에서 사용할 문자열을 준비하였습니다.
7	위에서 준비한 문자열을 pprint() 함수로 출력합니다. pprint() 함수로 출력하면 문자열이 설정된 길이에 맞추어져서 줄이 바뀌게 됩니다. 들여쓰기는 4로 설정하였습니다.
9~12	pprint() 함수에서 테스트할 여러 행 문자열을 준비합니다. 문자열의 내용은 JSON 구조의

14	위에서 준비한 json_data를 print() 함수로 출력합니다. print() 함수는 여러 행 문자열을 저장된 모양 그대로 출력합니다.
15	위에서 준비한 json_data를 pprint() 함수로 출력합니다. pprint() 함수는 여러 행 문자열을 한 줄로 출력하고 줄 바꿈 특수문자를 \n 형식으로 출력하기 때문에 줄 바꿈이 직접 적용되지는 않습니다.

데이터입니다. name의 값은 유니코드 값으로 하였습니다.

실행
결과

```
[       [1, 2],
        [3, 4],
        [5, 6]]
('무궁화 '
 '무궁화 '
 '우리나라 꽃 '
 '삼천리 '
 '강산에 '
 '우리나라 꽃')
{"id":"kim",
    "name":"김범준",
    "age": 60
}
'{"id":"kim",\n    "name":"김범준",\n    "age": 60\n}'


Process finished with exit code 0
```

실행 결과를 보면 여러 행 문자열에 작성된 json 구조를 print() 함수를 이용해서 출력하면 있는 그대로 출력됩니다. 반면에 pprint() 함수를 이용해서 출력하면 한 줄에 특수문자까지 모두 출력되는 것을 확인할 수 있습니다.

이상으로 파이썬에서 파일 입출력하는 방법을 학습해 보았습니다. 다음 단원에서는 파이썬에서 DB 입출력하는 방법을 학습해 보도록 하겠습니다.

DB 입출력

데이터베이스에 데이터를 입출력하려면 미리 준비해야 할 것들이 있습니다. 파일 입출력처럼 파일만 있으면 되는 것이 아니기 때문에 데이터베이스가 미리 준비되어 있어야 합니다. 데이터베이스는 상용화되는 거의 대부분의 데이터베이스와 연동이 가능하고 사용 방식도 매우 유사합니다. 이 책에서는 설치도 쉽고 가벼운 SQLite 데이터베이스를 이용해서 DB 연동을 시도해 보겠습니다.

SQLite 다운로드 및 설치

(1) SQLite 다운로드

SQLite를 사용하기 위해서는 먼저 sqlite 실행 파일을 다운로드받아야 합니다. sqlite.org 사이트에 접속하면 각 운영체제별 실행 파일을 무료로 다운로드받을 수 있습니다. 필자는 크롬 브라우저로 접속하였으니 참고하길 바랍니다.

```
https://sqlite.org/download.html
```

SQLite Download Page에 접속한 후 Precompiled Binaries for Windows 부분의 "sqlite-tools-win32-x86-3320000.zip(1.75 MiB)"로 링크된 부분을 클릭해서 Windows용 실행 파일을 다운로드받습니다.

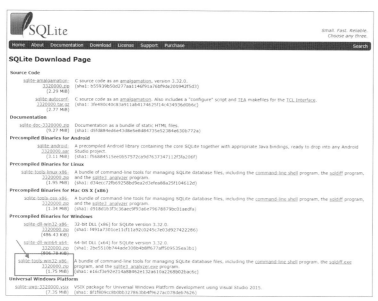

| SQLite 설치 파일 다운로드

링크를 클릭하면 크롬 브라우저 하단에 다운로드 파일이 표시됩니다. 화살표를 클릭하면 "폴더 열기(S)" 항목이 보입니다. 그 항목을 클릭하면 다운로드 폴더로 바로 이동합니다.

| 다운로드 폴더 열기

다운로드 폴더에 방금 받은 파일이 보일 것입니다. zip 형식의 압축 파일로 되어 있습니다.

| 다운로드된 설치 파일 확인

(2) SQLite 설치 및 Path 환경 변수 등록

다운로드받은 sqlite-tools-win32 압축 파일을 복사해서 LOCAL C 드라이브 바로 아래에 붙여 넣기 하고 압축을 푼 다음 폴더 이름을 sqlite3으로 변경합니다.

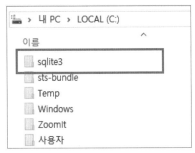

| 로컬 C 드라이브에 압축 파일 해제하기

sqlite3 폴더를 열어 보면 sqlite3.exe 파일이 보이는데 이것을 실행하면 sqlite DBMS를 즉시 사용할 수 있습니다. 그러나 이 파일을 PC의 어느 위치에서든 사용할 수 있게 하려면 해당 폴더를 Path에 등록해야 합니다.

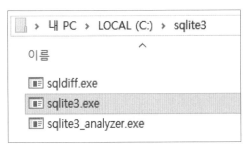

| 실행 파일 확인

실행 파일이 위치한 폴더의 위치를 Path에 등록하기 위해 탐색기의 경로를 복사해 줍니다.

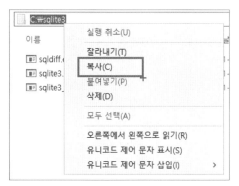

| 실행 파일 경로를 Path 환경 변수에 등록하기 위해 복사하기

탐색기 왼쪽의 [내 PC] 항목 위에서 마우스 오른쪽 버튼을 클릭하면 "속성"이 보입니다. 속성을 실행해서 Path 등록을 진행합니다.

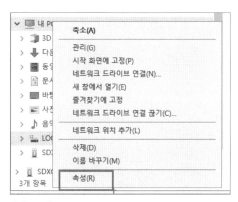

| [내 PC] 아이콘 위에서 마우스 오른쪽 버튼 클릭 후 속성 실행

[속성]을 클릭하면 [시스템] 설정 창이 나옵니다. 그 창의 왼쪽에 "고급 시스템 설정" 항목이 있습니다.

❶ [고급 시스템 설정]을 클릭합니다.

❷ [시스템 속성] 창에서 [고급] 탭을 선택한 후 [환경 변수] 버튼을 클릭합니다.

❸ [환경 변수] 항목에서 [Path] 환경 변수를 선택합니다.

❹ [환경 변수 편집] 창에서 [새로 만들기(N)] 버튼을 클릭합니다.

❺ 새 환경 변수로 미리 복사한 sqlite3 실행 파일이 있는 폴더 경로를 붙여넣기 합니다.

❻ [확인] 버튼을 클릭하고 열려 있는 모든 창을 닫아줍니다.

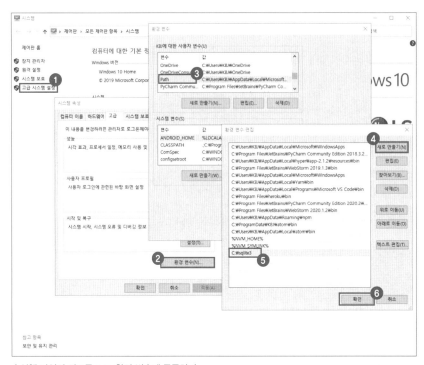

| 실행 파일의 경로를 Path 환경 변수에 등록하기

(3) SQLite 실행하기

sqlite DB가 정상 설치되었는지 확인하기 위해 CMD 창을 열고 실행 명령어를 입력합니다. CMD 창은 Window + R 단축키를 누르면 나타나는 실행 창의 열기 입력 창에 cmd를 입력하고 확인을 클릭하면 바로 실행 가능합니다.

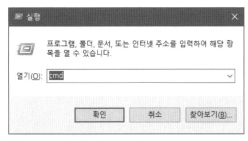

| 실행 창으로 CMD(명령 프롬프트) 창 열기

CMD 창에서 명령어를 입력합니다. 명령어는 sqlite3 test.db입니다.

> sqlite3 파일명.db

sqlite3 실행 명령어 뒤에 붙는 파일명은 sqlite의 db 파일의 이름이 됩니다. 만약 파일이 없다면 새 파일이 생성됩니다.

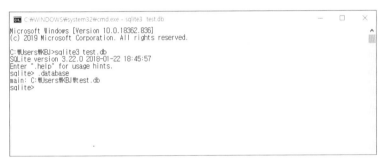

| CMD 창에서 sqlite 실행

SQLite는 명령어의 사용뿐만 아니라 간단히 사용 가능한 GUI 환경을 제공해 줍니다. 다음 링크를 통해서 SQLite 브라우저 사용법 등을 확인해 보길 바랍니다.

SQLite Browser : https://sqlitebrowser.org/
SQLite Browser 다운로드 : https://github.com/sqlitebrowser/sqlitebrowser/releases

SQLite 명령어 익히기

(1) SQLite 명령어

이 책에서는 파이썬 DB 연동에 필요한 아주 간단한 명령어만 소개하겠습니다. 좀 더 많은 명령어는 SQLite 공식 문서를 참조하길 바랍니다.

SQLite 실행

− CMD 창의 명령 프롬프트에서 sqlite3 명령어를 실행합니다.

  C:₩Users₩user〉 sqlite3 db명.db

SQLite 종료

− .quit를 입력. 명령어 앞에 점(.)을 반드시 넣습니다.

  .quit

데이터베이스의 목록 보기

  .database

테이블 생성

− 자료형은 INTEGER, VARCHAR(), DOUBLE, NUMERIC, TEXT, BLOB 등입니다.

− 참고로 SQLite 명령어는 대/소문자를 구분하지 않습니다.

create table saram (	CREATE TABLE 테이블명 (
id varchar(20),	필드명 타입,
name varchar(20),	...
)	)

테이블 목록 보기

  .table

테이블 스키마 보기

  .schema 테이블명

명령어 목록 보기

  .help

데이터 입력

insert into 명령어를 이용합니다. 테이블의 필드를 나열하고 values 뒤에 입력 값을 나열합니다.

- insert into 테이블 (필드, 필드, 필드) values(값, 값, 값)

테이블 필드의 순서대로 값을 입력한다면 필드 나열을 생략해도 됩니다.

- insert into 테이블 values(값, 값, 값)

  insert into saram values('hong', 'gildong', 33)

데이터 확인

- select 필드 from 테이블
- 필드 대신 별(*)을 사용하면 모든 필드를 표시합니다.

  select * from saram

결과 화면 모양 변경

  .header on

  .mode column

자동 증가(Auto Increment)

- primary key로 지정된 integer 타입은 자동 증가(Auto Increment)됩니다.

  create table saram(

     no integer primary key,

     id varchar(20),

     name varchar(20),

     age integer

  );

| SQLite 기본 명령어 정리(출처 : SQLite Documentation 페이지 – https://www.sqlite.org/docs.html)

sqlite3.connect()로 DB 연동하기

(1) sqlite3.connect() – 파이썬에서 sqlite 데이터베이스 연동하기

sqlite의 특징 중 하나는 sqlite를 실행하는 곳을 기점으로 db 파일이 만들어진다는 것입니다. 이 특징은 파이썬에서 sqlite를 연동할 때도 그대로 적용됩니다. 파이썬에서 sqlite를 연동하면 파이썬 파일이 실행되는 위치가 sqlite가 실행되는 위치가 됩니다. 그렇기 때문에 sqlite db 파일도 파이썬 파일이 실행되는 폴더에 함께 만들어집니다. 앞 단원에서 sqlite 실행 테스트에서 만든 db 파일과는 별개의 파일이 됩니다.

 SQLite 연동하기 – ch10ex9_sqlite_connect.py

```
1   import sqlite3
2
3   conn = sqlite3.connect('test.db')
4   print(conn)
```

소스코드해설

행 번호	설명
1	sqlite3 모듈은 내장 모듈입니다. 별도의 설치 없이 그냥 import만 하면 사용 가능합니다.
3	sqlite3 모듈을 이용해서 connect합니다. connect() 함수의 인자로 DB 파일명을 사용합니다. 이것은 앞 단원에서 사용한 sqlite3 test.db 명령과 동일한 것입니다.
4	DB 연결 객체가 제대로 생성되었는지 확인합니다. conn을 이용해서 연결된 db를 제어합니다.

 실행결과
```
<sqlite3.Connection object at
0x000001D369DF6650>

Process finished with exit code 0
```

| 파이참으로 SQLite db 파일 연동 결과

db connect 명령이 포함된 파이썬 파일을 실행하면 connect() 함수에 지정한 파일이 생성됩니다.

db connect 명령의 수행이 잘 되는 것을 확인했다면 이제 SQLite 데이터베이스에 테이블을 생성해 보도록 하겠습니다. 먼저 수행할 SQL 명령문 문자열 데이터를 준비합니다.

이 명령문을 SQLite 데이터베이스에 전달하기 위해서는 cursor 객체가 필요합니다. cursor 객체는 명령어를 DB에 전달하는 심부름꾼 같은 역할을 합니다. DB에서 실행할 명령문 문자열을 cursor 객체의 execute() 메소드의 인자로 전달하면 실제로 SQLite 데이터베이스에서 그 명령문을 받아서 실행하게 됩니다. 명령문 실행이 끝나면 cursor 객체와 connect 객체를 모두 close해야 합니다.

실습예제 **DB 실행 커서 얻기** – ch10ex10_cursor.py

```
1    import sqlite3
2    conn = sqlite3.connect('test.db')
3
4    sql = '''
5        create table IF NOT EXISTS saram(
6        no integer primary key,
7        id varchar(20),
8        name varchar(20),
9        age integer
10       )
11       '''
12   c = conn.cursor()
13   c.execute(sql)
14
15   c.close()
16   conn.close()
```

> IF NOT EXISTS는 같은 이름의 테이블이 존재하지 않으면 테이블을 만들라는 명령입니다. 이 명령을 사용하면 같은 이름의 테이블이 이미 있다고 해도 Error를 일으키지 않습니다.

행 번호	설명
1	sqlite3 모듈을 불러옵니다.
2	sqlite3 모듈을 이용해서 SQLite 데이터베이스에 연결합니다.
4~11	sql 명령문을 정의합니다. 여러 행 문자열을 이용해 정의하면 가독성이 좋아집니다. create table IF NOT EXISTS saram 문장에서 IF NOT EXISTS는 만약에 해당 테이블이 존재하지 않으면 테이블을 생성하라는 의미입니다. 테이블에는 no, id, name, age 4개의 필드를 생성합니다. no 필드는 primary key이므로 자동 증가됩니다.
12~13	connect 객체에서 cursor 객체를 받아와서 sql 명령문을 실행합니다.
15~16	작업이 완료되면 cursor 객체와 connect 객체를 close합니다.

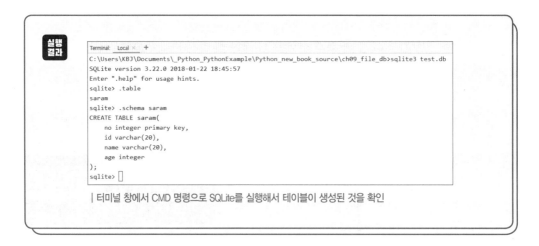

실행 결과

```
Terminal:   Local ×   +
C:\Users\KBJ\Documents\_Python_PythonExample\Python_new_book_source\ch09_file_db>sqlite3 test.db
SQLite version 3.22.0 2018-01-22 18:45:57
Enter ".help" for usage hints.
sqlite> .table
saram
sqlite> .schema saram
CREATE TABLE saram(
    no integer primary key,
    id varchar(20),
    name varchar(20),
    age integer
);
sqlite> 
```

| 터미널 창에서 CMD 명령으로 SQLite를 실행해서 테이블이 생성된 것을 확인

sql 명령문이 있는 파이썬 파일을 실행하고 Terminal에서 SQLite 명령어로 확인해 보면 테이블이 생성된 것을 알 수 있습니다. Terminal에서 확인할 때는 파이썬 실행 파일과 같은 위치에서 sqlite3 명령어를 실행해야 합니다. 만약 경로가 다른 경로에서 sqlite3을 실행한다면 전혀 엉뚱한 결과가 나오게 되니 주의하길 바랍니다.

(2) insert문

테이블 생성이 성공적으로 이루어졌다면 생성된 테이블에 데이터를 입력해 보겠습니다.
테이블 생성만 된다면 입력, 출력, 검색, 삭제는 실행 방법이 비슷합니다.

 DB에 데이터 입력하기 – ch10ex11_insert.py

```
1    import sqlite3
2    conn = sqlite3.connect('test.db')
3
4    sql = '''
5        insert into saram(id, name, age)
6        values("park","gildong",34)
7    '''
8
9    # SQL문을 실행해 줄 커서 객체를 생성합니다.
10   c = conn.cursor()
11   c.execute(sql)
12   c.close()
13
14   # 트랜잭션을 commit합니다.
15   conn.commit()
16   conn.close()
```

소스코드해설

행 번호	설명
1~2	sqlite3 모듈을 불러오고 db 접속 객체를 얻어옵니다.
4~7	sql 입력 쿼리문을 준비합니다.
10~12	cursor 객체를 받아와서 sql문을 실행합니다. 실행 후 cursor 객체를 close합니다.

> 15~16 명령어 실행 후 트랜잭션을 commit해 줍니다. commit하지 않으면 DB 테이블에 변경 사
> 항이 적용되지 않습니다. 작업이 완료되면 conn.close합니다.

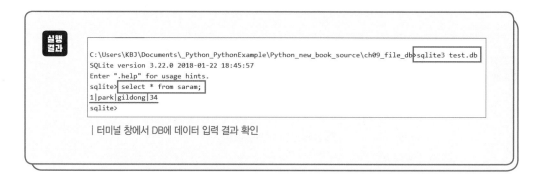

```
C:\Users\KBJ\Documents\_Python_PythonExample\Python_new_book_source\ch09_file_db>sqlite3 test.db
SQLite version 3.22.0 2018-01-22 18:45:57
Enter ".help" for usage hints.
sqlite> select * from saram;
1|park|gildong|34
sqlite>
```

| 터미널 창에서 DB에 데이터 입력 결과 확인

(3) delete문

이번에는 테이블의 내용을 삭제하는 기능을 구현해 보도록 하겠습니다. 기본 구조는 앞의 예
제와 비슷하고 단지 sql문만 다르게 작성합니다.

 DB의 데이터 삭제하기 – ch10ex12_delete.py

```python
1    import sqlite3
2    conn = sqlite3.connect('test.db')
3
4    sql = '''delete from saram'''
5
6    c = conn.cursor()
7    c.execute(sql)
8    c.close()
9
10   conn.commit()
11   conn.close()
```

소스코드해설

행 번호	설명
1~2	sqlite3 모듈을 불러와서 db에 연결합니다.
4	sql 삭제 명령문을 준비합니다.
7	sql문을 실행합니다.
10	sql문 실행이 끝나면 트랜잭션을 commit해 줍니다.

```
C:\Users\KBJ\Documents\_Python_PythonExample\Python_new_book_source\ch09_file_db>sqlite3 test.db
SQLite version 3.22.0 2018-01-22 18:45:57
Enter ".help" for usage hints.
sqlite> select * from saram;
1|park|gildong|34
sqlite> select * from saram;
sqlite>
```

| 터미널 창에서 CMD 명령으로 DB의 데이터 삭제 결과 확인

삭제 명령이 포함된 파이썬 파일을 실행하고 터미널에서 결과를 확인해 보면 내용이 모두 삭제된 것을 알 수 있습니다. 특정 레코드 행만 삭제하려고 한다면 where 조건절을 이용합니다.

(4) 튜플 데이터를 간단히 insert하기

입력할 데이터의 양이 많을 경우 그것들을 모두 변수 처리하는 것은 여간 성가신 일이 아닙니다. 이때 입력할 데이터들을 튜플에 담아서 처리하면 편리합니다. 튜플은 값이 하나만 있어도 콤마(,)를 꼭 넣어야 합니다. 그렇지 않으면 튜플이 아니라 괄호 연산자가 됩니다.

(값,)

execute() 함수의 인수가 튜플을 사용할 때는 두 개가 됩니다.

실습예제 **튜플 형식의 데이터를 DB에 입력** – ch10ex13_insert_tuple.py

```
1       import sqlite3
2       conn = sqlite3.connect('test.db')
3
4       sql = '''
5       insert into saram(id, name, age)
6       values(?,?,?)
7       '''
8       c = conn.cursor()
9       c.execute(sql, ('lee','gilsun',21))
10      c.close()
11
12      conn.commit()
13      conn.close()
```

● **소스코드해설** ●

행 번호	설명
1~2	sqlite3 모듈을 불러와서 db에 연결합니다.
4~7	튜플 객체를 삽입할 insert문을 준비합니다. values절에는 튜플이 매핑될 수 있도록 값이 입력될 부분을 물음표(?)로 처리합니다.
9	execute() 함수의 첫 번째 인자는 sql문, 두 번째 인자는 입력될 값이 들어 있는 튜플 데이터 객체를 인자로 사용합니다.
12~13	명령어를 실행한 후 트랜잭션을 commit하고 닫아줍니다.

```
C:\Users\KBJ\Documents\_Python_PythonExample\Python_new_book_source\ch09_file_db>sqlite3 test.db
SQLite version 3.22.0 2018-01-22 18:45:57
Enter ".help" for usage hints.
sqlite> select * from saram;
1|park|gildong|34
sqlite> select * from saram;
sqlite> select * from saram;
1|lee|gilsun|21
sqlite>
```

| 터미널 창에서 튜플 형식의 데이터 DB 입력 결과 확인

(5) 리스트를 이용한 멀티 삽입

튜플 형식의 데이터를 하나씩 삽입할 수도 있지만 리스트에 담긴 여러 개의 튜플 데이터를 한 꺼번에 DB에 삽입할 수도 있습니다.

실습예제 여러 개의 튜플을 한꺼번에 삽입 – ch10ex14_insert_many.py

```
1     import sqlite3
2     conn = sqlite3.connect('test.db')
3
4     sql = '''
5     insert into saram(id, name, age)
6     values(?,?,?)
7     '''
8
9     data = [
10        ('kim','gisu',11),
11        ('cho','gildong',21),
12        ('nam','gildong',31)
13    ]
14
15    c = conn.cursor()
16    c.executemany(sql, data)
```

```
17          c.close()
18
19          conn.commit()
20          conn.close()
```

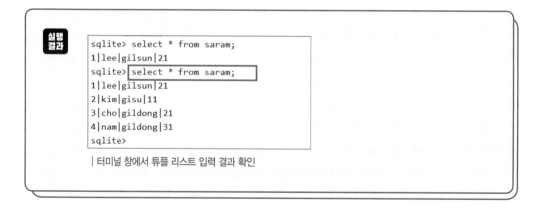

실행 결과
```
sqlite> select * from saram;
1|lee|gilsun|21
sqlite> select * from saram;
1|lee|gilsun|21
2|kim|gisu|11
3|cho|gildong|21
4|nam|gildong|31
sqlite>
```
| 터미널 창에서 튜플 리스트 입력 결과 확인

파이썬 명령 파일을 실행한 후 터미널에서 select문을 실행하면 여러 개의 데이터가 저장된 것을 확인할 수 있습니다.

(6) select문

지금까지 입력 기능 구현에 대해서 학습하였습니다. 이제는 저장된 데이터를 불러오는 방법에 대해서 학습해 보도록 하겠습니다. select문을 실행한 결과를 처리할 때 사용되는 함수는 fetchone(), fetchmany(), fetchall()입니다.

함수 이름	설명
fetchone()	테이블에 저장된 레코드를 한 줄 읽어옵니다.
fetchmany(size)	테이블에 저장된 레코드를 size행만큼 읽어옵니다.
fetchall()	테이블에 저장된 레코드를 모두 읽어옵니다.

| SQLite select문에 사용되는 fetch 관련 함수

fetchmany() 함수나 fetchall() 함수는 그 결과가 리스트 형식이기 때문에 내용을 확인하기 위해서는 반복문을 활용해야 합니다.

실습예제 **DB에 저장된 데이터 불러오기** – ch10ex15_select.py

```
1    import sqlite3
2    conn = sqlite3.connect('test.db')
3
4    sql = '''select * from saram'''
5    c = conn.cursor()
6    c.execute(sql)
7
8    print(c.fetchone())
9
10   # for s in c.fetchmany(10):
11   #    print(s)
12
```

```
13          for s in c.fetchall():
14              print(s)
15
16          c.close()
17
18          conn.close()
```

소스코드해설

행 번호	설명
1~2	sqlite3 모듈을 불러와서 db에 연결합니다.
4~6	select문을 실행합니다.
8	select문의 실행 결과에서 한 줄의 데이터만 읽어옵니다.
10~11	fetchmany(size) 함수에 지정된 size만큼 데이터를 읽어옵니다. 여기서는 10을 입력했기 때문에 10행까지의 데이터를 읽어옵니다. 13행의 fetchall() 함수의 결과와 혼동을 막기 위해 주석 처리하였습니다.
13~14	fetchall() 함수는 테이블의 모든 데이터를 읽어옵니다. 반환 결과의 타입이 리스트이기 때문에 for 반복문을 이용해서 결과를 확인합니다.

실행결과

```
(1, 'lee', 'gilsun', 21)
(2, 'kim', 'gisu', 11)
(3, 'cho', 'gildong', 21)
(4, 'nam', 'gildong', 31)

Process finished with exit code 0
```

지금까지 SQLite 데이터베이스와 파이썬 간의 연동 방법을 학습하였습니다. 데이터베이스는 SQLite만 있는 것이 아닙니다. 따라서 SQLite와 DB 연동이 어렵지 않다면 Oracle이나 MySQL 같은 다른 데이터베이스와 연동하는 것도 가능합니다. 단, 다른 데이터베이스와 연동하려면 해당 데이터베이스에서 제공하는 모듈을 설치해야 합니다.

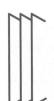
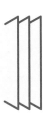

|연|습|문|제|

◆ 이 론 문 제 ◆

---

1 **파이썬에서 데이터를 파일에 저장하는 형식에 해당하지 <u>않는</u> 것은?**

① 일반적인 CSV 텍스트 파일 형식

② 파이썬의 Dictionary 객체 형식

③ 자바의 Collection 형식

④ 자바스크립트의 JSON 형식

2 **파이썬에서 데이터를 저장할 수 <u>없는</u> 매체는 무엇인가?**

① SQLite 데이터베이스

② 정부24 공공 데이터

③ Oracle 데이터베이스

④ MySQL 데이터베이스

3 **파이썬의 데이터는 NoSQL 계통인 MongoDB 데이터베이스에 저장 가능하다(O/X).**

4   다음은 파이썬에서의 파일 쓰기 소스 코드다. 빈칸에 들어갈 알맞은 소스 코드를 적으시오.

```
# 파일을 쓰기 모드로 열기
fp =        ①

# 파일에 내용 쓰기
      ②      ("Hello World\n")

# 파일 닫기
      ③      ( )
```

①
②
③

5   다음은 파이썬에서의 파일 읽기 소스 코드다. 빈칸에 들어갈 알맞은 소스 코드를 적으시오.

```
# 파일을 읽기 모드로 열기
fp =         ①

# 파일의 내용 읽기
lines =        ②
for line in lines :
    print(line, end="")

fp.close()
print("-"*30)
```

①
②

6   파이썬에서 객체 입출력이 가능한 모듈을 아는 대로 3가지 이상 적으시오.

답 : _____

7   다음은 파이썬에서 SQLite 데이터베이스에 데이터를 저장하는 소스 코드다. 빈칸에 알맞은 소
스 코드를 적으시오.

```
mport sqlite3


conn =          ①
       _____

sql = '''
    insert into saram(id, name, age)
    values("park","gildong",34)
'''


# SQL문을 실행해 줄 커서 객체를 생성합니다.
c =        ②
     _____
c.execute(sql)
c.close()


# 트랜잭션을 commit합니다.
conn.commit()
conn.close()
```

①

②

8 다음은 파이썬 리스트에 담긴 데이터를 SQLite에 멀티 삽입하는 소스 코드의 일부분이다. 빈칸에 들어갈 알맞은 소스 코드를 적으시오.

```
data = [
    ('kim','gisu',11),
    ('cho','gildong',21),
    ('nam','gildong',31)
]

c = _____①_____
_____②_____
c.close()
```

①

②

9 다음은 SQLite 데이터베이스의 데이터를 select하는 소스 코드의 일부분이다. 빈칸에 들어갈 알맞은 소스 코드를 적으시오.

```
sql = '''select * from saram'''
c = _____①_____
c.execute(sql)

for _____②_____
    print(s)
```

①

②

10 **데이터를 저장할 때 바이너리 형식으로 저장해야 하는 경우는 무엇인가?**

① 일반 CSV 텍스트 파일 저장

② pickle 모듈을 이용한 객체 파일 저장

③ json 모듈을 이용한 JSON 형식의 파일 저장

④ SQLite 데이터베이스에 데이터 저장

1 다음 원본 소스 코드의 저장 기능과 불러오기 기능을 완성하시오. (저장 기능은 pickle 모듈을 이용해서 파일에 객체 저장되도록 하고, 불러오기 기능은 파일에 저장된 데이터를 불러와서 members 리스트에 로드되도록 합니다.)

| 원본 소스 코드 |

```
members = []

while True :
    no = int(input('(1)입력 (2)출력 (3)저장 (4)불러오기 (5)종료 >> '))
    if no == 1 :
        print('--- 입력 기능 ---')
        member = {}
        member['name'] = input('성명입력 >> ')
        member['phone'] = input('전화번호 >> ')
        members.append(member)
        print('입력 완료!')
    elif no == 2 :
        print("--- 출력 기능 ---")
        for member in members :
            print('%-10s%-20s\n' %(member['name'], member['phone']))
        print('출력 완료!')
    elif no == 3 :
        print("--- 저장 기능 ---")


    elif no == 4 :
        print("--- 불러오기 기능 ---")


    elif no == 5 :
        break
    else :
        print('해당 사항 없습니다.')

print("종료합니다!")
```

(1)입력 (2)출력 (3)저장 (4)불러오기 (5)종료 〉〉 1

――― 입력 기능 ―――

성명입력 〉〉 김범준

전화번호 〉〉 010-1111-1111

입력 완료!

(1)입력 (2)출력 (3)저장 (4)불러오기 (5)종료 〉〉 1

――― 입력 기능 ―――

성명입력 〉〉 홍길동

전화번호 〉〉 010-2222-2222

입력 완료!

(1)입력 (2)출력 (3)저장 (4)불러오기 (5)종료 〉〉 2

――― 출력 기능 ―――

김범준　　　　010-1111-1111

홍길동　　　　010-2222-2222

출력 완료!

(1)입력 (2)출력 (3)저장 (4)불러오기 (5)종료 〉〉 3

――― 저장 기능 ―――

저장 완료!

(1)입력 (2)출력 (3)저장 (4)불러오기 (5)종료 〉〉 5

종료합니다!

| 힌트 |　입력받은 데이터를 저장한 후 종료하고 다시 재실행합니다. 재실행 후에 4번 불러오기 기능을 실행한 다음 출력 기능을 하면 프로그램 종료 이전에 입력받은 데이터가 정상적으로 파일에 저장되었다가 다시 로드된 것을 확인할 수 있습니다.

(1)입력 (2)출력 (3)저장 (4)불러오기 (5)종료 〉〉 4

――― 불러오기 기능 ―――

불러오기 완료!

(1)입력 (2)출력 (3)저장 (4)불러오기 (5)종료 〉〉 2

――― 출력 기능 ―――

김범준　　　　010-1111-1111

홍길동　　　　010-2222-2222

출력 완료!
(1)입력 (2)출력 (3)저장 (4)불러오기 (5)종료 〉〉 5
종료합니다!

Process finished with exit code 0

| 힌트 | pickle 모듈을 이용해서 파일에 내용을 쓰는 예는 다음과 같습니다.

예)

```
with open('people.pickle', 'wb') as f:
    pickle.dump(members, f)
```

다시 파일에 저장된 데이터를 읽어오는 소스 코드는 다음 예와 같습니다.

예)

```
with open('people.pickle', 'rb') as f:
    members = pickle.load(f)
```


2   **1번 문제의 소스 코드의 저장, 불러오기 부분의 기능을 json 파일로 입출력되도록 변경하시오.**

| 실행 결과 예시(1) |

(1)입력 (2)출력 (3)저장 (4)불러오기 (5)종료 〉〉 1
––– 입력 기능 –––
성명입력 〉〉 김범준
전화번호 〉〉 010-1234-5678
입력 완료!
(1)입력 (2)출력 (3)저장 (4)불러오기 (5)종료 〉〉 3
––– 저장 기능 –––
json 저장 완료!
(1)입력 (2)출력 (3)저장 (4)불러오기 (5)종료 〉〉 5
종료합니다!

| 힌트 | 데이터를 입력하고 저장한 후 종료합니다. 다시 실행해서 불러오기 한 후에 출력하면 정상 출력됩니다.

| 실행 결과 예시(2) |

(1)입력 (2)출력 (3)저장 (4)불러오기 (5)종료 〉〉 4

| 힌트 | json 모듈을 이용해서 입출력할 때는 바이너리 입출력이 아닙니다. 바이너리 입출력은 pickle 모듈을 이용해서 객체 입출력을 할 때 합니다.
json 모듈을 이용해서 데이터를 저장하는 것은 다음 예와 같습니다.
예)

```
with open('members.json', 'w') as f:
    json.dump(members, f)
```

저장된 json 데이터를 불러오는 소스 코드는 다음 예와 같습니다.
예)

```
with open('members.json', 'r') as f:
    members = json.load(f)
```

3 **1번 문제의 저장, 불러오기 기능을 SQLite 데이터베이스에 저장되도록 소스 코드를 수정하시오.**

| 실행 결과 예시(1) |

```
(1)입력 (2)출력 (3)저장 (4)불러오기 (5)종료 〉〉 1
─── 입력 기능 ───
성명입력 〉〉 김범준
전화번호 〉〉 010-1234-1111
입력 완료!
(1)입력 (2)출력 (3)저장 (4)불러오기 (5)종료 〉〉 1
─── 입력 기능 ───
성명입력 〉〉 장영실
전화번호 〉〉 010-1234-2222
입력 완료!
(1)입력 (2)출력 (3)저장 (4)불러오기 (5)종료 〉〉 3
```

--- 저장 기능 ---
데이터베이스 저장 완료!
(1)입력 (2)출력 (3)저장 (4)불러오기 (5)종료 〉〉 5
종료합니다!

| 힌트 |　앞에서 입력된 정보를 DB에 저장한 후 프로그램을 재실행합니다. 재실행한 후 DB의 데이터를 불러오기 하고
　　　　출력하면 저장된 데이터가 정상 출력됩니다.

| 실행 결과 예시(2) |

(1)입력 (2)출력 (3)저장 (4)불러오기 (5)종료 〉〉 4
--- 불러오기 기능 ---
데이터베이스 불러오기 완료!
(1)입력 (2)출력 (3)저장 (4)불러오기 (5)종료 〉〉 2
--- 출력 기능 ---
김범준　　　　010-1234-1111
장영실　　　　010-1234-2222
출력 완료!
(1)입력 (2)출력 (3)저장 (4)불러오기 (5)종료 〉〉 5
종료합니다!

| 힌트 |　프로그램 실행과 동시에 members 테이블이 생성되어야 합니다. members 테이블을 생성하는 코드는 다음
　　　　예와 같습니다.
　　　　예)
　　　　conn1 = sqlite3.connect('test.db')
　　　　sql = '''
　　　　create table IF NOT EXISTS members(
　　　　　　no integer primary key,
　　　　　　name varchar(10),
　　　　　　phone varchar(20)
　　　　)
　　　　'''
　　　　c = conn1.cursor()
　　　　c.execute(sql)
　　　　c.close()
　　　　conn1.close()

주의할 점은 executemany(sql, data) 함수에 사용되는 data는 튜플을 저장한 리스트라는 것입니다. 반드시 리스트에 튜플이 저장된 형태로 members 리스트의 내용을 변경해야 합니다.

DB에 리스트를 저장할 경우에는 먼저 DB에 있던 기존 데이터를 제거하고 다시 저장해야 DB에 데이터가 중복되게 저장되지 않습니다.

예) c.execute('delete from members')

4   **3번 문제의 소스 코드를 수정해서 검색, 수정, 삭제 기능을 추가하시오. (검색 기능은 같은 이름이 존재하지 않는다는 가정하에 이름으로 검색되도록 하고, 수정과 삭제 기능도 이름으로 검색하도록 합니다. 저장 기능을 (1)번 입력 기능과 결합하고 불러오기 기능은 (2)번 출력 기능과 결합해서 메뉴가 (1)입력, (2)출력, (3)검색, (4)수정, (5)삭제, (6)종료 구조가 되도록 합니다.)**

| 실행 **결과 예시** |

```
(1)입력 (2)출력 (3)검색 (4)수정 (5)삭제 (6)종료 〉〉 1
--- 입력 기능 ---
성명입력 〉〉 김범준
전화번호 〉〉 010-1111-1111
입력 완료!
(1)입력 (2)출력 (3)검색 (4)수정 (5)삭제 (6)종료 〉〉 1
--- 입력 기능 ---
성명입력 〉〉 장영실
전화번호 〉〉 010-2222-2222
입력 완료!
(1)입력 (2)출력 (3)검색 (4)수정 (5)삭제 (6)종료 〉〉 1
--- 입력 기능 ---
성명입력 〉〉 kim
전화번호 〉〉 010-3333-3333
입력 완료!
(1)입력 (2)출력 (3)검색 (4)수정 (5)삭제 (6)종료 〉〉 2
--- 출력 기능 ---
김범준      010-1111-1111
장영실      010-2222-2222
kim        010-3333-3333
출력 완료!
(1)입력 (2)출력 (3)검색 (4)수정 (5)삭제 (6)종료 〉〉 3
```

```
――― 검색 기능 ―――
검색 할 이름 입력 〉〉 kim
(3, 'kim', '010-3333-3333')
(1)입력 (2)출력 (3)검색 (4)수정 (5)삭제 (6)종료 〉〉 4
――― 수정 기능 ―――
수정 할 이름 입력 〉〉 kim
(3, 'kim', '010-3333-3333')
새이름 〉〉 kim2
새번호 〉〉 3333-3333
수정 완료!
(1)입력 (2)출력 (3)검색 (4)수정 (5)삭제 (6)종료 〉〉 2
――― 출력 기능 ―――
김범준      010-1111-1111
장영실      010-2222-2222
kim2      3333-3333
출력 완료!
(1)입력 (2)출력 (3)검색 (4)수정 (5)삭제 (6)종료 〉〉 5
――― 삭제 기능 ―――
삭제 할 이름 입력 〉〉 kim2
(3, 'kim2', '3333-3333')
삭제 완료!
(1)입력 (2)출력 (3)검색 (4)수정 (5)삭제 (6)종료 〉〉 2
――― 출력 기능 ―――
김범준      010-1111-1111
장영실      010-2222-2222
출력 완료!
(1)입력 (2)출력 (3)검색 (4)수정 (5)삭제 (6)종료 〉〉 6
종료합니다!
```

| 힌트 | 검색, 수정, 삭제 기능의 공통 기능으로 검색이 먼저 이루어져야 합니다. 만약 검색 결과가 None이라면 실행
이 완료되도록 합니다. 검색 기능의 소스는 다음 예처럼 구현할 수 있습니다.

예)

```
sql = '''select * from members where name="{}"'''
c = conn.cursor()
c.execute(sql.format(sname))
```

```python
mem = c.fetchone()
if mem == None:
    print('수정 할 대상이 없습니다!')
else:
    print(mem)
    sql2 = '''delete from members where name="{}"'''
    c.execute(sql2.format(sname))
    conn.commit()
    print('삭제 완료!')
```

5   인터넷에서 https://api.androidhive.info/contacts/ 경로로 접속하면 contacts라는 JSON
    샘플 데이터를 확인할 수 있다. 이 데이터를 로컬 PC에 contacts.json 파일로 다운로드받아서
    파이썬에서 읽을 수 있도록 구현하시오. (읽어들인 데이터는 목록으로 출력되도록 하고, 출력 내용은
    아이디, 이름, 주소, 이메일만을 출력합니다.)

| contacts.json 파일 내용 |

```json
{
    "contacts": [
        {
            "id": "c200",
            "name": "Ravi Tamada",
            "email": "ravi@gmail.com",
            "address": "xx-xx-xxxx,x - street, x - country",
            "gender" : "male",
            "phone": {
                "mobile": "+91 0000000000",
                "home": "00 000000",
                "office": "00 000000"
            }
        },
        {
            "id": "c201",
            "name": "Johnny Depp",
            "email": "johnny_depp@gmail.com",
```

```
                "address": "xx—xx—xxxx,x — street, x — country",

                "gender" : "male",

                "phone": {

                    "mobile": "+91 0000000000",

                    "home": "00 000000",

                    "office": "00 000000"

                }

        },
    ——— 이하 생략 ———
```

| 실행 결과 예시 | ────────────────────────

```
id     name              address                      email
c200   Ravi Tamada        xx—xx—xxxx,x — street, x — country    ravi@gmail.com
c201   Johnny Depp        xx—xx—xxxx,x — street, x — country    johnny_depp@
gmail.com
c202   Leonardo Dicaprio    xx—xx—xxxx,x — street, x — country     leonardo_
dicaprio@gmail.com
c203   John Wayne         xx—xx—xxxx,x — street, x — country     john_wayne@
gmail.com
c204   Angelina Jolie      xx—xx—xxxx,x — street, x — country     angelina_jolie@
gmail.com
c205   Dido               xx—xx—xxxx,x — street, x — country    dido@gmail.com
c206   Adele              xx—xx—xxxx,x — street, x — country    adele@gmail.com
c207   Hugh Jackman       xx—xx—xxxx,x — street, x — country    hugh_jackman@
gmail.com
c208   Will Smith         xx—xx—xxxx,x — street, x — country     will_smith@gmail.
com
c209   Clint Eastwood      xx—xx—xxxx,x — street, x — country    clint_eastwood@
gmail.com
c2010  Barack Obama       xx—xx—xxxx,x — street, x — country    barack_obama@
gmail.com
c2011  Kate Winslet        xx—xx—xxxx,x — street, x — country    kate_winslet@
gmail.com
```

c2012 Eminem   xx-xx-xxxx,x - street, x - country   eminem@gmail.com

| 힌트 | 저장된 JSON 데이터를 읽어들이는 소스 코드는 다음 예와 같습니다.

예)

```
with open('contacts.json', 'r') as f:
    obj = json.load(f)
```

출력하는 코드는 다음 예처럼 데이터 간의 간격이 조정되도록 구현합니다.

예)

```
print("%-7s%-20s%-40s%-20s" %('id','name','address','email'))
```

리스트는 for 반복문을 이용해서 출력해야 합니다.

11

파이썬
Tkinter GUI
개발

11장에서는 파이썬으로 그래픽 유저 인터페이스 개발과 이벤트 및 데이터 처리 방식에 대

해서 학습해 보도록 하겠습니다.

p y t h o n

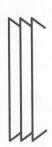

맛보기 예제 – 일단 따라해 보세요!

파이썬에서 GUI를 구현할 수 있는 모듈은 여러 가지가 있습니다. 그중에서도 소스 코드의 구조가 직관적이라서 이해나 사용하기 수월한 tkinter를 다루게 됩니다. 11장에서도 본론으로 들어가기에 앞서 일단 따라해 보기를 해보겠습니다. 10장에서 실습한 Turtle 모듈과 11장에서 학습할 tkinter 모듈을 함께 실행하도록 하겠습니다. Turtle만으로도 어느 정도 그래픽을 구현할 수 있지만 버튼이나 이벤트 처리 같은 GUI 요소를 구현하는 데는 Tkinter가 더 편리하기 때문에 tkinter 화면에 버튼을 붙이고 이벤트에 반응하는 Turtle 그래픽을 제어해 보겠습니다.

tkinter 모듈을 사용하기 위해서는 먼저 tkinter 모듈을 불러와야 합니다. Turtle 모듈도 함께 불러오도록 하겠습니다.

```
import turtle
import tkinter as tk
```

tkinter 모듈은 클래스를 사용하지 않고 바로 사용할 수도 있지만 클래스로 묶어 두면 관리하기 편리합니다. 클래스의 생성자에서 tkinter 모듈을 실행하고 tkinter Canvas에 Turtle 모듈을 붙이겠습니다. 그런 다음 Canvas 모듈에 TurtleScreen을 붙이고, TurtleScreen에 RawTurtle 객체를 붙이겠습니다.

```
def __init__(self, win):
    self.win = win
    self.win.title("Raw Turtle")
    self.canvas = tk.Canvas(win)
    self.canvas.config(width=600, height=200)
    self.canvas.pack(side=tk.LEFT)
    self.scr = turtle.TurtleScreen(self.canvas)
```

tkinter와 Turtle을 함께 사용할 때는 RawTurtle 객체를 사용해야 합니다. 그리고 클릭 이벤트를 발생시킬 Button 객체를 생성해서 tkinter에 붙여줍니다. tkinter에 다른 컴포넌트를 붙일 때는 pack(), grid(), place() 중에서 사용합니다. pack()은 단순히 차례대로 붙이면 됩니다.

```
self.button = tk.Button(self.win, text="Press me", command=self.
press)
self.button.pack()
self.t = turtle.RawTurtle(self.scr, shape="turtle")
self.t.speed(0);
self.t.pensize(3)
```

다음에는 버튼 이벤트에 반응하도록 기능을 구현해야 합니다. 일단 Button 컴포넌트에 다음과 같이 press() 메소드를 이벤트 핸들러로 등록합니다.

```
self.button = tk.Button(self.win, text="Press me", command=self.press)
```

press() 메소드에는 이벤트가 발생할 때마다 수행되는 기능인 action_turtle() 메소드가 호출되도록 하였습니다.

```
def press(self):
        self. action_turtle()
```

action_turtle() 메소드에는 turtle의 y 좌표를 4픽셀씩 감소시키면서 직선을 그리도록 하였습니다. penup(), goto() 기능을 이용해서 펜의 시작점을 이동할 수 있습니다.

```
def action_turtle(self):
        y = 80
        x = -100
        self.t.penup()
        self.t.goto(x, y)
        self.t.pendown()
        for i in range(40) :
            for j, color in enumerate(["red", "yellow", "green"]):
                self.t.color(color)
                self.t.forward(80)
            self.t.penup()
            y-=4
            self.t.goto(x,y)
            self.t.pendown()
```

직선의 색상이 단색으로 나오지 않도록 "red", "yellow", "green" 색상이 저장된 리스트에서 번갈아가면서 선택되도록 펜 색상을 구현합니다.

```
for j, color in enumerate(["red", "yellow", "green"]):
            self.t.color(color)
            self.t.forward(80)
```

지금까지 설명한 기능을 구현한 전체 소스 코드는 다음과 같습니다.

 일단 따라해 보기 – ch11_pre_example.py

```
1    import turtle
2    import tkinter as tk
3
4    class App:
5        def __init__(self, win):
6            self.win = win
7            self.win.title("Raw Turtle")
8            self.canvas = tk.Canvas(win)
9            self.canvas.config(width=600, height=200)
10           self.canvas.pack(side=tk.LEFT)
11           self.scr = turtle.TurtleScreen(self.canvas)
12           self.button = tk.Button(self.win, text="Press
     me", command=self.press)
13           self.button.pack()
14           self.t = turtle.RawTurtle(self.scr,
     shape="turtle")
15           self.t.speed(0);
16           self.t.pensize(3)
17
18       def action_turtle(self):
19           y = 80
20           x = -100
21           self.t.penup()
22           self.t.goto(x, y)
23           self.t.pendown()
24           for i in range(40) :
25               for j, color in enumerate(["red", "yellow",
     "green"]):
```

```
26                        self.t.color(color)
27                        self.t.forward(80)
28                self.t.penup()
29                y-=4
30                self.t.goto(x,y)
31                self.t.pendown()
32
33
34        def press(self):
35            self. action_turtle ()
36
37
38    if __name__ == '__main__':
39        win = tk.Tk()
40        app = App(win)
41        win.mainloop()
```

실행
결과 〈소스 코드 실행 결과 – 버튼을 누르기 전 화면〉

〈소스 코드 실행 결과 – 버튼을 누른 후 화면〉

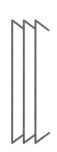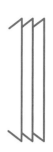

그래픽 유저 인터페이스(GUI)

지금까지 우리는 프로그래밍을 하고, 그 결과를 터미널이라고 불리는 콘솔 화면에서 텍스트 형식으로 확인하였습니다. 이처럼 텍스트로 구현된 화면을 일반적으로 CLI라고 부릅니다. CLI는 명령줄 인터페이스(Command Line Interface)라는 의미입니다. 사용자 인터페이스를 명령줄 인터페이스로 구현하면 프로그래머 같은 전문가들이 사용하는 데는 어려움이 없지만 일반인이 사용하기에는 불편한 점이 있습니다. 또 화면을 표현하는 데 한계가 있기 때문에 애플리케이션의 모든 기능을 제대로 구현하기 어려울 수도 있습니다.

CLI와 달리 사용자 인터페이스를 그래픽으로 구현하는 것을 GUI라고 합니다. GUI는 읽을 때 소리 나는 대로 말해서 "구이"라고 부르기도 합니다. GUI는 그래픽 유저 인터페이스 (Graphical User Interface)로 컴퓨터 그래픽을 사용자 인터페이스에 적용한 기술을 의미합니다. GUI로 애플리케이션을 구현하면 사용성이 좋아지고, 직관적인 화면을 가지게 됨으로써 애플리케이션의 대부분의 기능을 구현하기에도 용이합니다.

파이썬 외의 JAVA나 C++ 같은 언어의 프로그래밍 기술에도 GUI 구현 기술이 있습니다. 대부분의 컴퓨터 언어에서 GUI를 다루는 방식은 유사한 면이 있습니다. 웹 프로그래밍에서 많이 사용되는 자바스크립트에도 Canvas 같은 요소가 추가되면서 기존 응용 프로그램에서 사용되던 GUI를 다루는 방식과 유사한 방식으로 그래픽을 사용할 수 있습니다. 사용자 화면을 구현할 때는 컴포넌트라고 하는 화면 요소들을 컨테이너라고 하는 화면에 붙이는 식으로 그래픽을 표현합니다. 또 배치 관리자를 이용해서 화면을 구성할 수도 있고, 배치 관리자 없이 절대 좌표를 이용해서 화면을 구성할 수도 있습니다.

tkinter 모듈로 GUI 개발하기

tkinter 모듈의 시초는 Windows OS의 조상이라고 할 수 있는 유닉스 시절부터 사용되던 Tk GUI 툴 킷입니다. 이것을 파이썬에서 사용 가능하도록 객체지향 형태로 바인딩한 것이라고 할 수 있습니다. tkinter는 파이썬 GUI 인터페이스의 표준이기 때문에 Windows, Linux, Mac OS 등에서 사용되는 파이썬 버전에 기본적으로 포함된 모듈입니다. tkinter라는 용어의 유래는 tk interface입니다. 이것은 Fredrik Lundin에 의해 제작된 것으로 파이썬 라이선스인데 무료로 배포되고 있습니다.

(tkinter api 참고 문헌 : https://docs.python.org/ko/3.9/library/tkinter.html)

tkinter의 위젯들

tkinter 모듈을 이용해서 윈도우 프로그램을 할 때는 위젯이라는 컴포넌트들을 사용합니다. 대표적인 위젯으로는 Button, Label, Entry 등이 있습니다. 이 위젯을 grid나 pack 또는 place 레이아웃 관리자를 이용해서 Tk 컨테이너 화면에 배치하면 적절한 윈도우 화면이 만들어집니다.

다음은 파이썬 tkinter 모듈을 이용해서 계산기 UI와 입력 창 UI를 구현한 화면입니다.

| tkinter 모듈의 GUI 위젯 사용 예 – 입력 창

| tkinter 모듈의 GUI 위젯 사용 예 – 계산기

494

GUI는 파이썬뿐만 아니라 C 언어나 자바와 같은 일반적으로 많이 사용되는 개발 언어로도 구현이 가능합니다. GUI 화면에 사용되는 컴포넌트들은 사용하는 프로그래밍 언어에 관계없이 거의 유사한 모양을 하고 있습니다.

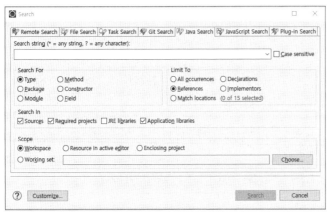

| GUI 화면 구현의 예 – GUI 구현 화면은 언어와 관계없이 거의 동일

파이썬 tkinter 모듈에는 Button, Label, Entry 외에도 상당히 많은 위젯들이 준비되어 있습니다. 이런 다양한 위젯들을 이용해서 화면을 구현하고 이벤트를 적용하면 멋진 애플리케이션이 완성됩니다. 위젯에는 tkinter 패키지의 기본 위젯 외에도 ttk 확장 위젯이 있습니다. ttk 확장 위젯을 이용하면 좀 더 풍부한 기능과 멋진 디자인을 구현할 수 있습니다. ttk 패키지 모듈들은 기본 모듈과 비슷하지만 조금 세밀한 부분에서 차이가 있습니다.

위젯	설명
Tk	여러 위젯과 레이아웃을 적용할 윈도우 창의 화면을 생성합니다. 이벤트 메시지 루프인 mainloop() 함수를 실행해야 윈도우 창이 보입니다. mainloop()는 마우스나 화면에서 발생하는 이벤트를 감지하는 역할을 합니다. 그리고 geometry() 함수를 이용해서 화면의 크기와 위치를 조절할 수 있습니다.
Button	Button 위젯은 command 속성을 이용해서 이벤트 처리 함수를 바로 적용할 수 있습니다. Button 위젯은 확인 버튼 같은 버튼 기능을 구현합니다.

위젯	설명
Label	화면상에 텍스트로 된 설명을 출력할 때 사용합니다. 주로 입력 Entry 앞에 지문을 출력하는 용도로 사용됩니다. Label은 사용 방식이 단순하기 때문에 구현하는 애플리케이션에 두루두루 사용 가능합니다. Label에도 이벤트를 적용할 수 있지만 입력 기능은 불가능합니다.
Entry	텍스트를 한 라인씩 입력받을 수 있는 라인 텍스트 입력 필드입니다.
Message	Label처럼 텍스트를 화면에 표시할 때 사용하는 위젯입니다. 자동 래핑 기능이 있는 것이 Label과 다른 점입니다.
PanedWindow	기존 레이아웃 안에 다른 레이아웃을 적용하거나 다른 위젯을 붙이기 위해 사용되는 위젯입니다.
LabelFrame	Label, Button, Entry 등의 다른 위젯의 그룹 테두리를 만들어 줍니다.
PhotoImage	그림이나 사진을 붙일 수 있는 위젯입니다. PhotoImage 객체를 Label에 넣어서 화면에 붙입니다.
Canvas	Graphics 화면을 지원합니다. 도형과 선을 이용해서 그래프를 그리거나 사용자 정의 위젯을 만들 때 사용됩니다. 파이썬 데이터 분석 라이브러리인 Pandas와 같은 라이브러리로 분석된 데이터의 결과 화면을 Matplotlib 라이브러리와 함께 Plotting할 때도 연동되어 사용됩니다.
Checkbutton	여러 옵션 중 여러 옵션을 선택할 수 있는 체크박스 위젯입니다.
Frame	컨테이너나 다른 위젯을 그룹화할 수 있습니다.
Listbox	리스트 박스를 생성합니다.
Menubutton	메뉴 바에 부착될 메뉴 버튼을 생성합니다.
Menu	Tk 윈도우에 메뉴 바를 생성합니다.
Radiobutton	여러 옵션 중 하나만 선택할 때 사용되는 라디오 버튼 위젯입니다.
Scale	슬라이드 바 위젯입니다.
Scrollbar	스크롤 바 위젯입니다.
Spinbox	스핀 박스 위젯입니다.
Text	여러 줄 텍스트를 입력받을 수 있는 텍스트 영역을 만듭니다.
ttk.Combobox	드롭다운 목록을 표시하는 콤보박스 위젯입니다.

위젯	설명
ttk.Notebook	탭이 붙은 여러 페이지를 겹쳐서 적용할 수 있습니다.
ttk.Progressbar	다운로드나 실행 중인 진행 사항을 표시하는 바를 생성합니다.
ttk.Treeview	행과 열로 구성된 표를 생성할 수 있습니다.
Toplevel	Tk에서 새 윈도우를 추가로 만들 때 사용됩니다.

| tkinter 위젯의 종류와 설명(출처 : https://infohost.nmt.edu/tcc/help/pubs/tkinter/web/index.html)

그 밖의 tkinter 모듈과 위젯의 자세한 설명은 Python 공식 문서를 참고해 보길 바랍니다.
(참고 사이트 : https://docs.python.org/ko/3.8/library/tk.html)

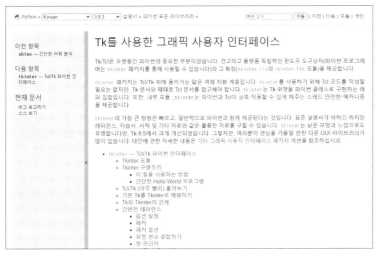

| 파이썬 공식 문서의 tkinter 모듈 안내 페이지

tkinter의 위젯은 다른 라이브러리나 언어보다는 종류가 다양하지 않습니다. 그러나 파이썬
에서 기본 제공되는 GUI 모듈이기 때문에 관련 자료가 풍부하고 배우고 익혀서 적용하기 쉽
다는 장점이 있습니다. tkinter 외의 다른 라이브러리 모듈의 GUI 적용 방식은 tkinter와 유사
한 부분이 많습니다. tkinter 외에도 파이썬에서 많이 사용되는 GUI 라이브러리로는 PyQt5

가 있습니다. tkinter나 PyQt5에는 GUI 빌드 디자이너가 있습니다. 이런 툴들을 활용하면 화면을 구현하기 훨씬 수월합니다. 이런 툴은 종류도 많이 있으니 한 번 사용해 보길 권합니다. tkinter를 직접 하드 코딩으로 사용하는 데 익숙해지면 이런 툴들을 사용하는 것도 수월해집니다.

| Python Automatic GUI Generator(출처 : http://page.sourceforge.net/)

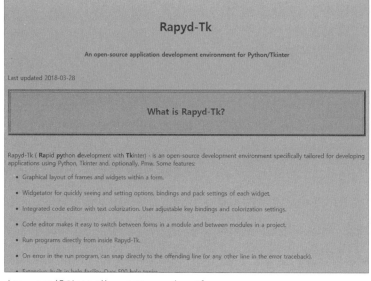

| Rapyd-Tk(출처 : http://www.bitflipper.ca/rapyd/)

tkinter로 GUI 구현하기

지금까지 설명한 tkinter 모듈의 위젯과 컨테이너를 이용해서 GUI를 구현해 보도록 하겠습니다. tkinter 모듈로 생성한 컨테이너 창에 위젯을 배치하는 방식이라 그리 어렵지 않게 사용할 수 있습니다.

컨테이너 생성하기

tkinter의 구현 방식은 도화지 같은 window 컨테이너에 필요한 위젯을 붙이는 방식입니다. 그렇기 때문에 일단 화면을 모니터에 실행하는 것부터 해보겠습니다. 파이썬 tkinter 모듈은 다른 기술에 비해 GUI를 구현하는 것이 단순하고 쉽습니다. 다음 예제는 다른 위젯 없이 단순히 frame 창만 실행하는 소스 코드입니다.

[실습예제] **tkinter 모듈로 window 창 실행하기** – ch11ex01_frame.py

```
1    from tkinter import Tk
2
3    win = Tk()
4    #win.geometry("640x400+100+100")
5    #win.title("TkInterface window")
6    #win.resizable(False, False)
7
```

```
8      #win.mainloop()
9      if __name__ == '__main__':
10         win.mainloop()
```

소스코드해설

행 번호	설명
1	tkinter 모듈을 불러옵니다.
3	Tk() 생성자 함수를 이용해서 frame 객체를 생성합니다. 이 frame 창이 윈도우 창으로 각종 위젯을 붙일 수 있는 컨테이너입니다.
8	win.mainloop()를 실행하면 화면에 프레임 창이 보입니다. mainloop()는 창에서 발생하는 각종 이벤트를 감지하기 위해 반복 실행됩니다. 마치 반복문을 주기적으로 실행하면서 계속 이벤트가 발생했는가를 체크하는 것과 같습니다.
9~10	win.mainloop()를 그냥 호출하게 되면 만약 해당 페이지가 다른 페이지에 import될 경우 자동으로 실행되는 문제가 발생합니다. 이것을 방지하기 위해 if 제어문을 이용해서 페이지가 다른 페이지에 종속되었는가를 체크합니다. 페이지가 import되지 않고 단독으로 실행되면 모듈의 __name__ 환경 변수의 값이 '__main__'이 되기 때문에 자동으로 실행됩니다. 외부 페이지에 import되면 파일 이름이 모듈 이름이 됩니다.

실행 결과

| tkinter 모듈로 생성한 기본 프레임 창

위젯이 없는 단순한 프레임 창이 실행되는데 위젯이 하나도 없을 경우에는 프레임 창이 기본 크기로 실행됩니다. 위젯이 붙게 되면 자동으로 위젯의 사용 영역만큼 크기가 맞추어집니다.

컨테이너 창에 위젯 배치하기

이번에는 프레임에 위젯을 붙여 보겠습니다. 일단 위젯 중에서 가장 단순한 Label과 Button을 컨테이너 창에 붙여 보도록 하겠습니다.

 실습 예제 프레임에 Label과 Button 위젯 붙이기 – ch11ex02_label.py

```
1    from tkinter import Tk
2    from tkinter.ttk import Label, Button
3
4    win = Tk();
5
6    lbl = Label(win, text="결과: 아래 버튼을 누르세요");
7    btn1 = Button(win, text="확인")
8    btn2 = Button(win, text="취소")
9
10   lbl.pack()
11   btn1.pack()
12   btn2.pack()
13
14   if __name__ == '__main__':
15       win.mainloop();
```

행 번호	설명
6~8	컨테이너에 붙일 위젯을 준비합니다. Label 위젯 한 개와 Button 위젯 두 개를 준비하였습니다.
10~12	준비된 위젯을 컨테이너에 pack합니다.

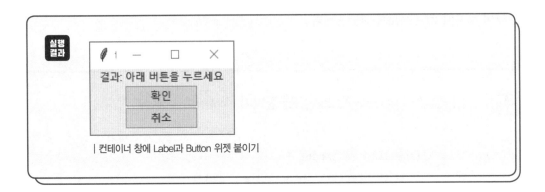

결과: 아래 버튼을 누르세요

확인

취소

| 컨테이너 창에 Label과 Button 위젯 붙이기

다음으로 Button 위젯 하나를 단순히 Entry 위젯으로 변경해 보겠습니다. 위젯 사용 원리는 대부분 비슷하기 때문에 위젯의 종류만 바꿔도 바로 다른 화면으로 적용됩니다.

실습예제

프레임에 Entry 위젯 붙이기 – ch11ex03_entry.py

```
1    from tkinter import Tk
2    from tkinter.ttk import Label, Button, Entry
3
4    win = Tk();
5
6    lbl = Label(win, text="성명 : ")
7    entry = Entry(win)
8    btn = Button(win, text="확인")
```

```
 9
10    lbl.pack()
11    entry.pack()
12    btn.pack()
13
14    if __name__ == '__main__':
15        win.mainloop();
```

실행결과

| 컨테이너 창에 Entry 위젯 붙이기

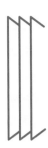
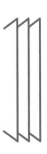

배치 관리자

지금까지 tkinter 위젯을 화면에 배치하는 방식으로 pack을 이용하였습니다. 파이썬 tkinter 에서 위젯을 화면에 배치하는 방식으로 pack 방식 외에도 grid와 place 등을 제공하고 있습니다.

배치 관리자	설명
pack	압축 배치 관리자 : 한 줄로 이어붙이는 방식으로 배치합니다. 불필요한 공간을 없애는 방식입니다. 위젯.pack() 방식으로 메소드를 호출합니다.
grid	격자 배치 관리자 : 행, 열의 위치를 지정해서 배치합니다. 테이블 레이아웃 형식처럼 위젯을 row와 column 속성을 이용해서 지정된 위치에 배치합니다. rowspan 속성과 columnspan 속성을 이용해서 셀 병합도 가능합니다. 위젯.grid(row=행, columm=열)
place	절대 배치 관리자 : 절대 좌표를 이용해서 강제로 위치를 지정합니다. pack과 grid 방식이 상대적인 방식이라면 place는 절대적인 방식입니다. 단점은 place 배치 관리자를 이용하면 윈도우의 크기에 따라 위젯이 변경되지 않습니다. 위젯.place(x=x, y=y) 방식으로 메소드를 호출해서 사용합니다.
math.floor(x)	인수 x의 값을 내림합니다.

| tkinter 화면 배치 관리자 설명

pack 배치 관리자(단순 나열 방식)

pack 방식으로 레이아웃을 잡는 것은 가장 단순한 레이아웃 적용 방식입니다. pack은 처음 붙인 것이 가장 먼저 적용되고, 그 다음 붙인 위젯들이 상대적인 위치에 배치되는 방식입니다. pack의 side 속성으로 top, bottom, left, right의 특정 위치에 위젯이 배치되도록 할 수 있는데 side 속성의 기본값은 top입니다. pack으로 배치된 위젯들은 pack의 내부 속성을 이용해서 크기를 변경할 수 있습니다. pack은 grid와 기능이 겹치는 부분이 있기 때문에 pack과 grid는 함께 사용할 수 없습니다. 그러나 pack과 사용 방식이 다른 place는 함께 사용할 수 있습니다.

실습 예제 **pack 배치 관리자 적용하기 – ch11ex04_pack.py**

```
1    from tkinter import Tk
2    from tkinter.ttk import Label, Entry, Button
3
4    win = Tk()
5
6    lbl_name = Label(win, text="성명:")
7    lbl_phone = Label(win, text="전화번호:")
8    lbl_email = Label(win, text="이메일:")
9
10   entry_name = Entry(win)
11   entry_phone = Entry(win)
12   entry_email = Entry(win)
13
14   btn_ok = Button(win, text="확인")
15   btn_cancel = Button(win, text="취소")
16
17   lbl_name.pack()
18   entry_name.pack()
```

```
19      lbl_phone.pack()
20      entry_phone.pack()
21      lbl_email.pack()
22      entry_email.pack()
23
24      btn_ok.pack()
25      btn_cancel.pack()
26
27      if __name__ == '__main__':
28          win.mainloop()
```

행 번호	설명
6~8	화면에 붙일 Label 위젯들을 준비하였습니다.
10~12	화면에 붙일 Entry 위젯들을 준비하였습니다.
14~15	화면에 붙일 Button 위젯들을 준비하였습니다.
17~22	Label 위젯과 Entry 위젯을 번갈아가면서 pack하였습니다.
24~25	Button 위젯을 pack하였습니다.

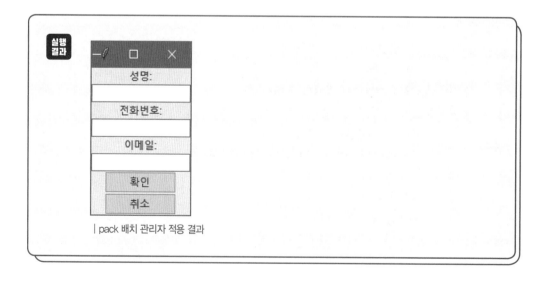

| pack 배치 관리자 적용 결과

pack의 내부 속성을 이용하면 단순히 일렬로 붙여지는 모양을 약간 변경할 수 있습니다. 화면의 공간을 top, bottom, left, right로 나누어서 배치가 가능하고 그 영역 안에서도 n, e, w, s 속성을 이용해서 위치를 지정할 수 있습니다.

속성	값	설명
side	top, bottom, left, right	컨테이너 화면을 4구역으로 나누어서 위젯을 배치합니다. 상단에서 pack하는 것이 top 속성이고 bottom 속성은 화면의 하단에서부터 pack합니다. pack 배치 관리자의 side 속성 기본값은 top입니다.
anchor	center, n, e, w, s	side 속성으로 할당된 공간 안에서 위젯의 위치를 지정합니다. 기본값은 center입니다. n은 위쪽, e는 오른쪽, w는 왼쪽, s는 아래쪽에 위치합니다. nw, ne se, sw처럼 두 가지 값을 함께 사용 가능합니다.
fill	none, x, y, both	anchor 값이 center일 때 어떤 방향으로 크기를 채울지를 결정합니다. 기본값은 none입니다. both를 하게 되면 x와 y 양방향으로 크기를 채우게 됩니다.
expand	Boolean	위젯의 미사용 공간을 확장할지 여부를 지정합니다. 기본값이 False이기 때문에 미사용 공간을 확장하지 않습니다.
ipadx	int	ipadx는 inner padding x의 의미를 가집니다. 위젯의 경계에서 안쪽 text의 x 방향 간격을 지정합니다.
ipady	int	ipady는 inner padding y의 의미를 가집니다. 위젯의 경계에서 안쪽 text의 y 방향 간격을 지정합니다.
padx	int	padding x입니다. 위젯의 경계에서 바깥쪽 x 여백 간격을 지정합니다.
pady	int	padding y입니다. 위젯의 경계에서 바깥쪽 y 여백 간격을 지정합니다.

| pack 배치 관리자의 속성

pack 배치 관리자의 내부 속성 활용하기 – ch11ex04_pack2.py

```
1      from tkinter import Tk, Label, Button
2
3      win = Tk()
4      win.geometry("600x400+100+100")
5
6      top_label = Label(win, text="top", background="Cyan")
7      top_label.pack(side="top", fill="x")
8
9      left_label = Label(win, text="left")
10     left_label.pack(side="left")
11
12     right_label = Label(win, text="right")
13     right_label.pack(side="right")
14
15     bottom_label = Label(win, text="bottom")
16     bottom_label.pack(side="bottom")
17
18     btn = Button(win, text="btn")
19     btn.pack(side="bottom", anchor="e")
20
21
22     if __name__ == '__main__':
23         win.mainloop()
24
```

소스코드해설

행 번호	설명
4	geometry() 함수를 이용해서 화면의 크기와 위치를 설정하였습니다.

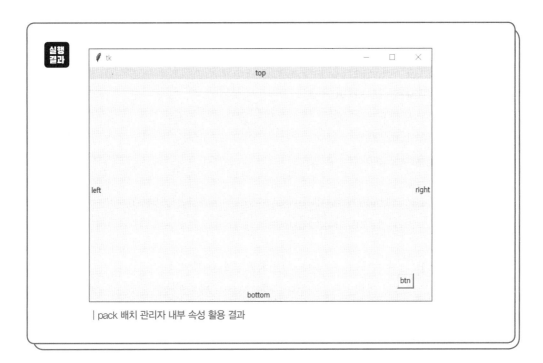

| pack 배치 관리자 내부 속성 활용 결과

PanedWindow 위젯을 활용한 배치

pack 배치 관리자는 grid 배치 관리자와 함께 사용할 수 없습니다. 그래서 각 행마다 모양을 다르게 적용하기 위해서는 내부에 pane을 겹쳐 붙여서 활용해야 합니다.

내부에 PanedWindow를 붙여서 레이아웃 적용하기

– ch11ex05_panedwindow.py

```
1    from tkinter import Tk, PanedWindow
2    from tkinter.ttk import Label, Button, Entry
3
4    win = Tk()
5
6    lbl = Label(win, text="성명 : ")
7    entry = Entry(win)
8
9    lbl.pack()
10   entry.pack()
11
12   panedwindow=PanedWindow(relief="raised", bd=0)
13   panedwindow.pack(expand=True)
14
15   btn_ok = Button(panedwindow, text="확인")
16   btn_cancel = Button(panedwindow, text="취소")
17
18   panedwindow.add(btn_ok)
19   panedwindow.add(btn_cancel)
20
21   if __name__ == '__main__':
22       win.mainloop()
```

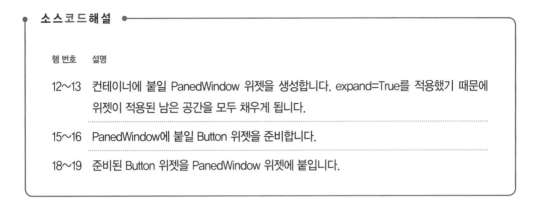

행 번호	설명
12~13	컨테이너에 붙일 PanedWindow 위젯을 생성합니다. expand=True를 적용했기 때문에 위젯이 적용된 남은 공간을 모두 채우게 됩니다.
15~16	PanedWindow에 붙일 Button 위젯을 준비합니다.
18~19	준비된 Button 위젯을 PanedWindow 위젯에 붙입니다.

| PanedWindow 레이아웃 적용 결과

pack 레이아웃만으로는 구현이 어려운 디자인을 PanedWindow 위젯을 활용해서 구현하였습니다. pack 레이아웃만으로는 마지막 라인에 두 개의 버튼을 나란히 배치하기는 어렵습니다.

grid 배치 관리자(격자 방식으로 배치)

tkinter에서 pack 다음으로 간편한 배치 관리자가 grid 배치 관리자입니다. 이 방식은 레이아웃을 표처럼 행과 열로 나누어서 행의 위치와 열의 위치를 지정해 줍니다. 필요에 따라서 rowspan 속성이나 columnspan 속성을 활용해서 특정 열과 행을 병합하는 기능도 있습니다.

속성	값	설명
row	int	그리드 레이아웃 내부에서 해당 위젯의 행의 위치를 지정합니다. 기본값은 0입니다.
column	int	그리드 레이아웃 내부에서 해당 위젯의 열의 위치를 지정합니다. 기본값은 0입니다.
rowspan	int	그리드 레이아웃의 특정 행을 병합하여 위젯을 붙입니다. 기본값은 1입니다.
columnspan	int	그리드 레이아웃의 특정 열을 병합하여 위젯을 붙입니다. 기본값은 1입니다.
sticky	n, e, w, s	pack 배치 관리자의 anchor 속성과 유사한 기능입니다. 위젯이 붙여진 공간 내부의 위치를 지정합니다. 기본값은 없습니다. 필요에 따라 nw, ne, sw, se처럼 두 가지 값을 합쳐서 사용할 수 있습니다. news를 모두 사용하면 위젯이 공간을 꽉 채우게 됩니다.
ipadx	int	위젯의 경계선 안쪽 여백 x를 지정합니다.
ipady	int	위젯의 경계선 안쪽 여백 y를 지정합니다.
padx	int	위젯의 경계선 바깥쪽 여백 x를 지정합니다.
pady	int	위젯의 경계선 바깥쪽 여백 y를 지정합니다.

| grid 배치 관리자의 속성

실습예제 grid 배치 관리자를 이용한 위젯 배치 – ch11ex06_grid.py

```
1    from tkinter import Tk, PanedWindow
2    from tkinter.ttk import Label, Entry, Button
3
4    win = Tk()
5
6    lbl_name = Label(win, text="성명:")
7    lbl_phone = Label(win, text="전화번호:")
```

```
8       lbl_email = Label(win, text="이메일:")

9

10      entry_name = Entry(win)

11      entry_phone = Entry(win)

12      entry_email = Entry(win)

13

14      lbl_name.grid(row=0, column=0)

15      entry_name.grid(row=0, column=1)

16      lbl_phone.grid(row=1, column=0)

17      entry_phone.grid(row=1, column=1)

18      lbl_email.grid(row=2, column=0)

19      entry_email.grid(row=2, column=1)

20

21      panedwindow=PanedWindow(relief="raised", bd=0)

22      panedwindow.grid(row=3,column=0, columnspan=2)

23

24      btn_ok = Button(panedwindow, text="확인")

25      btn_cancel = Button(panedwindow, text="취소")

26

27      panedwindow.add(btn_ok)

28      panedwindow.add(btn_cancel)

29

30      if __name__ == '__main__':

31          win.mainloop()
```

소스코드해설

행 번호	설명
6~12	컨테이너에 붙일 Label 위젯과 Entry 위젯을 준비합니다.
14~19	준비된 위젯들을 grid 레이아웃을 이용해서 붙입니다.
21~28	마지막 줄에 버튼을 배치하기 위해 PanedWindow 위젯을 활용합니다. PanedWindow pack 레이아웃과 grid 레이아웃을 함께 사용할 수 없기 때문에 위젯도 grid 레이아웃으로 붙여줍니다. columnspan=2 속성을 이용해서 열 병합합니다.

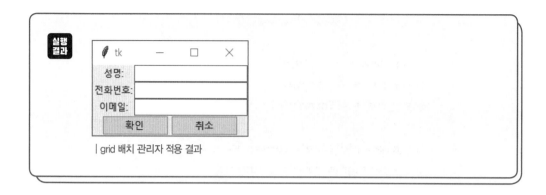
grid 배치 관리자 – grid 내부 속성 적용

grid 배치 관리자의 여백 속성 값은 기본값이 0입니다. 여백 적용과 열 병합 속성 등을 이용하면 좀 더 예쁘게 UI를 꾸밀 수 있습니다.

실습
예제   **grid 배치 관리자 내부 속성 적용하기** – ch11ex06_grid2.py

```
1    from tkinter import Tk, PanedWindow, Menu, LabelFrame
2    from tkinter.ttk import Label, Entry, Button
3
4    win = Tk()
5
6    menu_area = Menu(win)
7    win.configure(menu=menu_area)
8
9    menu1 = Menu(menu_area)
10   menu1.add_command(label="New...")
11   menu_area.add_cascade(label="File", menu=menu1)
12
13   label_frame = LabelFrame(win, text='label frame')
14   label_frame.grid(row=0, column=0, padx=5, pady=5)
```

```
15
16     lbl_name = Label(label_frame, text="성명:")
17     lbl_phone = Label(label_frame, text="전화번호:")
18     lbl_email = Label(label_frame, text="이메일:")
19
20     entry_name = Entry(label_frame)
21     entry_phone = Entry(label_frame)
22     entry_email = Entry(label_frame)
23
24     lbl_name.grid(row=0, column=0)
25     entry_name.grid(row=0, column=1, padx=5, pady=5)
26     lbl_phone.grid(row=1, column=0)
27     entry_phone.grid(row=1, column=1, padx=5, pady=5)
28     lbl_email.grid(row=2, column=0)
29     entry_email.grid(row=2, column=1, padx=5, pady=5)
30
31     panedwindow=PanedWindow(relief="raised", bd=0)
32     panedwindow.grid(row=3,column=0, columnspan=2, padx=5,
33     pady=5)
34
35     btn_ok = Button(panedwindow, text="확인")
36     btn_cancel = Button(panedwindow, text="취소")
37
38     panedwindow.add(btn_ok)
39     panedwindow.add(btn_cancel)
40
41     if __name__ == '__main__':
42         win.mainloop()
```

행 번호	설명
6~11	Tk 컨테이너 윈도우에 메뉴 바를 생성합니다. Menu 위젯은 Tk 컨테이너 윈도우의 configure(menu=menu_area) 메소드를 이용해서 붙여줍니다. Menu 위젯 내부에 add_cascade() 메소드를 이용해서 하위 Menu를 만들어 줍니다.
13~14	위젯 그룹의 테두리를 적용하기 위해서 LabelFrame 위젯을 생성합니다. 그리고 win 컨테이너에는 LabelFrame을 붙이고 LabelFrame에는 Label과 Button 위젯을 붙여주었습니다.
24~29	위젯들끼리의 간격이 너무 다닥다닥 붙어 있어서 padx 속성과 pady 속성을 이용해서 적당한 간격을 주었습니다.
31	bd 속성으로 테두리의 두께를 설정할 수 있습니다.
32	columnspan=2 속성을 이용해서 열 병합합니다.

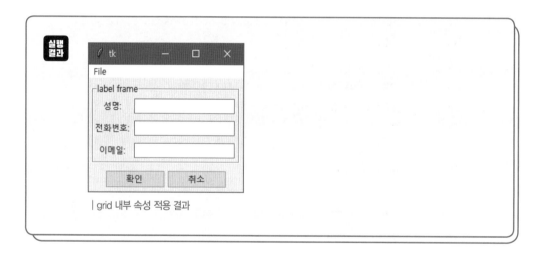

| grid 내부 속성 적용 결과

place 배치 관리자(절대 좌표로 배치)

컴퓨터 화면의 좌표는 왼쪽 상단이 x 좌표 0, y 좌표 0이 됩니다. 우리가 수학 시간에 배우던 것과는 다르게 y 좌표가 뒤집힌 상태가 됩니다. 이것은 과거 CRT 모니터를 사용하던 시기에 브라운관의 빛이 렌즈를 통과하면서 상이 뒤집히는 현상 때문에 이런 방식의 좌표 체계로 발전하게 되었습니다.

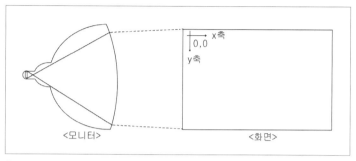

| 파이썬의 화면 좌표 기준

place 배치 관리자는 화면의 원하는 위치에 강제로 붙이는 배치 방식입니다. pack이나 grid 배치 관리자로 표현하기 힘든 경우에는 place 배치 관리자를 이용해서 위젯 하나하나의 개별 좌표 값을 지정할 수 있습니다. 컨테이너 안에 다른 내부 컨테이너를 겹쳐 사용하는 방식으로 레이아웃을 좀 더 구체적으로 표현할 수 있습니다.

속성	값	설명
x	int	위젯의 x 좌표 위치 값입니다.
y	int	위젯의 y 좌표 위치 값입니다.
width	int	위젯의 가로 너비 값입니다.
height	int	위젯의 세로 높이 값입니다.
relx	0 또는 1	위젯의 x 좌표의 배치 비율입니다.
rely	0 또는 1	위젯의 y 좌표의 배치 비율입니다.
relwidth	0 또는 1	위젯의 가로 너비의 배치 비율입니다.
relheight	0 또는 1	위젯의 세로 높이의 배치 비율입니다.
anchor	n, e, w, s	위젯의 배치 기준 위치로 n, e, w, s를 사용해서 부모 위젯의 어느 위치에 배치할 것인가를 지정해 줍니다. 기본값은 nw입니다. n은 North, w는 West를 의미하므로 위젯이 왼쪽 상단에 붙게 됩니다. news를 모두 사용하면 사방에 꽉 차게 됩니다.

| place 배치 관리자의 절대 좌표 속성

절대 좌표를 이용한 위젯 배치 – ch11ex07_place.py

```python
1    from tkinter import Tk, PanedWindow
2    from tkinter.ttk import Label, Entry, Button
3
4    win = Tk()
5    win.geometry("210x130+100+100")
6
7    lbl_name = Label(win, text="성명:")
8    lbl_phone = Label(win, text="전화번호:")
9    lbl_email = Label(win, text="이메일:")
10
11   entry_name = Entry(win)
12   entry_phone = Entry(win)
13   entry_email = Entry(win)
14
15   lbl_name.place(x=0, y=10)
16   entry_name.place(x=60, y=10)
17   lbl_phone.place(x=0, y=40)
18   entry_phone.place(x=60, y=40)
19   lbl_email.place(x=0, y=70)
20   entry_email.place(x=60, y=70)
21
22   panedwindow=PanedWindow(relief="raised", bd=0)
23   panedwindow.place(x=20, y=100)
24
25   btn_ok = Button(panedwindow, text="확인")
26   btn_cancel = Button(panedwindow, text="취소")
27
28   panedwindow.add(btn_ok)
29   panedwindow.add(btn_cancel)
30
31   if __name__ == '__main__':
32       win.mainloop()
```

소스코드해설

행 번호	설명
5	geometry( ) 메소드를 이용해서 Tk 윈도우 컨테이너의 창 크기와 위치를 고정시켜 줍니다.
7~13	win 컨테이너에 붙여줄 Label 위젯과 Entry 위젯을 준비합니다.
15~20	place( ) 메소드를 이용해서 화면에 위젯 객체를 절대 좌표로 붙여줍니다. 위젯과 위젯들 간의 간격을 생각해서 좀 넉넉히 좌표를 설정합니다.

| place 배치 관리자 적용 결과

이벤트 처리

지금까지 화면 UI를 개발하였습니다. 이제부터는 버튼이나 마우스에 발생하는 이벤트에 대한 기능을 구현하겠습니다.

오브젝트	설명
char	이벤트가 발생한 키보드에서 해당 키의 문자 하나입니다.
keysym	이벤트가 발생한 키보드의 키 심볼명입니다.
num	이벤트가 발생한 마우스의 버튼 번호입니다. 〈Button-x〉 (x = 1,2,3)
x	마우스 이벤트가 발생한 창의 상대 좌표 x입니다. 마우스의 x축 위치
y	마우스 이벤트가 발생한 창의 상대 좌표 y입니다. 마우스의 y축 위치
x_root	이벤트가 발생한 마우스의 절대 좌표 x입니다.
y_root	이벤트가 발생한 마우스의 절대 좌표 y입니다.
Key	키 이벤트가 발생한 위젯입니다.

| 이벤트 오브젝트(출처 : tkinter 바인딩과 이벤트 – https://docs.python.org/ko/3/library/tkinter.html#bindings-and-events)

버튼 이벤트

Button 위젯에 이벤트 핸들러를 연결하는 것은 command 속성에 해당 이벤트 핸들러 함수를 지정하는 것으로 간단히 적용할 수 있습니다.

버튼 이벤트 처리 예제 − ch11ex08_event_btn.py

```
1     from tkinter import Tk
2     from tkinter.ttk import Label, Button, Entry
3
4     def btnEvtHandler() :
5         print("버튼이 클릭 되었습니다!")
6         value = entry.get()
7         lbl.config(text="성명 : " + value)
8
9
10    win = Tk();
11
12    lbl = Label(win, text="성명 : ")
13    entry = Entry(win)
14    btn = Button(win, text="확인", command=btnEvtHandler)
15
16    lbl.pack()
17    entry.pack()
18    btn.pack()
19
20    if __name__ == '__main__':
21        win.mainloop();
```

> command 속성에 버튼 이벤트 핸들러를
> 지정합니다.

소스코드 해설

행 번호	설명
4~7	버튼에 이벤트가 발생하면 실행할 함수를 정의합니다. 6행은 Entry 위젯에 입력된 텍스트 값을 가져오는 것입니다. 7행은 Label 위젯에 새로운 text 값을 설정합니다.
12~14	컨테이너 화면에 사용할 위젯을 정의합니다. 14행에서 정의한 Button 위젯에 윗줄에서 선언한 함수를 연결해 줍니다.
16~18	pack 레이아웃으로 준비된 위젯을 컨테이너에 붙여줍니다.

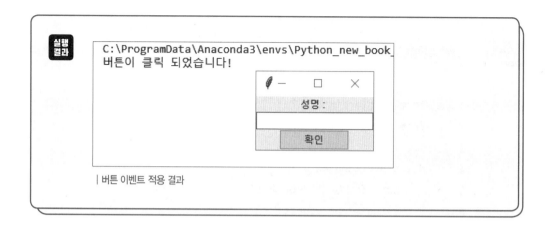

| 버튼 이벤트 적용 결과

바인드 이벤트 처리

bind 메소드는 특정 위젯이나 컨테이너에 이벤트 처리 함수를 걸어주는 함수입니다. bind 메소드의 첫 번째 인수는 이벤트 이름이 문자열로 입력됩니다. 이벤트 이름은 "〈Button-1〉"과 같이 이벤트 이름을 꺾쇠 괄호로 묶어줍니다. bind 메소드의 두 번째 인수는 이벤트가 발생하면 실행할 함수를 지정해 줍니다.

이름	의미
〈Button-1〉	마우스 왼쪽 버튼 클릭
〈Button-2〉	마우스 휠 버튼 클릭
〈Button-3〉	마우스 오른쪽 버튼 클릭
〈Button-4〉	휠을 지원하는 마우스에서 스크롤 업 이벤트
〈Button-5〉	휠을 지원하는 마우스에서 스크롤 다운 이벤트
〈MouseWheel〉	마우스 휠 이벤트
〈Double-Button-1〉	마우스 왼쪽 버튼 더블 클릭 이벤트
〈Key〉	키보드의 키가 눌러지면 발생하는 이벤트

| 자주 사용되는 이벤트

마우스 버튼 이벤트 처리 예제 – ch11ex09_event_bind.py

```python
1    from tkinter import Tk, Label
2
3    x = 150
4    y = 100
5
6    def mouseEvtHandler(event) :
7        global x,y
8        x, y = (event.x, event.y)
9        print("{}, {}".format(x, y))
10       lbl.place(x=x, y=y)
11
12
13   def scroll(event) :
14       global y
15       #print(event.delta)
16       if event.delta == -120 : # 업 스크롤
17           y += 10
18       if event.delta == 120 : # 다운 스크롤
19           y -= 10
20       lbl.place(x=x, y=y)
21
22
23   win = Tk()
24   win.geometry("300x200+100+100")
25
26   lbl = Label(win, text="자연인")
27   lbl.place(x=150, y=100)
28
29   win.bind("<B1-Motion>", mouseEvtHandler)
30   win.bind("<MouseWheel>", scroll)
31
```

```
32    if __name__ == '__main__':
33        win.mainloop()
```

행 번호	설명
6	컨테이너 위에서 마우스 이벤트가 발생하면 실행할 기능을 정의합니다.
7	global을 이용해서 전역 변수에 값을 변경할 수 있도록 하였습니다.
8	마우스 이벤트가 발생한 지점의 x, y 좌표를 받아옵니다.
9	8행에서 받아온 x, y 좌표를 터미널에서 확인해 봅니다.
10	새로 받아온 마우스 x, y 좌표 지점으로 Label 위젯의 위치를 이동합니다. 이렇게 하면 마우스를 드래그하는 지점으로 라벨이 따라다니게 됩니다.
13~20	마우스의 휠 스크롤 이벤트가 발생할 때 실행되는 기능을 정의합니다. 스크롤을 위로 돌리면 event.delta 값이 음수가 되고, 스크롤을 아래로 돌리면 event.delta 값이 양수가 됩니다. 스크롤을 위로 돌리면 y 값을 10 증가시키고, 아래로 돌리면 y 값을 10 감소시킵니다. 새로 세팅된 좌표 값을 Label 위젯에 적용시켜서 Label 위젯의 위치를 변경합니다.
29~30	Tk 윈도우 콘텐츠에 마우스 드래그 이벤트와 마우스 휠 이벤트를 적용시킵니다.

실행결과

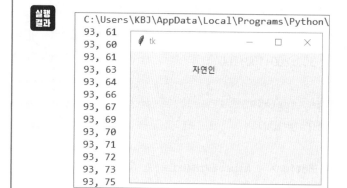

```
C:\Users\KBJ\AppData\Local\Programs\Python\
93, 61
93, 60
93, 61
93, 63
93, 64
93, 66
93, 67
93, 69
93, 70
93, 71
93, 72
93, 73
93, 75
```

| 마우스 가운데 스크롤을 돌리면 콘솔에 좌표가 표시되고 텍스트가 이동

마우스 이벤트 처리

마우스의 왼쪽 버튼, 오른쪽 버튼, 가운데 휠 버튼에도 이벤트를 적용할 수 있습니다. 마우스 이벤트는 특히 GUI 환경에서 많이 사용되는 이벤트입니다. 마우스 각각의 버튼 이벤트 핸들러 함수에서 변수를 공유하기 위해 전역에 변수를 선언하고, 각각 함수에서는 global 설정을 해서 전역에 선언된 변수의 값이 변경되도록 하였습니다.

실습예제 **마우스 버튼 이벤트 처리 예제** – ch11ex09_event_bind2.py

```
1    from tkinter import Tk, Label
2
3    x = 150
4    y = 100
5
6    def leftClick(event) :
7        global x
8        x -= 10;
9        lbl.place(x=x, y=y)
10       print("{}, {}".format(x, y))
11
12
13   def wheelClick(event) :
14       global x
15       x = event.x;
16       lbl.place(x=x, y=y)
17       print("{}, {}".format(x, y))
18
19
20   def rightClick(event):
21       global x
22       x += 10;
```

```
23          lbl.place(x=x, y=y)
24          print("{}, {}".format(x, y))
25
26
27    win = Tk()
28    win.geometry("300x200+100+100")
29
30    lbl = Label(win, text="자연인")
31    lbl.place(x=150, y=100)
32
33    win.bind("<Button-1>", leftClick)
34    win.bind("<Button-2>", wheelClick)
35    win.bind("<Button-3>", rightClick)
36
37    if __name__ == '__main__':
38        win.mainloop()
```

소스코드해설

행 번호	설명
6~10	마우스 왼쪽 버튼을 클릭하면 실행되는 기능을 정의합니다. 마우스 왼쪽 버튼을 클릭하면 x 좌표를 10씩 감소시키고 다시 Label 위젯의 위치를 변경해 주는 간단한 기능입니다.
13~17	마우스 가운데 휠을 클릭하면 실행되는 기능을 정의합니다. 이벤트가 발생한 지점의 마우스 x 좌표 값을 읽어와서 그 지점으로 Label 위젯의 위치를 옮겨줍니다.
20~24	마우스 오른쪽 버튼을 클릭하면 실행되는 기능을 정의합니다. 마우스 오른쪽 버튼을 클릭하면 x 좌표가 10씩 증가하여 Label 위젯을 오른쪽으로 이동하게 합니다.
33~35	마우스에 이벤트 함수를 설정합니다.

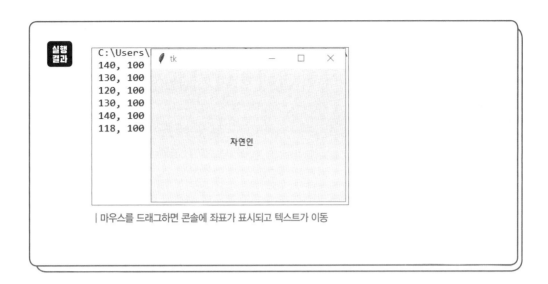

```
C:\Users\
140, 100
130, 100
120, 100
130, 100
140, 100
118, 100
```

| 마우스를 드래그하면 콘솔에 좌표가 표시되고 텍스트가 이동

마우스 왼쪽 버튼을 클릭하면 "자연인" 글자가 왼쪽으로 이동하고, 마우스 오른쪽 버튼을 클릭하면 "자연인" 글자가 오른쪽으로 이동합니다.

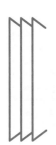
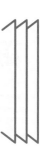

컨테이너 화면에 이미지 표시

컨테이너 화면에 이미지를 표시해 보도록 하겠습니다. tkinter에서는 jpg 확장자는 지원되지 않기 때문에 gif나 png 이미지를 미리 준비해야 합니다. 파이썬에서는 PIL(Python Image Library)이나 PhotoImage를 이용해서 이미지를 화면에 표시할 수 있습니다. 여기서는 PhotoImage를 이용해서 화면에 이미지를 띄우는 방법을 학습하도록 하겠습니다. 이미지 파일의 위치는 상대 경로에 있을 때 접근하기 수월하기 때문에 소스 파일과 같은 디렉터리(폴더) 위치에 이미지가 존재하도록 준비해야 합니다.

```
 ch10ex10_image.py
 logo_java.png
 logo_nodejs.png
 logo_python.png
```

| 사용될 이미지 파일의 위치

실습예제 ⬛ **이미지를 컨테이너 화면에 표시하기 – ch11ex10_image.py**

```
1    from tkinter import Tk, PhotoImage, Label, Button
2
3    def changed(newImg) :
4        imgLabel.configure(image = newImg, width=600,
     height=350)
5        imgLabel.image=newImg
6
```

```
7     def img1() :
8         newImg = PhotoImage(file="logo_python.png");
9         changed(newImg)
10
11
12    def img2() :
13        newImg = PhotoImage(file="logo_java.png");
14        changed(newImg)
15
16
17    def img3() :
18        newImg = PhotoImage(file="logo_nodejs.png");
19        changed(newImg)
20
21
22    win = Tk()
23    win.geometry("600x400+100+100")
24
25    image = PhotoImage(file="logo_python.png");
26    imgLabel = Label(win, image=image, width=600, height=350)
27
28    btn_python = Button(win, text="Python", command=img1)
29    btn_JAVA = Button(win, text="JAVA", command=img2)
30    btn_Nodejs = Button(win, text="NodeJS", command=img3)
31
32
33    imgLabel.grid(row=0, column=0, columnspan=3)
34    btn_python.grid(row=1, column=0)
35    btn_JAVA.grid(row=1, column=1)
36    btn_Nodejs.grid(row=1, column=2)
37
38    if __name__ == '__main__':
39        win.mainloop()
```

행 번호	설명
3~5	인수로 전달된 PhotoImage 객체로 이미지 라벨을 변경해 주는 함수를 정의하였습니다. 이미지 라벨의 이미지를 변경하기 위해서는 두 번의 작업이 필요합니다. 먼저 imgLabel. configure 메소드를 이용해서 변경할 이미지를 위젯에 등록하고 imgLabel.image 속성에 변경할 이미지를 대입해 줍니다.
7~19	각각 버튼의 이벤트에 등록할 함수들을 선언하였습니다. 이 함수들이 실행되면 해당 버튼에 대한 새 PhotoImage 객체를 생성해서 3행에 선언된 changed() 함수로 전달합니다.
25~26	사진을 표시할 PhotoImage와 Label 위젯을 준비합니다.
28~30	이미지 변경을 위한 Button 위젯을 3개 준비합니다.
33~36	imgLabel 위젯과 3개의 Button 위젯을 화면에 배치합니다. 33행에서 이미지를 3개의 버튼 위에 배치되게 하기 위해서 columnspan 속성을 이용해서 열 병합하였습니다.

| 버튼을 선택하면 이미지가 변경되는 결과

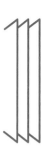

계산기 UI 구현

앞에서 각각의 위젯을 화면에 배치하는 방법과 그 위젯들에 이벤트 핸들러 함수를 등록하는 방법을 학습하였습니다. 이렇게 학습한 내용을 바탕으로 간단한 애플리케이션을 만들어 보겠습니다. 처음 만드는 애플리케이션이 너무 어렵거나 너무 쉬우면 학습 효과가 떨어지거나 부담감이 가중되어 프로그래머가 되는 것을 포기할 수 있습니다.

그런 의미에서 계산기 애플리케이션을 구현하는 것이 적당할 수 있습니다. 필자는 개인적으로 요즘 Windows 10 환경의 플랫 디자인으로 구현된 단순한 모양의 계산기보다는 과거에 Windows 7 환경에서 제공되었던 계산기의 디자인이 좀 더 마음에 들었습니다. 버튼 모양도 좀 다른 모양이 있어서 디자인의 3대 요소인 통일, 변화, 비례가 적당히 가미되었으면서도 디자인이 모던해서 우리가 학습한 tkinter 위젯을 배치하고 공부하기에 적당합니다. 이번에는 지금까지 학습한 tkinter 모듈을 이용해서 이 계산기의 모양을 만들고 기능도 구현해 보도록 하겠습니다.

| 초창기 Windows OS에 내장되었던 계산기의 모양

계산기 UI 구현하기

계산기의 구성 요소는 아주 단순합니다. 일단 Menu 바는 나중에 별도로 추가해도 되기 때문에 우선 핵심 기능에 필요한 Entry 위젯과 Button 위젯으로만 화면 디자인을 구현하도록 하겠습니다. 우리가 구현할 계산기는 한 개의 Entry 위젯과 28개의 Button 위젯으로 구성되었습니다. 버튼을 하나하나 선언해도 문제는 없지만 일단 2차원 배열 형태로 Button 위젯 객체를 생성하고 이것들을 이중 for문을 이용해서 제어하였습니다.

일단 계산기의 UI를 구현하고 그런 다음에 계산기 버튼과 Entry에 기능을 추가하도록 하겠습니다.

 계산기 UI 구현하기 – ch11ex11_calc.py

```
1       from tkinter import Tk, Button, Entry
2
3       win = Tk()
4
5       txt = Entry(win, justify="right")
6       txt.grid(row=0, column=0, columnspan=5, pady=2)
7
8       btns = [
9           [Button(win, text="MC"),Button(win, text="MR"),Button(win,
            text="MS"),Button(win, text="M+"),Button(win, text="M-")],
10          [Button(win, text="<-"),Button(win, text="CE"),Button(win,
            text="C"),Button(win, text="+-"),Button(win, text="v")],
11          [Button(win, text="7"),Button(win, text="8"),Button(win,
            text="9"),Button(win, text="/"),Button(win, text="%")],
12          [Button(win, text="4"),Button(win, text="5"),Button(win,
            text="6"),Button(win, text="*"),Button(win, text="1/x")],
13          [Button(win, text="1"),Button(win, text="2"),Button(win,
            text="3"),Button(win, text="-"),Button(win, text=" =")],
```

532

```
14              [Button(win, text="0"),Button(win,
        text="."),Button(win, text="+")]
15          ]
16

17          for i in range(1,6) :
18              for j in range(5) :
19                  if i == 6 and j == 3:
20                      break
21                  if i == 5 and j == 4 :
22                      btns[i - 1][j].grid(row=i, column=j,
        rowspan=2, sticky='wens', padx=2, pady=2)
23                  else :
24                      btns[i - 1][j].grid(row=i, column=j, padx=2,
        pady=2, sticky='wens')
25

26          btns[5][0].grid(row=6, column=0, columnspan=2,
        sticky='wens', padx=2, pady=2)
27          btns[5][1].grid(row=6, column=2, padx=2, pady=2,
        sticky='wens')
28          btns[5][2].grid(row=6, column=3, padx=2, pady=2,
        sticky='wens')
29

30          if __name__ == '__main__':
31              win.mainloop()
```

소스코드 해설

행 번호	설명
5~6	계산기 버튼을 눌렀을 때 값이 표시될 Entry 위젯을 준비하고 컨테이너 맨 위에 배치하였습니다.
8~15	계산기에 필요한 28개의 버튼을 미리 생성해서 2차원 배열로 준비하였습니다.
17~24	2차원 배열에 들어 있는 버튼 위젯을 이중 for문을 이용해서 화면에 배치하였습니다. 22행

은 "ㄴ" 문자 버튼입니다. 이 버튼은 2행에 걸쳐서 있기 때문에 rowspan 속성을 이용해서 행 병합하였습니다. 그리고 나머지 버튼들은 행 열로 한 칸에 한 개씩 배치되도록 하였습니다. 6행의 3개의 버튼은 모양이 다르게 배치되기 때문에 24행에 따로 구현하였습니다.

26~28 26행은 "0" 문자 버튼에 해당합니다. 이 버튼은 2열에 걸쳐서 열 병합하였습니다. 나머지 버튼은 "0" 문자가 2열을 사용했기 때문에 column=2부터 시작해서 배치하였습니다.

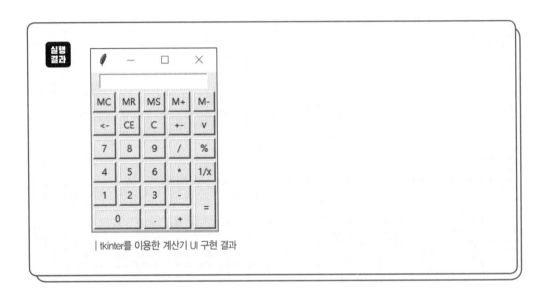

| tkinter를 이용한 계산기 UI 구현 결과

계산기 기능 구현 1단계

계산기의 Entry와 Button을 배치해 주었습니다. 이제 이 버튼과 Entry에 기능을 구현할 차례입니다. 지면상 이 계산기의 모든 기능을 구현하기에는 무리가 있기 때문에 일단 사칙 연산 기능만 구현해 보도록 하겠습니다. 먼저 버튼을 눌러서 Entry에 입력되는 데이터는 일단 문자입니다. 이렇게 입력된 데이터는 더하기(+), 빼기(-), 곱하기(*), 나누기(/) 기능이 입력될 때까지는 문자열의 맨 마지막에 추가되고 최종 "="을 누르면 결과가 연산되어 다시 Entry에 표시되도록 하겠습니다. 그러기 위해서 숫자 버튼과 사칙 연산 버튼 그리고 "=" 버튼 외의 버튼에는 이벤트가 발생하지 않도록 하겠습니다.

계산기 기능 적용하기 – ch11ex12_calc.py

기능 구현으로 추가되는 부분입니다.

```
24        # 버튼에 이벤트 핸들러를 등록할 때 개별 버튼을 인수로 전달
25        for btnArr in btns :
26            for btn in btnArr :
27                def clickEvent(target = btn):
28                    calc(target)
29                btn.config(command=clickEvent)
30
```

소스코드해설

| 행 번호 | 설명 |

24~29 미리 준비된 계산기 버튼에 이벤트 처리 함수를 연결하였습니다. 버튼들이 2차원 배열에 들어 있기 때문에 역시 이중 for문을 이용하였습니다. 27행의 clickEvent() 함수를 보면 매개변수의 기본값으로 내부 반복문에서 받아온 btn 객체가 삽입되고 있습니다. 이것은 이벤트를 처리하는 함수에서 어떤 버튼이 눌러졌는지 검사하기 위한 이벤트 함수 처리 기법입니다. 이렇게 이벤트가 발생한 버튼 객체를 처리 함수에 직접 전달하지 않으면 딕셔너리 등을 이용해서 일일이 비교해야 합니다. 일단 가장 단순한 방식으로 이벤트를 처리할 함수에 이벤트가 발생한 버튼 객체를 직접 전달하는 방식을 선택하였습니다. 27행에서처럼 반복문 내부에 선언한 함수를 29행에서 버튼에 바로 적용하였습니다.

 실행 결과

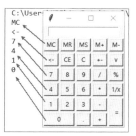

| 계산기 버튼 이벤트 적용 결과

계산기 기능 구현 2단계

이벤트를 처리하면 일단 모든 버튼에 이벤트가 적용되게 됩니다. 해당 버튼을 클릭하면 해당 버튼의 텍스트가 터미널 화면에 표시됩니다. 이제 이 버튼 중에서 사칙 연산에 필요한 숫자 버튼과 사칙 연산 버튼 그리고 "=" 버튼만 사용하도록 다시 설정하고 그렇게 얻어온 숫자 값을 연산해 보도록 하겠습니다.

 계산기 기능 적용하기 – ch11ex12_calc2.py

기능 구현으로 추가되는 부분입니다.

```
3     opers = []
4     nums = []
5     numStr = '';
6
7     def calc(target) :
8         ch = target['text']
9         global opers, nums, numStr
10        if len(ch) == 1 :
11            if ch!='C' and ch!='%' and ch!='v' : txt_result.
      insert(END, ch)
12            if ord(ch) >= 48 and ord(ch) <= 57 :
13                numStr += ch;
14            if ch=='+' or ch=='-' or ch=='*' or ch=='/' :
15                nums.append(numStr)
16                opers.append(ch)
17                numStr = '';
18            if ch == '=' :
19                nums.append(numStr)
20                # print(nums)
21                # print(opers)
22                result = int(nums[0]);
23                for i, oper in enumerate(opers) :
```

```
24                              if oper == '+' :
25                                  result += int(nums[i+1])
26                              elif oper == '-' :
27                                  result -= int(nums[i + 1])
28                              elif oper == '*' :
29                                  result *= int(nums[i + 1])
30                              elif oper == '/' :
31                                  result //= int(nums[i + 1])
32
33                      txt_result.insert(END, str(result))
```

소스코드해설

행 번호	설명
3~5	계산기에 필요한 데이터를 저장할 변수들을 전역 변수로 선언하였습니다. opers 리스트에는 연산 중 입력되는 연산자를 순서대로 저장합니다. 물론 숫자와 연산자가 규칙적으로 엇갈려서 입력된다는 가정하에 작업합니다. 일단 중요한 기능부터 구현하고 디버그는 그 다음 문제입니다. nums 리스트는 연산자가 입력되기 전까지의 숫자를 순서대로 저장하는 리스트입니다. 이렇게 저장된 nums 리스트와 opers 리스트의 데이터를 반복문을 이용해서 순서대로 연산하면 결과 값이 나오게 됩니다.
8	함수로 전달된 버튼 위젯의 text 값을 저장합니다.
9	전역에 선언한 opers, nums 리스트와 numStr 변수에 값을 변경할 수 있도록 global 설정합니다.
10	우선 버튼의 text가 한 글자인 경우에만 연산을 하도록 걸러줍니다.
11	버튼의 text가 한 글자인 버튼 중에서도 C, %, √도 실행이 일단 제외되어야 하기 때문에 if 문을 이용해서 걸러주었습니다. 그 외의 버튼은 값이 Entry 위젯에 표시되도록 하였습니다.
12~13	입력받은 버튼 값이 0~9 사이이면 numStr에 저장되도록 하였습니다.
14~17	입력받은 버튼이 사칙 연산에 해당하면 numStr에 저장된 값을 nums 리스트에 추가하고 연산자는 opers 리스트에 추가합니다. 다시 numStr 변수를 초기화합니다.

18~31	"=" 버튼을 누르면 지금까지 입력된 모든 데이터를 순서대로 연산합니다. 사칙 연산에 해당하는 if 제어문을 따로따로 만들어서 opers에서 받아온 연산자에 해당하는 연산을 수행합니다. nums 리스트에 먼저 추가된 후 opers 리스트에 연산자가 추가되기 때문에 22행에서 nums 리스트의 값을 먼저 result 변수에 저장하고 다음 nums 리스트에서 값을 가져올 때는 i+1의 위치에서 값을 가져오게 됩니다.
33	최종적으로 모든 반복이 끝나면 누적된 연산 값을 Entry의 마지막에 추가합니다.

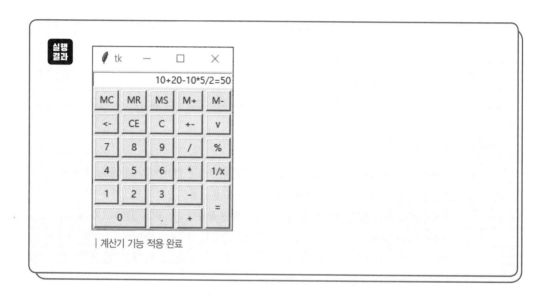

| 계산기 기능 적용 완료

실행한 후 사칙 연산 결과를 확인해 보면 연산이 맞게 나오는 것을 알 수 있습니다. 현재는 지면상 가장 기본적인 기능만 구현되었습니다. 자잘한 예외 처리도 안 된 상태이지만 나머지 기능도 비슷한 방식으로 구현이 가능합니다.

 **스스로 해보기**

지금까지 간단한 계산기 애플리케이션을 구현하면서 Tkinter GUI 구현을 실습해 보았습니다. 마지막으로 우리가 앞에서 만들어 보았던 CLI 환경에서 동작하는 전화번호부 프로그램의 GUI를 독자 여러분 스스로 구현해 보길 바랍니다.

지금까지 파이썬 기초 문법에 대해서 학습하였습니다. 학습한 내용을 모두 습득하였다면 이제 파이썬 웹 프로그램과 파이썬 데이터 분석 그리고 파이썬을 이용한 머신러닝/딥러닝 과정에 도전해 보길 권장합니다. 파이썬 웹 프로그램은 Flask나 Django와 같은 강력한 오픈 소스 프레임워크가 있고, 파이썬 데이터 분석에는 NumPy나 Pandas와 같은 라이브러리가 있습니다. 또 파이썬 머신러닝과 관련해서는 구글 텐서플로나 케라스가 있습니다. 텐서플로는 구글 코랩을 이용하면 따로 학습자의 PC에 설치하지 않고도 학습과 실습이 가능합니다. 파이썬을 이용하면 웹 스크래핑이나 크롤링 기능 구현도 아주 수월합니다. BeautifulSoup 라이브러리를 이용하면 됩니다.

12장부터는 BeautifulSoup를 활용한 웹 크롤링에 관련된 기술을 학습하도록 하겠습니다.

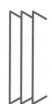

| 연 | 습 | 문 | 제 |

◆ 이 론 문 제 ◆

---

1   명령줄 인터페이스(CLI)에 비해서 그래픽 유저 인터페이스(GUI)의 장점이라고 할 수 <u>없는</u> 것은?

① 전문가들의 빠른 일 처리에 유리하다.

② 사용성이 좋아지게 되고 직관적인 화면을 가지게 된다.

③ GUI를 소리 나는 대로 말해서 그냥 "구이"라고도 발음한다.

④ GUI 화면 요소를 프로그램으로 구현할 때는 컴포넌트라고 하는 화면 요소들을 컨테이너 화면에 붙이는 식으로 그래픽 화면을 구현한다.

2   파이썬 tkinter 모듈에 대한 설명으로 바르지 <u>않은</u> 것은?

① tkinter 모듈의 시초는 유닉스 시절부터 사용되던 Tk GUI 툴 킷이다.

② tkinter라는 용어의 유래는 tk interface다.

③ tkinter는 Fredrik Lundin에 의해 제작된 것으로 파이썬 라이선스인데 무료로 배포한다.

④ tkinter는 pip install 명령으로 모듈을 설치하면 무료로 사용 가능하다.

3   파이썬 tkinter 모듈에서 사용되는 위젯이 <u>아닌</u> 것은?

① Button   ② Label

③ MessageDialog   ④ Entry

4   tkinter 위젯과 설명이 바르게 짝지어지지 <u>않은</u> 것은?

① Scale : 슬라이드 바 위젯

② Menu : Tk 윈도우에 메뉴 바 생성

③ Frame : 다른 위젯을 붙이는 독립된 윈도우 창

④ Canvas : 도형이나 그래프를 그릴 때 사용

5   tkinter에서 사용되는 배치 관리자가 <u>아닌</u> 것은?

① pack   ② flow

③ grid   ④ place

6   tkinter 모듈의 pack 배치 관리자에서 사용되는 속성 중에서 side 속성의 설명으로 옳은 것은?

① anchor 값이 center일 때 어떤 방향으로 크기를 채울지를 결정한다.

② 위젯의 미사용 공간을 확장할지의 여부를 지정한다.

③ 위젯의 경계에서 안쪽 text의 y 방향 간격을 지정한다.

④ 컨테이너 화면을 4구역으로 나누어서 위젯을 배치한다.

7   pack 배치 관리자의 속성 중 side 속성으로 할당된 공간 안에서 위젯의 지정하는 속성은 무엇인가? (기본값은 center이고 n, e, w, s 값으로 사방에 위치를 지정할 수 있다.)

① anchor   ② expand

③ fill   ④ padx

8　pack 배치 관리자는 grid 배치 관리자와 함께 사용할 수 없다. pack 배치 관리자로 구현된 레이아웃 안에서 grid 배치 관리자를 사용한 것처럼 나란히 배치하기 위해 필요한 위젯을 적으시오.

답 : _____

9　tkinter에서 위젯을 격자 방식으로 배치할 때 사용하는 배치 관리자를 적으시오.

답 : _____

10　tkinter에서 위젯을 절대 좌표로 배치하는 배치 관리자를 적으시오.

답 : _____

11　pack 배치 관리자와 PanedWindow 위젯을 활용해서 다음과 같은 GUI 화면을 구현하고자 한다. 빈칸에 알맞은 답을 적으시오.

| PanedWindow 레이아웃 적용 결과

```
win = Tk()

lbl = Label(win, text="성명 : ")
entry = Entry(win)

lbl.pack()
entry.pack()

panedwindow=PanedWindow(relief="raised", bd=0)
panedwindow.pack(      ①      )
```

```
btn_ok = Button(    ②    , text="확인")
btn_cancel = Button(    ③    , text="취소")

panedwindow.add(btn_ok)
panedwindow.add(btn_cancel)
```

①
②
③

1   grid 배치 관리자와 LabelFrame 위젯을 이용해서 다음 실행 결과 예시와 같은 GUI 화면을 구
     현하시오.

| 실행 **결과** 예시 |

| grid 내부 속성 적용 결과

| 힌트 | 구현에 필요한 위젯은 Tk, PanedWindow, Menu, LabelFrame, Label, Entry, Button 등입니다.

        Label 위젯과 Entry 위젯은 단순히 LabelFrame 위젯에 grid 배치합니다. 버튼 부분은 그리드 위젯 안에서 별
        도로 배치되어야 하기 때문에 PanedWindow 위젯을 활용합니다.

        예)

        panedwindow=PanedWindow(relief="raised", bd=0)

        panedwindow.grid(row=3,column=0, columnspan=2, padx=5, pady=5)

        btn_ok = Button(panedwindow, text="확인")

        btn_cancel = Button(panedwindow, text="취소")

        panedwindow.add(btn_ok)

        panedwindow.add(btn_cancel)

2 Tkinter GUI 모듈의 Frame 위젯과 PanedWindow 위젯을 이용해서 다음 실행 결과 예시와 같은 화면을 구현하시오.

| 실행 결과 예시 |

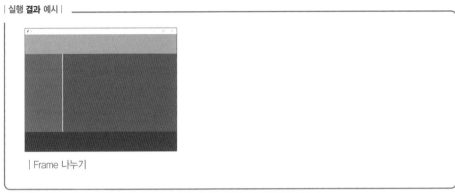

| Frame 나누기

| 힌트 | Frame 위젯 4개를 만들고 상하의 Frame은 pack 배치 관리자를 이용해서 순서대로 배치합니다. 중간 부분의 좌우로 나누어진 두 개의 Frame 위젯은 PanedWindow 위젯을 이용해서 분할합니다.

예)

panedwindow=PanedWindow(relief="raised", bd=0)
panedwindow.pack(expand=True)

leftFrame = Frame(win)
leftFrame.pack(side='left')
leftFrame.config(width=200, height=400, background="red")

rightFrame = Frame(win)
rightFrame.pack(side='right')
rightFrame.config(width=600, height=400, background="green")

panedwindow.add(leftFrame)
panedwindow.add(rightFrame)

3 2번 문제의 소스 코드를 수정해서 데이터를 입력받을 수 있는 Entry 왼쪽 Frame 위젯에 다음 실행 결과 예시와 같이 추가하시오.

| 실행 결과 예시 |

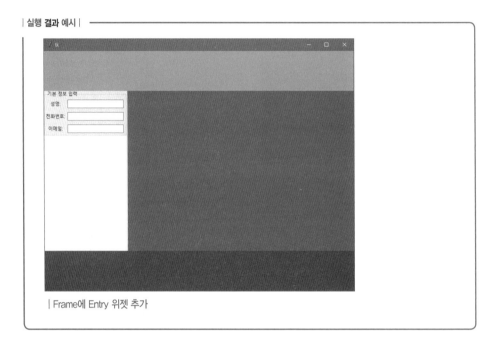

| Frame에 Entry 위젯 추가

| 힌트 | 먼저 leftFrame에 LabelFrame을 생성합니다.

예)

label_frame = LabelFrame(leftFrame, text='기본 정보 입력')

label_frame.pack()

생성된 LabelFrame에 Label과 Entry를 grid 배치 관리자를 이용해서 붙여줍니다.

예)

lbl_name = Label(label_frame, text="성명:")

entry_name = Entry(label_frame)

lbl_name.grid(row=0, column=0)

entry_name.grid(row=0, column=1, padx=5, pady=5)

4 2번 문제에서 구현한 소스 코드를 수정해서 다음 실행 결과 예시와 같이 하단의 Frame 위젯에
버튼을 추가하시오.

| 실행 결과 예시 |

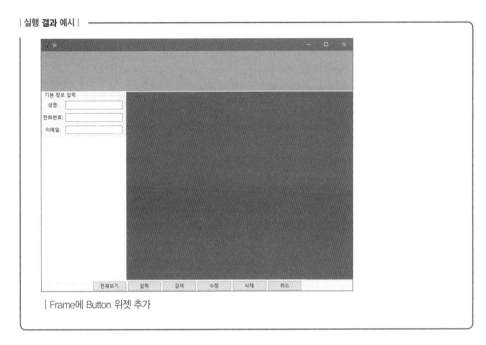

| Frame에 Button 위젯 추가

| 힌트 | 먼저 하단의 프레임 위젯의 높이를 Button 위젯의 높이에 맞추어서 30으로 변경하고 중간 부분의 오른쪽 프
레임의 높이를 하단 프레임에서 줄여준 만큼 더해 주었습니다.
예)
rightFrame = Frame(win)
rightFrame.pack(side='right')
rightFrame.config(width=600, height=470, background="green")
—— 중간 생략 ——
bottomFrame.config(width=800, height=30, background="blue")
프레임의 높이를 변경한 후에 하단 프레임에 Button 위젯 6개를 생성해서 추가하였습니다.
Button 위젯을 추가할 때 PanedWindow 위젯을 이용해서 버튼이 가운데 정렬되도록 하였습니다.
예)
panedwindow=PanedWindow(bottomFrame, relief="raised", bd=0)
panedwindow.pack()

btn_output = Button(panedwindow, text="전체보기")
btn_input = Button(panedwindow, text="입력")
btn_search = Button(panedwindow, text="검색")
btn_modify = Button(panedwindow, text="수정")
btn_delete = Button(panedwindow, text="삭제")

```
btn_cancel = Button(panedwindow, text="취소")

panedwindow.add(btn_output)
panedwindow.add(btn_input)
panedwindow.add(btn_search)
panedwindow.add(btn_modify)
panedwindow.add(btn_delete)
panedwindow.add(btn_cancel)
```

5   **4번 문제의 소스 코드를 수정해서 다음 실행 결과 예시와 같이 중간 부분의 오른쪽 프레임에 목록이 보이게 하시오.**

| 실행 결과 예시 |

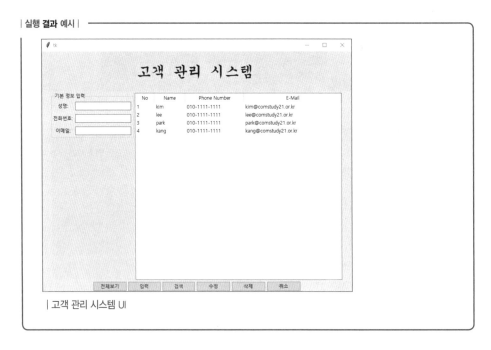

| 고객 관리 시스템 UI

| 힌트 | 목록 테이블은 ttk 모듈의 Treeview 위젯을 활용할 수 있습니다. Treeview 위젯을 생성할 때는 columns 속성을 설정할 수 있습니다. 컬럼 속성의 값은 리스트 형식으로 지정합니다.

예)

header_list = ['no', 'name', 'phone number', 'e-mail']

tree = ttk.Treeview(rightFrame, columns= header_list, show="headings")

tree.pack()

Treeview에 내용을 추가하기 위해서는 튜플 리스트가 준비되어야 합니다. 튜플 리스트는 리스트에 튜플이 들어 있는 형태로 이것을 for문을 이용해서 Treeview에 내용을 추가합니다.

예)

```
data_list = [
(1,'kim', '010-1111-1111', 'kim@comstudy21.or.kr'),
(2,'lee', '010-1111-1111', 'lee@comstudy21.or.kr'),
(3,'park', '010-1111-1111', 'park@comstudy21.or.kr'),
(4,'kang', '010-1111-1111', 'kang@comstudy21.or.kr')
]
for i, col in enumerate(header_list):
    tree.heading(col, text=col.title())
for item in data_list:
    tree.insert('', 'end', values=item)
```

각각의 필드 너비를 조정하려면 column() 함수를 이용해서 width 속성을 변경합니다. 컬럼의 순서는 0부터 시작하는 인덱스를 사용할 수 있습니다.

```
tree.column(0, width=50)
tree.column(1, width=80)
tree.column(2, width=150)
tree.column(3, width=250)
```

Treeview 자체의 높이 설정은 다른 위젯과 마찬가지로 config( ) 함수를 이용해서 height 속성을 변경해 주면 됩니다.

예)

```
tree.config(height=22)
```

6   다음 실행 결과 예시와 같이 tkinter의 이벤트 처리 방식을 이용해서 Entry에 입력된 데이터 값을 Label에 출력되도록 하시오.

| 실행 결과 예시 |

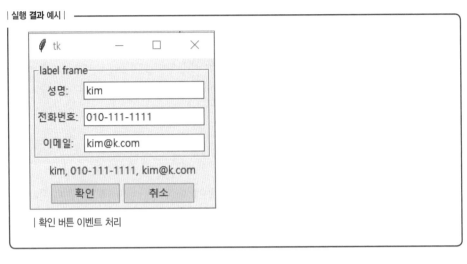

| 확인 버튼 이벤트 처리

| 힌트 | 확인 버튼에 이벤트 핸들러를 설정하려면 command 속성에 이벤트 실행 함수를 지정해 주면 됩니다.
예) btn_ok = Button(panedwindow, text="확인", command=btnEvtHandler)

이벤트 실행 함수에서는 각각 엔트리에서 데이터를 받아와서 Label의 text를 변경합니다.
예)
def btnEvtHandler() :
    name = entry_name.get()
    phone = entry_phone.get()
    email = entry_email.get()
    lbl_ressult.config(text="%s, %s, %s" %(name, phone, email))

결과가 보여지는 Label은 LabelFrame 외부에 부착되기 때문에 win 컨테이너에 pack합니다.
예)
lbl_ressult = Label(win, text="결과:")
lbl_ressult.grid(row=1, column=0)

12

웹
스크래핑과
크롤링

12장에서는 파이썬으로 웹 크롤러를 만드는 기술에 대해서 학습합니다. 웹 스크래핑과 크

롤링에 대해 이해하고, 웹사이트의 정보를 수집하는 기술과 정규 표현식 및 셀레니움을 이

용한 웹 크롤러 제작 기술을 학습해 보도록 하겠습니다.

python

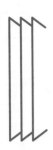

맛보기 예제 - 일단 따라해 보세요!

앞에서 실습한 일단 따라해 보기 예제에 소켓 기능을 추가해 보도록 하겠습니다. 파이썬 소켓 프로그래밍은 다른 프로그래밍 언어보다 비교적 다루기 쉽게 되어 있습니다. 일단 서버쪽 기능을 구현하고 요청을 대기합니다.

```
server = socket(AF_INET, SOCK_STREAM) # 소켓 생성
server.bind(('127.0.0.1', 8088)) # 서버 바인드
server.listen(1)
```

클라이언트로부터 소켓 연결 요청이 들어오면 접속을 허락해 주도록 합니다.

```
connection, addr = server.accept() # 접속 허가
```

클라이언트 소켓과 연결된 상태에서 계속 반복 처리를 하기 위해서 while 반복문을 이용해서 데이터 송수신을 처리합니다. 클라이언트에서 데이터를 수신할 때는 connection.recv() 메소드로 받고, 다시 클라이언트로 데이터를 송신할 때는 connection.send() 메소드를 이용합니다.

```
while True :
    data = connection.recv(1024) # 데이터를 받을 준비
    print('받은 데이터 : ', data.decode('utf-8')) # 데이터를 받습니다.

    send_data = '''{"direction":"L",
            "angle":90,
            "length": 60
        }'''.encode("utf-8")

    connection.send(send_data) # 클라이언트쪽으로 보내는 문구
```

클라이언트에서 Turtle 모듈 객체를 제어할 수 있도록 데이터를 딕셔너리 문자열 형식으로 클라이언트에 송신해 줍니다.

```
send_data = '''{"direction":"L",
        "angle":90,
        "length": 60
    }'''.encode("utf-8")
```

소켓에서 문자열 데이터를 전송할 때는 utf-8 인코딩 형식으로 전송해야 문제가 없습니다.

실습 예제 **일단 따라해 보기** – ch12_pre_server.py

```
1    from socket import * # 소켓 라이브러리 임포트
2
3    server = socket(AF_INET, SOCK_STREAM) # 소켓 생성
4    server.bind(('127.0.0.1', 8088)) # 서버 바인드
```

```
5      server.listen(1)
6
7      connection, addr = server.accept() # 접속 허가
8
9      print(str(addr),'에서 접속이 확인되었습니다.') # 접속되었을 때 확인문
10
11
12     while True :
13         data = connection.recv(1024) # 데이터를 받을 준비
14         print('받은 데이터 : ', data.decode('utf-8')) # 데이터를 받습니다.
15
16         send_data = '''{"direction":"L",
17                     "angle":90,
18                     "length": 60
19                 }'''.encode("utf-8")
20
21         connection.send(send_data) # 클라이언트쪽으로 보내는 문구
22         print('메시지를 보냈습니다.') # 문구가 보내진 것을 확인하는 출력
```

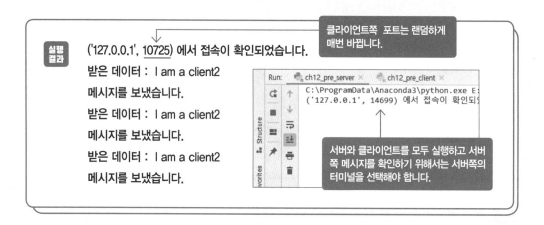

서버가 준비되었다면 이번에는 클라이언트를 구현합니다. 클라이언트에서 요청이 있을 때까지 계속 대기하는 형태이기 때문에 서버를 데몬이라고도 합니다. 클라이언트에서는 11장에서 실습했던 Turtle 모듈을 사용하는 예제를 응용하였습니다. 버튼을 누를 때마다 서버에서

Turtle이 움직일 방향, 각도, 거리의 정보를 수신받아서 동작하도록 구현하겠습니다. Button 이벤트가 발생하면 Turtle이 움직이는 예제는 11장에서 실습한 예제를 그대로 사용합니다. 단, 버튼 이벤트 핸들러에서는 서버로 클라이언트 메시지를 보내고 move() 메소드를 호출합니다.

```python
def press(self):
    self.client.send('I am a client2'.encode('utf-8'))  # 연결 성공 서버에 통보
        print('서버로 메시지를 전송했습니다.')  # 데이터의 전송을 알려주는 출력문
        self.move()
```

move() 메소드에서는 다시 서버에서 전송한 데이터를 받아오는 처리를 합니다. 서버로부터 수신받은 데이터를 파싱해서 방향, 각도, 거리 값을 받아서 turtle 객체를 동작시킵니다.

```python
def move(self):
    data = self.client.recv(1024) # 데이터 받을 준비
    #print('받은 데이터 : ', data.decode('utf-8'))  # 데이터를 받습니다.
    obj = json.loads(data.decode('utf-8'))
    #print('받은 데이터 : ', obj)  # 데이터를 받습니다.
    angle = obj['angle']
    direction = obj['direction']
    self.t.left(angle) if  direction=='L' else self.t.right(angle)
    self.t.forward(obj['length'])
```

지금까지 설명한 기능을 구현한 완성 소스 코드는 다음 예제와 같습니다.

일단 따라해 보기 - ch12_pre_client.py

```python
1   import json
2   from socket import *  # 소켓 라이브러리 임포트
3
4   import turtle
5   import tkinter as tk
6
7   class App:
8       def __init__(self, win):
9           self.win = win
10          self.win.title("Raw Turtle")
11          self.canvas = tk.Canvas(win)
12          self.canvas.config(width=600, height=200)
13          self.canvas.pack(side=tk.LEFT)
14          self.scr = turtle.TurtleScreen(self.canvas)
15          self.button = tk.Button(self.win, text="Press me",
    command=self.press)
16          self.button.pack()
17          self.t = turtle.RawTurtle(self.scr, shape="turtle")
18          self.t.pensize(3)
19
20          self.client = socket(AF_INET, SOCK_STREAM)  # 소켓 생성
21          self.client.connect(('127.0.0.1', 8088))  # ip와 포트 번호를
    맞게 넣어줍니다.
22
23          print('연결 확인 됐습니다.')  # 연결됨을 확인하는 출력문
24
25
26      def move(self):
27          data = self.client.recv(1024)  # 데이터 받을 준비
28          #print('받은 데이터 : ', data.decode('utf-8'))  # 데이터를 받습
    니다.
29          obj = json.loads(data.decode('utf-8'))
```

```
30              #print('받은 데이터 : ', obj)    # 데이터를 받습니다.
31              angle = obj['angle']
32              direction = obj['direction']
33              self.t.left(angle) if  direction=='L' else self.
     t.right(angle)
34              self.t.forward(obj['length'])
35
36
37       def press(self):
38           self.client.send('I am a client2'.encode('utf-8'))    # 연
39    결 성공 서버에 통보
40              print('서버로 메시지를 전송했습니다.')    # 데이터의 전송을 알려주는 출력문
             self.move()
41
42
43    if __name__ == '__main__':
44        win = tk.Tk()
45        app = App(win)
46        win.mainloop()
47
```

 실행 결과

연결 확인 됐습니다.
서버로 메시지를 전송했습니다.
서버로 메시지를 전송했습니다.
서버로 메시지를 전송했습니다.

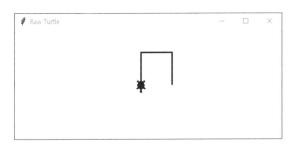

크롤러

크롤러는 스크래퍼라고도 합니다. 또 간혹 봇이나 스파이더, 지능 에이전트라고도 합니다. 크롤러는 파이썬뿐만 아니라 자바스크립트나 자바 같은 대중적인 기술에서도 구현이 가능합니다. 그러나 파이썬을 이용하게 되면 파이썬의 풍부한 데이터 분석 라이브러리를 이용해서 크롤링과 동시에 데이터 분석이 용이하게 됩니다.

왜 크롤러라고 부르게 되었을까?

크롤러 또는 스크래퍼는 방대한 월드와이드웹(www)을 자유롭게 찾아다니면서 원하는 데이터를 수집해 온다는 의미를 가지고 있습니다. 그러나 크롤링 기술은 엄연히 해킹과는 다릅니다. 크롤링은 웹상의 검색 가능한 오픈된 정보나 로그인 가능한 정보를 수집해 오는 것으로 기술 자체는 합법적이라고 할 수 있으나 그 내용이 저작권을 침해한다거나 웹사이트의 서비스 이용 약관에 위배된다면 법적 분쟁이 일어날 수 있다는 점을 명심해야 합니다.

또 크롤링은 서버에 부하를 일으킬 수 있고 허락 없이 서버의 소스를 긁어 가는 것이기 때문에 서버 입장에서는 불청객과도 같습니다. 그렇기 때문에 일부 웹 서버에서는 크롤링을 차단하는 기술을 만들고 상대적으로 크롤러 개발자는 그것을 깨는 방법을 연구합니다. 크롤링은 장기적인 측면에서 서버가 일방적으로 사이트의 구조를 변경하면 새로 업데이트를 해야 합니다. 그럼에도 불구하고 제대로 만들어진 크롤러로 엄청난 양의 관련 정보를 큰 비용 들이지 않고 한꺼번에 수집해 올 수 있다는 것은 크롤러의 아주 큰 매력이라고 할 수 있습니다.

크롤러를 만들기 위한 기술

크롤링은 웹상의 정보를 일정한 알고리즘에 따라 제작된 봇(로봇)이 수집해 오는 기술입니다. 그렇기 때문에 크롤링을 하기 위해서는 일단 웹 기초 기술인 HTML과 CSS, 자바스크립트 등의 기술이 먼저 선행되어 있으면 좋습니다. 크롤러의 핵심 기술에는 파이썬을 사용합니다. 그러나 크롤링을 꼭 파이썬으로만 해야 하는 것은 아닙니다. 기존 웹 기술에 특화되어 있는 자바 언어나 Node.js를 이용해서도 충분히 크롤러를 제작할 수 있습니다. 특히 Node.js는 웹 기반 기술인 자바스크립트 기술로 보다 강력한 크롤러를 제작할 수 있습니다. 자바, Node.js 등의 기술들도 모두 파이썬과 비슷한 원리로 크롤러를 만든다고 할 수 있습니다.

[HTML 학습에 도움이 될 만한 웹 기술 참고 사이트]

W3Schools (https://www.w3schools.com/)

일반적으로 웹 크롤링을 하기 위해서는 다음과 같은 단계를 거치게 됩니다.

[웹 크롤링 수행 단계]

(1) 지정된 URL에서 HTML 문서를 읽어옵니다. (requests)
(2) 읽어들인 문서를 HTML 페이지로 파싱합니다. (lxml)
(3) 파싱된 데이터를 다시 검색 가능한 동적 DOM 형태로 변환합니다. (BeautifulSoup)

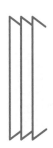

웹 크롤링

웹 크롤링이 어떤 기술인지에 대해서 대략 알아보았다면 이제 직접 웹 크롤러를 구현해 보도록 하겠습니다.

웹 크롤링에 필요한 모듈들

웹 크롤링에 필요한 파이썬 모듈은 기본적으로 requests, BeautifulSoup4와 같은 모듈들입니다.

모듈 이름	기능 설명
requests	서버로 웹 문서 요청을 보내는 http 클라이언트 모듈입니다. requests 모듈은 단순히 지정된 url에서 html 페이지의 내용을 바이트 코드로 가져오는 기능을 합니다. 있는 그대로 모두 긁어 오는 식이기 때문에 줄 바꿈이라든가 공백 및 특수문자 같은 크롤링에 불필요한 요소들도 모두 포함해서 가져옵니다.
lxml 또는 html.parser	requests로 웹 문서를 읽어온 것은 단순히 바이트 코드라고 봐야 합니다. 이 것을 우리가 아는 실제 html 페이지처럼 보이도록 하기 위해서는 문서상에 있는 화이트 스페이스나 불필요한 바이트 코드를 제거해 주는 작업이 필요합니다. 이런 일련의 작업을 파싱이라고 하는데 이 작업을 lxml이 대신 해줍니다. lxml 외에도 html.parser도 있는데 두 가지 모두 훌륭한 모듈로 어떤 것을 이용해도 비슷한 결과를 얻을 수 있습니다. lxml은 BeautifulSoup4의 인수로 사용됩니다. (lxml 파서를 사용하기 위해서는 먼저 모듈을 설치해야 합니다.)

모듈 이름	기능 설명
BeautifulSoup4	HTML 문서를 검색 가능한 동적 DOM 형식으로 변환해 줍니다. CSS나 jQuery를 사용해 보았다면 그런 기술의 선택기(Selector)와 사용 방법이 유사하다고 볼 수 있습니다. jQuery와 같은 JavaScript 라이브러리를 사용해 보았다면 사용법을 좀 더 쉽게 익힐 수 있겠지만 그렇지 않다고 하더라도 몇 가지 함수만 익히면 어렵지 않게 원하는 데이터를 검색할 수 있습니다.

| 크롤링에 필요한 모듈의 기능 설명

사용자 입장에서 requests는 요청 정보가 저장되는 객체라면 response는 결과가 저장되는 객체입니다. response 객체에도 여러 속성과 메소드들이 있습니다. response 객체의 중요 속성과 메소드는 다음과 같습니다.

메소드 이름	기능 설명
response.headers	응답 페이지의 헤더 정보가 딕셔너리 형식으로 저장되었습니다.
response.encoding	응답 페이지의 인코딩 정보가 저장되었습니다. 한글이나 아시아권 문자는 인코딩이 맞지 않으면 글자가 깨집니다.
response.text	응답 페이지의 소스 코드 내용입니다(실제 페이지의 내용).
response.content	응답 페이지의 내용을 바이트 코드로 불러옵니다.
response.json()	response 결과를 JSON 형식으로 불러옵니다.

| response 객체의 속성과 메소드 기능 설명

requests로 불러온 결과는 단순한 바이트 코드이기 때문에 검색 가능한 데이터로 만들기 위해서는 BeautifulSoup4를 이용해서 DOM 형식으로 바꿔주어야 합니다.
requests와 BeautifulSoup4 모듈을 사용하기 위해서는 먼저 모듈을 설치해야 합니다. BeautifulSoup4는 bs4에 포함되었기 때문에 bs4 모듈을 설치하면 사용 가능합니다.

requests 모듈 사용하기

모듈 설치가 완료되었다면 requests 모듈을 이용해서 일단 한 번 웹 페이지를 불러와서 결과를 확인해 봅니다.

 requests를 이용해서 웹 문서 불러오기 – ch12ex01.py

```
1    import requests
2    from bs4 import BeautifulSoup
3
4    response = requests.get("https://www.naver.com/")
5    assert response.status_code is 200
6
7    #print(response.text)
8    print(response.content)
```

소스코드해설

행 번호	설명
1~2	크롤링에 필요한 모듈인 requests와 BeautifulSoup를 import합니다.
4	requests 모듈을 이용해서 특정 사이트의 요청 결과를 받아옵니다.

5	response의 상태 코드가 200이면 다음 과정을 진행합니다. 200은 정상을 뜻합니다.
7	response.text 속성으로 결과를 출력해 봅니다. 결과가 text 형식으로 보입니다.
8	response.content 속성으로 결과를 출력해 봅니다. 결과가 바이트 코드로 보이기 때문에 \n과 같은 특수문자가 그대로 보이게 됩니다.

```
b'\n<!doctype html> <html lang="ko" data-dark="false"> <head>
<meta charset="utf-8">

...

- 이하 생략 -


Process finished with exit code 0
```

response를 이용해서 단순히 내용을 불러왔을 뿐이므로 특수문자 같은 불필요한 요소가 포함되어 있는 단순한 텍스트일 뿐입니다. 이 데이터들은 파싱을 해야 파이썬에서 사용 가능한 DOM 형태로 만들어집니다.

[BeautifulSoup4 관련 문서]

https://www.crummy.com/software/BeautifulSoup/bs4/doc/

| Beautiful Soup Documentation

BeautifulSoup4

requests 모듈은 웹 페이지의 내용을 바이트 코드 형식의 데이터로 읽어옵니다. 이런 상태에서 원하는 정보를 찾는 것은 해운대 백사장에서 잃어버린 반지를 찾는 일처럼 어렵습니다. 원하는 정보를 손쉽게 얻어 내려면 이런 바이트 코드 형식을 DOM 형식으로 바꿔주어야 합니다. 이렇게 형식을 바꿔줄 때 필요한 모듈이 BeautifulSoup4 모듈입니다.

실습예제 **BeautifulSoup4를 이용해서 DOM으로 변환** – ch12ex02.py

```
1    import requests
2    from bs4 import BeautifulSoup
3
4    response = requests.get("https://www.naver.com/")
5    assert response.status_code is 200
6
7    dom = BeautifulSoup(response.content, "html.parser")
8    print(dom)
```

소스코드해설

행 번호	설명
7	response.content의 정보는 \n 등과 같은 특수문자가 그대로 포함된 바이트 코드 형태입니다. 이것을 파이썬 프로그래밍에서 사용하기 위해서는 BeautifulSoup를 이용해서 DOM 형식으로 변환해 주어야 합니다. 이렇게 변환된 DOM 객체의 요소는 select 등의 기능을 이용해서 선택 가능합니다.
8	DOM 구조로 바뀐 결과를 출력해 봅니다.

```
<!DOCTYPE html>
 <html data-dark="false" lang="ko"> <head> <meta charset="utf-8"/>
...
- 이하 생략 -


Process finished with exit code 0
```

BeautifulSoup의 데이터 형식

이제 requests로 불러온 데이터와 BeautifulSoup로 변환한 데이터의 타입이 어떻게 다른지 비교해 보겠습니다. requests로 불러온 데이터는 단순한 str이거나 bytes라는 것을 확인할 수 있습니다. 그에 비해 BeautifulSoup로 변환한 데이터는 bs4.BeautifulSoup 타입입니다. 추출된 데이터는 크게 두 가지 형식을 가지게 됩니다. 하나는 Tag 객체이고, 다른 하나는 NavigableString 객체인데 이것은 태그 안의 내용으로 string 속성이나 text 속성으로 값을 얻어올 수 있습니다. string 속성은 내용 중 태그를 문자열로 반환하는 특징이 있고, text 속성은 모든 글자를 반환하는 특징이 있습니다.

---

 requests 데이터와 BeautifulSoup 데이터의 타입 비교 – ch12ex03.py

```python
1    import requests
2    from bs4 import BeautifulSoup
3
4    response = requests.get("https://www.naver.com/")
5    assert response.status_code is 200
6    # bytes 타입과 str 타입
7    print(type(response.content))
8    print(type(response.text))
```

```
9
10          dom = BeautifulSoup(response.content, "html.parser")
11          # BeautifulSoup 타입
12          print(type(dom))
13          # Tag와 태그 안의 문자열
14          print(dom.title)
15          print(dom.title.string)
16          # Tag 타입과 NavigableString 타입
17          print(type(dom.title))
18          print(type(dom.title.string))
```

소스코드해설

행 번호	설명
7~8	requests의 요청 데이터에서 content 속성으로 데이터를 불러오면 bytes 타입이고, text 속성으로 데이터를 불러오면 str 타입입니다.
10	BeautifulSoup를 이용해서 requests 값을 파싱하면 bs4.BeautifulSoup 타입이 됩니다. 이것은 DOM 객체와 유사하기 때문에 관련 메소드를 이용해서 내부 요소를 선택하고 탐색할 수 있습니다.
14	변환된 BeautifulSoup 객체에서 title 태그를 출력하였습니다.
15	title 태그의 string 값을 출력하였습니다. title.string 대신 title.text를 사용해도 비슷한 결과를 얻을 수 있는데 만약 태그 안의 내용이 태그라면 text를 사용해야 결과가 나옵니다.
17	title 태그의 타입을 출력하였습니다. bs4.element.Tag 타입입니다.
18	string 값의 타입을 출력하였습니다. bs4.element.NavigableString 타입입니다.

```
<class 'bytes'>
<class 'str'>
<class 'bs4.BeautifulSoup'>
<title>NAVER</title>
NAVER
<class 'bs4.element.Tag'>
<class 'bs4.element.NavigableString'>

Process finished with exit code 0
```

DOM 형식으로 변환된 데이터에서는 다음과 같은 여러 형태의 데이터를 가져올 수 있습니다.

속성	설명	사용 예
contents	리스트 형태로 자식 태그를 가져옵니다.	dom.태그.contents
children	이터레이터 형태로 자식 태그를 가져옵니다. 결과를 사용할 때 반복문을 사용해야 합니다.	dom.태그.children
parent	바로 위의 부모 태그를 가져옵니다.	dom.태그.parent
parents	제네레이터 형태로 부모 태그를 가져옵니다. 반복문을 사용해서 결과를 사용합니다.	dom.태그.parents
next_sibling	다음의 형제 태그를 가져옵니다.	dom.태그.next_sibling
previous_sibling	이전의 형제 태그를 가져옵니다.	dom.태그.previous_sibling
next_element	다음 요소에 접근합니다(자식 태그, 문자 포함).	dom.태그.next_element
previous_element	이전 요소에 접근합니다(자식 태그, 문자 포함).	dom.태그.previous_element

| 그 밖의 태그 관련 속성들

문서의 태그를 바로 지정해서 추출 가능합니다. 이때 여러 속성을 이용하면 현재 선택된 요소에서 상대적인 접근 방식으로 원하는 요소에 접근할 수 있습니다.

웹 문서에서 원하는 정보 추출하기

먼저 웹 페이지에서 원하는 데이터가 포함된 태그를 찾아야 합니다. requests 모듈로 수집한 웹사이트 데이터를 BeautifulSoup를 이용해서 DOM 형식으로 바꿨다면 이제 세부 요소를 가

메소드	설명	사용 예
find_all()	• 원하는 특정 태그들을 리스트 형태로 반환하고, id 속성을 직접 지정할 수도 있습니다. id='값', id=True, id=False 등 • class에 접근할 경우에는 class_='값'으로 합니다. class=과 class_=은 서로 다른 기능 • limit 키워드로 찾는 태그 양 제한 가능	dom.find_all('태그명') dom.find_all(id='값') dom.find_all(태그, id='값') dom.find_all(태그, class_='값') find_all(())에 인수를 넣지 않으면 모든 태그를 리스트로 가져옵니다.
find()	인수로 지정된 하나의 요소를 가져옵니다. 결과가 리스트가 아닙니다. 주로 id 요소처럼 문서 안에 유일하게 하나만 존재하는 요소에 접근할 때 사용합니다.	dom.find('태그명') dom.find('태그명', id='값') dom.find('태그명', class_='값')
select()	• 원하는 요소에 접근할 때 CSS 선택자를 그대로 사용할 수 있습니다. • 태그 선택 : 그냥 태그 이름 • id 선택 : 샵(#)으로 시작 • class 선택 : 점(.)으로 시작 • 속성 선택 : 대괄호([]) 사용	dom.select('태그') dom.select('태그#아이디') dom.select('태그.클래스') dom.select('태그[속성]') dom.select('태그[속성=값]')
extract()	head나 style 같은 불필요한 태그를 지웁니다. 제거할 태그가 여러 개일 경우 반복문 등을 이용할 수 있습니다.	dom.태그.extract()

| 메소드 설명

저와야 합니다. 이때 select()나 find() 메소드를 이용해서 세부 요소를 검색하면 됩니다. 우선 포털 사이트에서 특정 부분의 내용을 select()나 find() 메소드로 원하는 요소를 찾는 방법을 알아보겠습니다.

실제 크롤링을 할 때는 find_all()이나 select()로 원하는 요소를 불러와서 extract()로 불필요한 요소를 제거하는 방식의 프로세스를 구현합니다.

그러면 지금까지 학습한 속성과 함수를 활용해서 네이버 포털 사이트의 뉴스 메인의 "헤드라인 뉴스" 항목을 검색해 보도록 하겠습니다. 헤드라인 뉴스의 링크 5줄을 검색해서 텍스트를 추출합니다.

| 포털 사이트의 인터넷 뉴스 기사의 목록과 이미지
(참고 : 인터넷 뉴스 기사는 수시로 바뀌기 때문에 검색 결과는 매번 다르게 나옵니다.)

크롬 브라우저에서 해당 요소를 마우스 오른쪽 버튼으로 클릭하고 [속성]을 확인하면 크롬 DevTools에 해당 요소의 선택자와 태그의 위치를 확인할 수 있습니다. 이 정보를 가지고 크롤링을 진행합니다.

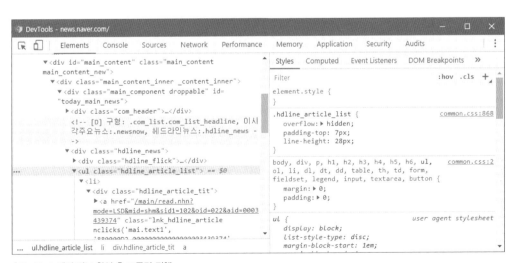

| DevTools에서 정보 확인 후 크롤링 진행

실습 예제

네이버 뉴스의 헤드라인 뉴스 목록 크롤링하기 – ch12ex04.py

```
1    import requests
2    from bs4 import BeautifulSoup
3
4    response = requests.get("https://news.naver.com/")
5    assert response.status_code is 200
6
7    dom = BeautifulSoup(response.content, "html.parser")
8
9    search_list = dom.select("ul.hdline_article_list")
10   #print(search_list)
11   div_list = search_list[0].find_all('div', class_='hdline_
     article_tit')
12   for i, element in enumerate(div_list):
13       print(i, element.find('a').text.strip())
```

소스코드해설

행 번호	설명
9	BeautifulSoup로 변환된 dom 객체에서 원하는 요소만 추출해 옵니다. "헤드라인 뉴스"가 포함된 엘리먼트는 클래스가 hdline_article_list인 ul 태그입니다. 이것을 select() 메소드로 접근하였습니다. select() 메소드의 인수는 CSS 선택자를 그대로 사용합니다.
10	select() 메소드로 추출한 결과는 리스트 형식입니다. 확인 후 일단 주석 처리하였습니다.
11	select() 메소드로 추출한 결과를 find_all()을 이용해서 한 번 더 추출하였습니다. 불필요한 요소를 extract() 함수로 제거하는 방법도 있지만 여기서는 한 번 더 추출하는 방법을 택하였습니다. find_all() 메소드 대신 select() 메소드를 이용해도 같은 결과를 얻을 수 있습니다.
12~13	find_all() 메소드의 결과도 리스트이기 때문에 for 반복문을 이용해 다시 각각 element를 추출합니다. 이때 enumerate() 함수를 이용해서 index와 element를 모두 사용합니다.

13	div_list 리스트에서 a 태그만 따로 추출해서 내용인 text를 가져옵니다. strip() 메소드는 불필요한 공백과 줄 바꿈 문자를 제거하기 위해 사용한 파이썬 내장 함수입니다.

```
C:\Users\KBJ\Documents\_Python_PythonExample\Python_new_book_source\venv
0     지역구에 '    백서'      등판?...
1    빼고 줄줄이 불출마...가능성 남긴 위성정당행
2    일가족 4명 병상 못 구해 '비극적 죽음'...애도·비판 이어져
3 中 전인대 연기 검토...확산세 '주춤'에도 통제 더 강화
4 일 크루즈선 한국인 이송 위해 18일 '대통령 전용기' 띄운다 ['코로나19' 확산]

Process finished with exit code 0
```

| 인터넷 뉴스 기사 목록 가져오기 결과

인터넷 뉴스 기사는 수시로 바뀌기 때문에 출력 결과는 매번 다르게 나옵니다.

자주 사용하는 기능 모듈화

자주 사용하는 기능은 모듈로 만들어 두고 쓰는 것이 편리합니다. 작업하고 있는 디렉터리 안에 새 파일을 생성하고 파일 이름을 "SearchList.py"로 지정합니다. 그리고 다음 소스 코드를 작성해서 BeautifulSoup 객체로 변환하는 중복되는 부분을 모듈로 작성합니다.

실습
예제
자주 사용하는 기능 모듈로 만들기 – SearchList.py

```
1    import requests
2    from bs4 import BeautifulSoup
3
4    def getSearchList(juso, selector):
```

```
5          response = requests.get(juso)
6          assert response.status_code is 200
7
8          dom = BeautifulSoup(response.content, "html.parser")
9          return dom.select(selector)
```

소스코드해설

행 번호	설명
4	getSearchList() 함수를 선언합니다. 함수의 인자로 검색할 웹사이트의 URL 주소와 선택자를 전달받습니다.
5~6	requests 모듈을 이용해서 함수의 인자로 전달된 url 페이지의 데이터를 가져옵니다.
6	요청 결과 상태 코드가 200이 되면 다음 과정으로 진행합니다.
8	html.parser를 이용해서 파싱하고 그 결과를 dom 변수에 담습니다.
9	파싱된 dom 변수에서 함수로 전달된 선택자를 조건으로 원하는 데이터를 검색하고, 그 결과 리스트를 반환합니다.

 실행 결과 – 모듈로 사용될 함수이기 때문에 소스 실행 결과가 없습니다. –

계속 자주 사용하는 기능의 소스 코드를 별도의 모듈로 만들었다면 모듈이 잘 동작하는지 테스트해 봅니다. 추가로 time 모듈을 이용해서 주기적으로 자동 검색되는 기능으로 업그레이드해 봅니다.

10초에 한 번씩 리스트 갱신하기 – ch12ex05.py

```
1    import time
2    from SearchList import getSearchList
3
4    # 10초에 한 번씩 갱신하고 싶습니다.
5    # 총 10회 갱신
6    for cnt in range(10):
7        search_list = getSearchList("https://news.naver.com/", "ul.
         hdline_article_list")
8        div_list = search_list[0].find_all('div', class_='hdline_
         article_tit')
9        for i, element in enumerate(div_list):
10           print(i, element.find('a').text.strip())
11
12       time.sleep(10)
13       print("{:-^50}".format("10초 한번씩 검색"))
```

소스코드해설 ●

행 번호	설명
2	사용자가 직접 구현한 SearchList 파일의 getSearchList() 함수를 모듈로 불러옵니다.
6~13	12행의 time.sleep(10) 기능에 의해 10초에 한 번씩 반복합니다. range(10) 조건이 10회전 하도록 설정하였습니다. 13행에서 한 번 반복할 때마다 표시할 문장을 출력합니다.
7	불러온 getSearchList() 함수를 호출합니다. 검색할 페이지의 url과 검색 조건 select 값을 함수의 인수로 넣어줍니다.
8	검색된 결과에서 find_all() 함수로 한 번 더 추출합니다.
9~10	find_all() 함수로 추출된 결과 리스트에서 반복문을 이용해서 링크를 추출합니다. 그리고 다시 링크에 사용된 뉴스의 제목 문자열을 추출해서 출력합니다.

```
C:\Users\KBJ\Documents\_Python_PythonExample\Python_new_book_source\venv\Scripts
0 보수 3년 분열 끝, ▓▓▓▓ 출범
1 '▓▓백서' ▓▓▓, ▓▓ 지역구 거론…▓▓펀 "▓▓ 선거하나, ▓▓ 가세 땐 볼 만할 것"
2 "병상 없어 치료 못받아…" 우한 영화제작자 일가족의 비극
3 이 와중에…마스크로 장난친 쇼핑몰
4 '핑크색'으로 갈아입고…덩치만 불린 '그때 그 사람들'
--------------------10초 한번씩 검색--------------------
0 보수 3년 분열 끝, 미래통합당 출범
1 '▓▓백서' ▓▓▓, ▓▓ 지역구 거론…▓▓펀 "▓▓ 선거하나, ▓▓ 가세 땐 볼 만할 것"
2 "병상 없어 치료 못받아…" 우한 영화제작자 일가족의 비극
3 이 와중에…마스크로 장난친 쇼핑몰
4 '핑크색'으로 갈아입고…덩치만 불린 '그때 그 사람들'
--------------------10초 한번씩 검색--------------------
0 보수 3년 분열 끝, ▓▓▓▓상 출범
```

| 10초에 한 번씩 갱신하기 결과

– 이하 결과 화면 생략 –

인터넷 뉴스 기사는 수시로 바뀌기 때문에 출력 결과는 매번 다르게 나옵니다.

웹 페이지에서 이미지 추출해서 저장하기

지금까지 한 페이지의 정보 추출은 정확히 스크래핑이라고 할 수 있습니다. 크롤링은 이와 같은 작업을 반복해서 돌리는 것을 말합니다. 반복해서 BeautifulSoup 객체를 생성해 원하는 데이터를 추출하는 방식으로 계속 스크래핑하는 것입니다.

크롤링하여 이미지 저장 – ch12ex06.py

```
1    import requests
2    from SearchList import getSearchList
3    import pickle
```

```
4
5    search_list = getSearchList("https://news.naver.com/",
6    "ul.hdline_article_list")
7    div_list = search_list[0].find_all('div', class_='hdline_
     article_tit')
8    imgList = []
9    for i, element in enumerate(div_list):
10       imgTags = getSearchList("https://news.naver.com" +
     element.find("a")["href"], "div#articleBodyContents img")
11
12       images = []
13       for j, img in enumerate(imgTags) :
14           src = img.get("src")
15           response = requests.get(src[:src.index("?")] )
16           assert response.status_code is 200
17
18           imgUrl = "newImg"+str(i)+str(j)+".jpg"
19           images.append("./"+imgUrl)
20           with open("news/"+imgUrl, "wb") as fp :
21               fp.write(response.content)
22
23       imgList.append(images)
24
25   print(imgList)
26
27   with open("news/imgList.txt", "wb") as fp :
28       pickle.dump(imgList, fp)
```

행 번호	설명
1~3	이미지 다운로드에 필요한 모듈을 불러옵니다. pickle 모듈은 결과를 객체 형식으로 파일에 저장하기 위한 모듈입니다.
5~6	스크래핑할 페이지의 주소와 요소를 선택할 선택자를 지정해 줍니다.
7	5행의 결과에서 div 태그 리스트를 가져옵니다.
8	이미지의 목록을 저장할 리스트를 준비합니다.
9~28	7에서 생성된 div 목록을 반복하면서 이미지의 경로를 검출합니다.
13~21	다시 이미지 파일 이름을 추출해서 imgList에 추가해 줍니다. 13행에서 이미지의 바이트 코드 파일의 내용을 읽어옵니다. 20행에서 추출한 파일 이름으로 news 폴더에 바이트 코드로 읽어온 이미지를 다시 파일로 기록합니다.
27~28	news 폴더에 다운로드받은 이미지의 목록 파일을 생성해 줍니다.

 실행
결과

```
[['./newImg00.jpg', './newImg01.jpg'], [], [], [], ['./
newImg40.jpg', './newImg41.jpg', './newImg42.jpg']]

Process finished with exit code 0
```

이미지를 모두 다운로드하고 페이지별 이미지 파일의 목록을 출력하였습니다. 이미지를 다운로드하고자 하는 경로에 news 폴더가 미리 준비되어 있어야 합니다.

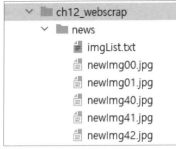

| 이미지 다운로드 결과

이렇게 이미지를 저장하는 기능에서 중요 부분만 모듈로 만들어 두면 다음에 비슷한 기능을 구현할 때 중복된 작업을 피할 수 있어서 편리합니다.

실습예제 **문자열에서 img 태그를 찾아서 src 값을 변경하는 모듈 – Tools.py**

```
1    def replaceSRC(str1, srcList) :
2        #str1 = """$#@#aa<img src="aaa">@@@<img
3    src="bbbb">@@@<img src="cc">@@@"""
4        #srcList = ["img/aa.jpg","img/bb.jpg","img/cc.jpg"]
5        if len(srcList) == 0 :
6            return str1
7
8        newList = []
9        findWord = 'src="'
10       str2 = str1
11       i = 0
12       while str2.find(findWord) != -1  :
13           if i<len(srcList) :
14               startIdx = str2.find(findWord) +
         len(findWord);  # atart
15               newList.append(str2[:startIdx])
16               newList.append(srcList[i])
17               str2 = str2[startIdx:]
18               endIdx = str2.find('"'); # end
19               str2 = str2[endIdx:]
20           i+=1
21
22       newList.append(str2)
23
24       return "".join(newList)
```

소스코드해설

행 번호	설명
4~6	srcList의 내용이 없다면 문자열 str1을 바로 반환합니다.
8~10	필요한 변수를 선언합니다.
11~20	모듈로 전달된 문자열에서 "src=" 부분이 포함된 곳을 찾아서 이미지의 파일 경로만 추출하는 부분을 반복문으로 구현하였습니다.
13	i의 값이 srcList의 요소보다 크면 index out of bound 오류가 나기 때문에 제어문을 사용하였습니다.
14	문자열에서 추출할 부분의 시작 위치 값을 찾습니다.
15~17	문자열에서 찾은 내용을 newsList에 추가합니다.
18	끝나는 부분의 위치를 찾습니다.

 실행 결과 – 모듈로 사용될 함수이기 때문에 소스 실행 결과가 없습니다. –

이미지를 검색해서 파일로 저장하였다면 이번에는 뉴스의 내용을 추출해서 html 파일로 저장하는 방법을 알아보겠습니다. 뉴스를 검색하는 부분은 이미지를 저장하는 부분과 동일한 폴더를 사용하며 imgList.txt도 같은 파일을 사용하게 됩니다. 가급적 내용이 변경되지 않도록 ch12ex06.py를 실행하고 시간이 많이 경과하지 않게 ch12ex06_2.py를 실행해 주는 것이 좋습니다.

크롤링하여 뉴스 내용 저장 – ch12ex06_2.py

```
1    from SearchList import getSearchList
2    from Tools import replaceSRC
3
4    import pickle
5
6    imgList = []
7    with open("news/imgList.txt", "rb") as fp :
8        imgList = pickle.load(fp)
9
10   search_list = getSearchList("https://news.naver.com/",
     "ul.hdline_article_list")
11   div_list = search_list[0].find_all('div', class_='hdline_
     article_tit')
12   for i, element in enumerate(div_list):
13       # 뉴스 링크를 타고 들어갑니다.
14       contentTags = getSearchList("https://news.naver.com"
     + element.find("a")["href"], "div#articleBodyContents")
15       for j, newsContent in enumerate(contentTags) :
16           with open("news/newsContent"+str(i)+str(j)+".
     html", "w", encoding="utf8") as fp :
17               if len(imgList[i]) > 0 :
18                   newsContent =
     replaceSRC(str(newsContent), imgList[i])
19                   fp.write(newsContent)
20               else :
21                   fp.write( str(newsContent) )
```

행 번호	설명
18	앞의 예제 Tools.py 파일에 선언한 replaceSRC 모듈을 사용합니다.
19	replaceSRC 모듈이 만들어 준 newsContent 내용을 html 파일에 기록합니다.

실행 결과

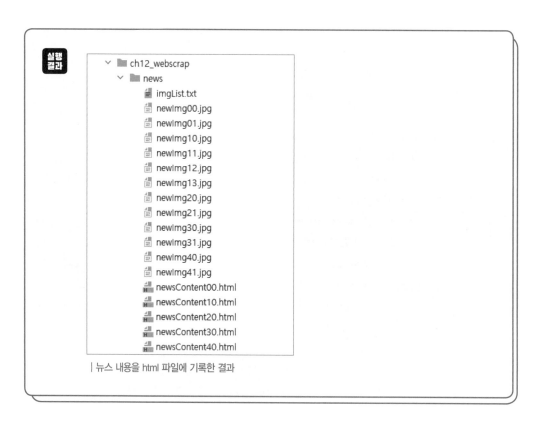

| 뉴스 내용을 html 파일에 기록한 결과

크롤링한 정보를 JSON 파일에 기록하기

크롤링한 결과를 이미지와 내용으로 저장하고, 그 정보를 JSON 파일에 기록해 두면 웹 프로그래밍 기술에서 많이 사용되는 자바스크립트 기반의 기술과 연동하기 수월해집니다. 다음은 크롤링 결과를 JSON 파일로 기록하는 예제입니다.

뉴스 내용과 이미지를 저장하고 정보를 JSON 파일로 기록하기

– ch12ex06_3.py

```python
1    import requests
2    from SearchList import getSearchList
3    from Tools import replaceSRC
4    import json
5
6    savePath = "news/"
7    search_list = getSearchList("https://news.naver.com/",
     "ul.hdline_article_list")
8    div_list = search_list[0].find_all('div', class_='hdline_
     article_tit')
9    newsList = []
10
11   for i, element in enumerate(div_list):
12       newsObj = {}
13       newsLink = "https://news.naver.com"
14       newsUrl = newsLink + element.find("a")["href"]
15       newsTit = element.find("a").text.strip()
16       imgTags = getSearchList(newsUrl,
     "div#articleBodyContents img")
17       newsContents = getSearchList(newsUrl,
     "div#articleBodyContents")[0]
18
19       srcList = []
20       for j, img in enumerate(imgTags):
21           src = img.get("src")
22           response = requests.get(src[:src.index("?")])
23           assert response.status_code is 200
24
25           imgName = "tmp_img" + str(i) + str(j) + ".jpg"
26           srcList.append(imgName)
```

```
27          with open(savePath+imgName, "wb") as fp:
28              fp.write(response.content)
29
30      newsContents = replaceSRC(str(newsContents), srcList)
31      contentsFile = "newsContent"+str(i)+".html"
32      with open(savePath+contentsFile, "w",
   encoding="utf8") as fp :
33          fp.write(newsContents)
34
35      newsObj['title'] = newsTit
36      newsObj['link'] = newsUrl
37      newsObj['images'] = srcList
38      #newsObj['contents'] = newsContents
39      newsObj['contentsFile'] = contentsFile
40      newsList.append(newsObj);
41
42  with open(savePath+"newsList.json", "w") as fp :
43      json.dump(newsList, fp)
```

소스코드해설

행 번호	설명
1~4	예제에 필요한 모듈을 불러옵니다. SearchList와 Tools는 사용자 정의 모듈입니다.
6~8	스크래핑할 대상 url과 추출할 요소의 Selector를 지정해 줍니다. 페이지에서 div 태그 중에 class가 hdline_article_tit인 요소를 수집할 것입니다.
9	div 요소에서 뉴스를 추출해서 저장할 리스트를 준비합니다.
11	스크래핑한 후 저장된 div 리스트를 반복해서 요소를 불러옵니다. 불러온 요소를 임시 변수 element에 저장해서 활용합니다.
12~17	element를 활용해서 검색한 뉴스의 경로, 제목, 이미지, 내용을 각각 저장합니다. 이때도 사용자 정의 모듈로 만들어 둔 SearchList의 getSearchList() 함수를 활용합니다.

19~28 추출된 이미지의 경로에서 이미지 데이터를 바이트 코드로 읽어와서 실제 저장할 파일에 기록합니다. 이 부분은 앞에서 미리 해본 예제와 동일한 과정입니다.

30~40 뉴스의 내용을 newObj 딕셔너리에 저장하고, 그 내용을 newsList에 추가해 줍니다.

42~43 newsList에 저장된 내용을 json 모듈의 dump 기능을 이용해서 파일에 기록합니다. 파일은 위에서 선언한 savePath 위치에 newsList.json 파일로 만들어집니다.

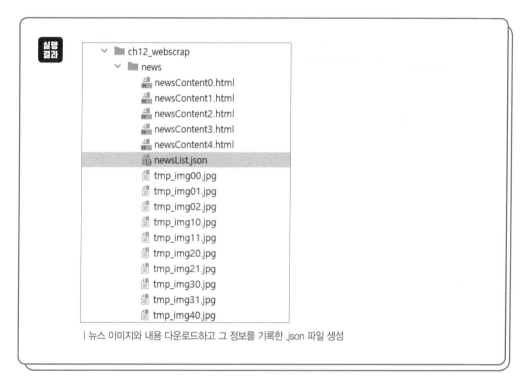

| 뉴스 이미지와 내용 다운로드하고 그 정보를 기록한 .json 파일 생성

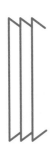

정규식 활용

문서나 데이터에서 원하는 데이터를 찾고자 할 때는 단순히 == 연산자만으로는 한계가 있습니다. 이메일이나 전화번호부처럼 일정한 규칙이 있는 데이터를 찾을 때는 정규식(Regular Expression)을 활용하는 것이 좀 더 정확도를 높일 수 있습니다.

정규식의 사용 사례

정규식은 규칙이 있는 텍스트의 유효성을 검사하거나 특정 부분을 추출하거나 수정할 때 사용할 수 있고, 콤마나 특수문자로 이루어진 큰 데이터를 세분화시키는 등의 작업도 수행할 수 있습니다. 정규식 자체는 파이썬뿐만 아니라 대부분의 컴퓨터 언어에서 활용이 가능합니다. BeautifulSoup 정규식을 학습하기 위해 먼저 일반적인 정규식 문법에 대해 학습해 보도록 하겠습니다. 정규식의 표현은 매우 다양하고 방대합니다. 이 책의 내용을 기초로 좀 더 연구해 보길 바랍니다.

정규식의 문법

정규식 표현은 기본적으로 슬래시(/)로 검색 패턴 문자를 감쌉니다. 즉, 슬래시와 슬래시 사이에 검색어를 위치시킵니다.

/ 검색 패턴 /

먼저 정규식 표현을 연습하기 위해 https://regex101.com/ 사이트를 활용하면 좋습니다.

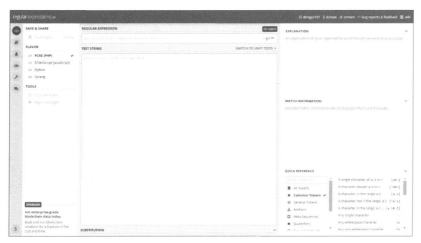

| 정규식 표현 연습(출처 : https://regex101.com/)

정규식에서 한 글자는 대괄호에 표시할 수 있습니다. 예를 들어 [0-9]라면 한 글자에 유용한 데이터는 숫자 0~9 사이의 문자라고 할 수 있습니다. 대괄호 속의 글자는 순서와 상관없이 한 글자를 표현합니다. 예를 들어 전화번호를 표현한다면 다음과 같이 할 수 있습니다.

[0] [0-9] [0-9]-[0-9] [0-9] [0-9] [0-9]-[0-9] [0-9] [0-9] [0-9]

[정규식 매칭 규칙]

(1) 글자 자체를 매칭할 수 있습니다.
(2) 매칭 패턴을 추가하기 위해서는 파이프 기호(|)를 사용합니다.
(3) 자릿수는 ₩d, ₩w, ₩s를 사용합니다.

(4) 대괄호 기호 안에 숫자나 문자 패턴을 정의할 수 있습니다.

(5) 괄호 기호를 이용해서 그룹핑 가능합니다.

정규식에서 사용되는 특수문자는 ^, ., [], {}, (), $, *, ₩, | 등입니다.

기호	설명
₩d	숫자 패턴(0~9 사이의 숫자)
₩w	숫자와 문자 그리고 언더바(_)
₩s	공백이나 탭 문자
.	₩n을 제외한 모든 문자(실제 점 문자는 특수문자이기 때문에 ₩.으로 표시)

| 정규식에 사용하는 특수 기호

기호	설명
?	0 또는 한 번 발생
*	0 또는 여러 번 발생
+	한 번 이상 발생
{n}	n번 이상 발생

| 발생 횟수를 나타내는 기호

패턴	설명
[0-9]{3}-[0-9]{4}-[0-9]{4}	0~9 사이 숫자가 3번 – 4번 – 4번 올 수 있습니다.
[a-zA-Z0-9._%+-]+	대괄호 속에 있는 a-zA-Z0-9._%+- 문자 중에서 한 번 이상 올 수 있습니다.
₩.()	. 뒤의 괄호 안의 단어 중에서 하나를 사용합니다. 파이프 기호(|)는 다중 매칭

| 정규식 패턴 매칭 예

다음과 같은 정규식 표현은 무엇을 의미할까요? 앞에서 정규식 표현 기호를 숙지하였다면 다음을 보고 해석해 보길 바랍니다. 기호로 이루어진 정규식 표현이 이제는 어렵지 않게 이해될 것입니다.

```
\b(https?:\/\/)?([\w.]+){1,2}(\.[\w]{2,4}){1,2}\b
```

다음은 정규식의 웹 주소 패턴 형식입니다.

패턴	설명
/	문자를 표현할 때는 이스케이프 문자를 사용합니다.
₩b	바운더리를 표현한 것입니다.
( )	괄호를 사용하여 적절히 그룹핑합니다.
.	와일드 카드로 ₩n을 제외한 모든 문자를 사용 가능합니다(실제 점(.) 문자는 ₩.으로 표시).
^	시작을 표시합니다.
$	끝을 표시합니다.
?	바로 앞의 문자인 s가 있을 수도 있고, 없을 수도 있다는 의미입니다.

| 정규식의 웹 주소 패턴

파이썬의 정규식 관련 메소드

파이썬에서 정규식을 사용하기 위해서는 정규식 표현 관련 모듈인 re 모듈을 import해야 합니다. 그렇다면 실제 프로그래밍에서는 정규식 표현을 어떻게 사용할까요?

```
import re
```

메소드	설명	사용 예
re.compile()	미리 정규식 패턴을 컴파일합니다.	re.compile(정규식)
match()	정규식 패턴을 이용해서 추출된 데이터에서 일치된 패턴을 비교합니다. 결과가 None이면 매칭 실패했다는 의미입니다.	pattern.match (패턴, 소스문자열)
search()	첫 번째 일치하는 객체를 반환합니다.	pattern.search(소스문자열)
findall()	일치하는 모든 문자열 리스트를 반환합니다.	pattern.findall(소스문자열)
split()	문자열을 나눈 조각 리스트를 반환합니다.	pattern.split(소스문자열)
sub()	패턴과 일치하는 부분을 바꿉니다.	pattern.sub(소스문자열)
group()	괄호로 정규식 패턴에 그룹핑을 생성합니다.	data.group(순서) 그룹 순서 : 1, 2, 0 등 (0을 넣으면 모두 출력)
groups()	결과를 튜플로 받습니다.	data.groups()

| 정규식 관련 메소드

step 1	step 2	step 3
re.compile(정규식 표현)	match(소스문자열), search (소스문자열), findall(소스문자열), finditer(소스문자열)	group(), start(), end(), span()

| 정규식 사용 과정

파이썬의 정규식 사용

정규식 패턴을 컴파일하고 이를 이용해서 특정 문자열 데이터에서 정규식과 일치하는 데이터가 포함되었는지를 비교해 보겠습니다. search() 메소드와 match() 메소드를 함께 사용해 보겠습니다.

정규식 사용하기 – ch12ex07.py

```
1    import re
2
3    regex = re.compile(r'\d\d\d-\d\d\d\d-\d\d\d\d')
4    txt = 'phone number : 010-1234-5678'
5    data = regex.search(txt)
6    data2 = regex.match(txt[15:28])
7
8    print(data)
9    print(data.span())
10   print(data2)
```

소스코드해설

행 번호	설명
1	파이썬에서 정규식을 사용하기 위해 모듈을 import합니다.
3	search()와 match() 메소드에 활용할 정규식을 컴파일합니다.
4	텍스트에 사용할 문자열을 준비합니다.
5	search() 메소드는 정규식에 포함되는 문자열이 있다면 결과를 반환합니다.
6	txt 문자열에서 전화번호만 슬라이싱해서 match() 메소드로 비교하였습니다.

실행결과

```
<re.Match object; span=(15, 28), match='010-1234-5678'>
(15, 28)
<re.Match object; span=(0, 13), match='010-1234-5678'>

Process finished with exit code 0
```

정규식 그룹핑 사용

group() 메소드와 groups() 메소드를 이용해서 정규식 패턴을 그룹화해서 컴파일하는 예제를 구현해 보겠습니다. group() 메소드는 그룹에 하나씩 접근하고, groups() 메소드는 그룹핑된 결과를 튜플 형식으로 반환합니다. 정규식 패턴을 다양하게 활용하기 위해서는 그룹핑을 사용하는 것이 좋습니다. 이럴 경우 패턴 문자열 안에서 그룹핑 괄호와 문자 괄호가 혼동될 수 있습니다. 그룹이 아닌 패턴 문자에서 사용되는 괄호는 ₩(와 ₩)처럼 역슬래시로 특수문자 처리해야 합니다.

 정규식 패턴 그룹핑 사용하기 – ch12ex08.py

```
1    import re
2    # 정규식 패턴을 그룹핑합니다.
3    regex = re.compile(r'(\d\d\d)-(\d\d\d\d-\d\d\d\d)')
4    txt = 'phone number : 010-1234-5678'
5    data = regex.search(txt)
6    # 그룹핑된 데이터 확인
7    print(data.group(1))
8    print(data.group(2))
9    print(data.group(0))
10   # groups()는 그룹을 튜플로 반환
11   print(data.groups())
12   # 튜플 언패킹
13   a, b = data.groups()
14   print(a, b)
```

행 번호	설명
3	정규식 패턴을 그룹핑해서 컴파일합니다. 정규식을 그룹핑할 때는 괄호를 이용합니다.
4~5	예제 데이터에서 정규식 패턴과 일치하는 데이터가 있는지를 비교합니다. 만약 없다면 None을 반환합니다.
7~9	group() 메소드로 그룹을 하나씩 불러옵니다. group(0)은 전체 데이터입니다.
11	groups() 메소드를 이용해서 그룹의 결과를 튜플로 반환합니다.
13	변수를 그룹의 수만큼 선언한 다음 튜플 언패킹 문법을 이용해서 각각 변수에 그룹이 저장되도록 합니다.

```
010
1234-5678
010-1234-5678
('010', '1234-5678')
010 1234-5678


Process finished with exit code 0
```

정규식 패턴과 매칭되는 데이터 리스트

앞의 예제에서는 search() 메소드를 사용하였습니다. search() 메소드 외에도 findall() 메소드를 사용할 수도 있습니다. findall()을 사용하면 결과 데이터가 여러 개일 경우 결과 데이터들을 리스트로 묶어서 반환합니다.

정규식 패턴과 매칭되는 데이터 리스트 – ch12ex09.py

```
1    # findall() 메소드는 정규식 패턴과 매칭되는 데이터를 리스트로 반환
2    import re
3    # 정규식 패턴을 그룹핑합니다.
4    regex = re.compile(r'([\d]{2,3})-(\d\d\d\d-\d\d\d\d)')
5    txt = 'cell phone: 010-1234-5678, office phone: 02-1234-5678'
6    dataList = regex.findall(txt)
7
8    print(dataList)
```

소스코드해설

행 번호	설명
4	정규식 패턴을 컴파일합니다. 휴대폰의 국번과 일반전화 지역번호의 국번이 다르기 때문에 국번 그룹의 자릿수를 유동적으로 바꿔서 지정하였습니다.
5	테스트에 사용될 문자열을 준비하였습니다. 결과가 두 개 이상 나오게 하기 위해서 패턴과 일치하는 문장을 두 곳에 넣어두었습니다.
6	findall() 메소드를 이용해서 주어진 문자열 데이터에서 정규식 패턴과 일치하는 부분을 리스트로 반환시켰습니다.
8	결과를 콘솔에 출력하면 결과가 리스트에 들어 있는 것을 확인할 수 있습니다.

 실행결과

```
[('010', '1234-5678'), ('02', '1234-5678')]

Process finished with exit code 0
```

정규식의 읽기 모드(플래그)

compile() 메소드를 사용할 때 결과 모드를 지정할 수 있습니다(re.compile(정규식, 플래그)).

re.I	대/소문자 무시하기 (re.대문재)
re.VERBOSE	복잡한 정규식 표현

| 정규식의 플래그

정규식이 길어질 경우에는 정규식 패턴을 여러 줄로 표현할 수 있습니다. 이럴 경우에 re.VERBOSE 플래그를 주게 되면 복잡한 형식의 정규식 표현도 가능하게 됩니다.

```
import re
regex = re.compile(r'''
    (https?:\/\/)?
    ([\w.]+){1,2}
    (\.[\w]{2,4}){1,2}''', re.VERBOSE)
```

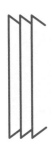

가상돔 활용

요즘 웹사이트는 단순하지 않습니다. 자바스크립트가 주류를 이루는 매우 다이내믹하고 복잡한 형태로 발전하였습니다. 이런 기능이 많은 복잡한 웹사이트는 bs4만을 이용해서 크롤링하는 데 한계가 있습니다.

selenium 활용

셀레니움(selenium)을 이용해서 실제로 사용자가 웹사이트를 서핑하듯이 다양한 이벤트를 제어할 수 있기 때문에 기능을 잘만 활용하면 웹상에서 로그인하는 등의 상당히 막강한 기능을 구현할 수도 있습니다. 웹 크롤링 구현에 있어서 셀레니움을 활용하면 많은 도움을 받을 수 있습니다.

selenium 설치

셀레니움은 앞에서 우리가 학습했던 pip 명령어로 설치하든가 파이참의 Settings 메뉴에서 손쉽게 설치할 수 있습니다. 먼저 pip 명령어로 셀레니움을 설치해 보겠습니다.

셀레니움 설치 pip 명령어
〉pip install selenium

파이참에서 selenium 설치는 [File → Settings] 메뉴의 Python interpreter의 (+) 메뉴에서 찾아서 설치하면 됩니다.

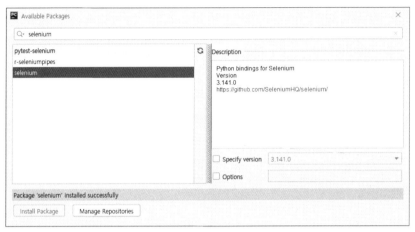

| 파이참에서 셀레니움 설치

크롬 브라우저 버전 확인

지금까지 셀레니움을 정상적으로 설치했다면 셀레니움과 함께 구동할 크롬 드라이버를 설치합니다. 셀레니움은 webdriver와 함께 구동해야 됩니다. webdriver는 크롬 같은 웹 브라우저를 가상으로 실행해서 사용할 수 있습니다. 그렇기 때문에 webdriver에서 사용할 크롬 드라이버가 컴퓨터에 함께 설치되어 있어야 셀레니움도 실행 가능합니다. 크롬 드라이버는 크롬 브라우저가 있어야 사용할 수 있습니다.

만약 크롬 브라우저가 설치되지 않았다면 먼저 크롬 브라우저 최신 버전을 다운로드받아서 설치해야 합니다. 크롬 브라우저 최신 버전은 https://www.google.com/intl/ko/chrome/에서 다운로드받을 수 있습니다. 크롬 드라이버는 크롬 버전에 의존적이기 때문에 크롬 버전을 꼭 확인해 보고 크롬 버전과 맞는 크롬 드라이버를 설치해 주어야 합니다. 크롬 브라우저 버전은 크롬의 [도움말(E) → Chrome 정보(G)] 메뉴에서 확인 가능합니다.

| 크롬 브라우저 버전 확인 1

| 크롬 브라우저 버전 확인 2

크롬 드라이버 다운로드

크롬 브라우저의 버전을 확인했다면 이제 버전에 맞은 드라이버를 다운로드받으면 됩니다. 크롬 드라이버는 https://chromedriver.chromium.org/downloads/에서 다운로드받을 수 있습니다. 만약 사용하는 크롬 브라우저 버전이 85.0.4183.102 버전이라면 크롬 드라이버도 85 버전을 선택하면 됩니다.

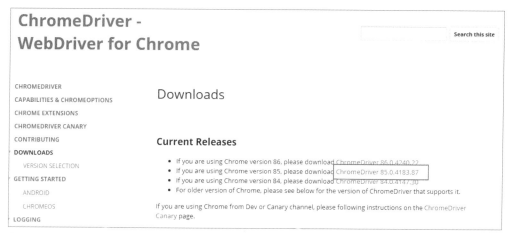

| PC에 설치된 크롬 브라우저 버전과 맞는 크롬 드라이버 찾기

다음 페이지에서 사용하는 운영체제(OS)에 맞는 크롬 드라이버 압축 파일을 다운로드받습니다.

Index of /85.0.4183.87/

Name	Last modified	Size	ETag
Parent Directory		-	
chromedriver_linux64.zip	2020-08-27 20:11:44	5.11MB	49513e90656c825f5acadfb917bb7840
chromedriver_mac64.zip	2020-08-27 20:11:46	7.36MB	6f6a70e5ee4b9df114558323cd3add90
chromedriver_win32.zip	2020-08-27 20:11:48	4.96MB	d8dd294b56d92add7cafea4afb899359
notes.txt	2020-08-27 20:11:52	0.00MB	734a3176845469073a9ef15f114ff326

| 사용하는 운영체제(OS)에 맞는 크롬 드라이버 다운로드

다운로드받은 크롬 드라이버는 찾기 쉬운 경로에 압축을 풀어 설치를 완료합니다. 이 책에서는 C 드라이브 최상위 경로에 압축을 해제하였습니다. 크롬 드라이버 압축 파일 안에는 어차피 chromedriver.exe 파일 하나만 있기 때문에 C 드라이브에서 바로 압축 해제해서 사용하면 편리합니다. 만약 권한이 없어서 C 드라이브에 압축 해제가 안 되면 다운로드 폴더에서 압축을 풀고 나서 파일을 C 드라이브로 옮기거나 C 드라이브에서 관리자 권한으로 압축 파일을 해줍니다. 그리고 꼭 C 드라이브에 위치하지 않더라도 찾기 쉬운 경로인 내 문서 폴더나 다른 드라이브에서 압축을 풀고 사용하면 됩니다. 경로 문제만 잘 해결할 수 있다면 어떤 경로에 있더라도 무관합니다.

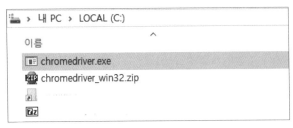

| C 드라이브에 크롬 드라이버 압축 해제

이제 셀레니움과 크롬 드라이버가 모두 설치되었다면 간단한 테스트를 해보겠습니다. 크롬 브라우저와 셀레니움을 처음 사용하게 되면 방화벽을 허용하라는 창이 먼저 실행됩니다. 방화벽이 막히면 셀레니움을 사용할 수 없기 때문에 "액세스 허용(A)"을 클릭해 허용해 주어야 합니다.

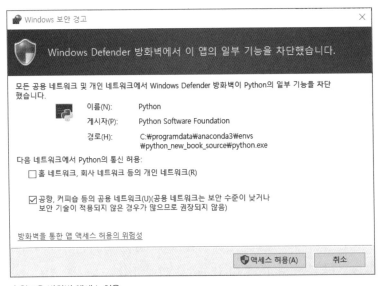

| 윈도우 방화벽 액세스 허용

만약 크롬 브라우저의 버전과 크롬 드라이버의 버전이 맞지 않으면 다음과 같은 오류 메시지가 발생합니다. 이럴 경우 크롬 브라우저의 버전과 크롬 드라이버의 버전을 맞추어 주어야 합니다.

```
selenium.common.exceptions.SessionNotCreatedException: Message: session
not created: This version of ChromeDriver only supports Chrome version
86
Current browser version is 85.0.4183.102 with binary path C:\Program
Files\Google\Chrome\Application\chrome.exe
```

다음은 특정 웹 페이지의 링크를 클릭해서 다른 페이지로 이동하게 하는 예제입니다. 셀레니움을 이용하면 브라우저, 드라이버를 직접 제어하기 때문에 로그인을 해야 하는 경우에도 웹 크롤링이 가능합니다.

실습예제 **크롬 셀레니움을 이용한 웹 크롤링** – ch12ex10_selenium.py

```
1    # 필요한 라이브러리 import
2    from bs4 import BeautifulSoup
3    # 크롬 드라이버를 사용하기 위해 import
4    from selenium import webdriver
5    # sleep을 사용하기 위해 time 모듈 import
6    import time
7
8    # 크롬 드라이버 경로 설정하기, 웹 브라우저 열기
9    path = ' C:\\chromedriver.exe'
10   driver = webdriver.Chrome(path)
11   driver.get('https://www.naver.com/')
12
13   # element의 class나 id를 브라우저에서 F12로 DevTools를 실행시켜서 찾습니다.
14   select = "ul.list_nav.NM_FAVORITE_LIST > li:nth-child(2) > a"
15   driver.find_element_by_css_selector(select).click()
```

CHAPTER12 | 웹 스크래핑과 크롤링 | 599

행 번호	설명
2, 4, 6	셀레니움을 사용하기 위해 필요한 모듈을 불러옵니다.
9~11	크롬 셀레니움 모듈의 setdriver를 이용해서 크롬 드라이버를 사용합니다. 10행의 path는 크롬 드라이버가 있는 실제 경로입니다. 윈도우는 경로의 구분자가 역슬래시(₩)입니다. 파이썬 문자열에서 역슬래시는 특수문자이기 때문에 역슬래시를 쌍으로 표시해야 합니다. 11행에서 셀레니움으로 제어할 웹 페이지의 주소를 지정합니다.
14~15	find_element_by_css_selector(select).click()으로 제어할 웹 페이지에서 특정 엘리먼트를 클릭하게 하는 명령입니다. find_element_by_css_selector()는 페이지에서 선택자를 css 문법의 선택자를 활용해서 요소를 찾습니다. 제어할 웹 페이지의 클릭할 엘리먼트의 선택자를 찾는 방법은 소스 코드에서 해당 부분의 태그를 찾아서 선택자를 확인해야 합니다. 좀 더 손쉽게 찾는 방법은 크롬의 검사 기능을 이용해서 선택자를 찾을 수 있습니다.

| 웹 페이지에서 제어할 요소의 선택자 얻기

선택 대상에서 마우스 오른쪽 버튼을 클릭하면 크롬 DevTools 창이 실행됩니다. 맨 첫 번째 탭인 Elements 탭을 보면 현재 선택된 요소의 태그와 선택자를 확인할 수 있습니다. 새로운 요소의 선택자를 확인하고 싶으면 맨 앞의 사각형에 화살표 표시가 된 버튼을 클릭해서 원하는 요소를 페이지에서 선택하면 해당 요소의 선택자를 확인할 수 있습니다.

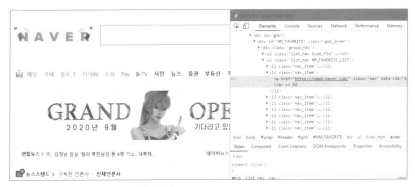

| 크롬 DevTools로 요소의 선택자 확인하기

선택된 요소 태그에서 마우스 오른쪽 버튼을 클릭하면 Copy 메뉴가 나옵니다. 그 하위
메뉴에 여러 가지 다양한 형태의 복사 기능이 있습니다. 이 중에서 선택자 복사(Copy
selector) 메뉴를 이용해서 선택된 요소의 전체 선택자를 복사해서 활용할 수 있습니다.

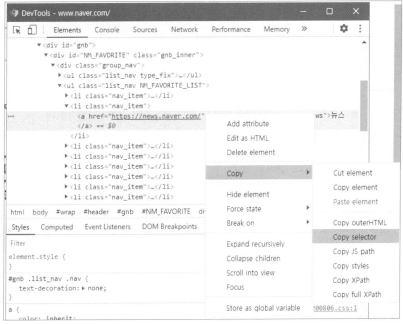

| DevTools의 선택자 복사 기능

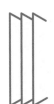

| 연 | 습 | 문 | 제 |

◆ 이 론 문 제 ◆

1 크롤러를 지칭하는 다른 말이 <u>아닌</u> 것은?

① 스크래퍼   ② 인공지능 로봇

③ 스파이더   ④ 지능 에이전트

2 크롤링에 대한 설명으로 바르지 <u>않은</u> 것은?

① 로그인 가능한 정보를 수집하는 크롤링 기술은 해킹과 유사하다.

② 웹상의 검색 가능한 오픈된 정보를 수집해 오는 것은 합법적이다.

③ 크롤링한 내용이 저작권 침해로 법적 분쟁이 일어날 수 있다.

④ 크롤링은 서버의 부하를 초래하기 때문에 서버 입장에서는 별로 환영받지 못한다.

3 웹 크롤러를 만들기 위한 기술에 대한 설명으로 바르지 <u>않은</u> 것은?

① 웹 기초 기술인 HTML, CSS, JavaScript 등의 기술이 선행되면 좋다.

② 웹 크롤링은 파이썬 전용 기술로 파이썬 언어로만 가능하다.

③ 자바 언어나 Node.js를 이용한 크롤러 제작이 가능하다.

④ 크롤링을 가능하게 하는 핵심 모듈은 BeautifulSoup4, requests, selenium 등이다.

4   requests를 이용해서 "https://www.naver.com/" 사이트의 웹 문서를 불러오는 소스 코드의
            빈칸을 채우시오.

```
import requests
from bs4 import BeautifulSoup

response = _____①_____
assert _____②_____

#print(response.text)
print(response.content)
```

①

②

5   response 객체의 중요 메소드와 그 기능 설명이 바르지 않은 것은?

① response.headers : 응답 페이지의 헤더 정보가 딕셔너리 형식으로 저장된다.

② response.text : 응답 페이지의 소스 코드 내용이다.

③ response.content : 응답 페이지의 내용을 바이너리 코드로 불러온다.

④ response.json() : response 결과를 JSON 형식으로 불러온다.

6   BeautifulSoup를 이용해서 DOM 형식으로 변환 데이터를 가져오는 사용 예로 설명이 바르지
            않은 것은?

① dom.태그.contents : 리스트 형태로 자식 태그를 가져온다.

② dom.태그.previous_sibling : 다음의 형제 태그를 가져온다.

③ dom.태그.parent : 바로 위의 부모 태그를 가져온다.

④ dom.태그.next_sibling : 다음의 형제 태그를 가져온다.

7 웹 문서에서 원하는 정보를 추출하는 데 사용하는 메소드의 설명이 바르지 <u>않은</u> 것은?

① find_all( ) : 원하는 특정 태그들을 리스트 형태로 반환한다.

② find( ) : 인수로 지정된 요소들을 가져온다.

③ select( ) : CSS 선택자 형식을 그대로 사용해서 원하는 요소를 선택한다.

④ extract( ) : head나 style 같은 불필요한 태그를 삭제한다.

8 웹 크롤링을 하기 위해 필요한 직접적인 기술이 <u>아닌</u> 것은?

① requests   ② bs4

③ lxml   ④ matplotlib

9 웹 크롤링을 수행하는 단계에 포함되지 <u>않는</u> 것은?

① 지정된 URL에서 HTML 문서를 읽어온다.

② 읽어온 페이지를 HTML 페이지로 파싱한다.

③ 자바스크립트를 이용해서 문서의 DOM 객체를 검색한다.

④ bs4를 이용해서 파싱된 데이터를 검색 가능한 DOM 형식으로 변환한다.

10 정규식 관련 메소드와 설명이 바르지 <u>않은</u> 것은?

① re.compile() : 미리 정규식 패턴을 컴파일한다.

② match() : 일치된 패턴을 비교한다.

③ search() : 첫 번째 일치하는 객체를 반환한다.

④ sub() : 하위의 일치하는 객체를 반환한다.

1 위키백과 사이트에서 "강아지"를 검색해서 찾은 페이지의 모든 이미지를 파일로 저장하시오. (파일 이름을 이미지 url에서 따로 추출해서 이미지 파일 이름으로 사용합니다. 이때 파일 이름이 너무 길어서 20 글자가 넘을 경우에는 파일 이름을 20자까지 잘라서 사용하도록 합니다. 파일 이름의 중복을 피하기 위해 파일에 순서 번호를 붙이도록 합니다.)

| 실행 **결과 예시** |

```
0280px-Golde33443.jpg
1.._%28cropped%29.jpg
2px-New_born_pups.JPG
3uppies_Wrestling.jpg
4-Pupplies_loving.jpg
5barn%27s_Ronja_x.jpg
6t._Bernard_puppy.jpg
7ge-Cavapoo_puppy.JPG
8_by_Asilverstein.jpg
9huahua_puppy_001.jpg
10Russell_Terrier3.jpg
11py_%28cropped%29.jpg
12-Basenji_puppies.jpg
13py_on_Halong_Bay.jpg
14_tzu_littermates.jpg
15Commons-logo.svg.png
16without_text.svg.png
```

| 위키백과 검색 결과 이미지를 파일로 저장하기

| 힌트 | 위키백과 강아지 검색 페이지 : https://ko.wikipedia.org/wiki/강아지

url에서 파일 이름만 추출하기 위해서 문자열의 오른쪽 끝에서부터 특정 문자의 위치를 검색하는 rindex() 함수를 사용합니다.

예) file_name_start = img_src.rindex('/')

for문에서 리스트 인덱스를 사용하기 위해서 enumerate() 함수를 사용합니다.

예) for i, img in enumerate(img_list) :

문자열의 마지막 확장자가 .jpg이거나 .png일 경우를 검사하기 위해서 확장자의 위치만 잘라서 검사합니다.

이때 확장자가 대문자로 되었을 경우도 있기 때문에 모두 소문자로 변환해서 검사합니다.

예) if img_src[-4:].lower() == '.jpg' or img_src[-4:].lower() == '.png' :

2 셀레니움을 활용해서 네이버 포털에서 "딥러닝"을 검색하고, 검색 결과 페이지에서 블로그 페이지로 이동하는 기능을 구현하시오.

| 실행 결과 예시 |

| 네이버 메인의 검색 창에 "딥러닝" 입력 후 검색

| "딥러닝" 검색 결과

| 검색 결과 페이지의 베이스 메뉴에서 [블로그] 메뉴 클릭

| 힌트 |　검색어를 입력하고 검색 결과를 클릭하는 등의 동작을 사용하기 위해 셀레니움을 활용합니다.

셀레니움을 이용해서 요소를 검색할 때는 find_element_by_css_selector("#query")나 find_element_by_id("search_btn") 같은 메소드를 사용합니다.

예) search = driver.find_element_by_css_selector("#query")

선택한 요소에 값을 입력할 때는 send_keys()를 사용합니다.

예) search.send_keys("딥러닝")

선택한 요소를 클릭할 때는 click()을 사용합니다.

예) driver.find_element_by_id("search_btn").click()

3   **셀레니움을 활용하여 구현한 2번 문제의 소스 코드를 보완해서 검색 목록을 출력하도록 하시오.**
     (검색 결과의 첫 페이지에 있는 블로그 글의 제목과 링크를 출력되도록 합니다.)

| 실행 **결과 예시** |

```
0 '딥 러닝'은 어떻게 동작할까? 딥러닝에 대한 모든 것. - Wishket
http://blog.wishket.com/%EF%BB%BF%EB%94%A5-%EB%9F%AC%EB%8B%9D ... /
1 이해 #1 - 주요 역사와 개념 정리(feat. 머신러닝, 딥러닝)
http://blog.skinfosec.com/222029239340
2 3970X + 2Way기반 딥러닝 컴퓨터
https://blog.naver.com/all_in_box?Redirect=Log&logNo=222018132986
3 [이론] OpenCV와 딥러닝 기초
https://blog.naver.com/tommybee?Redirect=Log&logNo=222065305141
4 RTX 2080Ti 4-WAY 딥러닝 컴퓨터
https://blog.naver.com/hanwoo10303?Redirect=Log&logNo=221698931848
5 3970X + 타이탄 RTX 2-Way NV링크 연결 - 딥러닝, 렌더링 등을...
https://blog.naver.com/digiji1?Redirect=Log&logNo=221787810360
6 500만 원대 경제적인 딥러닝 컴퓨터 출고
https://blog.naver.com/seven8805?Redirect=Log&logNo=221909372090
7 주식 뉴스 검색에 딥러닝 적용
https://tramper2.blog.me/221919334618
8 [책 리뷰] 그로킹 딥러닝, 딥러닝 공감하고 싶다 ~
https://blog.naver.com/rickman2?Redirect=Log&logNo=221880589246
9 파이썬 딥러닝 파이토치
https://blog.naver.com/infopub?Redirect=Log&logNo=222102637559
```

| 힌트 | 먼저 블로그 검색 결과가 보이는 부분을 찾습니다. 검색 결과에서 블로그 타이틀을 목록으로 받습니다. 이때
          결과를 리스트로 사용해야 하기 때문에 find_elements_by_css_selector()를 사용합니다.
          예) result_area.find_elements_by_css_selector("li dl dt .sh_blog_title")
          검색된 리스트에서 a 태그 하나씩 가져와서 제목과 링크 경로를 콘솔에 출력합니다.

4   KOCW 대학 공개 강의 서비스 사이트(http://www.kocw.net/home/index.do)의 메인 검색
    창에서 "딥러닝"을 검색한다. 검색 결과 목록에서 강의 제목과 학교 이름을 추출해서 출력하시오.

| 실행 **결과 예시** |

딥러닝 (고려대학교)

딥러닝을 위한 신경망 기초 (금오공과대학교)

Tensorflow와 PyTorch로 딥러닝 배우기 (금오공과대학교)

딥러닝 (Deep Learning) (금오공과대학교)

기계학습 (전북대학교)

AI 및 데이터 분석의 기초 (숭실대학교)

예측하는 미래 : 통계와 확률 (경희대학교)

| 힌트 | find_element_by_css_selector()를 이용하면 CSS 선택자를 그대로 사용할 수 있기 때문에 편리합니다.

결과 값이 여러 개일 경우에는 결과를 리스트로 반환하는 find_elements_by_css_selector()를 사용합니다.

예)

결과가 하나일 때: find_element_by_css_selector()

결과가 여러 개일 때: find_elements_by_css_selector()

13

미니
프로젝트

13장에서는 지금까지 배운 기술을 활용해서 미니 프로젝트를 하겠습니다. 미니 프로젝트로 만들어 볼 소프트웨어는 고객 관리 기능을 GUI(Graphical User Interface)로 실행하는 프로그램입니다.

※ 13장의 생략된 소스 부분은 저자 블로그/깃허브에 pdf로 올려져 있습니다.

python

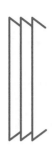

고객 관리 프로그램

고객 관리 프로그램 구현에 필요한 모듈은 tkinter 모듈과 sqlite3 모듈입니다. tkinter 모듈을 이용해서 화면을 구현하고, sqlite3 모듈을 이용해서 sqlite 데이터베이스에 고객 정보를 저장하는 단순한 프로그램을 함께 만들어 보겠습니다.

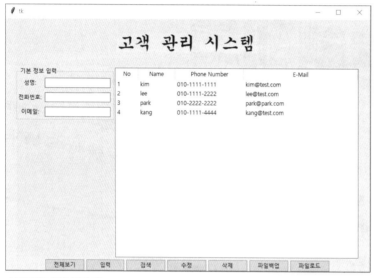

| 프로젝트 결과 화면 예

지금 구현하게 될 프로젝트는 파이썬만을 이용해서 프레젠테이션단과 비즈니스단을 모두 구현하겠지만 만약 앞으로 웹 기술을 익히게 된다면 프레젠테이션단을 웹으로 만들 수도 있습니다. 지금과 같은 애플리케이션 개발을 하거나 앞으로 웹 개발을 할 때 기본이 되는 기술을 CRUD라고 합니다. CRUD는 입력, 출력, 검색, 수정, 삭제의 일련의 처리가 되도록 하는 기술을 말합니다.

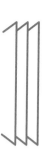

미니 프로젝트 진행 순서 요약

이번 프로젝트에서는 tkinter 모듈을 이용한 GUI 미니 프로젝트를 구현하게 됩니다. 먼저 GUI 화면 및 목록 테이블을 구현하고 이벤트 처리를 한 후에 DB 연동을 하겠습니다. 그런 다음 파일 백업 기능을 추가하도록 하겠습니다.

(1) tkinter 모듈을 이용해서 GUI 구현
(2) 고객 정보 입력 창 구현
(3) 고객 목록 테이블 추가
(4) 이벤트 핸들러 추가
(5) DB 연동
(6) 파일 입출력 기능 추가

tkinter 모듈을 이용해서 GUI 구현

먼저 tkinter 모듈을 이용해서 화면 레이아웃을 구현해야 합니다. geometry() 메소드를 이용해서 창의 크기와 위치를 설정할 수 있습니다. geometry() 메소드의 인자 값은 문자열로 합니다.

```
win = Tk()
win.geometry('%dx%d+%d+%d' %(800, 600, 5, 5))
```

화면의 레이아웃을 나누는 것은 Frame()을 이용합니다.

```
topFrame = Frame(win)
topFrame.pack(side='top')
topFrame.config(width=800, height=100, background="#eee")
```

화면 중간 부분의 왼쪽의 오른쪽 패널은 PanedWindow()를 이용합니다. 먼저 PanedWindow를 window에 붙이고 Frame을 순서대로 추가하면 PanedWindow에 왼쪽부터 붙게 됩니다. Frame의 크기는 width 속성과 height 속성으로 조절할 수 있습니다.

```
panedwindow=PanedWindow(relief="raised", bd=0)
panedwindow.pack(expand=True)

leftFrame = Frame(win)
leftFrame.pack(side='left')
leftFrame.config(width=200, height=400, background="orange")

rightFrame = Frame(win)
rightFrame.pack(side='right')
rightFrame.config(width=600, height=470, background="green")

panedwindow.add(leftFrame)
panedwindow.add(rightFrame)
```

하단에 버튼들을 모아두기 위해 또 다른 PanedWindow를 만들고, 각각 Button 위젯들을 순서대로 추가해 주면 기본적인 레이아웃이 완성됩니다.

```
# bottomFrame에 Button 위젯 추가하기
panedwindow=PanedWindow(bottomFrame, relief="raised", bd=0)
panedwindow.pack()

btn_output = Button(panedwindow, text="전체보기")
btn_input = Button(panedwindow, text="입력")
btn_search = Button(panedwindow, text="검색")
btn_modify = Button(panedwindow, text="수정")
btn_delete = Button(panedwindow, text="삭제")
btn_backup = Button(panedwindow, text="파일백업")
btn_load = Button(panedwindow, text="파일로드")

panedwindow.add(btn_output)
panedwindow.add(btn_input)
panedwindow.add(btn_search)
panedwindow.add(btn_modify)
panedwindow.add(btn_delete)
panedwindow.add(btn_backup)
panedwindow.add(btn_load)
```

지금까지 설명한 내용의 완성된 소스 코드는 다음 예제와 같습니다.

---

 tkinter 모듈을 이용해서 GUI 구현하기 – ch13_mini_project_00.py

```
1    from tkinter.ttk import Labelframe, Label, Entry, Button
2    import tkinter.font as tkFont
3
4
5    win = Tk()
6    win.geometry('%dx%d+%d+%d' %(800, 600, 5, 5))
```

```
7
8    topFrame = Frame(win)
9    topFrame.pack(side='top')
10   topFrame.config(width=800, height=100, background="#eee")
11
12   panedwindow=PanedWindow(relief="raised", bd=0)
13   panedwindow.pack(expand=True)
14
15   leftFrame = Frame(win)
16   leftFrame.pack(side='left')
17   leftFrame.config(width=200, height=400,
18   background="orange")
19
20   rightFrame = Frame(win)
21   rightFrame.pack(side='right')
22   rightFrame.config(width=600, height=470,
23   background="green")
24
25   panedwindow.add(leftFrame)
26   panedwindow.add(rightFrame)
27
28   bottomFrame = Frame(win)
29   bottomFrame.pack(side='bottom')
30   bottomFrame.config(width=800, height=30,
31   background="blue")
32
33   # bottomFrame에 Button 위젯 추가하기
34   panedwindow=PanedWindow(bottomFrame, relief="raised",
35   bd=0)
36   panedwindow.pack()
37
38   btn_output = Button(panedwindow, text="전체보기")
39   btn_input = Button(panedwindow, text="입력")
40   btn_search = Button(panedwindow, text="검색")
41   btn_modify = Button(panedwindow, text="수정")
```

```
42    btn_delete = Button(panedwindow, text="삭제")
43    btn_backup = Button(panedwindow, text="파일백업")
44    btn_load = Button(panedwindow, text="파일로드")
45
46    panedwindow.add(btn_output)
47    panedwindow.add(btn_input)
48    panedwindow.add(btn_search)
49    panedwindow.add(btn_modify)
50    panedwindow.add(btn_delete)
51    panedwindow.add(btn_backup)
52    panedwindow.add(btn_load)
53
54    # 앱 타이틀 라벨 추가
55    fontStyle = tkFont.Font(family="궁서체", size=28)
56    lbl_title = Label(topFrame, text="고객 관리 시스템",
57    font=fontStyle)
58    lbl_title.place(relx=0.5, rely=0.5, anchor='center')
59
60
61    if __name__ == '__main__':
62        win.mainloop()
```

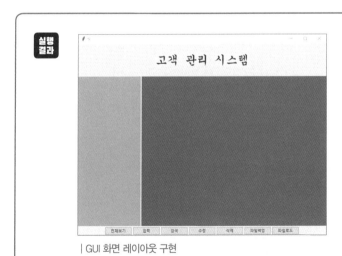

실행
결과

| GUI 화면 레이아웃 구현

고객 정보 입력 창 구현

왼쪽 Frame에 입력 창을 구현하겠습니다. tkinter 모듈의 입력 위젯은 Entry입니다. Labelframe 위젯을 이용해서 Label과 Entry를 박스 테두리 안에 넣도록 하겠습니다. 그리고 Label 위젯과 Entry 위젯을 grid() 레이아웃 메소드를 사용해서 격자 모양으로 배치합니다.

 고객 정보 입력 창 구현하기 – ch13_mini_project_01.py

```
        (이상 생략)

27      bottomFrame = Frame(win)
28      bottomFrame.pack(side='bottom')
29      bottomFrame.config(width=800, height=30, background="bottom")
30
31
32      # leftFrame에 Entry 위젯 추가
33      label_frame = Labelframe(leftFrame, text='기본 정보 입력')
34      label_frame.pack()
35
36      lbl_name = Label(label_frame, text="성명:")
37      lbl_phone = Label(label_frame, text="전화번호:")
38      lbl_email = Label(label_frame, text="이메일:")
39
40      entry_name = Entry(label_frame)
41      entry_phone = Entry(label_frame)
42      entry_email = Entry(label_frame)
43
44      lbl_name.grid(row=0, column=0)
45      entry_name.grid(row=0, column=1, padx=5, pady=5)
46      lbl_phone.grid(row=1, column=0)
47      entry_phone.grid(row=1, column=1, padx=5, pady=5)
48      lbl_email.grid(row=2, column=0)
```

```
49     entry_email.grid(row=2, column=1, padx=5, pady=5)
50     # bottomFrame에 Button 위젯 추가하기
51     panedwindow=PanedWindow(bottomFrame, relief="raised", bd=0)
52     panedwindow.pack()
```

(이하 생략)

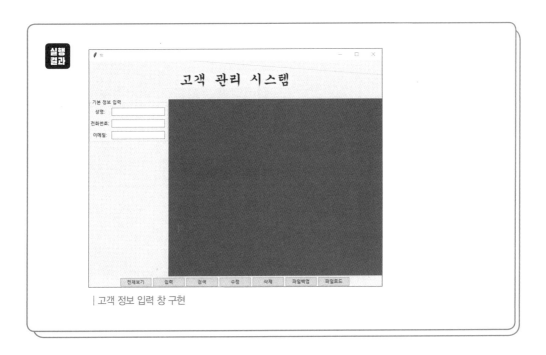

| 고객 정보 입력 창 구현

고객 목록 테이블 추가

다음 과정으로 Treeview 위젯을 이용해서 고객 목록을 표시하겠습니다. Treeview 위젯은 ttk
모듈에 있습니다.

```
tree = ttk.Treeview(rightFrame, columns=header_list, show="headings")
tree.pack()
```

Treeview 위젯은 header_list와 data_list가 필요합니다. data_list 데이터는 나중에 DB에서 불러오겠지만 일단 목록에 보일 임시 데이터를 준비하도록 하겠습니다.

```
header_list = ['no', 'name', 'phone number', 'e-mail']
data_list = [
(1,'kim', '010-2222-1111', 'kim@comstudy21.or.kr'),
(2,'lee', '010-2222-2222', 'lee@comstudy21.or.kr'),
(3,'park', '010-2222-3333', 'park@comstudy21.or.kr'),
(4,'kang', '010-2222-4444', 'kang@comstudy21.or.kr')
]
```

tree의 heading과 value는 for 반복문을 이용해서 데이터를 입력할 수 있습니다.

```
for i, col in enumerate(header_list):
    tree.heading(col, text=col.title())
for i, item in enumerate(data_list):
    tree.insert('', 'end', iid='IID%d' %(i), values=item)
```

Treeview의 높이와 각 필드의 너비 설정을 할 수 있습니다.

```
# Treeview의 각 필드 너비 설정
tree.column(0, width=50)
tree.column(1, width=80)
tree.column(2, width=150)
tree.column(3, width=250)

# Treeview의 높이 설정
tree.config(height=22)
```

고객 목록 테이블 추가하기 – ch13_mini_project_10.py

(이상 생략)

```python
68    panedwindow.add(btn_delete)
69    panedwindow.add(btn_backup)
70    panedwindow.add(btn_load)
71
72
73    # rightFrame에 목록 추가하기
74    header_list = ['no', 'name', 'phone number', 'e-mail']
75    data_list = [
76    (1,'kim', '010-2222-1111', 'kim@comstudy21.or.kr'),
77    (2,'lee', '010-2222-2222', 'lee@comstudy21.or.kr'),
78    (3,'park', '010-2222-3333', 'park@comstudy21.or.kr'),
79    (4,'kang', '010-2222-4444', 'kang@comstudy21.or.kr')
80    ]
81
82
83    tree = ttk.Treeview(rightFrame, columns=header_list,
84    show="headings")
85    tree.pack()
86
87    for i, col in enumerate(header_list):
88        tree.heading(col, text=col.title())
89    for i, item in enumerate(data_list):
90        tree.insert('', 'end', iid='IID%d' %(i), values=item)
91
92    # Treeview의 각 필드 너비 설정
93    tree.column(0, width=50)
94    tree.column(1, width=80)
95    tree.column(2, width=150)
96    tree.column(3, width=250)
```

```
 97
 98    # Treeview의 높이 설정
 99    tree.config(height=22)
100    # 앱 타이틀 라벨 추가
101    fontStyle = tkFont.Font(family="궁서체", size=28)
102    lbl_title = Label(topFrame, text="고객 관리 시스템", font=fontStyle)
```

(이하 생략)

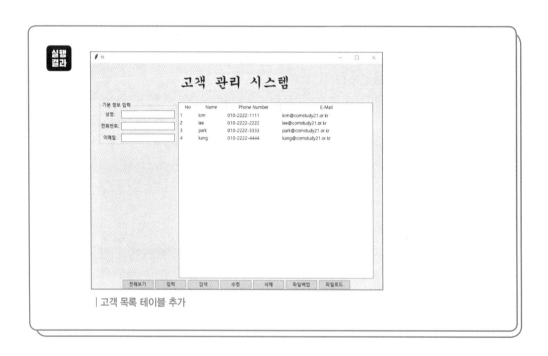

| 고객 목록 테이블 추가

이벤트 핸들러 추가

앞에서 추가된 각각의 Button 위젯에 이벤트 핸들러를 추가해 보겠습니다. 먼저 이벤트 핸들러 함수를 선언해 두고 Button 위젯의 command 속성에 이벤트 핸들러를 추가할 수 있습니다. 이벤트 핸들러의 기능은 앞에서 추가한 Treeview 위젯의 내용을 변경하는 것입니다. 이 기능은 다음 예제에서 DB와 연동되어 데이터를 관리하는 기능으로 변경될 것입니다.

```
btn_output = Button(panedwindow, text="전체보기", command=outputEvtHandler)
btn_input = Button(panedwindow, text="입력", command=inputEvtHandler)
btn_search = Button(panedwindow, text="검색", command=searchEvtHandler)
btn_modify = Button(panedwindow, text="수정", command=modifyEvtHandler)
btn_delete = Button(panedwindow, text="삭제", command=deleteEvtHandler)
btn_backup = Button(panedwindow, text="파일백업", command=backupEvtHandler)
btn_load = Button(panedwindow, text="파일로드", command=loadEvtHandler)
```

이벤트 핸들러 함수의 기능은 단순히 data_list 자료 구조에 고객 정보 데이터를 입력, 검색, 수정하는 기능으로 이미 6장에서 학습한 내용입니다. 참고로 삭제 기능인 deleteEvtHandler() 함수를 살펴보도록 하겠습니다. 삭제 기능을 실행하기 위해서는 먼저 입력된 이름으로 검색을 하고 같은 이름이 있는 튜플을 리스트에서 검색해서 삭제하도록 합니다. 만약 삭제하고자 하는 이름이 없다면 경고 메시지를 보여주고, 찾고자 하는 이름이 있다면 검색한 튜플의 위치를 다시 리스트에서 찾아서 해당 튜플 요소를 제거합니다. 리스트 안에 튜플이 있기 때문에 튜플의 index와 리스트의 index가 혼동되면 안됩니다.

```
def deleteEvtHandler():
    print("삭제 ...")
    sname = entry_name.get()
    if sname == "":
        messagebox.showinfo('경고', '이름을 입력 하고 검색 하세요!')
        return

    idx = -1
    for data in data_list:
        try:
            idx = data.index(sname)
            del data_list[data_list.index(data)]
            refreshTreeview(data_list)
        except:
```

```
            pass

    if idx == -1 :
        messagebox.showinfo('경고', '찾는 정보가 없습니다!')
```

데이터를 삭제하거나 수정했을 때 Treeview의 내용이 곧바로 갱신되지 않는 버그가 있습니다. 이런 문제를 다음 함수를 추가해서 수정하였습니다. 원리는 리스트를 수정한 후에 다음 함수를 호출하면 리스트의 내용을 Treeview에 다시 로드하는 것입니다. 참고로 deleteTreeData() 함수는 일단 Treeview의 기존 내용을 모두 제거하고, refreshTreeData() 함수는 다시 기록하는 기능입니다. 이 두 함수를 refreshTreeview() 함수에서 호출하면 자동으로 목록을 일단 비우고 수정된 리스트의 내용으로 다시 쓰게 됩니다.

```
    def deleteTreeData() :
        children = tree.get_children()
        if children != '()':
            for item in children:
                tree.delete(item)

    def refreshTreeData(data_list) :
        for i, item in enumerate(data_list):
            tree.insert('', 'end', iid='IID%d' % (i), values=item)

    def refreshTreeview(data_list) :
        deleteTreeData()
        refreshTreeData(data_list)
```

이벤트 핸들러 추가하기 – ch13_mini_project_11.py

(이상 생략)

```
5    def deleteTreeData() :
6        children = tree.get_children()
7        if children != '()':
8            for item in children:
9                tree.delete(item)
10
11   def refreshTreeData(data_list) :
12       for i, item in enumerate(data_list):
13           tree.insert('', 'end', iid='IID%d' % (i), values=item)
14
15   def refreshTreeview(data_list) :
16       deleteTreeData()
17       refreshTreeData(data_list)
18
19   # 이벤트 핸들러
20   def outputEvtHandler():
21       #print("전체 보기 ...")
22       refreshTreeview(data_list)
23
24   seq = 5
25   def inputEvtHandler():
26       name = entry_name.get()
27       phone = entry_phone.get()
28       email = entry_email.get()
29       if name=="" or phone=="" or email=="" :
30           messagebox.showinfo('알림', '이름, 전화번호, 이메일을 모두
31   입력 하세요!')
32           return
33
34       global seq
```

```
35        data_list.append((seq, name, phone, email))
36        #tree.insert('', 'end', values=(seq, name, phone,
37    email))
38        seq += 1
39
40        refreshTreeview(data_list)
41
42
43    def searchEvtHandler():
44        #print("검색 ...")
45        sname = entry_name.get()
46        if sname == "" :
47            messagebox.showinfo('경고','이름을 입력 하고 검색 하세요!')
48            return
49
50        #search_data_list = [(2,'lee', '010-1111-1111', 'lee@
51    comstudy21.or.kr')]
52        search_data_list = []
53        for data in data_list :
54            try :
55                idx = data.index(sname)
56                search_data_list.append(data)
57            except :
58                pass
59        if search_data_list == [] :
60            messagebox.showinfo('경고', '찾는 정보가 없습니다!')
61            return
62
63        #print(search_data_list)
64        refreshTreeview(search_data_list)
65
66    def modifyEvtHandler():
67        print("수정 ...")
68        sname = entry_name.get()
69        phone = entry_phone.get()
```

```python
70          email = entry_email.get()
71          if sname == "" or phone == "" or email == "":
72              messagebox.showinfo('알림', '이름, 전화번호, 이메일을 모두
73  입력 하세요!')
74              return
75
76          idx = -1
77          for data in data_list :
78              try :
79                  idx = data.index(sname)
80                  data_list[idx] = (data[0], sname, phone, email)
81                  refreshTreeview(data_list)
82                  return
83              except :
84                  pass
85      print(idx)
86      if idx == -1 :
87          messagebox.showinfo('경고', '찾는 정보가 없습니다!')
88
89
90  def deleteEvtHandler():
91      print("삭제 ...")
92      sname = entry_name.get()
93      if sname == "":
94          messagebox.showinfo('경고', '이름을 입력 하고 검색 하세요!')
95          return
96
97      idx = -1
98      for data in data_list:
99          try:
100             idx = data.index(sname)
101             del data_list[data_list.index(data)]
102             refreshTreeview(data_list)
103         except:
104             pass
```

```
105
106        if idx == -1 :
107            messagebox.showinfo('경고', '찾는 정보가 없습니다!')
108
109
110    def backupEvtHandler():
111        print("파일로 백업 ...")
112
113
114    def loadEvtHandler():
115        print("파일로 로드 ...")
116    win = Tk()
117    win.geometry('%dx%d+%d+%d' %(800, 600, 5, 5))
118
119
           (이하 생략)
160    lbl_email.grid(row=2, column=0)
161    entry_email.grid(row=2, column=1, padx=5, pady=5)
162
163
164
165    # bottomFrame에 Button 위젯 추가하기
166    panedwindow=PanedWindow(bottomFrame, relief="raised",
167    bd=0)
168    panedwindow.pack()
169
170    btn_output = Button(panedwindow, text="전체보기",
171    command=outputEvtHandler)
172    btn_input = Button(panedwindow, text="입력",
173    command=inputEvtHandler)
174    btn_search = Button(panedwindow, text="검색",
175    command=searchEvtHandler)
176    btn_modify = Button(panedwindow, text="수정",
177    command=modifyEvtHandler)
178    btn_delete = Button(panedwindow, text="삭제",
```

```
179     command=deleteEvtHandler)
180     btn_backup = Button(panedwindow, text="파일백업",
181     command=backupEvtHandler)
182     btn_load = Button(panedwindow, text="파일로드",
183     command=loadEvtHandler)
184
185     panedwindow.add(btn_output)
```

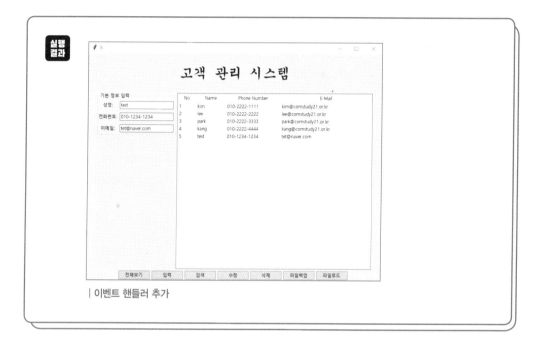

| 이벤트 핸들러 추가

DB 연동

이 책의 10장에서 학습한 DB 연동 기술을 적용해 보겠습니다. DB는 파이썬에서 기본으로 제
공되는 모듈인 sqlite3 모듈을 사용하겠습니다. sqlite3 모듈을 사용하기 위해서는 먼저 PC에
SQLite 데이터베이스가 설치되어 있어야 합니다. 프로젝트 파일이 너무 길어지는 관계로 DB
액세스 모듈을 따로 분리하겠습니다. DB 액세스 모듈은 member_dao.py로 파일 이름을 지
정하고, DB에 사용될 SQL문과 DB 연동 기능을 모아두도록 하겠습니다.

DB와 연동되는 DAO 모듈 구현 – member_dao.py

```
1    import sqlite3
2
3    db_file = 'members.db'
4    sql_select_all = '''select * from member'''
5    sql_select = '''select * from member where name="%s"'''
6    sql_create = '''create table IF NOT EXISTS member(
7        no integer primary key,
8        name varchar(20),
9        phone varchar(20),
10       email varchar(20))'''
11   sql_insert = '''insert into member(name, phone, email)
12   values(?,?,?)'''
13   sql_delete = '''delete from member where no=%s'''
14   sql_update = '''update member set name='%s', phone='%s',
15   email='%s' where no=%s'''
16
17
18   def create_table() :
19       conn = sqlite3.connect(db_file)
20
21       c = conn.cursor()
22       c.execute(sql_create)
23
24       c.close()
25       conn.close()
26       #print('테이블 생성 성공!')
27
28
29   def select_all() :
30       conn = sqlite3.connect(db_file)
31
```

```
32          c = conn.cursor()
33          c.execute(sql_select_all)
34
35          list = []
36          for s in c.fetchall():
37              list.append(s)
38
39          c.close()
40          conn.close()
41
42          return list
43
44
45      def select(name) :
46          conn = sqlite3.connect(db_file)
47
48          c = conn.cursor()
49          c.execute(sql_select %name)
50
51          list = []
52          for s in c.fetchall():
53              list.append(s)
54
55          c.close()
56          conn.close()
57          return list
58
59      def insert_many(data_list) :
60          conn = sqlite3.connect(db_file)
61
62          c = conn.cursor()
63          c.executemany(sql_insert, data_list)
64          c.close()
65
66          conn.commit()
```

```
67        conn.close()
68
69
70    def insert(tuple_data) :
71        conn = sqlite3.connect(db_file)
72
73        c = conn.cursor()
74        c.execute(sql_insert, tuple_data)
75        c.close()
76
77        conn.commit()
78        conn.close()
79
80
81    def delete(no) :
82        conn = sqlite3.connect(db_file)
83
84        c = conn.cursor()
85        c.execute(sql_delete %no)
86        c.close()
87
88        conn.commit()
89        conn.close()
90
91
92    def update(tuple_data) :
93        conn = sqlite3.connect(db_file)
94        # name, phone, email, no
95        c = conn.cursor()
96        c.execute(sql_update %tuple_data)
97        c.close()
98
99        conn.commit()
100       conn.close()
```

member_dao.py가 완성되었다면 이번에는 DB 연동 모듈을 사용하겠습니다. 기존에 data_list를 주석 처리하고 dao에 구현한 select_all() 기능을 실행해 DB에서 저장된 데이터를 바로 불러오도록 하였습니다. 그리고 입력, 출력, 검색, 수정, 삭제 버튼에 연결된 이벤트 핸들러를 dao 모듈에 구현한 기능을 사용하도록 변경하였습니다. dao 모듈의 기능 구현은 10장에서 학습한 내용을 참고해서 구현하였습니다.

실습예제 **DB 연동하기** – ch13_mini_project_20.py

```
      (이상 생략)
5     from member_dao import *
6
7     def init_entry(name, phone, email) :
8         entry_name.delete(0, len(name))
9         entry_phone.delete(0, len(phone))
10        entry_email.delete(0, len(email))
11
12
13    def deleteTreeData() :
14        children = tree.get_children()
15        if children != '()':
16            for item in children:
17                tree.delete(item)
18
19    def refreshTreeData(data_list) :
20        for i, item in enumerate(data_list):
21            tree.insert('', 'end', iid='IID%d' % (i), values=item)
22
23    def refreshTreeview(data_list) :
24        deleteTreeData()
25        refreshTreeData(data_list)
26
```

```python
27   # 이벤트 핸들러
28   def outputEvtHandler():
29       #print("전체 보기 ...")
30       global data_list
31       data_list = select_all()
32       refreshTreeview(data_list)
33
34   def inputEvtHandler():
35       name = entry_name.get()
36       phone = entry_phone.get()
37       email = entry_email.get()
38       if name=="" or phone=="" or email=="" :
39           messagebox.showinfo('알림', '이름, 전화번호, 이메일을 모두
40   입력 하세요!')
41           return
42
43       insert((name,phone,email))
44       data_list = select_all()
45       refreshTreeview(data_list)
46
47       init_entry(name, phone, email)
48
49
50   def searchEvtHandler():
51       #print("검색 ...")
52       sname = entry_name.get()
53       if sname == "" :
54           messagebox.showinfo('경고','이름을 입력 하고 검색 하세요!')
55           return
56
57       search_data_list = select(sname)
58
59       if search_data_list == [] :
60           messagebox.showinfo('경고', '찾는 정보가 없습니다!')
61           return
```

```
62
63          #print(search_data_list)
64          refreshTreeview(search_data_list)
65
66   def modifyEvtHandler():
67       print("수정 ...")
68       sname = entry_name.get()
69       phone = entry_phone.get()
70       email = entry_email.get()
71       if sname == "" or phone == "" or email == "":
72           messagebox.showinfo('알림', '이름, 전화번호, 이메일을 모두
73   입력 하세요!')
74           sname.focus()
75           return
76
77       idx = -1
78       for data in data_list :
79           try :
80               idx = data.index(sname)
81               update((sname, phone, email, data[0]) )
82               refreshTreeview(select_all())
83               init_entry(sname, phone, email)
84               return
85           except :
86               pass
87
88       print(idx)
89       if idx == -1 :
90           messagebox.showinfo('경고', '찾는 정보가 없습니다!')
91
92
93   def deleteEvtHandler():
94       #print("삭제 ...")
95       sname = entry_name.get()
96       if sname == "":
```

```
97              messagebox.showinfo('경고', '이름을 입력 하고 검색 하세요!')
98              return
99
100        idx = -1
101        for data in data_list:
102            try:
103                idx = data.index(sname)
104                delete(data[0])
105                refreshTreeview(select_all())
106                init_entry(sname,"","")
107                return
108            except:
109                pass
110
111        if idx == -1 :
112            messagebox.showinfo('경고', '찾는 정보가 없습니다!')
113
114
115    def backupEvtHandler():
116        print("파일로 백업 ...")
117
118
119    def loadEvtHandler():
120        print("파일로 로드 ...")
121
122
123    create_table()


        (이하 생략)


202    data_list=select_all()
```

파일 입출력 기능 추가

pickle 모듈을 이용해서 리스트에 저장된 데이터를 파일에 백업하도록 하겠습니다. 이렇게 파일에 백업해 두면 DB의 자료가 모두 소실되었을 경우 백업된 데이터를 안전하게 복원할 수 있습니다. pickle 모듈 사용법은 이 책의 10장에서 이미 다루었습니다. 10장에서 학습한 pickle 모듈 소스를 다음과 같이 수정해서 적용하도록 하겠습니다.

```python
import pickle

def backupEvtHandler():
    print("파일로 백업 ...")
    with open('data_list.pickle', 'wb') as f:
        pickle.dump(data_list, f)




def loadEvtHandler():
    print("파일로 로드 ...")
    global data_list
    with open('data_list.pickle', 'rb') as f:
        data_list = pickle.load(f)
    refreshTreeview(data_list)
```

지금까지 구현한 미니 프로젝트의 전체 소스 코드는 ch13_mini_project_20.py를 참고하길 바랍니다.

마지막 예제 역시 실행 결과는 앞의 예제와 동일합니다. 단, 파일로 데이터를 백업하는 기능만 더 추가되었습니다. "파일 백업"을 먼저 하고 새로운 데이터를 입력한 후에 다시 "파일 로드" 버튼을 클릭하면 새로운 데이터를 추가하기 이전의 상태로 복원되는 것을 확인할 수 있습니다. 또 sqlite를 실행해서 DB의 데이터를 모두 삭제하고 "파일 로드" 버튼을 클릭해 보면 파일에 백업되었던 내용이 다시 복구되는 것을 확인할 수 있습니다.

MEMO

하면 된다! 400제로 배우는 파이썬 입문

초판 발행   2021년 10월 29일
지은이   김범준
펴낸이   방세근
디자인   디박스
펴낸곳   도서출판 심통
주소   경기도 의정부시 전좌로 204, 203호
전화   070.7397.0492
팩스   031.624.4830
전자우편   basaebasae@naver.com
인쇄/제본   미래 피앤피
가격   28,000원
ISBN   979-11-975295-2-8 13000